走向
本质合规

杜江波 著

Move Towards Essential Compliance

CHANGE › TRANSFORMATION › DEVELOP › SPAN

从被动合规向主动合规转变
从标准合规向过程合规转型
从运营合规向治理合规发展
从形式合规向本质合规跨越

中国经济出版社
CHINA ECONOMIC PUBLISHING HOUSE
·北京·

图书在版编目（CIP）数据

走向本质合规 / 杜江波著 . -- 北京：中国经济出版社，2022. 12

ISBN 978 - 7 - 5136 - 7203 - 0

Ⅰ. ①走… Ⅱ. ①杜… Ⅲ. ①企业法 - 研究 - 中国 Ⅳ. ①D922. 291. 914

中国版本图书馆 CIP 数据核字（2022）第 254435 号

责任编辑　闫明明
责任印制　马小宾

出版发行　中国经济出版社
印 刷 者　北京艾普海德印刷有限公司
经 销 者　各地新华书店
开　　本　787mm × 1092mm　1/16
印　　张　34. 25
字　　数　423 千字
版　　次　2022 年 12 月第 1 版
印　　次　2022 年 12 月第 1 次
定　　价　148. 00 元
广告经营许可证　京西工商广字第 8179 号

中国经济出版社 **网址** www. economyph. com **社址** 北京市东城区安定门外大街 58 号 **邮编** 100011
本版图书如存在印装质量问题，请与本社销售中心联系调换（联系电话：010 - 57512564）

专家推荐

《走向本质合规》是我读过的第一本中央企业高级管理者就企业合规建设撰写的一部力作。作者依据丰富的企业合规管理的实践以及扎实的理论功底，深入探讨了国有企业强化合规对打造世界一流企业的重大意义，全面论证了企业如何从被动合规转向主动合规，从形式合规转向实质合规等一系列合规管理重大理论与实践问题。这本书是企业管理者研究合规、推进合规的有益教材。这本书的出版将有助于推进我国企业业已形成的强化合规管理的新潮流。

——王志乐 著名学者、北京新世纪跨国公司研究所所长、联合国全球契约组织第十项原则专家组成员，曾为商务部国际贸易经济合作研究院研究员，获国务院颁发国家有突出贡献专家证书并享受政府特殊津贴

《走向本质合规》致力于解析中国企业合规风险的动态结构——从历史到当代、从域外到本土、从市场竞争到公共规制，全方位地向我们展示了中国语境下企业合规行动是如何从形式向实质、从组织到机制加速展开的，这也彰显了企业合规史上中国企业高管的理性思考。

——蒋大兴 北京大学法学院教授、博士生导师，北京大学中国企业法律风险管理研究中心主任

《走向本质合规》值得大家一读。作者基于多年从事组织领导中国石化合规管理工作、处置合规风险事件，打造“五位一体”法治合规体系的实践经验与理论研究，对专项合规与全面合规的关系、合规管理与内部控制、风险管理的有机结合、企业风险伴随合规风险的有机联系等进行了系统、全面、专业及理论联系实际的分析和研究，科学地提出了“走向本质合规”的观点、途径、方式和方法，对从事法务、合规、内控、风控等实务及研究工作的个人或组织，尤其对国有企业及其员工具有较强学习借鉴和指导作用。

——**王耀国**　中国集团公司促进会法律工作委员会主任、中国企业联合会企业和企业家维权工作委员会副主任、中国人民大学民商事法律科学研究中心企业法治研究所所长、中国航天科工集团有限公司原副总法律顾问

企业在完成了基础性的体系、制度、流程建设以后，有效发挥作用就成为企业深化、强化合规管理工作的首要目标。《走向本质合规》在对合规管理进行全面梳理的基础上，深入阐述了企业发展重点领域合规要求，前瞻性地提出“本质合规”的理念以及实现方式，代表了未来企业合规管理的方向和路径。

——**叶小忠**　赛尼尔法务智库总裁、中国政法大学法学院企业法务研究中心执行主任、《中国企业法务观察》主编、国家标准化管理委员会法律风险管理标准化工作组委员，主持起草《企业法律风险管理指南》（GB/T 27914—2011）

放眼中国规则、标准等制度型开放的宏观大势，结合与国际标准等同转化的最新国家标准和《中央企业合规管理办法》，《走向本质合规》一

书全面系统地阐述了通过构建“管用的”合规管理体系，走向“本质合规”的路径和领域，给读者带来了思想上的启迪和感悟。

——**徐永前** 北京大成律师事务所党委副书记、高级合伙人、“一带一路”建设研究中心主任、中国标准化创新战略联盟风险管理专业委员会副主任委员、ISO 37301：2021《合规管理体系：要求及使用指南》国内专家组首席专家

前　言

国无法不昌，法因人而贵。可当今时代，在企业的治理、管理、经营活动中，并不是所有经营管理者都能发自内心地敬畏法律、主动合规。依法合规“说起来重要，忙起来忘掉，碍起事来就扔掉”。合规必须从企业高层做起，企业主要负责人要把加强合规管理作为履行法治建设第一责任人的重要职责扛起来，始终把尊法、学法、守法、用法作为一种习惯、一种素养来培育，坚持“违法违规的事一件不做，违法违规的钱一分不挣”。

一

不能否认，还有一些企业高级管理人员和一线生产经营人员法律合规意识淡薄。从发生的众多法律合规事件、案件来看，除了综合管理经验不够、法规政策把握不准、法律合规能力不足等原因外，究其根本，是在思想深层、潜意识中轻视法律、蔑视规则，在行动中轻则规避规则、信奉潜规则，重则抛弃规则，乃至破坏规则。如此心态，导致对法律合规的模糊认识。比如，企业生产经营事情日不暇给，又搞什么合规管理，“纯属没事找事，多此一举”；既然是合规管理，那就是“法律合规部门的事情，业务部门就不用参与了”；合规也没那么邪乎，“只要不犯法，自然就合规了”；搞好合规很简单，“看好自家门，管好自家人就可以了”；合规主要是“管好员工、管好下面的人就可以”；等等，不一而足。这些对法律合规的模糊认识，恰恰也是企业合规管理工作要重点解决的几个思想认识问题：合规到底有什么价值？合规与企业生产经营到底是什么关系？合规的边界到底在哪里？合规管理到底该如何抓？

法律合规对于企业，就如同刹车对于汽车一样不可缺少。一辆汽车，没有刹车、没有安全带就不是一辆合格的汽车。一个没有合规管理的企业也不能称为合格的企业。发展是硬道理，发展、经营、盈利自然是企业的中心工作。经营管理者作为企业这辆汽车的驾驶员，在踩油门不断加速的同时，必须注意交通规则，避免车辆失控的危险。发展固然是第一要务，但稳定也是第一责任。汽车开得快，前提必须开得稳、不违章，更不能发生事故。一个成熟、理性的企业经营管理者，不会不知道合规的价值和意义。但是，在利益驱动、业绩导向作用下，加上侥幸心理、盲目自信，发展与稳定、业务与合规的平衡可能被打破，倾向于选择发展和业务，结果是欲速则不达，事倍功半，甚至前功尽弃。所以，企业法律合规能不能做、做得好不好，关键在领导。各级领导干部带头尊法、学法、守法，明确法律边界，执行合规要求，防止出现“盲人骑瞎马，夜半临深池”的问题，处险境而不自知。

合规既不是新生事物，也不是新增加的管理职能。自从有了企业这种组织形式并开展生产经营活动以来，合规就存在了。企业的产品质量符不符合标准、要不要交税、排污合不合法等，都涉及合规问题。只不过以前的合规活动是零散的、临时的、随意的，而合规活动发展到现在，更加显现、更加系统、更加规范。企业管理者不能把合规当作负担而无可奈何地消极抵触，更不能以排斥的心态拒绝合规。企业合规管理已是一种客观存在，你爱不爱、要不要、来不来，合规都在那里。企业管理者只有以积极、主动、开放的心态接纳合规，才会把很有意义的合规管理做成很有意思的事情，也才会把很有意思的合规管理做得更有意义。

企业的生产经营活动从来不是单纯的生产经营，而是包含了复杂的生产关系、社会关系的活动。在产品制造、形成过程中，必须要有安全措施保障；在产品销售、价值实现过程中，必须要处理好与竞争者、消费者的关系。伴随着生产经营的安全保障措施、保护消费者权益，不就是合规吗？所以，企业生产经营和法律合规从来就是一体两面的，没有游离于生产经营之外的法律合规，也没有置身于法律合规之外的生产经营。企业的生产经营和法律合规具有天然的融合性，不能人为割裂生产经营和法律合规，造成“两张皮”的困境。对于诸如企业中安全环保、财经税务等职能部门的专业管理活动本身，无论是管理目标、管理标准，还是管理依据、管理内容、管理方式，都是合规管理。这就是为什么要树立“管业务必须管合规，管业务必须管风险”理念，为什么要把合规风险的第一道防线设在生产、经营、采购、销售、工程等生产经营单位和职能部门，为什么说合规不仅仅是法律合规部门的职责而是企业所有人的职责。

在这个社会化大分工、全球化大经济时代，亚马孙森林里的一只蝴蝶偶尔扇动一下翅膀，可能会引发美国得克萨斯州的龙卷风。蝴蝶效应虽然是混沌理论的概念，但它充分反映出世界的复杂性和普遍联系。企业生产经营活动的复杂性在成倍增长，企业生产经营涉及的法律法规也在迅猛增长。法律是包含了国家法律、行政法规、部门规章、监管规则、标准规范的体系。对法律的认识不能还停留在朴素的不犯法、不坐牢的基础层面上。企业生产经营和个人行为，虽不违反法律最底线，但也许已经违规。正是因为法律法规、监管规则、标准规范的复杂性、多变性，规避法律法规及违法违规的风险才成为合规管理的一个重要职责。因为法律合规的复杂性，“管好自家人，看好自家门”已远远不够。对合作伙伴、交易对手的合规性失察，也许会把企业自身拖进违法违规的泥沼。法律合规已经不仅是企业生产经营管理的底线和红线，也是一个企业追求、担当社会责任的境界。

二

在企业合规管理体系建设过程中，有一个绕不开的问题，即大合规和小合规的关系问题，或者说法律合规牵头部门与专业管理部门的关系问题。

成熟企业和大型企业在专业管理方面都建立了计划、投资、招投标、设备、生产、HSE、财务、资金、营销、法务、信息等诸多的管理门类和管理体系，也都包含合规管理的职责和内容，表现的公文载体叫要求、规定、办法，形成的固定做法叫体制、机制、制度。这些不同线条和专业领域的合规管理，就是所谓的小合规或专项合规。小合规或专项合规可能表现为单独的制度，但更多地存在于、散见于具体的业务制度、业务流程之中。小合规和专项合规上接国家法律法规和监管规则的“天线”，下搭企业内部规章制度和操作规范的“地线”，是一线的、操作性强的、最直接的合规管控措施。

小合规和专项合规是企业合规管理体系的基本单元，是大合规建设与运行的根基。小合规和专项合规虽然“头痛医头，脚痛医脚”，难以做到企业合规管理的全盘考虑，但其形成的时间多数先于大合规，与业务结合更紧密，发挥作用更直接、针对性更强。对规模小、业务单一、产业链短的企业，小合规和某几项专业合规的合理性、效率性是显而易见的。在企业合规管理体系建设过程中，不必面面俱到，企业可以根据自己的行业特点、现实问题、实际需要，从小合规和专项合规做起。

当然，一个企业不论有多少个小合规和专项合规体系，如果没有一套基于组织架构和制度流程构建的全面系统、切实可行并持续改进的大合规管理机制，就视同没有建立真正意义上的合规管理体系。这要求企业在确立合规管理体系建设方案之初，必须站在更高的层级，具备更宏观的视野，对合规管理体系形成全面和系统性的认识与布局，避免只见树木不见森林。

对于大型企业来说，要在现有小合规和专项合规基础上，建立完善合规管理的组织体系，明确合规管理委员会、合规管理负责人、合规管理部门，并由合规管理部门承担大合规管理的主体责任、管理责任。企业的业务部门、职能部门则负责专业合规。合规管理部门负责整体合规制度、体系、组织、运行，以及新型、跨部门、无明确主管部门的合规风险，如制裁、反腐败、数据安全和个人信息安全等，起到“兜底”作用。

抓好大合规与专项合规的统筹谋划和有机结合等措施，既要将原有“散”的合规管理要求集成化、系统化、体系化，又要修正、补齐现有专项合规体系的缺陷与不足，推动“管业务必须管合规”“管业务必须管风险”责任制落实落地，消除小合规和专项合规死角、盲点，实现合规管理全覆盖。

三

在大型企业的企业管理中，制度管理、合规管理、内控管理、风险管理、法律管理同时存在，有的还建立了信息系统，实行流程化、网络化、数字化管理。这些管理体系之间，在合规管理上既存在职能交叉、重叠现象，也可相互融通、相互支撑。

国务院国资委印发的《关于进一步深化法治央企建设的意见》提出，着力健全合规管理体系，持续完善合规管理工作机制，健全总法律顾问领导、法务管理机构牵头、相关部门协同联动的合规管理体系。发挥法务管理机构统筹协调、组织推动、督促落实作用，加强制度建设，开展合规审查与考核，保障体系有效运行。强化业务部门和项目一线主体责任，将合规要求嵌入岗位职责、业务流程，抓好重点领域合规管理，有效防范、及时处置合规风险。推动法务、合规、风控一体化运行，加强统筹协调，切实管理效能。这里指出了处理制度管理、合规管理、内控管理、风险管理、法律管理五者关系的办法，明晰了合规管理体系建设的路径。

面对日趋严峻复杂的国际环境、更加严格规范的国内监管新形势新变化，以“强内控、促合规、防风险”为目标，高起点定位、高标准谋划、高质量推进，建立以制度建设为基础、以风险管控为导向、以内部控制为平台、以合规管理为抓手、以法律支撑为保障的制度、风控、内控、合规、法律“五位一体”合规管理体系，是最优化、最有效的选择。

以制度建设为基础，是因为制度是企业治理、管理、经营的平台和保证。企业所有治理、管理、经营活动规则、规范必须建立在制度基础上，都要通过制度来体现。制度建设是合规管理体系建设的基础性工程，合规管理体系的运行又要靠制度来保障。合规管理制度体系本身就是企业制度体系的一项重要内容。合规管理通过对法律法规、监管规则、标准规范进行识别，外规内化，再把法律法规、监管规则、标准规范转化为企业的规章制度，执行企业规章制度的同时，就是执行国家法律法规、监管规则和标准规范。没有制度做基础和保障，合规管理就是一座沙雕，好看但不长久。

以风险管理为导向，是因为合规管理本质上就是一种风险管理活动。识别、防控、化解合规风险，保证企业健康稳健发展，就是合规管理的价值和意义所在。合规风险管理是全面风险管理中以合规风险为对象和内容的专项风险管理，其管理方式、方法与全面风险管理方式、方法基本相同，其中差别主要体现在风险偏好和风险策略方面。其他风险管理会根据风险偏好和容忍度，采取激进、稳健、保守、转移等风险管理策略。但合规管理多数涉及的是企业重大经营管理行为和行为的根本性质问题，违法违规的行为可能会导致颠覆性后果。合规管理对违法违规风险必须采取“零容忍”态度。因此，在全面风险管理的同时，应一体化推进合规管理体系建设。没有合规风险管理，全面风险管理就缺失了最为重要的一部分。

以内部控制为平台，是因为内部控制是企业规章制度结构化、流程化的运行方式和控制方式。内部控制是上市公司基于萨班斯法案和会计信息披露的要求建立的以财务报表、财务管理、信息披露为主的管理制度，具有结构化、流程化的特点和优势，日益与生产经营、业务管理流程融为一体，在业务流程运行过程中，通过权限配置和控制点设置实施控制，从而实现对合规风险的管控。所以，内控体系可以成为一种平台，搭载风险管理、合规管理的识别、控制、改正、提升功能。不论是遵守来自外部法律法规、监管规则的外部合规，还是执行内部规章制度、规范标准的内部合规，都可成为内部控制的内容、要求和目标。

以法律支撑为保障，是因为合规风险主要是基于行政和刑事法律关系产生的行政和刑事法律责任风险。企业法律人员具有专业法律知识和技能，在合规管理中能更好发挥咨询服务作用和处理合规事件、案件作用。合规管理与法律管理在指导思想和理念上相通，在工作范围和内容上相交，在工作方法和程序上相似，部分工作职责从传统法律工作职责转变而来。合规管理赋予依法治企更深的内涵，是企业法律工作转型发展的新方向和业务拓展的新领域。

制度、风控、内控、合规、法律彼此之间功能相近，职能相交。在推进合规管理体系建设过程中，要正确处理好这五者的关系，以发挥合规管理实际效果为目标，不能简单追求形式上的合规。在大型企业中，各种管理体系较多，有些在向信息化发展和运行。制度、风控、内控、合规、法律五个管理体系，必须相互融合、相互支撑，防止功能相近的体系“叠床架屋、另起炉灶”，既要避免重复投资建设，也要避免管理人员、业务人员在不同系统之间频繁登录、重复录入、来回切换、体验烦琐。在企业的制度、风控、内控、合规、法律五个体系和信息系统建设中，本着“后建让先建”“平台功能优先”的原则，哪个体系和信息系统先建成、哪个体系和信息系统具有平台功能，就依托在先建成的体系，搭载在信息平台上，实现系统之间数据集成、有机融合、一体化运行。

企业合规管理是一个庞大的体系，本书依托大型工业企业的实际和场景，梳理了企业合规管理的主要领域，如安全生产、生态环境保护、税务、反不正当竞争、反垄断及涉外合规等。另外，诸如数质量合规、劳动合规、消费者权益保护合规、证券市场监管合规、知识产权合规、信息与数据合规、企业信用自律管理等很多方面，因为专业水平不够和受篇幅限制没有涉猎，作为遗憾留待日后弥补。

本书不周不妥之处，敬请读者批评指正。

杜江波

2022 年 10 月 9 日

目 录

第一章
合规的认识与理解

第二章
合规管理的发展历程

第三章 企业合规在我国的发展

第四章 安全生产合规管理

第五章 生态环境保护合规

第六章 企业税务合规管理

第十章
海外反腐败合规

第十一章
国际经济制裁合规

第十二章
出口管制合规

第十三章
外国投资国家安全审查合规

第十四章 中国涉外法治合规

第一章

合规的认识与理解

合规（Compliance）意为“服从、顺从、遵从、遵守，符合”，即要求企业行为应符合法律法规、监管规则、商业道德及企业内部规章制度等要求。“合规”一词是舶来品，作为一个专业名词，最早是在银行和金融行业里使用。现在合规的概念已被广泛运用在政府机构、企业组织、社会团体、国际组织的治理和运行中。

第一节　国际标准化组织关于合规的定义

国际标准化组织2021年4月发布的ISO 37301《合规管理体系：要求及使用指南》[①]将合规定义为“履行组织的全部合规义务”，并明确合规义务包括组织必须遵守的强制性要求，以及组织自愿选择遵守的要求。组织应将合规义务作为确立、制定、实施和改进其合规管理体系的基础。

ISO 37301适用于政府、企业、社会团体、国际机构等所有组织，而不仅仅是企业组织。但是，企业是社会上数量最多、雇员最多、掌握和消耗社会资源最多的社会组织，承担着较为繁重的社会责任和合规责任，因此ISO 37301《合规管理体系：要求及使用指南》对企业组织的适用性最直接也最普遍。

根据ISO 37301对合规的定义，合规管理的主体是组织，客体是要遵守的规则，内容则是组织为遵守规则而要履行的义务。

关于合规的主体，根据ISO 37301的具体条文，可推导出不仅包括组

---

① ISO 37000是一个标准族，主要是组织治理方面的标准体系。截止到2021年，ISO 37000标准族包括：ISO 37000《组织治理指南》、ISO 37001《反贿赂管理体系：要求及使用指南》、ISO 37002《举报管理体系指南》、ISO 37007《公司治理有效工具指南》、ISO 37301《合规管理体系：要求及使用指南》。

织，还包括组织中的人，即组织的领导者、执行者及全体员工。

关于合规的客体，ISO 37301 列明了强制性和自愿性两大类规则。

第一类是必须遵守的强制性要求，具体包括：①组织适用和对组织有管辖权的法律法规；②组织从事活动的资质、许可、批准或其他形式的授权；③监管机构发布的条例、命令和指南；④行政决定或法院判决；⑤组织所在国家缔结、参加、承认的国际条约、公约和多边协定。

第二类是组织自愿性选择遵守的要求，具体包括：①与公共权力机构、社会团体或非政府组织签订的合同或协议；②与客户、合作伙伴等签订的合同或协议；③组织的要求，如章程和政策；④自愿的原则或规程；⑤自愿性标志或环境承诺；⑥与组织签署合同产生的义务。从自愿选择遵守的规则来看，有广泛、普遍使用的规则，如世界范围通行的世界银行反腐败规则，也有组织与特定对象达成的协议、合同以及组织参加的特定组织的特定规则。

ISO 37301 是目前国际通用、公认最权威的标准。这个标准本身不具有强制性，必须由各个国家和各个国际组织按法定程序将其转化为国家或组织的标准后，才具备真正的标准效力。

国家市场监督总局和国家标准化管理委员会 2022 年 10 月 12 日发布并实施《合规管理体系：要求及使用指南》（GB/T 35770—2022）。党的二十大报告指出，要“稳步扩大规则、规制、管理、标准等制度型开放”。《合规管理体系：要求及使用指南》（GB/T 35770—2022）将 ISO 37301 转换为国家标准，是推进高水平对外开放的重大举措。该标准等同于采用 ISO 37301 标准，全面替代国家质量监督检验检疫总局和国家标准化管理委员会 2017 年发布的《合规管理体系：指南》（GB/T 35770—2017/ISO 19600：2014），也标志着 ISO 37301 正式转换成我国的国家标准。该标准规定了组织建立、制定、实施、评价、维护和改进有效的合规管理体系应满足的要求，为包括企业在内的各类组织实施合规管理体系建设和认证提供了根本遵循，对我国合规管理工作的推进与落实具有重要意义。

第二节　中国语境下合规的定义和分类

从2006年开始，中国银监会、保监会、证监会率先在金融领域制定、发布合规监管规则。2017年以来，国家发展改革委、外交部、商务部、市场监管总局、人民银行、国务院国资委及国家标准化管理委员会、全国工商联等机构，单独或联合制定、发布了涉及和适用于境内境外、各种所有制性质企业的合规规范。① 如《民营企业境外投资经营行为规范》《企业境外经营合规管理指引》《合规管理体系：指南》等，其中尤以2022年10月1日生效的《中央企业合规管理办法》（国务院国有资产监督管理委员会令第42号）最为权威。虽然这些规范、指引的出台背景、适用范围、监管对象等不尽相同，但对合规的定义并不存在本质区别和矛盾冲突，对合规的分类一般以“规”的范围、企业状态、制度缺陷、管理需求及合规管理体系建设表现形式等为依据。

一、现行主要监管规范关于合规的定义和要求

（一）非强制性规范关于合规的定义和要求

2017年12月29日，国家质量监督检验检疫总局和国家标准化管理委

① 2007年7月中国证监会发布《证券公司合规管理试行规定》，2007年9月原中国保监会发布《保险公司合规管理指引》，2016年4月国务院国资委印发《关于在部分中央企业开展合规管理体系建设试点工作的通知》，2017年12月6日国家发展和改革委员会、商务部、中国人民银行、外交部、中华全国工商业联合会联合发布《民营企业境外投资经营行为规范》，2017年12月29日国家质量监督检验检疫总局和国家标准化管理委员会联合发布GB/T 35770—2017/ISO 19600：2014《合规管理体系：指南》，2018年11月国务院国资委发布《中央企业合规管理指引（试行）》，2018年12月国家发展和改革委员会等七部门联合发布《企业境外经营合规管理指引》。

员会联合发布《合规管理体系：指南》（以下简称《指南》）。《指南》将合规定义为“履行组织的全部合规义务”，将合规义务定义为“合规要求或合规承诺”，将合规要求定义为“组织有义务遵守的要求”，将合规承诺定义为“组织选择遵守的要求”，将要求定义为“明示的、通常隐含的有义务履行的需求和期望”。

2018 年 11 月 2 日，国务院国资委发布《中央企业合规管理指引（试行）》（以下简称《央企合规指引》），将合规定义为“中央企业及其员工的经营管理行为符合法律法规、监管规定、行业准则和企业章程、规章制度以及国际条约、规则等要求”。

2018 年 12 月，国家发展和改革委员会、外交部、商务部、中国人民银行、国务院国资委、国家外汇管理局、中华全国工商业联合会七部委联合发布的《企业境外经营合规管理指引》（以下简称《境外合规指引》）明确规定：“本指引所称合规，是指企业及其员工的经营管理行为符合有关法律法规、国际条约、监管规定、行业准则、商业惯例、道德规范和企业依法制定的章程及规章制度等要求。”

相比较而言，《指南》旨在提供一个普适性的合规管理体系参考框架，对特定主体并不具有倾向性和针对性，属于国家鼓励采用的推荐性国家标准，不具有强制力。《央企合规指引》主要对中央企业的合规管理工作及合规事项进行了规定。《境外合规指引》的监管重点是企业境外经营，对象为所有中国企业。两个指引均属于仅供参考执行的指导性文件，不具有强制性。特别是，两者均把合规管理对象界定为“企业及其员工的经营管理行为”，把所要合的“规”延伸到了国际条约企业内部的规章制度。其中，《境外合规指引》强调所要遵循的内规是“企业依法制定的章程及规章制度”，即执行落实外部监管要求的企业内部规章制度。

（二）《中央企业合规管理办法》关于合规的定义和要求

2022 年 8 月，国务院国资委正式发布《中央企业合规管理办法》（国务院国有资产监督管理委员会令第 42 号，本节简称《办法》）。《办法》是国务院国资委在 2018 年出台的《央企合规指引》基础上，经过 4 年的试行，把一些非强制性的规范要求整合升级为强制性的部门规章。鉴于中央企业在国民经济体系和社会管理体系中的体量和影响，应重点关注和落实《办法》关于合规的强制性要求。

《办法》第三条明确规定："本办法所称合规，是指企业经营管理行为和员工履职行为符合国家法律法规、监管规定、行业准则和国际条约、规则，以及公司章程、相关规章制度等要求。"因为《办法》聚焦在企业，而且是中央企业这样特殊而特定的组织，相比 ISO 37301 而言，更为清晰、明确地给出了适用企业的合规定义。

首先，《办法》明确了合规的主体是企业和企业的员工，而且进一步把合规落实、落脚到企业的经营管理行为和员工的履职行为上。这就表明，合规不仅是静态的权责配置，还是动态的权责运行。

其次，《办法》对合规的"规"作了非常清晰的列示。第一类是效力最高的国家法律法规①，也即中国特色社会主义法律规范体系；效力次之的是政府机关的部门规章和规范性文件（如政府监管机构发布的办法、规定、通知等），最后是行业准则。第二类是国际条约、规则，国际条约以所在国家缔结、参加、承认为准；国际规则更多是商业规范，可以选择遵守或不遵守，不遵守不会导致直接的后果，而是要通过法律等方式产生

① 截至 2022 年 8 月，我国现行有效的法律法规有 900 多部。由全国人大及其常委会制定的法律有 306 件，其中，宪法 1 件和宪法相关法律 51 件、民商法 24 件、行政法 96 件、经济法 82 件、社会法 27 件、刑法及相关法 14 件、诉讼和非诉讼程序法 11 件。由国务院制定的行政法规有 598 件。监察法规 1 件（监察法实施条例）。地方性法规 13186 件。最高人民法院和最高人民检察院发布的司法解释有 530 件。

后果。第三类是企业的章程和内部规章制度。

前两类基本和 ISO 37301 规定一致，而第三类关于企业的章程和内部规章的要求，则突出表明了合规的内生动力和内在要求，既是合规管理与内部控制、风险管理相结合、相促进的逻辑前提和理论基础，也是本质合规的根基。

二、合规类型

（一）小合规、大合规和中国特色合规

从合规中“规”的范围来看，有“小合规”和“大合规”之分。“小合规”也就是狭义的合规，主要指遵守、服从国家的法律法规，接受政府和国家监管部门的强制监管要求。“大合规”即广义合规，除遵守、服从国家法律法规、政府监管规定外，还包括国际规则、商业规则、行业规范和企业内部规章制度，也就是所说的“外规加内规”。

除了“小合规”和“大合规”之外，还有中国特色合规。《办法》第七条规定：“中央企业应当严格遵守党内法规制度，企业党建工作机构在党委（党组）领导下，按照有关规定履行相应职责，推动相关党内法规制度有效贯彻落实。”也就是说，对于我国国有企业而言，除了国家法律法规、政府监管规则、国际规则、商业规则、行业规范和企业内部规章制度外，还必须遵守党内法规。这是由我国国有企业性质决定的，也是我国国有企业合规的特质和优势。

（二）全面合规和专项合规

从企业合规涉及的领域来看，有全面合规和专项合规之分。不同专业、行业领域的企业，因为专业、行业的特殊风险因素和监管要求，从防范合规风险出发，会将合规管理集中和侧重在某些专业领域。如危险化工

品生产经营企业会把安全生产、环境保护合规，电子商务、互联网企业会将数据安全、隐私保护合规，石油能源、电子通信、国际贸易企业会将国际制裁、出口管制合规作为自己的重点或专项合规领域。专业合规逐渐成为处于各个行业领域企业日常性的合规要求、合规措施，也被称为日常性合规。有些专业合规，则是因为企业在生产经营和业务发展中触犯了法律法规和监管要求，被政府机构、司法机关、国际组织要求整改，或者本着问题导向、结果导向，在整改过程中突出、强化、完善某些专业领域的合规建设而形成了专业合规，也被称为整改式（危机应对式）合规。[①]近年来发生的中兴通讯被制裁、华为孟晚舟事件，使得电信行业和从美国进口产品、技术、服务的企业，将美国和西方国家的出口管制作为合规重点领域，形成了完备的出口管制合规制度、机制、规范，建立了熟悉掌握出口管制规则的专业合规队伍。而一些参与国际工程建设项目的工程公司，则因为世界银行严厉的反腐败制裁和惩治投标中虚假陈述、欺诈行为，把合规重点集中到反海外腐败和世界银行投标规则中。

在各种专业合规中，有专家将反腐败、反欺诈、反串谋单独列为诚信合规，从而将合规分为专项合规、诚信合规和全面合规三大类[②]。经济合作与发展组织（OECD）发布的《内控、道德与合规最佳实践指南》和世界银行发布的《诚信合规指南》都是把反腐败、反欺诈作为合规的重点领域。

全面合规是指大型企业集团从防范各类合规风险和应对各种合规事件出发，建立多专业、多领域、多级次的合规管理体系。随着工业革命、信息革命和全球化、网络化的迅猛发展，国际竞争和并购促使企业的规模不断扩大。世界500强企业都是资产规模大、产业链条长、管理层级多的超大型企业集团。超大型企业集团通常集生产、研发、贸易、

① 陈瑞华:《有效合规管理的两种模式》,《法制与社会发展》,2022年第1期。

② 郭青红:《企业合规管理体系实务指南》,人民法院出版社,2019年版。

金融于一体，要面对各领域、各专业和全世界各司法辖区的合规风险，势必要求其必须建立全面合规管理体系，即在公司治理层领导下，建立全面而专业的合规管理制度、机制，由专门的合规管理部门牵头，企业的各专业或职能部门、各种类型的专业化子企业参加，开展全方位和专业化的合规管理。

（三）预防式合规与整改式合规

预防式合规，即在尚未发生任何一件合规风险事件之时，通过实施制度制定、风险识别、合规审查、风险应对、责任追究、考核评价、合规培训等有组织、有计划的管理活动，以预防合规风险事件的发生。基于风险无处不在的特点，假设企业在当前及未来一定时间阶段内会发生这样或那样的合规风险，是企业实施有效合规管理的重要前提。如果不建立在对合规风险判断的基础上，那么所构建的合规管理机制流程，将是“无的放矢”，导致合规管理流于形式。

整改式合规，即通常所说的涉案企业合规。这类合规建立在承诺基础上，主要针对与涉嫌犯罪有密切联系的合规风险，在已经发生一件或多件合规风险事件后，涉案企业按照合规管理有效性标准，停止涉罪违规违法行为，成立合规管理体系建设领导小组，制订专项合规计划，设置专职或兼职的合规管理人员，建立健全合规管理制度，为合规管理制度运行提供人力、物力保障，建立监测、举报、调查、处理机制，建立合规绩效评价及持续整改、定期报告等机制，形成有效合规管理体系。

预防式合规与整改式合规的内在联系与共通之处：一是预防式合规的各项管理活动和措施，如组织体系、制度体系和机制体系，与整改式合规的各项管理活动和措施，如合规管理机构、合规管理规范、合规制度机制等，其内在都是企业内可采取的管理措施，方法论是一致的。二是预防式合规是建立在假设风险无处不在基础上的全面合规，往往从那些过去曾经发生或同行企业已经发生的重要合规风险事件的业务领域入手，通过做强专项合规，推动全面合规。整改式合规也是以全面合规为目标、专项合规为重点，根据规模、业务范围、行业特点等因素变化，逐步增设必要的专项合规计划，实现合规管理全覆盖。

预防式合规与整改式合规的区别：一是预防式合规是预防和应对假设存在的所有合规风险的全面合规。整改式合规则是聚焦“已涉案涉罪”合规风险事件的专项合规。二是预防式合规决定了其在风险尚未发生时即采取了完备的控制措施，是一种事前为主的主动管理活动。整改式合规表明企业已涉案，须按监管部门的要求及标准，针对之前存在的不合规行为采取控制措施，是事后的而且是被动的。三是预防式合规目前尚无明确、统一的有效性评价标准。整改式合规有专门的评估环节；经合规第三方监督评估组织对涉案企业合规建设的有效性进行评价，最终由人民检察院判断是否可作为“依法作出不批准逮捕、变更强制措施、不起诉决定”等的参考。

第三节　合规风险

一个组织为什么要搞合规？为什么建立合规管理体系？这涉及合规的价值问题。各种版本的合规指引、规范无一例外都把合规的价值和意义归结为防范不合规的风险。

一、合规风险是造成负面影响或纯粹损失的可能性

《合规管理体系：指南》（GB/T 35770—2017/ISO 19600：2014）将合规风险解释为“不确定性对合规目标的影响”“影响是指偏离预期，可以

是正面的或负面的”。《合规管理体系：要求及使用指南》（ISO 37301：2021）将合规风险定义为“因不符合组织合规义务而发生不合规的可能性及其后果”。国务院国资委印发的《中央企业合规管理办法》明确规定：“本办法所称合规风险，是指企业及其员工在经营管理过程中因违规行为引发法律责任、造成经济或者声誉损失以及其他负面影响的可能性。”

风险是指组织和人的行为与特定目标发生偏离、不一致的可能性。从某种意义上讲，风险本身既不是贬义词也不是褒义词，而是中性的。所以，风险既可以逐渐演变成隐患，最终爆发成事件、事故，甚至成为灾难，也可以转化为机遇，也就是化危为机。所以，风险的正负双面性将其分为损失性风险和机会性风险。损失性风险是纯粹会带来损失的可能性，如自然灾害风险、飞行事故风险等。机会性风险既会带来收益的可能性，也会带来损失的可能性。

监管机构多数倾向于将合规风险界定为负面损失性风险。2006 年 10 月，原中国银行业监督管理委员会发布的《商业银行合规风险指引》第三条规定：“本指引所称合规风险，是指商业银行因没有遵循法律、规则和准则可能遭受法律制裁、监管处罚、重大财务损失和声誉损失的风险。”2016 年 12 月原中国保险监督管理委员会发布的《保险公司合规管理办法》第二条、2017 年 6 月中国证券监督管理委员会发布的《证券公司和证券投资基金管理公司合规管理办法》第二条、国务院国资委《中央企业合规管理办法》第三条关于合规风险的解释，都强调合规风险是引发法律责任、造成经济或者声誉损失以及其他负面影响的可能性。说明监管部门制定的合规管理办法中的合规风险，指的是纯粹损失性风险，从而更加突出了合规管理在管控风险方面的价值和作用。

二、合规风险与风险管理相结合

合规的作用和价值在于控制不合规导致的纯粹损失性风险，因此决定了合规与风险管理存在着密不可分的天然联系。风险是合规管理的导向，合规是风险管理的内容。国务院国资委2006年发布的《中央企业全面风险管理指引》中规定："本指引所称企业风险，指未来的不确定性对企业实现其经营目标的影响。"《中央企业全面风险管理指引》首次把企业风险分为五大类，即战略风险、财务风险、市场风险、运营风险和法律风险。因各种风险的性质和关联关系，决定这五大风险最终都与合规风险相伴随，甚至会演变为合规风险。

企业在投资决策中，违反了国家的节能减排和生态环境保护的法律法规、禁止性投资产业政策和负面清单，不仅面临战略风险，而且面临严重的合规风险。

企业的财务风险不仅表现为利率、汇率变动对经营效益的影响，并且会伴随资产负债率的变动、适当履行纳税义务的合规风险。少数企业为了规避利率、汇率等财务风险给企业经营效益造成的负面影响，编造虚假会计信息，从而面临会计、资本市场、税务的合规风险。

市场风险是企业最常见的风险，产品更新换代、市场占有率、市场价格都会给企业效益和价值带来直接影响。如果企业在应对市场风险挑战时，采取以次充好、短斤缺两等侵害消费者权益的营销手段，实施诋毁竞争对手的不正当竞争行为，甚至达成垄断协议和滥用市场支配地位，都会形成严重的市场竞争合规风险。

运营风险中，最常见的有企业安全生产、生态环境保护、员工劳动保护合规要求。这些合规要求是对国家法律法规的遵守、遵从和符合，也有很多是对企业自身安全生产、生态环境保护、员工劳动保护规章制度的执行。

法律风险是指企业面临的国际组织如世界银行的调查及处罚、国家监管机构的行政调查和处罚、民事违约和法律责任、刑事调查和刑事处罚风险。战略风险、财务风险、市场风险、运营风险最终演变的后果、责任，最为严厉的、具有强制执行力的正是合规法律责任。

第四节　合规管理体系

管理是通过计划、组织、领导、控制等手段，结合人力、物力、财力、信息、环境、时间等要素，以达到组织目标的过程。管理体系是组织制定方针和目标并实现这些目标的组织制度与管理制度的总称。不同组织的管理功能与业务领域之间存在不同的目标、计划、组织、领导和控制机制，并因此区分建立企业管理若干子体系，如财务管理体系、生产管理体系、QHSE 管理体系及内控管理体系、法务管理体系等。合规管理体系本质上也是企业管理体系的一种，是以合规为核心，由组织制定合规方针和目标并实现这些目标任务的管理体系。

一、合规管理是企业管理的组成部分

国务院国资委印发的《中央企业合规管理办法》明确规定：“本办法所称合规管理，是指企业以有效防控合规风险为目的，以提升依法合规经营管理水平为导向，以企业经营管理行为和员工履职行为为对象，开展的包括建立合规制度、完善运行机制、培育合规文化、强化监督问责等有组织、有计划的管理活动。”

合规管理作为“管理”，就像其他管理一样，是组织有计划、有目

标、有过程、有控制，通过人力、物力、财力的投入，处理外部环境和第三方的关系，达到特定目的的活动。合规则是管理活动的某种特质，即所有管理活动围绕合规这个目标而展开。企业合规管理和企业的计划管理、投资管理、生产管理、现场管理、设备管理、营销管理、客户管理、安全管理、财务管理、资金管理等管理门类一样，是构成企业管理的一部分。

合规管理是为了控制合规风险、实现合规目的而采取一些措施，解决组织在什么样的情况下按照怎样的规则做正确的事，保证组织里所有成员按照规则做正确的事，能迅速识别发现不按照规则做错事的情形，对违反规则的情形、行为和成员应当实施纠偏并给予处罚。

二、合规管理体系要素和内容

《合规管理体系：要求及使用指南》（ISO 37301：2021）使用了“合规要素”的概念，国务院国资委印发的《中央企业合规管理办法》则采用了“合规管理体系”的说法。尽管表述不同，但指向的对象大致相同。综合目前各个国家监管规定、国际组织标准指引、各种学术观点，合规管理体系的要素主要包括：合规组织机构、合规制度、合规风险管控、合规调查和审查、合规考核和评价、合规培训、违规举报、问责追责、合规报告、合规管理信息系统等。

合规管理体系建设是一个为防范各种合规风险，将“对合规义务的主动遵守”融入企业全部经营管理活动的管理体系构建过程。如何融入业务管理体系，成为合规管理发挥价值的出发点，也是合规管理体系建设的难点。

开展合规管理体系建设，不能叠床架屋、另起炉灶，而应本着“后建让先建”“平台搭应用”原则，以现有的业务流程和管理体系为基础，进一步明晰各项职能的逻辑结构和体系界面，找到最大公约数和最小公倍数，有效避免职能交叉、工作重复、合力不足、效率不高、效果不显著等问题，弥补单一职能对全面风险防控的不足和遗漏，达到整合资源、提升效能的目的。合规管理体系建设的基本路径包括：现状评估与拟定合规实施方案，识别企业合规风险，搭建合规组织架构，制定合规管理制度，运行合规管控机制，提高合规文化意识。

开展合规管理体系建设，不仅要确保合规管理工作有领导抓、有机构管、有专人做，合规风险防控有制可依、有规可守、有序可循，更要看运行效果好不好、管不管用，能否对合规风险进行持续监测、识别、预警、防范、控制、化解。具体包括：一是企业是否明确表明态度，对违法犯罪行为予以坚决抵制和禁止；二是企业是否在合规、内控、风控及业务制度中作出明确规定，建立了切实可行的执行路径，并确保合规管理的独立性与全面性；三是企业在管理过程中，是否尽到合理注意义务，履行了对员工的管理、监督、教育、培训等责任，尤其是企业高层和管理者的监督与责任是否履行到位，评价结果是否与班子年度绩效、任期绩效、提拔任用挂钩，与专业管理处置建议、纪检监督建议关联。

三、合规管理体系产生于金融领域

合规管理作为一种企业治理方式，是近几十年来从银行金融领域开始，并向其他领域拓展、发展、完善起来的。在这个过程中，赫斯塔特银行和富兰克林国民银行倒闭破产[①]及随后的巴塞尔银行监管协议都起到标志性的推进作用。

1973 年 10 月至 1975 年 4 月，美国和西方国家经济陷入严重“滞

① 钟震、郭立:《从富兰克林国民银行破产案看美国早期问题银行风险处置的得与失》,《风险管理》,2019 年第 10 期。

胀”，经历了自“二战”以来持续时间最长的一次经济衰退期。与此同时，伴随布雷顿森林体系的瓦解、石油价格的攀升、主要货币汇率的波动，美国和西方国家也爆发了自“二战”以来最为严重的银行体系破产倒闭危机。1973—1974 年，包括富兰克林银行在内共有 10 家美国银行倒闭。

赫斯塔特银行（Bankhaus Herstatt）是原联邦德国（西德）最大的私人商业银行。1974 年 6 月原联邦德国银行监管当局向赫斯塔特银行发出美元外汇清算指令。虽然当时赫斯塔特银行账目上显示有 8 亿美元，但没有充足的准备金，无力向对方银行支付美元外汇，最后因挤兑等各种原因造成4.5 亿美元外汇和其他损失，被原联邦德国银行监管当局强令关闭。

富兰克林国民银行有百年历史，位于美国加州，1952 年成为世界金融史上第一家发行信用卡的商业银行，跻身美国前二十大商业银行之列，一时风光无限。1974 年 5 月 12 日，富兰克林国民银行突然爆发危机，经历近 5 个月的救助和处置后还是难以为继，被迫宣布破产倒闭。富兰克林国民银行长期以来资本金不足，不良资产迅速攀升，不良贷款率从 1969 年 9 月的 5.4% 增至 1974 年 5 月的 11.6%，不良贷款占总资本比重也达到 62%。富兰克林国民银行自 1969 年起开始涉足外汇交易领域，在激进经营理念的引导下，将外汇交易投机赢利视为弥补信贷市场损失的重要途径，实际上是饮鸩止渴。

富兰克林国民银行作为第二次世界大战后美国第一大银行，破产原因有三个：一是过度依赖短期融资，为了满足快速发展带来的庞大资金需求，富兰克林国民银行高度依赖货币市场进行短期融资。这种高成本的融资方式加重了其债务负担，迫使其采取更加激进的投资策略。二是投资决策失误，对利率和汇率走势出现重大误判，富兰克林国民银行认为利率将会下降，购买大量债券，并从欧洲美元市场上大量借入美元以满足其贷款需求。但事实上，利率不断攀至新高，使其投资组合损失惨重，更因欧洲美元市场的利差持续收窄，陷入贷款收入甚至低于借贷成本的窘境。三是公司治理形同虚设，存在违法违规甚至突破职业道德底线的行为。富兰克林国民银行风险管理意识薄弱，公司治理机制存在明显漏洞，内部人控制情况严重。从事后披露情况看，富兰克林国民银行高级管理层在外汇交易风险管理方面的专业知识和技能匮乏，在逐利冲动下无视风险的存在，盲目支持快速进军外汇市场。其外汇交易员在未获得高级管理层授权许可的情况下，进行大量的投机操作，建仓的头寸甚至超过公司的限额，外汇交易的后台监控体系形同虚设。更为糟糕的是，在面临巨额亏损时，高级管理层铤而走险，丧失职业道德，默许交易员隐瞒交易损失，利用关联交易虚构利润欺骗投资者。

正是因为赫斯塔特银行和富兰克林国民银行破产案暴露出来的商业银行资本金和准备金不足、高负债和高杠杆、过度投机等严重问题，促使了《巴塞尔协议》的产生。

四、《巴塞尔协议》对合规管理体系的影响

1974 年，十国集团中央银行[①]行长在瑞士巴塞尔倡议建立巴塞尔委员会，达成《巴塞尔协议》。《巴塞尔协议》是国际清算银行成员国的央行在以后不同时期达成的若干重要协议的统称，是国际银行业风险管理的理论指导、行动指南和实践总结。全世界 100 多个国家采用这个协议。《巴塞尔协议》是以西方国家为主的央行达成的国际性协议。作为监管规则

---

① 十国集团是 1961 年 11 月由比利时、加拿大、法国、德国、意大利、日本、荷兰、瑞典、英国、美国十个国家为安排债务国和债权国之间债务偿付而建立的组织，后瑞士加入。上述国家的中央银行和国际清算银行（BIS）是十国集团的日常工作主要支撑和执行者。国际清算银行总部设在瑞士巴塞尔，目前已有 60 多个国家中央银行加入。

和要求，必须经过各商业银行所在国和银行业务所在东道国承认、接受并转化为本国的金融监管规则。

《巴塞尔协议》通过制定统一标准，补充和完善了单个国家对商业银行监管的缺陷和不足，特别是重点通过监管资本和准备金充足率等手段，减少银行经营风险，达到国际银行体系健康和稳定、发展的目的。

1988 年 7 月，巴塞尔委员会通过《关于统一国际银行的资本计算和资本标准的报告》（简称《1988 年资本协议》或《巴塞尔协议Ⅰ》），对银行的资本比率、资本结构、各类资产的风险权数等方面作了统一规定。《1988 年资本协议》共分四部分：第一，资本分类；第二，风险权重的计算标准；第三，标准比率；第四，过渡期安排。将资产负债表上不同类资产和表外项目根据其风险程度大小进行加权，可以对不同银行进行比较，更易于对表外项目衡量，鼓励银行持有流动性强和风险性低的资产。

1997 年东南亚金融危机爆发，引发巴塞尔委员会对金融风险全面而深入的思考。巴塞尔委员会从 1998 年开始对《巴塞尔协议Ⅰ》进行全面修订，2004 年 6 月正式出台《统一资本计量和资本标准的国际协议：修订框架》（简称《巴塞尔协议Ⅱ》）。其主要内容有三个部分：一是强调最低资本金要求，将风险管理范围从最初的资本金和准备金充足率，扩展到了信用风险、市场风险、操作风险；二是加强外部监管和银行内部监管，确保银行有合理的内部评估程序，监督资本充足率；三是强化信息披露，引入市场约束机制，要求银行披露风险和资本充足率信息，而且要披露风险评估和管理过程、资本结构、风险与资本匹配状况。由此可见，商业银行资本充足率仍是各国政府监管的重中之重。《巴塞尔协议Ⅱ》首次提出银行要建立系统化的内部监管体系和风险披露要求。

2008 年，爆发了世界范围内的金融危机。2010 年巴塞尔委员会通过

《加强银行体系资本要求的改革方案》（简称《巴塞尔协议Ⅲ》）。其核心内容是增加了全球银行业的最低资本监管标准，主要是在银行监管的核心价值观选择上，安全性已经超越了效率。《巴塞尔协议Ⅲ》要求将银行核心一级资本从2%的最低要求提高到7%，许多条款要求均指向增加银行资本金，提高资本充足率，反映了国际社会对加强资本监管的共识和决心。

银行领域的合规管理和合规监管开启了政府监管机构“强监管”的大门，由银行领域向证券、保险领域扩展，进而迅速向能源、工程、医药、大宗商品贸易等领域扩展，推动了世界范围合规管理体系的建立。

第五节　走向本质合规

企业开展合规管理体系建设，起始于对外部法律、规则、监管的被动服从和遵守，最终实现于企业治理、管理、机构、制度、机制、流程、标准等各环节、全过程的主动合规，是一个由表及里、由外向内的过程。中国企业要行稳致远，打造世界一流企业，必须从服从外部压力下的“要我合规”转变到自发自觉的“我要合规”。

一、合规的本质

合规的本质是对法律规则的遵守和服从。自企业组织产生的那一天起，与合规有关的活动就产生了。比如自企业产生之日起，最基本的合规要求就是要向政府交税，或者取得政府的牌照或资质资格等许可才能从事经营。

在几千年的封建社会里，中国形成了强大的重农抑商的社会政治、经济、文化制度和严格的士农工商社会分层，工业和商业一直无法真正发达繁荣起来。直到宋、元、明时期，以手工业、家庭作坊为主的工商业才逐渐发展起来。手工业者、家庭作坊和坐商行贾都靠行会、商会来管理，政府也靠行会、商会来收税，因此，当时的“规”更多的是行规。

伴随工业革命迅速崛起的英国，在印度设立了进行殖民和贸易的东印度公司。1600 年 12 月 31 日，英国女王伊丽莎白一世授予东印度公司皇家特许状，东印度公司获得在印度从事贸易的特许经营权。

企业和资本有着逐利的天性。马克思在《资本论》中对资本主义尤其是资本主义原始积累阶段的私人企业和私人资本的贪婪，有着经典而又精辟的论述：“资本来到世间，从头到脚，每个毛孔都滴着血和肮脏的东西。”“当有 50% 利润的时候，它就会铤而走险；当有 100% 利润的时候，它就敢于冒犯一切法律；当有 300% 利润的时候，它就会犯人间的一切罪恶。”① 马克思的论述非常真实地揭示了一个事实：因为与资本的逐利性相悖，合规不是企业的主动追求，而是因为害怕违法违规受到法律的惩罚而从被动、被迫开始的。

遵守合规要求必然产生成本，妨碍企业利益最大化，如企业为了达到环保排放标准，要增加废气、污水处理、监测装置的投入，甚至还要配备专业的环保机构和人员，生产运营成本随之增加。国家要求企业合规，而企业和资本不愿意主动合规，合规与不合规一直在博弈之中。

二、现代西方国家合规监管的形成

19 世纪中期，产品责任在英美法系判例中开始出现，被作为依附于合同责任的准合同关系。随着惩罚性赔偿制度的完善，产品责任由合同关

---

① 《马克思恩格斯文选》第五卷，人民出版社，2009 年版，第 871 页。

系逐渐转变成侵权关系。1906 年，美国联邦政府食品和药品管理局（FDA）正式成立，标志着西方国家对产品质量的监管进入行政合规监管阶段。

作为企业首先要从产品质量符合监管标准开始，承担起不能给消费者造成人身财产损害的最基本合规要求。但是，产品质量和数量符合标准和法律要求，并不表明产品生产的过程也符合法律和合规要求。例如，在资本原始积累时期，企业的产品也许可以满足产品质量合规的标准，但生产过程却可以充斥着黑奴制和童工。英国作家查尔斯·狄更斯撰写的《艰难岁月》一书，描写了 19 世纪中叶英国一个工业小镇的工人艰苦劳作的情形。大量的失地农民涌入伦敦、巴黎、柏林、纽约等工业城市，没日没夜工作，每天工作 14～18 小时，超长时间的劳动是当时西方世界工人的常态。因此，1886 年 5 月 1 日，芝加哥工人走上街头，举行争取 8 小时工作制的游行。从美国独立建国到 19 世纪中期，南方庄园主种植的雪白棉花，浸透着黑奴的汗水和鲜血。直到 1865 年美国南北战争结束，才废除了黑奴制。1833 年英国议会通过的所谓保护童工的法案，居然只是禁止纺织厂雇用 9 岁以下儿童，9～13 岁儿童每天工作不得超过 9 小时。美国直到 1910 年才通过《基廷—欧文法案》，禁止雇用 14 岁以下儿童，矿山禁止雇用 16 岁以下少年。

生态环境保护在工业革命初期和资本原始积累时期，并不在生产过程合规的考虑范围。废气肆意排放，工业污水横流，伦敦拥有了“雾都”的称号。1972 年在联合国人类环境会议上发表的《人类环境宣言》明确指出，“和平、发展与环境保护是相互依存和不可分割的”“为了实现可持续发展，环境保护工作应当是发展进程的一个整体组成部分，不能脱离这一进程来考虑”。从此，环境保护成为企业生产过程合规的普遍要求。大陆法系国家纷纷开始制定环境保护法律，如苏联 1960 年的《自然保护法》、日本1967年的《公害对策基本法》、瑞典1969年的《环境保护法》。希腊、葡萄牙、瑞士等国家甚至把环境保护写入宪法，如瑞士1971年发布的《宪法》规定，采取环境保护措施是国家的义务，1998年新修订的《宪法》在第三部分专设第四章“环境保护与领土整治”。英美法系在环境保护上以案例法为主、个案推进，并逐步向成文法、联邦法转变，如美国1969年的《国家环境政策法》、加拿大1988年的《环境保护法》。美国以《国家环境政策法》为基本法，作为美国联邦政府及各州环境法的立法依据，成为美国环保法发展历程中的里程碑。①

不同的时代背景下，产品本身是否合规都是历史和法律的结果。作为毒品的鸦片生产和贸易，在20世纪之前，竟然堂而皇之地成为西方列强企业的合法业务。1773年东印度公司获得英国政府准许，开始从事鸦片贸易，1797年获准种植鸦片。为了使鸦片贸易在古老的中国和东方世界合法化，不惜为此对大清朝发动两次鸦片战争。1858年第二次鸦片战争后，英、法两国强迫清政府签订了《天津条约》及附属《通商章程善后条约》，鸦片以“洋药”的名义可以合法输入中国，给中国人民带来深重的灾难。

三、从被动合规走向主动合规、本质合规

从企业合规的发展历程看，企业合规都经历了从被动到主动的过程，即由于政府和法律规定了强制性要求，如果企业达不到标准，就要受到制裁和处罚，要受到市场和消费者的摒弃，不得不被动开始接受合规。在市场竞争中，不合规企业因受到制裁和处罚，会被责令停业整顿、支付高额

① 苏昌强、阮妙鸿:《西方各国环境保护法的发展历程及趋势》,《沈阳工业大学学报》(社会科学版)第2卷第3期,2009年7月。

罚款，甚至导致品牌声誉严重受损、高管承担刑事责任和企业倒闭，最终被消费者抛弃和市场淘汰。相反，合规反而会成为企业的竞争优势。企业就会主动去遵守符合合规的要求，向主动合规转变。

企业在由被动合规向主动合规转变过程中，伴随着从标准合规向过程合规的转变。标准合规主要体现在不突破民事、刑事法律责任的底线和红线基础上，企业产品、服务应当遵守、符合甚至超过行业标准、国家标准和国际标准的最低要求。在企业管理中，标准合规一般通过企业的全面质量管理体系（QMS）来实现。为了实现标准合规，必须通过对生产服务的全过程控制，而且企业生产、服务过程本身要遵守和符合的“规”越来越多、越来越健全。如生产过程的安全生产、环境保护、劳动保护等，只有过程合规才能最终保障标准合规。在生产型企业里，过程合规主要靠安全环保职业健康（HSE）管理体系来实现。

如果说标准合规和过程合规强调的是企业产品、服务的物理、实体生产过程，那么运营合规则侧重于投资、筹融资、合资合作、采购、销售、纳税等活动的合规。运营合规是企业合规的重要内容，是过程合规。企业投资活动，要遵守国家产业政策，要严禁进入国家淘汰、禁止的行业、领域和区域。同时，投资活动还要严格执行企业投资决策、执行、实施的一整套管理规章制度。在筹融资、招投标、物资采购、产品营销等过程中，要遵守国家相关法律法规、监管部门监管要求，特别是要遵守市场公平竞争、反垄断、消费者权益保护的要求。如果企业是上市公司，还要遵守资本市场、证券市场的法律法规和监管要求。当然，如果一个企业属于危险化学品生产经营、矿山资源、工程承包、交通运输、金融、文化传媒等领域，还要遵守特殊和特定的资质要求和监管要求。

企业运营合规要靠治理合规来支撑。没有合规的治理，不可能有长久、稳健的运营合规。现代企业制度下的组织，已经超越了手工业者、家庭作坊、个人独资的治理模式，公司是现代企业制度的主体。而公司治理的核心就是所有权、治理权、经营权的科学、制衡、高效配置和运行。治理合规就是企业股东和出资人、董事会、经理层及各类、各级职能管理部门、事业部和分支机构，按照法律法规和公司章程，形成科学配置、有效制衡、高效运行的权责体系。对于国有和国有控股企业来说，在治理结构中必须加强、健全、完善党的领导。党的领导是国有和国有控股企业治理合规的重要要求。

合规是企业走向现代化、法治化的一项显著标志。一个企业有多少项合规和有哪几项合规是由企业的风险、业务和规模决定的。企业应当以做精做强专项合规为起点和重点，根据发展情况，不断增加专项合规，逐步形成适当的、充分的、完善的、全面的合规体系。

近年来，企业和政府机构、监管部门、社会团体、国际组织、研究机构，从不同角度、不同领域聚焦到了实质合规或本质合规。[①]在实践中企业合规体系建设，形式合规是初级阶段必须迈过的一道门槛。形式合规要考量企业的合规管理制度是否制定，合规领导组织机构是否组建，合规运行各种程序标准指引是否发布，合规承诺和培训是否开展，等等。这些形式要件必须通过监管机构、司法机关、国际组织、第三方机构的检查、考核、认证。虽然有人认为形式合规是书面合规，但不能否定形式合规的作用和意义，形式合规毕竟是合规管理的起点和基础。

企业从被动合规向主动合规转变的过程中，要经历合规制度化建设、合规理念内化认同、合规实践全面运行几个阶段。合规的本质就是遵守法律、遵从规则。企业组织遵守法律、遵从规则，最终靠企业组织中的人遵

① 张伟明:《券商合规文化建设之路——从形式合规迈向实质合规》,《中国证券》,2010 年第 8 期。蔡琦玲:《创建合规建设示范区》,《浙江日报》,2019 年 7 月 26 日。钱颜:《企业合规需摆脱形式主义走向实质性管理》,《中国贸易报》,2021 年 7 月 22 日。陈骏:《上市公司内部控制监管效果研究:形式合规抑或实质有效》,经济科学出版社,2016 年版。朱虹:《从形式到实质,商业银行主动合规应如何回归本源》,维普网。

守法律、遵从规则才能实现。合规管理的起点和终点都是企业组织中的人。人人合规，企业才能合规。人的合规不仅要对合规认同和内化，还要刚性执行合规制度。所以，企业在深入人心的合规文化滋润和引导下，形成完备、刚性的合规管理制度和运行机制，全面实现合规的过程和目标管控。只有在这种情形下，企业才能实现从被动合规到主动合规转变、从标准合规到过程合规转型、从运营合规到治理合规发展，最终实现从形式合规向本质合规的跨越。

第二章
合规管理的发展历程

第一节 “守夜人”的角色转变

正如前章所述，就企业要遵守国家法律、服从政府监管而言，自从有企业组织那天起，合规就存在了。只不过现代意义上的合规管理体系是20世纪才出现的。在资本主义自由竞争时代，资本主义国家政府只是充当市场经济的“看门人”和“守夜人”。国家对市场交易、市场竞争和社会经济活动主要通过民商事法律来调节和规制，政府很少以监管机构的身份直接介入、监管社会经济活动。

资本主义进入垄断阶段，社会化大生产和社会化大分工高度发达，日益国际化的市场竞争空前激烈，新兴社会经济产业门类迅猛增加，经济高速发展和大萧条循环交替。资本主义国家政府若继续充当“看不见的手”已不能适应资本主义社会经济发展的需要，随着两次世界大战的爆发和凯恩斯主义的盛行，政府开始以监管人的身份全面介入社会经济活动，或直接制定社会经济活动的监管规则，或要求企业自身建立内部管理规则，或发动中介组织作为“经济警察”帮助监管。

1887年美国国会通过《商务管制法》，确立政府对社会商务活动的监管制度，依据该法成立了“联邦州际商务委员会”，管制美国各州之间商务活动引发的铁路运输价格暴涨和价格歧视。1890 年美国国会制定了著名的《谢尔曼法》，1914 年制定了《克莱顿反托拉斯法》，开始对垄断协议、经营者集中、滥用市场支配地位进行法律管制。1904 年，美国作家厄普顿 · 辛克莱尔（Upton Sinclair）发表长篇小说《屠场》，揭露芝加哥屠宰厂和肉类加工厂污水横流、蚊蝇遍地的场景和工人恶劣的劳动环境，引发美国社会对食品安全的广泛关注，促进了 1906 年《纯净食品和药品法》出台。

从 19 世纪末到 20 世纪二三十年代，美国政府在食品药品安全、市场公平竞争、电讯通信、证券金融等领域开始进行直接监管，先后成立美国食品和药品管理局（1906 年）、联邦通信委员会（1934 年）、联邦电力监管委员会（1935 年）、美国证券交易委员会（1935 年）、联邦劳工关系委员会（1935 年）、民用航空委员会（1938 年）等政府监管机构。

对这一时期以美国为代表的西方资本主义国家建设的企业合规管理体系，有研究者从三个方面做了总结：[①] 第一，通过立法和成立监管机构，从企业外部加强对企业的监管。第二，在关系国计民生（食品、药品）、容易形成垄断的行业（铁路、银行、通信、航空）和信息不对称行业（证券）率先推动合规建设，进而带动其他行业合规建设。第三，在推进企业合规建设上秉承实用主义原则，每个领域法律的出台、监管机构的设立，都是为应对危机和处理个案而形成的。

从这一时期的企业合规管理体系建设看，法律和政府都是从企业外部设立规则要求企业遵守执行。企业要么执行，要么不执行或未能“达标”执行。不执行或未能“达标”执行，要接受法律制裁。这个阶段，法律和政府没有要求企业从内部建立合规管理体系，企业也仅仅停留在满足来自法律和政府的监管要求和标准阶段，没有从“我要合规”的角度和思

① 梁涛:《美国企业合规制度的构建:国家监管、强制性自我监管与刑事激励》,《政治与法律》,2022 年第 7 期。

路积极主动加强合规管理、建设合规管理体系。

第二节　国际组织发挥“推进器”作用

20 世纪 70 年代，西方发达国家掀起新一轮的工业革命和信息革命浪潮，新兴经济体国家的工业化进入成熟阶段，跨国公司合规管理体系在国际组织推动下逐渐发展起来。

一、OECD 发布跨国公司行为准则

社会化大生产和国际化大分工带来资源、资本、资金、技术、市场、供应链、产业链、价值链的全球深度配置和交融，经济全球化以不可逆转之势迅猛发展。经济全球化的主要推动者和受益者是日益增多的跨国公司。跨国公司的资源、资金、生产、技术、营销来自全球，也服务于全球，并在全球实现和获得价值。跨国公司在经营发展中，不仅要面对母国的合规监管，也要面对东道国和业务所在国的合规监管，还要面对各种国际组织的合规监管。为了获得更大市场、更多资源，参与全球竞争并取得成功，跨国公司就必须遵循全球不同市场、不同关税贸易区、司法辖区的不同法律法规和监管规则。合规管理体系就是在这种全球化大背景下出现和发展起来的。全球化的合规规则正是国际组织和国际机构率先推出的合规指引、规范、标准，或者一个国家突破本国司法辖区范围拥有域外效力的法律。

这一时期不论是政府监管机构，还是国际组织，从企业外部建立强监管规则和从企业内部推动合规体系建设而主动合规上看，都有两条特别明显的主线：一是反腐败和反商业贿赂，二是反证券欺诈和反财务造假。之

所以如此，和这一时期发生的具有全球影响的事件及事件的应对、处理有关，新产生的监管规则和合规要求，都是处置事件的结果和总结。

1976 年，经济合作与发展组织首次制定发布了《跨国公司行为准则》（Guidelines for Multinational Enterprises，以下简称《准则》）。34 个国家政府签署接受这一行为准则，使其迅速在全球推广。2000 年和 2010 年，针对企业跨国经营管理过程中遇到的问题和挑战，OECD 对《准则》进行了修订。修订后的《准则》不再仅仅包括合规组织架构、合规机制运行等通用的工具性指引，还全面引入劳资关系、环境、反腐败、竞争、税收等具体的专项合规要求。

经合组织《准则》积极倡导私有、国有和混合所有等不同所有权性质的企业，以及企业内部所属各实体都遵守《准则》要求，呼吁加入《准则》的政府鼓励在其领土和司法管辖范围内的企业遵守《准则》。但是，因为经合组织是国际性组织，没有主权国家才具有的立法、司法、执法权，所以它强调企业遵守准则是自愿而非法律强制性要求。

二、世界银行制裁体系发挥威力

就国际组织推进企业合规管理体系建设的力度而言，世界银行集团显得格外突出。世界银行是“二战”结束后，在联合国主导下建立起来的，为遭受“二战”摧残的欧洲和其他国家地区重建、恢复、发展提供金融、资金支持的机构。到 20 世纪七八十年代，随着欧洲、日本重建、恢复任务完成，顺利“毕业”，世界银行从 90 年代开始完全转向为发展中国家提供支持。但是许多发展中国家和地区法制不健全、政局混乱、政治腐败。世界银行提供资金支持的很多项目被一些国家的政府官员截留、挪用、侵吞，承揽世界银行项目的工程公司、供应商通过行贿政府官员获得项目。腐败问题严重损害了世界银行的项目和声誉。

1996 年，世界银行行长詹姆斯·沃尔金森发表著名的“铲除腐败毒瘤”世界银行年度报告，开启以反腐败为主的合规建设。1999 年世界银行正式实施“黑名单制度”，2001 年成立世界银行廉政署（INT），重点打击腐败（corrupt）、欺诈（fraudulent）、串通（collusive）、胁迫（coercive）、阻碍（obstrcutive）五种严重不合规行为。受世界银行制裁体系制裁的主体范围包括所有参与世界银行项目的企业、代理人、员工，主要有世界银行项目工程、采购、融资合同的投标人、承包商、分包商、供应商、服务提供商及代理人、顾问、贷款收益的任何接受者及其代表。为了防止逃避责任，制裁适用于被调查人的继承人和受让人。当一个企业被制裁，其关联企业也被列入制裁名单，取消其参与世界银行项目资格。部分情形下，被制裁企业的母公司可能因“未履行监督和控制职责”而受制裁，取消其参与世界银行项目资格。

世界银行对违规企业主要采取暂停、限期停止资格、永久除名等制裁措施，还与亚洲开发银行、欧洲复兴开发银行、美洲开发银行、非洲开发银行等多边开发银行建立黑名单共享、交叉制裁机制。受到世界银行制裁会引起他国政府、当地企业及金融机构的关注或设置不利的合作条件，失去参与相关国家（地区）的项目与商业合作机会。这不仅给受到制裁的企业造成重大经济和声誉损失，也严重影响企业形象。

世界银行在建立廉政署的同时，建立了“诚信合规办公室”（Integrity Compliance Office），鼓励企业建立合规体系。如被世界银行制裁是“附条件不除名/取消资格”或“附条件解除除名/取消资格”，诚信合规办公室一般会要求被制裁企业实施合规计划，按期整改，在整改期间定期向诚信合规办公室提交合规整改报告，聘请专业人士对合规计划实施监督、审计。

无论是对违规企业的制裁，还是推进企业主动合规，在国际组织中世界银行始终走在最前列。

第三节　法律和政府挥起“鞭子”

一、法律和政府全面介入企业合规管理

1972 年 6 月美国水门事件丑闻爆发，1974 年 8 月尼克松总统被迫辞职下野。但水门事件并没因为尼克松总统的下台而结束，反而持续发酵。在不断深入扩展的司法调查中，人们发现政党竞选中存在大量政治献金，美国有 400 多家公司设立了专门“润滑”、疏通、拉拢关系的行贿基金（Slush Fund），用以在海外贿赂外国政府官员以谋求获得订单和业务。著名的军工企业洛克希德公司在 1976 年美国国会听证中公开承认，曾经向前日本首相田中角荣行贿以获得订单。

在当时苏、美两个超级大国争霸的国际形势下，美国为了不失去道德制高点，1977 年迅速制定并出台《反海外腐败法》（也叫《反海外贿赂法》，简称 FCPA），对美国企业、实体和公民及非美国企业、实体、公民在全球化发展过程中的商业腐败问题进行监管和刑事追责。《反海外腐败法》出台是一个重大的里程碑事件，标志着法律层面的道德、诚信、反腐败合规正式产生。西方国家迅速跟进，接受了《反海外腐败法》基本规则，并制定本国的反海外贿赂、腐败的法律。

1933—1934 年，美国先后制定了《证券法》和《证券交易法》，据此还成立美国证券交易委员会（SEC），开始对证券市场进行政府监管。1942 年美国证券交易委员会根据《证券法》制定了著名的“10B－5 规则”，禁止任何形式的证券市场欺诈行为。1980 年制定“14E－3 规则”，禁止任何人利用未公开的内幕信息进行股票交易获利。1984 年美国国会

出台《内幕交易处罚法》。事与愿违，美国证券市场欺诈和内幕交易依然肆意横行。1934—1979 年，美国证券交易委员会提起的内幕交易案件只有 54 起，而 1980—1987 年却高达 177 起。正是在这种情况下，1988 年美国国会通过《反内幕交易与证券欺诈法》（The Inside Trading and Securities Fraud Enforcement Act）。这部法律之所以在企业合规体系建设上意义重大，不是因为它对证券欺诈和内部交易规定了什么样的民事、行政、刑事处罚，而是它明确要求证券公司、证券经纪人、投行、财务顾问要建立和执行旨在防止滥用内幕信息的“书面政策和程序”，也就是企业内部的、可见的防止内幕信息的管理制度和流程。如果公司未能建立、维持、执行企业自己的书面政策和程序，将被美国证监委员会调查、起诉和处罚。这是政府监管机构首次以法律的形式强制要求企业建立合规管理体系。虽然仅在证券业施行，但影响巨大，迅速扩展到了其他行业。

美国国会“量刑委员会”[①] 1987 年首次发布《量刑指南》，仅适用于自然人犯罪。1991 年发布的《量刑指南》首次确定企业在正确实施法院认可的 7 条有效合规规则前提下，可以减免处罚的量刑原则。2004 年发布修订版的《针对组织机构的联邦量刑指南》，（Federal Sentencing Guidelines For Organization，FSGO），适用于公司、合伙企业、工会组织、养老基金、信托、非营利实体、政府机构，从刑事立法上明确了企业合规与刑事责任的关联性。该指南重申了根据 1991 年《量刑指南》中确定的七条有效合规规则而减免处罚的量刑原则，同时强调有效的合规体系必须包含至少六个因素，即合规标准和合规程序、企业领导层重视和亲自履行、合规培训、合规审查监控、合规激励和纪律机制、违规应对和预防。

1999 年美国司法部副部长艾瑞克·霍尔德（Eric Holder）签署了

① “量刑委员会”是美国国会根据 1984 年《量刑改革法案》成立的专门机构。美国量刑委员会不时发布适用于美国联邦法院的各类量刑政策。

《联邦司法部对商业组织起诉原则》（Principles of Federal Prosecution of Business Organization）[①]，也称《霍尔德备忘录》。《霍尔德备忘录》确立了对公司商业组织起诉的 8 条参考标准，除了诉讼程序方面的考量外，其中第 5 条、第 6 条规定，检察官决定是否起诉，要参考企业是否有合规计划及合规计划是否得到有效执行，违规企业是否采取合规方面的补救、改进措施。《霍尔德备忘录》后被编入《美国联邦检察官手册》，正式确定联邦检察官在决定是否起诉一家公司之前，应当考虑该公司合规管理体系的存在和有效性，而认定合规管理体系的有效性则引用《量刑指南》。从此，检察机关依据企业合规体系的存在与有效性而决定不起诉、暂缓起诉和司法考察等合规监督制度形成。

二、司法机关确定的有效合规管理体系标准

从 1991 年《量刑指南》、2004 年《针对组织机构的联邦量刑指南》及《霍尔德备忘录》中可以看出，司法机关并不要求所有小公司都必须有完整的合规体系，但是诸如在纽约证券交易所和纳斯达克上市且达到一定规模的公司则必须建立合规体系[②]，企业制订了合规计划并被证明能有效运行的情况下可以被暂缓起诉或减轻处罚。1991 年《量刑指南》、2004 年《针对组织机构的联邦量刑指南》确定了有效合规计划的七个标准：

（1）基于可能存在的风险，制定明确的合规标准和程序，以防止和检测违法犯罪行为；

（2）公司高级管理人员对合规的认知、承诺、监督和支持；

（3）在招聘员工和员工晋升过程中筛选淘汰掉不道德的人员；

① 霍敏：《探索企业犯罪司法治理新模式》，《人民检察》，2020 年第 12 期。

② 李玉华：《有效刑事合规的基本标准》，《中国刑事法杂志》，2021 年第 1 期。

（4）持续地开展合规培训和教育；

（5）监督、审计和报告要求以及定期对项目有效性自我评估；

（6）遵守执行合规纪律的激励措施和违反合规纪律的处分措施；

（7）发现违法犯罪行为后采取纠正措施。

上述 7 条标准，主要用于指导美国司法部决定是否对被指控违法违规企业采取暂缓起诉或减免刑事处罚的考量，并没有直接规定企业怎么去建设合规管理体系。两个指南从一个企业需要在合规方面拥有怎样的良好表现和作为，才能当他不合规和违规时可以减轻处罚的角度，间接地规定了合规管理体系应当包括哪些方面，应当怎样去建设合规管理体系。

美国《反海外腐败法》和《量刑指南》对西方国家企业合规管理体系建设，尤其是司法机关从企业外部推动合规管理体系建设有着重大影响。1997 年加拿大出台《合规管理体系：指南》。1999 年澳大利亚制定《合规管理体系标准 AS3806》，2006 年进行修订。2009 年新西兰加入并采用澳大利亚的标准，形成《合规管理体系标准 AU/NZ S》。国际经合组织、亚太经合组织也纷纷效仿，采用了《反海外腐败法》和《量刑指南》对企业合规管理体系建设要求的标准。

20 世纪 70 年代至 21 世纪之初，合规管理体系建设的最大特点是在政府监管机构和国际组织的强力推进下，企业开始从内部主动建立起专项或全面合规管理体系，合规管理开始由被动合规向主动合规转变。

第四节 重大合规事件的加速催化

2001 年爆发的美国安然、安达信事件，2002 年发生的世通事件，成为合规管理进入 21 世纪后发展的“加速器”，也成为合规管理与内控管理、风险管理交融发展的“推进器”。

一、安然公司财务信息造假事件

美国安然公司（ENRON）成立于1985年，曾经是全球最大的能源贸易商，2000年度营业收入1008亿美元，在2000年《财富》500强企业中名列第16位，纽约证券交易所主板上市公司。2001年10月16日，安然公司公布第三季度财务状况，宣布公司亏损总计达到6.18亿美元。2001年10月31日，美国证券交易委员会开始对安然公司进行正式调查。同年11月8日，安然公司向美国证券交易委员会递交文件，承认公司财务造假，从1997年到2001年共虚报利润5.86亿美元。安然公司信用评级迅速大跌，拟通过被收购脱困计划也宣告失败。不得已，2001年12月2日，安然公司正式向法院申请破产保护。2002年1月15日，纽约证券交易所正式宣布，将安然公司股票从道琼斯工业平均指数成分股中除名，并停止安然股票的相关交易。安然公司多位高管被以内幕交易罪、欺诈罪起诉。安然公司前首席会计师被判证券欺诈罪，处以7年监禁；前董事长、首席执行官被控骗取贷款罪、财务造假、证券欺诈、洗钱、内幕交易多项罪名，被联邦法院休斯顿地区法院判决有罪。至此，安然公司这个曾经辉煌一时的能源巨人完全崩塌。

安然公司倒闭破产原因有很多，如公司不像能源行业的“三超”（Shell、BP、ExxonMobil）及沙特阿美、雪佛兰、道达尔一样有牢固而稳定的主业，其盲目扩张发展，从最初的油气管输业务扩展到零售、糖类、咖啡、羊毛、肉类以及高风险的资产证券化、金融衍生品；公司高级管理人员职业道德操守丧失，通过大规模关联交易牟取私利；公司首席执行官史基宁和高层在公司倒闭之前大量抛售股票，获利达数十亿美元之多；公司长期财务造假，虚增利润，将大量负债转入设立的数百个特殊目的公司，游离资产负债表之外，造成资产优良假象以骗取信用等级和融资；公司内部监督体系失效，外部审计形同虚设，甚至帮助安然公司造假；等等。

二、安达信外部审计独立性缺失事件

与安然公司倒闭事件相关联的是安达信会计师事务所倒闭。安达信会计师事务所成立于1913年，经过近百年的发展，2001年位居世界五大会计师事务所之列，提供审计、税务、管理咨询、筹融资、法律等服务，在全世界84个国家拥有办公室，员工人数高达8.5万人。2001年全球收入达到93.4亿美元，为2300家在美上市公司提供审计服务，占据在美上市公司总数的17%。从1985年开始，安达信公司就为安然公司提供审计服务，长达15年之久，其间有多达上百位安达信公司高管转到安然公司任职。2001年10月17日，安达信公司知道安然公司被美国证券会调查后，从10月23日开始在长达两个星期的时间里销毁与安然公司有关文件资料，直到11月8日，收到美国证券交易委员会传票后才停止。正因如此，美国司法部以妨碍司法为由，对安达信公司提起刑事诉讼。安达信公司成为美国历史上大型会计师事务所被刑事调查的第一案。2002年6月15日，安达信公司被美国联邦法院判定妨碍司法罪成立，8月被美国证券交易委员会宣布停止为所有在美国上市公司提供审计服务资格。庞大的安达信公司马上土崩瓦解，安达信香港、安达信中国并入普华永道，俄罗斯、新加坡、中国台湾、新西兰安达信加入安永，安达信日本被毕马威收编，安达信税务部门被德勤收购，仅美国就裁员7000多人。从此盛极一时的安达信公司从世界五大会计师事务所中消失①。

因安然事件而引发的安达信事件，除了安达信公司销毁会计档案文件、妨碍司法外，最突出的问题是作为美国政府编外“经济警察”会计

① 陈汉文、王华、郑鑫成:《安达信:事件与反思》,暨南大学出版社,2008年版。

师事务所的独立性问题。2001年安达信公司从安然公司收取审计费2500万美元、咨询费2700万美元，非审计业务超过审计业务。审计业务是必须站在独立第三方立场，客观、公正、真实地向社会股东、监管部门报告公司的财务状况。而咨询业务则是站在委托人立场帮助委托人改善经营管理。当这两种业务集于一身且咨询服务业务超过审计业务时，审计业务的独立性就很难保证。况且安达信公司为安然公司服务长达15年之久，安然公司高层管理人员尤其是财务人员来自安达信公司，长期利益交织，更难保证审计独立、客观。这促使监管机构给会计师为上市公司提供审计服务时间设定上限（如6~9年），且必须更换。同时，会计师事务所审计业务和咨询业务必须隔离分开。

三、世通公司财务造假事件

与安达信公司相关联的另外一起轰动世界的事件是“世通（World-Com）财务造假案”。世界通信公司成立于1983年，以长途电话折扣优惠业务为主。成立之后通过65次并购疯狂快速扩张，“小鱼吃大鱼”“快鱼吃慢鱼”，一跃成为仅次于美国AT&T的第二大长途电话公司，市值一度高达1250亿美元。2001年，世通公司没有将扩建电信系统的投资费用计入当期损益，而是作为资本支出。这样的会计技术处理当年为世通公司带来38亿美元的虚增利润。世通公司财务造假被内部审计、副总裁辛西娅·库珀女士向董事会作了通报，世通公司财务造假终于暴露出来。2002年6月26日，美国证券交易委员会以民事欺诈罪起诉世通公司；世通公司7月21日向法院申请破产保护；7月31日被纳斯达克摘牌。世通事件之所以与安达信公司相关联，是因为安达信公司恰好又为世通公司提供审计服务。安达信公司在两年内连续与财务造假事件相关联，使得社会公众对担任上市公司审计的大型会计师事务所的诚信丧失信心。

接二连三发生的安然事件、安达信事件、世通事件导致美国行政监管机构对上市公司监管由简单的信息披露转向直接的实质性监管。美国联邦地区法院判定安达信公司销毁会计档案妨碍司法罪成立，导致安达信公司破产倒闭、分崩离析后，安达信公司坚持上诉，直到2005年美国最高法院以程序有瑕疵为由，推翻了联邦地区法院对安达信公司的有罪判决。此时曾风光一时的安达信已经不复存在。这也导致美国司法机关重新审视自己对大型企业起诉、定罪、量刑方面"严刑峻法"的做法，开始对企业刑事起诉政策作出重大调整，使得检察机关开始大规模使用暂缓起诉协议（DPA）和不起诉协议（NPA），大力推进涉案企业配合司法调查，主动实施合规计划，加强对涉案企业合规监管。

第五节　《萨班斯—奥克斯利法案》的作用

安然事件直接导致美国出台《2002年上市公司会计改革和投资者保护法案》，简称《萨班斯—奥克斯利法案》（Sarbanes - Oxley Act）[①]。该法案被时任美国总统小布什称为"自罗斯福总统以来美国商业社会影响最为深远的改革法案"。《萨班斯—奥克斯利法案》出台的意义，不仅在于直接强制性规范上市公司，尤其是在美上市公司的财务报告及披露管理要求及法律责任，而且建立健全了企业合规激励机制，企业以自我监管、自我报告、自我披露和全力配合的方式，换取宽大行政处理和刑事处罚，从企业治理上深层次、实质性推动了企业合规管理、内控管理、风险管理相结合。

① 《萨班斯—奥克斯利法案》由美国国会参议院银行委员会主席保罗·萨班斯（Paul Sarbanes）和众议院金融委员会主席麦克·奥克斯利（Mike Oxley）联合提出。该法案的正式名称是《2002年上市公司会计改革和投资者保护法案》，2002年7月30日正式生效。

《萨班斯—奥克斯利法案》共 11 章，其中，第 1 章至第 6 章主要内容有：

（1）建立一个独立的公众公司会计监督委员会（Pubilc Company Accounting Oversight Board，PCAOB），对负责对上市公司进行审计监督的会计师事务所进行再监督；

（2）负责管理会计师事务所的合伙人必须定期轮换，会计师事务所的咨询业务和审计业务必须实行不相容分开，保持审计业务的独立性；

（3）改善公司治理，管理层要及时评估内部控制执行情况，增加公司内部控制情况对外报告责任；

（4）加强财务报告披露要求和规范。

《萨班斯—奥克斯利法案》第 1 章至第 6 章重点规范会计职业及公司行为监管，严格规定公司管理层和外部审计师对公司内部控制的报告、披露和评价责任。其中第 302 条、第 404 条最为直接地规范企业合规管理、内控管理的要求。

第 302 条规定上市公司对财务报告的责任，要求公司首席执行官（CEO）和首席财务官（CFO）要对下列财务事项签署书面声明保证：

（1）已经审阅过定期报告，报告所述重要事项属实，没有遗漏重要事实，不会产生任何误导；

（2）财务报表和财务信息客观地反映了公司的财务状况和经营业绩；

（3）负责建立并执行内部控制机制，确保能获得分（子）公司的重要信息；

（4）评估了报告公布之日前 90 天内内部控制的有效性；

（5）审计师和审计委员会披露所有内控缺陷以及对内控有重要影响的管理人员是否存在欺诈行为；

（6）评估之后的内控体制有无重大变更，是否对不足之处采取补救措施。

第404条规定管理层对内部控制评价，要求在美上市企业管理层，必须建立与财务报告相关的内部控制系统，并且必须包括控制环境、风险评估、控制活动、信息沟通和监督；年度报告必须包含管理层建立与财务报告相关的内部控制责任，自我验证与评价公司及财务报告相关的内部控制有效性，自我评价应该经审计师查证并出具审计意见，管理层关于内部控制的报告等内容。

第8章至第11章是提高公司高级管理人员和白领犯罪刑事责任。其中，第906条加重了违法行为的处罚，影响最大。

（1）故意进行证券欺诈的犯罪最高可判处25年入狱；对犯有欺诈罪的个人和公司的罚款最高分别可达500万美元和2500万美元 。

（2）故意毁坏或伪造财务、会计、审计档案资料的可判10年监禁；在司法调查过程中，销毁档案资料或影响、阻止、妨碍联邦调查的行为构成重罪，将处以罚款或判处20年入狱或予以并罚。

（3）公司首席执行官和首席财务官必须对报送给SEC的财务报告的合法性和公允性进行保证。违反此项规定，将处以50万美元以下的罚款或判处入狱5年。

（4）起诉证券欺诈犯罪的诉讼时效由原来从违法行为发生起3年和被发现起1年，分别延长为5年和2年；对检举公司财务欺诈的公司员工实施保护措施，并补偿其特别损失和律师费。

《萨班斯—奥克斯利法案》第301条还规定独立审计师的任职要求和员工匿名举报制度。为了完善《萨班斯—奥克斯利法案》中的举报制度，2010年美国出台《华尔街改革和消费者保护法》，即《多德—弗兰克法案》（Dodd - Frank Acts）。在《多德—弗兰克法案》中增加了特殊的合规激励机制，鼓励公司内部员工举报企业违规行为，一旦监管机构查实并决定处罚，且处罚金额超过100万美元的，举报人可以从罚金中获得10%～30%的奖金。同时，明确规定了对举报人提供反报复和保护隐私的机制。

《萨班斯—奥克斯利法案》出台后，新成立的“上市公司会计监管委员会”（简称PCAOB）于2004年3月9日发布第2号审计准则。同年发布一系列与财务报告相关的内部控制问答及指引，要求审计师对与财务报告相关的内部控制进行独立审计，并正式出具一份审计师符合第404条的审计报告。审计报告当中必须包括两个评价意见：一是对管理层评价（内部控制的有效性）结论的意见；二是对公司与财务报告相关内部控制有效性的独立意见。第2号审计准则要求外部审计师与公司沟通：以书面形式向审计委员会报告已发现的所有内部控制显著缺陷和重大漏洞；必须在公布审计报告前进行沟通；通知管理层已发现的所有与财务报告相关的内控缺陷并通知审计委员会与管理层对内控缺陷作出沟通。

2007年5月，PCAOB发布第5号审计准则，在原有第2号审计准则的基础上，进一步强调风险评估的重要性，要求审计师的审计重点放在重要内部控制上、减少不必要的程序；修正完善了关于内部控制重大缺陷的概念等。

《萨班斯—奥克斯利法案》于2002年7月30日正式生效，此后又在美国国内经历四年的测试检验和近20次的国会听证，从2006年7月15日起，对所有在美国上市的公司具有法律效力。至此，《萨班斯—奥克斯利法案》不仅成为美国联邦证券法体系的一部分，而且突破了公司法以美国各州立法为主的法律传统，而直接以联邦成文法规定公司治理。甚者，因为《萨班斯—奥克斯利法案》对所有在美国上市公司产生效力，从而成为美国“长臂管辖”的重要内容和重磅工具，在全世界范围内改变了企业的治理方式和模式。

第六节　合规、内控、风控交融发展

现在人们公认《萨班斯—奥克斯利法案》的出台，极大推进了内控管理、风险管理，但不能由此说内部控制和风险管理是《萨班斯—奥克斯利法案》的结果。事实上，合规管理、内控管理、风险管理并不存在谁先谁后、谁决定谁的问题，而是在相互交织、彼此支撑中共同发展和完善。

一、COSO 发布企业内部控制管理规范

证券市场欺诈、财务报告造假一直是公司治理、资本市场、证券市场的顽瘴痼疾①，也一直是政府、社会团体的治理目标。1985 年，美国会计学会（AAA）、美国注册会计师协会（AICPA）、国际内部审计师协会（IIA）、美国管理会计师协会（IMA）联合创建了“反虚假财务报告委员会”（通常称 Treadway 委员会），旨在探讨财务报告中舞弊产生的原因，并寻求解决之道。1987 年，基于 Treadway 委员会建议，由其赞助机构成立“反虚假财务报告委员会下属的发起人委员会”（The Committee of Sponsoring Organization of the Treadway Commission，简称 COSO 委员会）。1992 年 9 月，COSO 委员会发布第一版《内部控制—整体框架》（Internal Control - Integrated Framework，简称 COSO 报告），1994 年对其进行了增补。该内控规范第一部分包括概括、定义框架、对外团体报告和评

---

① 1531 年世界上最早的证券交易所在荷兰的阿姆斯特丹成立，随后伦敦、纽约也建立了证券交易所。至此，欺诈与反欺诈就一直伴随着证券市场的形成、发展。1814 年欧洲著名的罗斯柴尔德（Rosechild）家族利用提前知晓拿破仑滑铁卢大败的内幕消息，进行双重国债投资并获得巨额利润，因此受到处罚，成为世界上第一起内幕交易案。

价工具等内容，规定内部控制由控制环境、风险评估、控制活动、信息与沟通和监督五个相互关联的要素组成。其第二部分是内部控制体系的具体构成及公司董事会、管理层在内控体系中的职责和作用，第三部分是对外公布披露的内部控制报告编写指南，第四部分是内部控制的评估和评价。

2013 年，COSO 委员会对 1992 年版《内部控制—整体框架》进行全面升级，发布新一版《企业内部控制—整体框架》。新版内控规范明确规定，支持公司实现目标的内部控制五要素为控制环境、风险评估、控制活动、信息与沟通、监督活动。内部控制的每一个要素均规定了相关原则和具体内容，分别是：

（1）控制环境。所谓控制环境，不是指内控系统所处的外部条件，而是指内部控制自身的制度架构、机制安排。公司应展现对诚信和道德的承诺；董事会应展现出独立于管理层，并对内部控制开展与成效实施进行监督；管理层为实现目标，应在董事会的监督下确立组织架构、汇报路线、合理的权力与责任；公司应展现出对吸引、培养和留用符合组织目标要求的人才的承诺；公司为实现目标，应要求员工承担内部控制的相关责任。

（2）风险评估。公司应设定清晰明确的目标，以识别和评估与目标相关的风险；公司应对影响其目标实现的风险进行全范围识别和分析，并以此为基础来决定如何管理风险；公司应在评估影响其目标实现的风险时，考虑潜在的舞弊行为；公司应识别并评估对内部控制体系可能造成重大影响的改变。

（3）控制活动。公司应选择并执行那些可以将影响其目标实现的风险降至可接受水平的控制活动；公司应通过政策和程序来实施控制活动；针对信息技术，公司应选择并执行一般控制活动以支持其目标的实现。

（4）信息与沟通。公司应获取或形成、使用高质量的信息来支持内部控制的持续运行；应将内部控制相关信息在内部各管理层级、责任单位、业务环节之间，以及外部投资者、债权人、客户、供应商、中介机构和监管机构等有关方面之间进行沟通和反馈。

（5）监督活动。公司应选择、开展并实施常规化的单独性评估，以确认内部控制的各要素存在并持续有效运行；公司应评价内部控制缺陷，并及时与整个责任方沟通，必要时还应与高级管理层和董事会沟通。

五个要素间相互联系且相互依存，在所有要素同时存在的情况下，应以整合的方式共同运行。

2015 年，COSO 委员会发布《网络时代内部控制白皮书》，建议公司应以安全、谨慎、灵活的态度管理网络风险，有针对性地采取防控措施。相关的国际标准还有 ISO 27000 系列标准（信息安全管理系列国际标准），以及美国信息系统审计和控制联合会制定的信息系统审计和评价标准（COBIT 框架），从数据、应用系统、技术、设备、人员等方面构建，用于信息系统的控制目标（有效性、高效性、机密性、完整性、可用性、合规性和信息可靠性）。

至此，内控规范不但确立了内部控制的基本要素和基本要求，也确立了内部控制的目标，即经营管理的效率和效果、财务报告的可靠性和符合相应的法律法规。COSO 委员会 1992 年版的《内部控制—整体框架》先于对企业合规和内部控制有重大推动作用的《萨班斯—奥克斯利法案》出台，在很长一段时间内一直是美国公司尤其是上市公司内部控制体系建设的重要参照。COSO 报告是以控制、减少资产损失风险为出发点，帮助企业保证财务报告的可靠性和对法律法规的符合性，但它只是社会团体发布的指导性的规则，不具有强制性，其出发点和落脚点是对财务报告可靠性和财务资产损失的内部控制，没有上升到全面风险管理的高度，局限性显而易见。

二、企业风险管理规范全面形成

在内部控制与合规管理交互发展过程中，也与风险管理相互交融。COSO委员会于2001年进入风险管理领域，2004年结合并吸收《萨班斯—奥克斯利法案》合规、内控、公司治理和风险管控要求和内容，发布《企业风险管理框架》（Enterprise Risk Management Framework，ERM）。《企业风险管理框架》设定风险管理要实现战略目标、经营目标、报告目标、合规目标4个目标，非常明确地将合规风险纳入风险管理目标范围。合规管理与风险管理的关联关系由此建立，合规管理既是风险管理的目标，也是风险管理的手段和措施。《企业风险管理框架》设定了内部环境、目标设定、事项识别、风险评估、风险应对、信息与沟通、监控、改进提高八个相互关联的构成要素，阐述了风险管理的主要作用是协调企业可承受的风险容忍度与战略，增进企业在识别风险和选择规避、降低、分担或承受等风险偏好策略时的针对性，提供整体应对多重风险的方法，减少经营意外和降低损失，抓住机会、改善资本配置。

2017年，COSO委员会在《企业风险管理—整合框架》（2017年版）的基础上，发布《企业风险管理—战略和绩效的整合》，强调企业风险管理与战略和绩效整合的重要性，将风险的管理全面渗透到企业管理的各个方面。新版框架采用要素融合原则的结构：

（1）治理与文化。加强董事会对风险的监督；建立运营结构；定义期望的企业文化；展现对核心价值的承诺；吸纳、培养并留存优秀个人。

（2）战略与目标设定。分析业务环境；定义风险偏好；评估可供选择的战略；形成业务目标。

（3）绩效。识别风险；评估风险的严重程度；区分风险的优先次序；执行风险应对方案；建立风险组合观。

（4）审阅和修正。评估重大变动；审阅风险和绩效；持续改进企业风险管理。

（5）信息、沟通与报告。充分利用信息和技术；沟通风险信息；对风险、文化和绩效进行报告。

在 COSO 委员会推进风险管理规范化的同时，国际标准化组织（ISO）于 2009 年、2019 年先后发布 ISO 31000：2009《风险管理—原则与指南》、ISO/IEC 31010：2019《风险管理—风险评估技术》。2018 年，ISO 发布最新版 ISO 31000：2018《组织的风险管理国际标准》，由原则、框架和流程三部分构成：原则是价值创造和保护的总原则；框架是领导力与承诺，即领导层职责的重要性；流程是风险记录和报告，包括风险识别、风险分析、风险评价、风险应对、报告、监控评价等。

三、合规管理、内部控制、风险管理的集合

2004 年 11 月，中国香港联合交易所发布了集合规管理、内部控制和风险管理于一身的《企业管治常规守则》及《企业管治报告》，分别纳入《主板上市规则》附录十四和附录二十三及《创业板上市规则》附录十五和附录十六。有关合规管理、内部控制、风险管理监控的规定有：

（1）董事会应确保发行人的内部监控系统稳健妥善而且有效，以保证股东的投资及发行人的资产。

（2）董事会至少每年检讨一次发行人及其附属公司的内部监控系统是否有效，并在《企业管治报告》中向股东汇报已经完成有关检讨。有关检讨应涵盖所有重要的监控方面，包括财务监控、运作监控及合规监控

以及风险管理功能。

2014 年 12 月，香港联合交易所发布了《咨询总结—检讨企业管治守则及企业管治报告：风险管理及内部监控》，强调内部控制是风险管理的重要组成部分，鼓励上市公司针对风险管理采用体系化方法；加强问责制，要求董事会决定并评估他们所愿意承受的风险水平，持续监控风险管理和内部控制体系，并要求管理层向董事会对内部控制体系的有效性提供确认；通过进一步建议发行人披露相关政策、程序以及每年对风险管理和内部控制体系有效性进行年度审阅的具体情况，提高发行人在风险管理及内部控制方面的透明度；通过升级为守则条文，阐明发行人应建立内部审计职能或将该职能外包，以加强对发行人风险管理和内部控制体系的监管。

从 1992 年 COSO 委员会《内部控制—整体框架》，到 2002 年《萨班斯—奥克斯利法案》、2004 年 COSO 委员会《企业风险管理框架》，再到 2009 年以后 ISO 风险管理、合规管理指南的实践，从时间轴上不难看出，合规管理、内部控制、风险管理三者之间你中有我、我中有你，在相互交融、相互促进、相互支撑中不断推进发展。

第七节　合规管理的全球标准化规范化

在合规管理、内部控制、风险管理的发展过程中，政府监管部门主要负责制定具体的、有针对性的法律法规，设定强制性的专项合规要求，如反腐败、反垄断、反欺诈、反财务舞弊等。国际组织则侧重于通过制定体系化、通用化、工具化的指引和规范，推动全面合规体系建设。

一、《合规管理体系：指南》（ISO 19600：2014）发布

国际组织推动企业合规管理体系建设经历了两个发展阶段。第一阶段是2000 年前后，以联合国全球契约组织①为代表，倡议企业开展国际业务时遵守自愿性合规承诺，包括社会责任、环境责任以及反对商业腐败等。第二阶段是2008 年发生西门子“行贿门”事件后，经济合作与发展组织倡导企业遵循合规最佳实践。

在美、英等国家纷纷出台更加严格的合规监管规则背景下，企业认识到，合规管理是企业稳健经营运行的内在要求，也是防范违规风险的基本前提；合规管理可以防止决策失误，通过合规管理约束高层领导人员的相关行为，能够最大限度地减少决策失误带来的经营风险和合规风险；合规管理还是规范员工行为的有效手段，通过建构科学的企业合规文化以及合规体系，有利于让员工养成合规化的习惯，有利于让员工自觉自律地避免违规化操作，避免违规风险。

国际组织总结多年来合规管理、内部控制、风险管理理论和实践，尤其是重大合规事件、案件得出的教训，结合各国政府合规监管和合规激励的法律、法规、政策，开始推出一系列工具箱式的全面合规管理体系建设的方案、指引和规范。其中最有代表性的就是国际标准化组织 2014 年发布的 ISO 19600：2014《合规管理体系：指南》和 2021 年发布的 ISO 37301：2021《合规管理体系：要求及使用指南》。这两部指南是合规体

① 联合国全球契约（Global Compact）由联合国时任秘书长科菲 · 安南于 1999 年 1 月 31 日在达沃斯世界经济论坛年会上提出，2000 年 7 月 26 日联合国总部正式成立“联合国全球契约组织”。联合国全球契约组织致力于帮助全球企业将遵守人权、劳工、环境和反腐败的全球契约十项原则纳入企业战略和运营中，推进企业承担社会责任。中国政府于 2007 年正式成为联合国全球契约组织的捐款国政府，给予了联合国全球契约组织政治和运营支持。2004 年 6 月 24 日，在第一届联合国全球契约领导人峰会期间，联合国秘书长科菲 · 安南宣布源于 2003 年生效的《联合国反腐败公约》的反腐败原则正式成为全球契约的第 10 项原则。

系，尤其是全面合规管理体系建设方面的集大成者，把企业合规管理推向了国际标准化新阶段。

ISO 19600：2014《合规管理体系：指南》于2014年12月15日发布实施。我国国家质量监督检验检疫总局、国家标准化管理委员会认可批准了该标准，并于2017年12月29日以“GB/T 35770—2017/ ISO 19600：2014《合规管理体系：指南》”联合标准的形式发布，中文版就是英文版的翻译稿。GB/T 35770—2017/ISO 19600：2014《合规管理体系：指南》（以下简称《指南》）自2018年7月1日起实施，在全球愈来愈严酷的经营环境下，为广大企业提供了合规管理方面的指南，主要内容包括组织环境、领导作用、策划、支持、运行、绩效评价、改进等，其意义主要表现在[①]：

（1）《指南》汇集了国际上广泛认可的合规管理理论和最佳实践，可以帮助企业迅速而规范地建设合规管理体系，提升合规管理水平，防范合规风险。

（2）《指南》可以使公司从高层领导到所有员工掌握合规管理的基本要求和原则，提升公司合规管理能力和培育合规文化。

（3）在各种法律法规层出不穷、执法越来越严格的时代，按照《指南》标准要求建立合规管理体系并通过第三方的评估，可成为尽职免责、减轻处罚的抗辩理由。

国家市场监督管理总局和国家标准化管理委员会2022年10月12日正式发布并实施《合规管理体系：要求及使用指南》（GB/T 35770—2022）。该标准等同于采用国际标准ISO 37301《合规管理体系：要求及使用指南》，实施后全部代替我国国家标准化管理委员会2017年发布的GB/T 35770—2017。

① 雒宏伟：《ISO 19600：2014 诞生的背景和意义》，《中国认证认可》，2018 年第7 期。

二、ISO 37301 实现合规规范从指南到要求的升级

2021 年 4 月，国际标准化组织发布了 ISO 37301：2021《合规管理体系：要求及使用指南》（Compliance Management Systems – Requirements with Guidance for Use），在合规管理体系建设的发展史上具有里程碑的意义，成为合规管理体系走向全球标准化、规范化的标志。ISO 37301：2021《合规管理体系：要求及使用指南》作为一个体系认证标准，不仅是 ISO 19600：2014《合规管理体系：指南》的升级版，而且具有更高的适用效力和更广的适用范围。

国际标准化组织是全球范围最大的非政府综合性国际组织，其发布的标准体系有国际标准、技术规范、技术报告、公共规范四大类。在国际标准中又分为测试方法标准、实践准则标准、指南标准和管理系统标准四种。其中，管理系统标准（Management System Standard，MSS）是以管理活动、管理体系为标准化对象，规定了构成管理体系的相互关联或相互作用的要件及其运作的标准，旨在为组织（政府、企业、社团等）确立方针和目标以及实现这些目标规定需要满足的要求或提供指导，这些目标包括产品或服务质量、运营效率、信息安全、工作场所的健康与安全等。管理系统标准又细分为 A、B、C 三种，每种效力各不相同。

A 类 MSS 可以作为符合性的依据，作为自我声明、认证的基准，尤其是当 A 类标准作为认证依据时，只有符合标准的“要求”，才能获得认证和认可，一般含有“要求”（requirements）字样。B 类 MSS 是提供方向性、指导性的建议，使用者可以参考使用，也可以部分使用或不使用，名称中一般含有“指南”“指引”“建议”（guidance，guideline，recommendation）等字样。

ISO 37301 是 ISO 的 A 类管理标准，规定了特定组织（如企业）建

立、实施、评价、维护和持续改进有效的合规管理体系必须满足、达到的要求，并对如何使用该标准提供了建议和指导，可以作为特定组织（如企业）满足合规管理体系要求的自我声明、相关方的符合性评价或在全球范围内获得第三方认证的依据。

ISO 37301 采用正文要求加附录指南的架构，正文主要通过条款明确在特定组织（如企业）内建立、开发、实施、评估、维护和改进有效的合规管理体系的要求，附录为正文内容的实施提供了使用指南。

ISO 37301 是在 ISO 19600 基础上的升级完善，很多内容相同，也有很多变化（见图 2 –1）。主要内容为：

（1）合规管理体系通用要素。有效的合规管理体系，能表明组织遵守相关法律、监管要求、行业守则、组织标准、良好的治理标准、普遍接受的最佳方法、道德和社区期望。ISO 37301 制定的目标主要包括：协助组织通过应用具有约束力的价值观和适当的合规管理，有效维护诚信，发展和传播积极的合规文化，避免或减少违反合规义务的行为，保护和提高组织的声誉和信誉，最大限度地降低违规行为发生的风险及相应的经济和声誉损失，增加商业机会和促进可持续发展，展现组织切实、高效管理风险的决心，提高第三方对组织取得持续成功的信心，等等。ISO 37301 基于良好治理、平衡、透明、责任、可持续原则制定，采用管理体系“策划—执行—检查—改进（PDCA）”的方法，强调合规与组织的各个管理流程、运行要求和程序融为一体，完整覆盖了合规管理体系策划、执行、检查和改进的全流程，对合规管理体系全流程中的各个过程进行资源配置（包括人力、职责、权限等各类资源），管理和控制过程之间的组合和相互作用，规定了组织建立、运行、维护和改进合规管理体系的要求，并提供了使用指南，适用于全球任何类型、规模、性质和行业的组织。

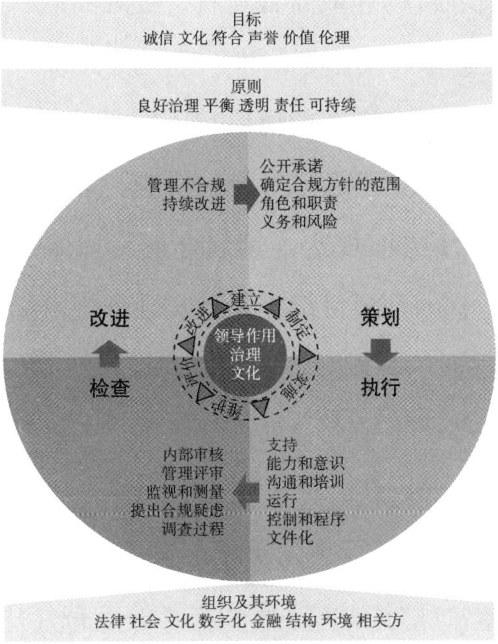

图 2－1　ISO 37301 主要内容结构

（2）组织环境。组织所处的环境既涉及法律法规、监管要求、行业准则、良好实践、道德标准，又涉及组织自行制定或公开声明遵守的各类规则。因此，建立合规管理体系首先要对组织所处的环境予以识别和分析。ISO 37301 从以下方面规定了识别和分析组织环境的要求：一是确定影响组织合规管理体系预期结果能力的内部和外部因素；二是确定并理解相关方及其需求；三是识别与组织的产品、服务或活动有关的合规义务、评估合规风险；四是确定反映组织价值、战略的合规管理体系及其边界和适用范围。

（3）领导作用。领导是合规管理的根本，对于整个组织树立合规意识、建立高效的合规管理体系具有至关重要的作用。ISO 37301 对组织的治理机构、最高管理者等如何发挥领导作用作出了规定：一是治理机构和最高管理者要展现对合规管理体系的领导作用和积极承诺；二是遵守合规治理原则；三是培育、制定并在组织各个层面宣传合规文化；四是制定合规方针；五是确定治理机构和最高管理者、合规团队、管理层及员工相应的职责和权限。

（4）策划。策划是预测潜在的情形和后果，对于确保合规管理体系能实现预期效果，防范并减少不希望发生的影响，对实现持续改进具有重要作用。ISO 37301 从以下方面规定了策划合规管理体系的要求：一是在各部门和层级上建立适宜的合规目标，策划实现合规目标需建立的过程；二是综合考虑组织内外部环境问题、合规义务和合规目标，策划应对风险和机会的措施，并将这些措施纳入合规管理体系；三是有计划地对合规管理体系进行修改。

（5）支持。支持是合规管理的重要保障，对于合规管理体系在各个层面得到认可并保障合规行为实施具有重要的支持作用。ISO 37301 从以下五个方面规定了支持措施：一是确定并提供所需的资源，例如财务资源、工作环境与基础设施等；二是招聘能胜任且能遵守合规要求的员工，对违反合规要求的员工采取纪律处分等管理措施；三是提供培训，提升员工合规意识；四是开展内部和外部沟通与宣传；五是创建、控制和维护文件化信息。

（6）运行。运行是立足于执行层面，策划、实施和控制满足合规义务和战略层面规划的措施相关的流程，以确保组织运行合规管理体系。ISO 37301 从以下方面对运行作出了规定：一是实施为满足合规义务、实施合规目标所需的过程以及所需采取的措施；二是建立并实施过程的准则、控制措施，定期检查和测试这些控制措施，并保留记录；三是建立举报程序，鼓励员工善意报告疑似和已发生的不合规情况；四是建立调查程序，对可疑和已发生的违反合规义务的情况进行评估、调查和了结。

（7）绩效评价。绩效评价是对合规管理体系建立并运行后的绩效、体系有效性评价，对于查找可能存在的问题、后续改进合规管理体系等具有重要意义。ISO 37301 对如何开展合规管理体系绩效评价作出了规定：一是监测、分析和评价合规管理体系的绩效和有效性；二是有计划地开展内部审核；三是定期开展管理评审。

（8）改进。改进是对合规管理体系运行中发生不合格/不合规情况作出反应、评价是否需要采取措施，消除不合格/不合规的根本原因，以避免再次发生或在其他地方发生，并持续改进，以确保合规管理体系的动态持续有效。ISO 37301 从以下方面对改进作出了规定：一是持续改进合规管理体系的适用性、充分性和有效性；二是对发生的不合格/不合规采取控制或纠正措施。

ISO 37301 作为 A 类管理体系标准，适用于任何类型、规模、性质和行业的组织，能够用于各类组织的自我声明、组织外部相关方的审核、第三方开展管理体系认证等活动。ISO 37301 的制定与实施对于各类组织的合规管理能力建设、政府监管活动、国际贸易交流、沟通合作改善等具有重要的意义。

一是可以作为各类组织符合合规要求自我声明的依据。各类组织通过实施 ISO 37301 建立、运行、评价、维护、改进合规管理体系，提升合规管理能力和合规经营水平，一方面使得组织的行为和行为结果合规，通过自我声明符合 ISO 37301，便利贸易活动的开展；另一方面在需要时据此标准，追溯组织是否符合合规要求或证实组织是否达到合规要求。

二是可以作为认证机构开展认证的依据。ISO 37301 规定了合规管理体系的要求，并提供了建议做法和指南，认证机构在认证活动中，可以直接应用或者在其认证技术规范中明确将 ISO 37301 作为组织符合合规管理体系要求的认证依据。

三是可以作为政府机构监管的依据。政府机构通过在法律、法规规章等文件中引用 ISO 37301，将合规管理理念应用于行政监管活动，引导、规范各类组织和行业发展，根据对组织的合规管理体系运行情况的评价结果，采取相应的监管手段和措施，实施精准合规监管。

第三章 企业合规在我国的发展

第一节　合规管理在我国兴起

1978 年，党的十一届三中全会召开，党和国家转向以经济建设为中心，掀开了改革开放和社会主义现代化建设的新篇章。随着社会主义法治建设的不断推进和发展，企业合规管理也开始兴起。

一、合规管理伴随改革开放逐步发展

为保证、保障改革开放事业顺利推进，国家决定在社会法治建设上重点打击经济领域的腐败和犯罪。1979 年，新中国制定的第一部《刑法》设立了“受贿罪”。1982 年，全国人大常委会通过《关于严惩严重破坏经济的罪犯的决定》，对包括国有企业员工在内的所有国家工作人员“索取、收受贿赂”作出了定罪量刑的规定。1993 年颁布《反不正当竞争法》，第一次通过刑事法律以外的经济法律规范，明确禁止商业贿赂行为。1996 年国家工商行政管理总局颁布《关于禁止商业贿赂行为的暂行规定》，为行政执法机关监管企业经营行为、查处商业贿赂提供了行政法规依据。

进入21世纪以来，与国际上金融领域全面合规体系建设率先推进一样，我国企业主动、全面、系统的合规管理体系建设，也是在金融领域先行启动。这与银行、保险、证券等金融行业本身的高风险特性有关，也与安然事件爆发和《萨班斯—奥克斯利法案》实施后，全球范围内加强合规、内控、风控管理大趋势有关。

我国金融领域的监管部门、行业协会、自律组织，参考相关国际组织关于银行、保险、证券领域行业监管、自律合规的一系列指引、规范[①]，开始发布一系列中国版的合规管理规范。原中国银监会2006年颁布《商业银行合规风险管理指引》，规定在中国境内设立的中资商业银行、外资独资银行、中外合资银行和外国银行分行适用该指引。在中国境内设立的政策性银行、金融资产管理公司、城市信用合作社、农村信用合作社、信托投资公司、企业集团财务公司、金融租赁公司、汽车金融公司、货币经纪公司、邮政储蓄机构以及经银监会批准设立的其他金融机构参照本指引执行。该指引的适用范围覆盖了除保险、证券业以外的所有金融行业。原中国保监会2007年颁布《保险公司合规管理指引》，中国证监会2008年颁布《证券公司合规管理试行规定》。至此，银行、保险、证券等行业都明确了行业合规规范要求。随着时间的推移，上述指引、规定有的已经失效，有的已被新的规范所取代，但当时关于合规管理的理念、构想、设计、标准、措施等，无疑对刚刚兴起的合规管理体系建设发挥了积极的推

① 2005年4月29日巴塞尔银行监管委员会颁布《合规与银行内部合规部门》，规定："合规所涉及法律、规则和准则，有各种各样的规范来源，主要包括立法机关和监管机关发布的法律、规则和准则，市场惯例，行业协会制定的适用于银行内部工作人员的内部守则和行为准则。合规还包括超越上述具有法律约束力规范约束的，具有广泛意义的诚信标准和道德行为标准。"国际保险监督官协会（IAIS）2004年发布《保险公司治理的核心原则》，要求董事会指定一名或数名官员负责公司合规管理工作，定期向董事会报告。经合组织（OECD）2005年发布《OECD保险公司治理指引》规定："良好的公司治理背景下，确保企业行为符合保险法的规定是董事会职责中必须涵盖的基本内容。"2005年12月，美国证券行业协会（SSA）和国际证监会组织（IOSCO）先后发布了诸多证券行业合规相关文件。《合规的作用（白皮书）》及《关于市场中介机构中合规职能问题的最终报告》等文件对证券公司、证券从业人员的作用、职能、机构设置、独立性、人员资质、合规文化等合规要求作了全面、系统阐述。

进作用，而且有些规定和内容至今仍具有使用价值。

如关于合规风险的认识，三部指引都规定，合规风险是指“没有遵循法律、规则和准则可能遭受法律制裁、监管处罚、重大财务损失和声誉损失的风险”。都强调“合规管理是核心的风险管理活动”，把合规风险界定在纯粹损失性风险范围内，有助于提升人们对合规风险的理解认识、风险意识、底线思维。三部指引都详细规定了公司治理结构中董事会、监事会、经理层的合规管理职责，专门设计了审计委员会在合规管理中的特殊角色和作用；都倡导“领导带头，全员合规”，明确提出：“合规不仅是合规部门、合规岗位和专业合规人员职责，而且是公司所有部门、每一名员工的职责，公司各部门和分支机构对其职责范围内的合规管理负有直接和第一位的责任。”这就是我国合规管理、风险管理规范中“三道防线”的雏形。①

在任何一个组织机构中，增设部门机构、配备专门人员都是极为困难的。就合规管理体系建设而言，不设立专门的合规机构，不一定代表不重视合规，但是设立专门的合规机构，则表明对合规的重视。三部指引都要求应当设立专门的合规管理部门，把合规管理部门当作后台业务对待；应当设立合规负责人和合规管理岗位，配备专业合规管理团队。证券公司合规指引明确提出设立“合规总监”要求。在实践中，金融领域的企业在我国率先成立专门的合规部门。如2001年10月中国银行（香港）有限公司设立“法律与合规部”，2002年中国银行总部将法律部更名为“法律与合规部”，2003年中国建设银行在总行法律部内增设“合规处”，2004年中国工商银行设立“内部控制合规部”，2004年中国平安保险集团公司成立“法律与合规部”，其后中国人寿等保险公司也设立了法律合规部。

① 原中国银监会2006年颁布《商业银行合规风险管理指引》、原中国保监会2007年颁布《保险公司合规管理指引》、中国证监会2008年颁布《证券公司合规管理试行规定》。

2005 年 11 月，上海银监局下发《上海银行业金融机构合规风险管理机制建设的指导意见》，要求上海地区银行设立法律合规部门。

金融领域合规体系建设经历了与内部控制、风险管理时空交织的过程。2001 年中国证监会发布《证券公司内部控制指引》，2003 年国务院国资委颁布《企业国有资产监督管理暂行条例》，2004 年 COSO 委员会发布《风险管理整体框架》（ERM），原中国银监会发布《商业银行内部控制评价试行办法》和《商业银行市场风险管理指引》，2006 年国务院国资委发布《中央企业全面风险管理指引》，上交所、深交所分别发布《上海证券交易所上市公司内部控制指引》和《深圳证券交易所上市公司内部控制指引》，2008 年国务院财政部等五部委发布《企业内部控制基本规范》。这也充分证明，合规管理、内部控制、风险管理的发展不是单兵突进，更不是孤立自封，而是在相互借鉴、相互丰富、相互完善中发展起来的（见图 3－1）。

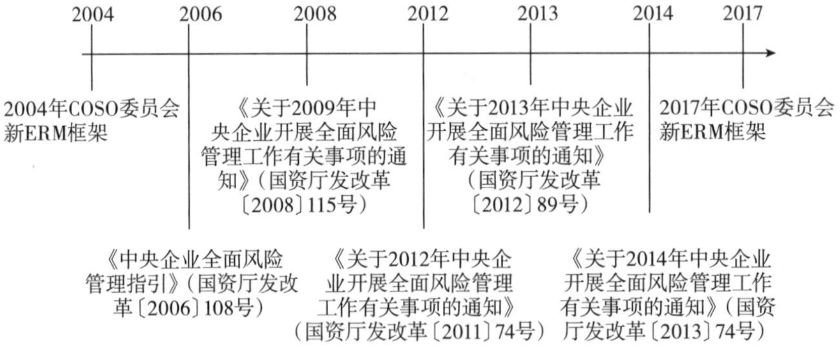

图 3－1　风险管理政策实施路径

二、合规管理体系建设进入快车道

随着 ISO 19600：2014《合规管理体系：指南》和 GB/T 35770—2017《合规管理体系：指南》发布实施，我国企业合规体系建设从金融领域开始向各行各业全面展开。2015 年，国务院国资委发布《关于全面推进法治央企建设的意见》（国资发法规〔2015〕166 号），从贯彻落实全面依法治国战略、全面深化国企改革、提升企业核心竞争力的高度，明确提出打造“治理完善，经营合规，管理规范，守法诚信”法治央企的目标，制定了依法治理、依法经营、依法管理共同推进和法治体系、法治能力、法治文化一体建设的实施路径，部署了建立法律、合规、风险、内控一体化管理平台等具体措施，既是全面推进法治央企建设的纲领，也是中央企业合规体系建设的纲领。

2016 年 4 月，国务院国资委印发《关于在部分中央企业开展合规管理体系建设试点工作的通知》，选定中国石油天然气集团有限公司、中国移动通信集团有限公司、招商局集团有限公司、中国东方电气集团有限公司、中国铁路工程集团有限公司 5 家企业开展合规管理体系建设试点工作，标志着在我国国民经济中占有重要地位的国有企业合规管理工作正式启动，也把我国企业合规体系建设推到一个新高度。

第二节　合规管理迅猛发展

合规体系建设的每一个发展阶段，都伴随着一些重要的合规事件和案件，每一个合规事件和案件又反过来推动合规体系建设。美国、西方发达国家如此，我国企业合规体系建设历程也同样。可以说，重大合规事件和案件是合规体系建设的“催生婆”。

一、绕不开的“中兴通讯事件”

在我国企业合规体系建设历史上，“中兴通讯事件”是绕不开的重要案例。2016—2018 年，中兴通讯公司两次遭到美国制裁，累计缴纳罚款 18.92 亿美元和保证金 4 亿美元。该事件震动全国，监管部门开始积极倡导和推进企业合规管理，加速了中国企业合规管理体系建设进程。

2010 年 6 月 10 日，联合国就伊朗核问题通过决议，决定对伊朗展开第四轮制裁。随后，美国公布对伊朗实施出口禁令，其中包括美国生产的和包含美国成分[①]军品物项、军民两用物项。2012 年，中兴通讯公司将一批混有美国科技公司软硬件的产品出售给伊朗最大电信运营商伊朗电信（TCI），违反美国对伊朗的出口禁令，遭到美国商务部调查。2016 年 3 月 7 日，美国商务部公布调查结果和意见，以违反美国出口管制法规为由，将中兴通讯公司等中国企业列入“实体清单”，采取限制出口措施。

2016 年 3 月 21 日，中兴通讯公司与美国商务部达成临时协议，承诺以撤销曾参与违规行为高层管理人员职务为条件，解除出口限制措施。美方给出的观察期为 2016 年 3 月 24 日至 6 月底。2016 年 8 月、11 月，美国商务部再度推迟对中兴通讯公司出口禁令执行时间，决定 2017 年开始限制对中兴通讯公司产品的出口。

2017 年 3 月，美国司法部、商务部、财政部海外资产管理办公室（OFAC）共同决定，对中兴通讯公司罚款 11.9 亿美元，并设定 7 年“合规观察期”。

面对美方当时对非金融机构开出的历史上最大罚单，中兴通讯公司不得不和美方进行谈判协商。2017 年 3 月 7 日，中兴通讯公司与美国商务部达成和解，同意支付约 8.9 亿美元罚金，美方同意在“合规观察期”内暂缓缴纳罚款。

但是，2018 年 4 月 16 日，美国商务部指称中兴通讯公司于 2016 年 11

① 根据美国出口管制法律规定，“美国成分”是指美国商务部管制出口的产品和服务中包含有一定比例源自或途经美国的原材料、零部件或要使用源自美国软件、技术设计、制造、运行的。

月和 2017 年 7 月呈交美国政府的函件中做了虚假陈述，中兴通讯公司不仅没有履行此前的整改承诺，还继续违反出口管制规定，隐蔽、变相地向伊朗出口美国管制的产品，美方立即全面启动对中兴通讯公司出口管制禁令。2018 年 5 月 9 日，中兴通讯公司发布公告，表示“受美方出口管制禁令影响，本公司主要经营活动已无法进行”。

2018 年 5 月 22 日，时任美国总统特朗普在白宫会见媒体时表示，确定对中兴通讯公司处以 13 亿美元巨额罚款，要求中兴通讯公司更换公司领导层和董事会，以此作为解除 7 年禁令的条件。

2018 年 6 月 7 日，中兴通讯公司再次与美国商务部达成新的和解协议，向美国政府支付 10 亿美元罚金并另外拨付 4 亿美元代管资金，在达成和解协议的 30 天内更换管理层和董事会。此外，中兴通讯公司还要自费聘请由美国政府批准任命的独立合规监督员进驻该公司实施监督，监察期 3 年。2018 年 10 月，美国得克萨斯州北区地方法院按照美国商务部工业与安全局（BIS）增加处罚的要求，签发命令将监察期延长 1 年至 2022 年 3 月 22 日。

2022 年 3 月 22 日，中兴通讯公司收到美国得克萨斯州北区地方法院判决，裁定监察官任期按照原定的 2022 年 3 月 22 日结束，不予附加任何处罚。中兴通讯公司被美制裁事件至此终于结束。

“中兴通讯事件”反映出我国企业在实施“走出去”、国际化经营战略中，存在合规意识淡薄、合规能力欠缺、合规管理滞后诸多问题。“中兴通讯事件”发生的时期，正值我国大力实施“一带一路”倡议和建设，以美国为首的西方世界对我国和平崛起实施全方位、无底线的打压限制。企业在“走出去”、国际化经营过程中不合规且授人以柄，不仅给企业自身带来极大的经济损失和恶劣的负面影响，也给国家的形象、声誉造成损害。

二、中国企业合规管理全面发力

“中兴通讯事件”及后来发生的“华为孟晚舟事件”，极大地促进我国企业合规管理体系建设，企业合规管理迎来爆发期。有专家甚至把“中兴通讯事件”最高潮时期，以及国务院国资委发布《中央企业合规管理指引（试行）》的 2018 年，称为“中国企业强化合规管理的元年”①，企业合规管理进入新一轮的快速发展阶段。这个阶段合规管理具有以下五个鲜明的特点：

（一）企业合规管理成为全社会高度关注的问题

以往合规只是在企业、监管机构、社会组织、研究机构范围研究、推进，新一轮的合规管理体系建设是在全社会都关注、重视的环境下开展。在网络和媒体、自媒体快速发展、普及的时代，某个企业的合规事件往往会迅速扩散放大，演变成社会热点、焦点，上至成为法律法规政策要考虑的重点问题，下至成为街头巷尾热议的话题。一个企业的不合规问题还会从单一的产品质量、垄断暴利、商业腐败，扩散波及、叠加发酵成为涉及公众利益、诚信道德，甚至国家安全、人民群众安全感、获得感、幸福感的重大民生问题和社会问题。企业合规问题已不再是企业自己的事情，而是全社会关注、重视的事情，合规建设也不再是企业搞不搞的问题，而是必须搞并且要搞好的问题。企业合规管理体系建设迎来最严峻、最广泛的压力和挑战，同时也迎来最好、最有利的社会环境和氛围。

① 郭凌晨、丁继华、王志乐：《企业合规管理体系有效性评估》，企业管理出版社，2021 年版。

（二）企业合规管理上升到国家战略和国家政策层面

监管部门协调配合，密集出台合规规则。合规监管的法律法规、标准规范的覆盖面、适用面之广，超过以往任何一个时期。2017 年 12 月，国家发展改革委、商务部、人民银行、外交部、全国工商联联合发布专门针对民营企业、私营企业的《民营企业境外投资经营行为规范》。与此同时，国家质量监督检验检疫总局和标准化管理委员会联合发布 GB/T 35770—2017《合规管理体系：指南》。2018 年 11 月，国务院国资委发布《中央企业合规管理指引（试行）》。紧接着，国家发展改革委、外交部、商务部、人民银行、国资委、外汇局、全国工商联七部门联合发布《企业境外经营合规管理指引》。尤其是 2021 年以来，国务院国资委加快推进央企合规管理，2021 年 10 月印发《关于进一步深化法治央企建设的意见》，2022 年 8 月发布《中央企业合规管理办法》。2022 年 1 月国务院国资委印发的《关于开展中央企业"合规管理强化年"工作的通知》，将 2022 年定为"合规管理强化年"，全面部署中央企业开展合规管理工作。从制定、发布合规规则的监管部门的构成，可以看出企业合规涉及的范围。从发布的规范针对的对象来看，包括国有、民营、私营、外资、混合所有制等各种所有制性质的企业。在发布的规范中，还有专门针对"走出去"、国际化经营的境外合规管理规范，充分反映出境外合规已成为我国企业合规管理的重中之重。

（三）立法、执法、司法全面发力出台适用于专项合规的法律法规

这一时期，在安全生产方面制、修订了《安全生产法》（2021 年）、《道路交通安全法》（2021 年）、《职业病防治法》（2018 年）等，在消费者权益保护和维护市场竞争秩序方面制、修订了《食品安全法》（2018

年)，在维护市场竞争秩序方面制、修订了《反不正当竞争法》（2019年)、《反垄断法》（2022年）等，在网络安全和个人隐私保护方面制、修订了《网络安全法》（2017年)、《数据安全法》（2021年)、《个人信息保护法》（2021年）等，在生态环境保护方面制、修订了《环境保护法》（2018年)、《海洋环境保护法》（2017年)、《水污染防治法》（2017年)、《大气污染防治法》（2018年)、《环境噪声污染防治法》（2018年)、《土壤污染防治法》（2018年)、《固体废物污染环境防治法》（2020年)。为了加强安全生产、环境保护的刑事规制，全国人大常委会制定了《中华人民共和国刑法修正案（十一)》。随着生态环境保护、食品药品安全、国有财产保护、国有土地使用权出让及英烈权益保护、未成年人保护、军人荣誉名誉权益保障、安全生产、个人信息保护、反垄断、反电信网络诈骗、农产品质量安全“4 + 8”领域的实体法和程序法的出台、完善，公益诉讼成为促进企业合规建设的重要法律方式①。

（四）企业合规司法监督和第三方监督评估机制全面启动

在借鉴法治发达国家司法机关对企业合规实施监督做法的基础上，2020年3月最高人民检察院开始在4个省份的6个基层检察院开展涉案企业合规改革试点。2021年3月，最高人民检察院部署在北京、上海等10个省份开展第二批涉案企业合规改革试点，试点范围扩展到62个市级院、387个基层院。2021年6月3日，最高人民检察院、司法部、财政部、生态环境部、国务院国有资产监督管理委员会、国家税务总局、国家市场监督管理总局、中华全国工商业联合会、中国国际贸易促进委员会九部门联合印发《关于建立涉案企业合规第三方监督评估机制的指导意见（试

① 2014年10月党的十八届四中全会通过的《中共中央关于全面推进依法治国若干重大问题的决定》，提出“探索检察机关提起公益诉讼制度”。2015年7月全国人大常委会作出决定，授权在13个省、自治区、直辖市开展为期两年的试点。2017年修改《民事诉讼法》《行政诉讼法》，正式建立检察机关提起公益诉讼的制度。

行)》，司法机关进入企业合规管理，构建合规监管和合规激励机制。涉案企业合规第三方监督评估机制，是指检察院在办理涉单位犯罪、企业高管犯罪[①]案件时，对符合企业合规改革试点适用条件的，交由第三方监督评估机制管理委员会选任组成的第三方监督评估组织，对涉案企业的合规承诺进行调查、评估、监督和考察；第三方监督评估组织合规考察书面报告、涉案企业合规计划、定期书面报告等材料，将作为检察院依法作出批捕或者不批捕、起诉或者不起诉、是否变更强制措施等决定，以及提出量刑建议或者检察建议、检察意见的重要参考。第三方监督评估机制是在司法机关主导下的合规监督机制和合规激励机制。对于涉企案件，检察机关在坚持和落实“能不捕的不捕、能不诉的不诉、能不判实刑的提出判缓刑的量刑建议”等司法政策的同时，会通过检察建议引导、督促企业进行合规建设、履行合规承诺。检察机关依法对涉案企业及其负责人作出不捕、不诉决定，不是简单一放了之，而是通过对企业提出整改意见，推动企业合规建设。建立第三方评估制度、进行合规考察等系列措施，让涉案企业既为违法犯罪付出代价，又能吸取教训，建立健全防范再犯的合规制度，维护正常经济秩序。

---

① 《关于建立涉案企业合规第三方监督评估机制的指导意见(试行)》第三条规定:“第三方机制适用于公司、企业等市场主体在生产经营活动中涉及的经济犯罪、职务犯罪等案件,既包括公司、企业等实施的单位犯罪案件,也包括公司、企业实际控制人、经营管理人员、关键技术人员等实施的与生产经营活动密切相关的犯罪案件。”“单位犯罪”是指犯罪主体为公司、企业、事业单位、机关单位的犯罪。构成单位犯罪的,对单位判处罚金,并对单位主管人员和其他直接负责人判处刑罚。我国现行《刑法》中规定了 162 个单位犯罪。对单位犯罪,实行单罚制和双罚制。单罚制是指在单位构成犯罪且应承担刑事责任的情况下,只处罚该单位的主管人员和其他直接负责人。双罚制是指在单位实施了犯罪而应承担刑事责任的情况下,既对单位判处罚金,也对其主管人员和其他直接负责人予以刑事处罚。对单位犯罪,我国实行的是以双罚制为主、单罚制为辅的原则。现行《刑法》中实行单罚制的单位犯罪有 14 个,如工程重大安全事故罪、消防责任事故罪、妨害清算罪、虚假破产罪、违法运用资金罪及私分国有资产罪等;实行双罚制的有 148 个,如非法制造、买卖、运输、储存危险物质罪,生产、销售伪劣商品罪,生产、销售不符合安全标准的产品罪,走私货物罪,虚假出资、抽逃出资罪,欺诈发行证券罪,隐匿、故意销毁会计凭证、会计账簿、财务会计报告罪,虚开增值税专用发票罪,非法采矿罪,对单位行贿罪,单位受贿罪等。

（五）企业合规建设进入统筹国内法治和涉外法治，用法治维护国家主权、安全、发展利益的时代

近年来，国家从法律、行政法规到部门规章、监管规定等，逐渐规范完善涉外法治体系，全国人大制定《外商投资法》（2020 年 1 月 1 日实施），全国人大常委会制、修订《国家安全法》（2015 年 7 月 1 日实施）、《对外贸易法》（2016 年 11 月修订）、《出口管制法》（2020 年 12 月 1 日施行）。国务院颁布《技术进出口管理条例》（2020 年 11 月修订），在此之下有细化的、操作层面的《禁止出口限制出口技术目录》《技术进出口合同登记管理办法》《禁止出口限制出口技术管理办法》《禁止进口限制进口技术管理办法》，以及国家商务部发布《不可靠实体清单》（2020 年 9 月 19 日起实施）和《阻断外国法律与措施不当域外适用办法》（2021 年 1 月 9 日起实施），国家发展和改革委员会发布《外商投资安全审查办法》（2021 年 1 月 18 日起施行）。这些法律法规、监管规定既是外国企业也是我国企业应当遵循和严格坚守的涉外合规“底线”“红线”。

第三节　以习近平法治思想引领合规管理体系建设

2020 年 10 月召开的党的十九届五中全会，审议通过了《中华人民共和国国民经济和社会发展第十四个五年规划和 2035 年远景目标纲要》。该纲要第十三章第二节和第十九章第五节明确提出：“‘十四五’期间引导企业加强合规管理，防范化解境外政治、经济、安全等各类风险”“推动民营企业守法合规经营，鼓励民营企业积极履行社会责任、参与社会公益和慈善事业”，到 2035 年“基本实现国家治理体系和治理能力现代化，人民平等参与、平等发展权利得到充分保障，基本建成法

治国家、法治政府、法治社会”。

其后，中共中央印发《法治社会建设实施纲要（2020—2025 年）》和《法治中国建设规划（2020—2025 年）》，强调要引导企业树立合规意识，切实增强企业管理者和职工的法治观念；加快推进、完善社会诚信长效机制建设和覆盖全社会的信用体系建设，提高全社会诚信意识和信用水平，建立完善失信惩戒制度，促进企业诚实守信、合法经营；完善企业社会责任法律制度，增强企业社会责任意识，推动企业和其他组织履行法定义务、承担社会责任，促进社会健康有序运行；强化规则意识，倡导契约精神，维护公序良俗，推动企业与社会建立良好的互助互信关系；支持社会组织建立社会责任标准体系，引导社会资源向积极履行社会责任的社会组织倾斜。

企业合规管理不再只是企业自己的经营发展战略，而是践行全面依法治国方略的重要举措，以及实施法治国家、法治政府、法治社会一体建设的重要内容。企业社会责任、合规意识、合规管理、风险防控不再只是企业自己的经营发展目标，而是正式列入国民经济和社会发展“十四五”规划和 2035 年远景目标，成为建设社会现代化国家和实现第二个百年奋斗目标的组成部分。

2020 年 11 月 16—17 日，中央全面依法治国工作会议召开。习近平总书记发表重要讲话，全面总结了党的十八大以来法治建设取得的成就，深刻阐述了新时代中国特色社会主义法治思想，科学回答了中国特色社会主义法治建设一系列重大理论和实践问题，对当前和今后一个时期全面依法治国工作作出了战略部署，是指导新时代全面依法治国的纲领性文献。

习近平总书记在领导法治中国建设的伟大实践中形成了以“十一个坚持”为核心要义和主要内容的习近平法治思想，为新时代全面依法治国提供了根本遵循和行动指南。习近平法治思想核心要义和主要内容有

11 个方面：一是坚持党对全面依法治国的领导；二是坚持以人民为中心；三是坚持中国特色社会主义法治道路；四是坚持依宪治国、依宪执政；五是坚持在法治轨道上推进国家治理体系和治理能力现代化；六是坚持建设中国特色社会主义法治体系；七是坚持依法治国、依法执政、依法行政共同推进，法治国家、法治政府、法治社会一体建设；八是坚持全面推进科学立法、严格执法、公正司法、全民守法；九是坚持统筹推进国内法治和涉外法治；十是坚持建设德才兼备的高素质法治工作队伍；十一是坚持抓住领导干部这个“关键少数”。

习近平法治思想为企业合规建设提供了根本遵循和行动指南，习近平总书记对加强企业合规管理也提出了明确指示和要求。

2017 年 5 月 23 日，习近平总书记在中央全面深化改革领导小组第 35 次会议讲话中强调：“规范企业海外经营行为，要围绕体制机制建设，突出问题导向，落实企业责任，严格依法执纪，补足制度短板，加强企业海外经营行为合规制度建设，逐步形成权责明确、放管结合、规范有序、风险控制有力的监管体制机制，更好服务对外开放大局。”习近平总书记阐明了企业合规管理要以海外合规为重点领域，强调了合规管理在服务国家对外开放大局中的重要意义。

2019 年 4 月 26 日，习近平总书记在第二届“一带一路”国际合作高峰论坛开幕式上发表主旨演讲，强调“我们要努力实现高标准、惠民生、可持续目标，引入各方普遍支持的规则标准，推动企业在项目建设、运营、采购、招投标等环节按照普遍接受的国际规则标准进行，同时要尊重各国法律法规”。习近平总书记指明了企业合规管理应当遵循的法律法规的范围和领域。

2018 年 8 月 27 日，习近平总书记在推进“一带一路”建设工作五周年座谈会上发表重要讲话，提出“要规范企业投资经营行为，合法合规经营，注意保护环境，履行社会责任，成为共建‘一带一路’的形象大使。要高度重视境外风险防范，完善安全风险防范体系，全面提高境外安全保障和应对风险能力”。习近平总书记深刻阐明了合规管理与风险管理、社会责任的关系，从维护国家企业资产安全、发展利益的高度，指明了合规管理、风险管理的作用。

2018 年 11 月 1 日，习近平总书记在民营企业家座谈会上强调指出“守法经营，这是任何企业都必须遵守的原则，也是长远发展之道”。习近平总书记强调了合规管理的普遍适用性，守法经营是国企、民企及各种所有制、经济成分的企业、组织都要遵守的原则和行稳致远之道。

2019 年 2 月 25 日，习近平总书记在全面依法治国委员会第二次会议上强调“加快涉外法治工作战略布局，工作应对机制、法治措施储备、企业合规管理要跟上”，要求强化企业合规意识，在合规方面不授人以柄才能行稳致远。习近平总书记强调要统筹国内法治和涉外法治，从涉外法治工作战略布局的高度，要求企业合规管理要跟上。这也是应对百年未有之大变局形势下，敢于斗争、善于斗争的必然选择。

2021 年 11 月 19 日，习近平总书记在第三次“一带一路”建设座谈会上强调：“要全面强化风险防控。要落实风险防控制度，压紧压实企业主体责任和主管部门管理责任。要探索建立境外项目风险的全天候预警评估综合服务平台，及时预警、定期评估。要加快形成系统完备的反腐败涉外法律法规体系，加大跨境腐败治理力度。各类企业要规范经营行为，决不允许损害国家声誉。对违纪违法问题，发现一起就严肃处理一起。”习近平总书记阐明企业是合规管理的责任主体，合规管理与风险管理是相互支撑的关系，特别强调了海外反腐败、跨境腐败治理专项合规在推进“一带一路”建设和企业国际化经营中的极端重要性、紧迫性和必要性。

2022 年 4 月 29 日，习近平总书记在中央政治局第三十八次集体学习时强调："要规范和引导资本发展。要设立'红绿灯'，健全资本发展的法律制度，形成框架完整、逻辑清晰、制度完备的规则体系。要以保护产权、维护契约、统一市场、平等交换、公平竞争、有效监管为导向，针对存在的突出问题，做好相关法律法规的立改废释……要加强反垄断和反不正当竞争监管执法，依法打击滥用市场支配地位等垄断和不正当竞争行为。要培育文明健康、向上向善的诚信文化，教育引导资本主体践行社会主义核心价值观，讲信用信义、重社会责任，走人间正道。"习近平总书记全面阐述了要通过加强内部控制和外部监管的方式推进企业合规管理，强调了契约精神、公平竞争、反对垄断，把合规意识、诚实信用、社会责任纳入社会主义文化建设范围。

2017—2022 年，习近平总书记以合规为主要内容的系列讲话、指示全面阐述了合规管理的重要意义、主要内容、重点领域、实施路径、具体措施。全面依法治企、守法合规经营，加快建立合规管理制度和体系，是习近平总书记提出的明确指示和要求。企业要用习近平法治思想武装头脑，指导实践，推进工作，加快建设世界一流的合规管理体系。

党的二十大报告指出，未来五年是全面建设社会主义现代化国家开局起步的关键时期，构建新发展格局和建设现代化经济体系要取得重大进展，改革开放迈出新步伐，更高水平开放型经济新体制基本形成，社会主义市场经济体制和中国特色社会主义法治体系更加完善。就中国特色社会主义法治建设，党的二十大报告强调，"我们要坚持走中国特色社会主义法治道路，建设中国特色社会主义法治体系、建设社会主义法治国家，围绕保障和促进社会公平正义，坚持依法治国、依法执政、依法行政共同推进，坚持法治国家、法治政府、法治社会一体建设，全面推进科学立法、严格执法、公正司法、全民守法，全面推进国家各方面工作法治化"。到 2035 年，基本建成法治国家、法治政府、法治社会。

企业是基本、重要的社会组织。依法依规治企、诚信合规经营是建设法治社会的重要内容和必然要求。企业从经营、管理，到治理都实现本质合规，也是主动为“营造市场化、法治化、国际化一流营商环境”做贡献。2022年2月28日中央全面深化改革委员会第二十四次会议审议通过了《关于加快建设世界一流企业的指导意见》，要求加快建设一批“产品卓越、品牌卓著、创新领先、治理现代的世界一流企业”。“产品卓越、品牌卓著、创新领先、治理现代”16字标准，都包含了合规要求。所以，建设世界一流企业必须建设世界一流合规体系，世界一流合规体系也是检验世界一流企业成色的重要标准。

我们要用习近平法治思想武装头脑，指导实践，推进工作，加快建设世界一流的企业合规管理体系。

第四章 安全生产合规管理

第一节　安全生产合规管理基本原则

习近平总书记在党的二十大报告中强调，要“坚持人民至上、生命至上”。“人民至上、生命至上”是习近平新时代中国特色社会主义思想“以人为本”“新发展理念”在安全生产领域的充分体现。习近平总书记十分关心安全生产工作，近年来作出了一系列重要指示、批示，提出“发展决不能以牺牲人民群众生命为代价”。“安全生产是民生大事，一丝一毫不能放松，要以对人民极端负责的精神抓好安全生产工作，站在人民群众的角度想问题，把重大风险隐患当成事故来对待，守土有责，敢于担当，完善体制，严格监管，让人民群众安心放心。”“要深刻认识安全生产工作的艰巨性、复杂性、紧迫性，坚持以人为本、生命至上，全面抓好安全生产责任制和管理、防范、监督、检查、奖惩措施的落实。”“所有企业都必须认真履行安全生产主体责任，做到安全投入到位、安全培训到位、基础管理到位、应急救援到位，确保安全生产。”“坚持管行业必须管安全，管业务必须管安全。”“坚持党政同责、一岗双责、齐抓共管、失职追责，严格落实安全生产责任制，完善安全监管体制，强化依法治理，不断提高全社会安全生产水平，更好维护广大人民群众生命财产安全。”习近平总书记的重要讲话、批示、指示是做好安全生产、推动安全生产合规管理的根本遵循和工作指南。

《安全生产法》于2002年6月29日由中华人民共和国第九届全国人民代表大会常务委员会第二十八次会议通过发布，自2002年11月1日起施行，2009年和2014年先后两次进行修正，对预防和减少生产安全事故，保障人民群众生命财产安全发挥了重要作用。立足新发展阶段，贯彻新发展理念，构建新发展格局，对安全生产提出了更高的要求。2021年6月10日，第十三届全国人大常务委员会第二十九次会议对《安全生产法》作了第三次修正，自2021年9月1日起施行。新《安全生产法》及《中共中央 国务院关于推进安全生产领域改革发展的意见》贯彻落实习近平总书记关于安全生产的系列讲话指示批示精神，确立了安全生产依法合规必须遵循的基本原则。

一、坚持党对安全生产的领导

安全生产事关人民群众生命财产安全，是经济社会高质量发展的重要标志，是党和政府对人民利益高度负责的重要体现。实践证明，坚持党的领导是我国安全生产形势持续向好的决定性因素。为贯彻《中共中央 国务院关于推进安全生产领域改革发展的意见》精神，新《安全生产法》第3条增加了“安全生产工作坚持中国共产党的领导”的规定，有利于强化党对安全生产工作的领导作用，统筹推进安全生产系统治理，大力提升我国安全生产整体水平。

二、坚持人民至上、生命至上

坚持人民至上、生命至上，把保护人民生命安全摆在首位，全面提高公共安全保障能力。顺应近年来安全生产理念的创新发展，新《安全生产法》在原表述“安全生产工作应当以人为本”“坚持安全第一、预防为主、综合治理的方针”基础上，增加了“坚持人民至上、生命至上，把保护人民生命安全摆在首位，树牢安全发展理念”“从源头上防范化解重大安全风险”的规定，强调要以人的生命和健康为本、以人身安全为出发点、以消灭生产经营活动中的潜在隐患为主要目的。要求坚持以人民为中心的发展思想，在安全生产工作中坚持统筹兼顾，协调发展，正确处理安全生产与经济社会发展、安全生产与速度质量效益的关系，让人民的安全和健康得到切实保障。

三、坚持安全第一、预防为主

习近平总书记在二十大报告中强调，要“坚持安全第一、预防为主，建立大安全大应急框架，完善公共安全体系，推动公共安全治理模式向事前预防转型。”“把安全摆在第一位置”是以人为本发展思想的体现，是预防为主、综合治理，从源头上防范化解重大安全风险的支撑。把预防生产安全事故发生放在安全生产工作的首位，是安全生产工作的重要任务和价值所在，是实现安全生产的根本途径。通过综合运用法律、经济、行政等手段，从发展规划、行业管理、安全投入、科技进步、经济政策、教育培训、安全文化以及责任追究等方面着手，建立安全生产长效机制，严防风险演变、隐患升级导致生产安全事故发生。

四、坚持“三管三必须”原则

《中共中央 国务院关于推进安全生产领域改革发展的意见》提出按照“管行业必须管安全、管业务必须管安全、管生产经营必须管安全”和

“谁主管谁负责”的原则，厘清安全生产综合监管与行业监管关系，明确各有关部门安全生产工作职责，并落实到部门工作职责规定中。新《安全生产法》第3条以国家法律的形式固化了“三管三必须”原则，要求强化和落实生产经营单位主体责任与政府监管责任，建立生产经营单位负责、职工参与、政府监管、行业自律和社会监督的机制。新《安全生产法》确立了各方面的安全生产责任，有利于加强协作、形成合力，建立比较完善的责任体系。

五、坚持党政同责、一岗双责制

“坚持党政同责、一岗双责、齐抓共管、失职追责”是安全生产要坚持的基本原则。在国有企业、中央企业中，党组织要在安全生产管理上发挥领导作用，与企业决策主体、经营管理班子、监督机构一起，按照企业章程、党组织决定企业党的建设事项清单、党组织前置研究讨论重大经营事项清单、决策主体决策企业重大经营事项清单、经理层经营管理职责事项、监督机构履行对重大决策和经营管理活动的监督职责规定以及安全生产管理制度，共同履行好安全生产管理职责。《中国共产党问责条例》第7条规定，党组织、党的领导干部违反党章和其他党内法规，不履行或者不正确履行职责，履行管理、监督职责不力，职责范围内发生重特大生产安全事故、群体性事件、公共安全事件，或者发生其他严重事故、事件，造成重大损失或者恶劣影响的，应当予以问责。国有企业、中央企业发生生产安全事故，对此负有责任的企业党组织和党员领导干部，将依据《中国共产党问责条例》《中国共产党纪律处分条例》和《中华人民共和国公职人员政务处分法》，追究其党纪和政务责任。

第二节　安全生产法律法规体系

安全生产是一个庞大的系统工程，安全生产法律法规及监管规定是一个庞大的规范体系。改革开放四十多年来，国家制定、修订了一系列安全生产法律法规。截至 2021 年年底，现行涉及安全生产的法律 11 部，行政法规和党内法规制度 39 件，部门规章及规范性文件 144 件，司法解释及司法文件 6 件，内容包括综合监管类、安全生产类、“三同时”类、特种设备类、职业安全卫生类、劳动保护类、伤亡事故类、防护用品类和检测检验类、职业培训考核类。

一、安全生产法律法规、标准规范体系

安全生产法律法规是指国家为了加强安全生产、劳动保护工作，保护职工安全健康、社会公共安全等所制定的管理规范。从广义来讲，涉及安全生产的国家立法、监督、检查、教育、培训等方面的法律法规、监管要求、管理规范、政策措施都属于安全生产法律合规体系范畴。遵守和执行安全生产法律法规是企业专项合规管理的重中之重。

安全生产法律体系中，以国家法律形式出现的有《安全生产法》《矿山安全法》《道路交通安全法》《海上交通安全法》《石油天然气管道保护法》《特种设备安全法》《消防法》《防洪法》《职业病防治法》《传染病防治法》《突发事件应对法》及《劳动法》等。

以国务院行政法规形式出现的有《安全生产许可证条例》《危险废物经营许可证管理办法》《危险化学品安全管理条例》《消防安全责任制实施办法》《民用爆炸物品安全管理条例》《特种设备安全监察条例》《建设

工程安全生产管理条例》《民用核设施安全监管条例》《放射性同位素与射线装置放射防护条例》《道路交通安全法实施条例》《铁路安全管理条例》《公路安全保护条例》《渔港水域交通安全管理条例》《水库大坝安全管理条例》《电力安全事故应急处置和调查处理条例》《工伤保险条例》《突发公共卫生事件应急条例》《传染病防治法实施办法》《生产安全事故应急条例》《突发事件应急预案管理办法》《生产安全事故报告和调查处理条例》《国务院关于特大安全事故行政责任追究的规定》等。

以部门规章、规范性文件、政策性规定等形式出现的主要是国务院所属各部门对各个领域、各个行业发布的诸多安全生产监管规定，如关于矿山开采、金属冶炼、航空运输、压力容器、特种设备、电力设施、水利设施、建筑施工、危险化学品、放射性物质等领域、行业的资质准入、安全责任、安全标准、安全措施、安全预案、应急处置、事故调查、问责追责等。这些部门规章和规范性文件是安全生产合规管理最常用的合规标准和合规要求。

国家安全生产法律法规、标准规范可分为如下类别：

（1）设计、建设工程安全方面，主要规定“三同时”。安全生产设施设备必须与主体工程同时设计、同时施工、同时投入生产和使用。

（2）设备安全装置方面，主要规定安全设备的设计、制造、安装、使用、检测、维修、改造和报废，应当符合国家标准或者行业标准。生产经营单位必须对安全设备进行经常性维护、保养，并定期检测，保证正常运转。

（3）特种设备安全措施方面，主要规定涉及生命安全、危险性较大的特种设备，以及危险物品的容器、电气设备、压力器、运输工具，必须按照国家有关规定，由专业生产单位生产，并经取得专业资质的检测、检验机构检测、检验合格，取得安全使用证或者安全标志后方可投入使用。

（4）防火防爆安全规则方面，主要规定“煤矿和其他有瓦斯爆炸可能性的矿井，应当严格执行瓦斯检查制度，任何人不得携带烟草和点火用具下井”。《消防法》中规定：“生产、使用、储存、运输易燃、易爆化学物品的单位，必须执行国务院有关主管部门关于易燃易爆化学品的安全管理规定。”“不了解易燃易爆化学物品性能和安全操作的人员，不得从事操作和保管工作。”

（5）工作环境安全条件方面，主要规定：生产、经营、储存、使用危险物品的车间、商店、仓库不得与员工宿舍在同一座建筑物内，并应当与员工宿舍保持安全距离。生产经营场所和员工宿舍应当设有符合紧急疏散要求、标志明显、保持畅通的出口。禁止封闭、堵塞生产经营场所或者员工宿舍的出口。

（6）职业健康和个体安全防护方面，主要规定：生产经营单位必须保护职工在生产过程中的健康，预防有害气体、粉尘、噪声、有毒物质、放射性物质的伤害，消除职业病和职业中毒。为从业人员提供、配备符合国家标准或者行业标准的防护用品、防护设备和报警装置，并监督、教育从业人员按照使用规则佩戴、使用，防止急性伤害和慢性伤害。

二、安全生产法律法规、标准规范的特点

安全生产法律法规、标准规范在国家法律体系中非常特殊，可以关联到民法、行政法、经济法、社会法、刑法等几乎所有法律部类，有其鲜明的特点。

（一）强制性要求高

安全生产事关生命财产，要保障安全生产，消除能导致人员伤害、发生死亡，造成财产破坏、损害，酿成其他恶果的危险，就必须在生产经营活动各个方面、各个环节中，严格遵守保证安全生产的各种强制性规范，

也就是法律法规中带有“应当”“必须”“不得”表述的义务性规范和禁止性规范。

（二）禁止性规范多

安全生产必须禁止或者消除不安全的人的行为和物的状态，消除风险隐患和危害因素，严格防止事故的发生。在安全生产法律法规的强制性规定中，又以禁止性规定居多，这是安全生产管理客观规律在法律规范上的体现。将不允许存在的行为和状态以禁止性规定表现出来，形成不能触碰的“高压线”。

（三）义务性规范细

保障安全生产是生产经营单位及其负责人、各类从业人员，政府监管机构及其工作人员，其他相关方对国家、社会、企业、他人、自己应尽的义务。这种义务不是任意的、不是约定的，而是法定的，安全生产法律法规中有许多关于履行义务的规定，这是企业及其员工必须恪守的合规底线和红线。

（四）责任性规定严

安全生产法律法规不但将安全生产责任制度确定为一种法定的制度，而且对多种相关的责任作出了明确、具体的规定。按应当承担责任的内容具体规定，包括行政责任、民事责任、刑事责任。将法定的行为规则和违反后所需承担的责任联系起来，才有可能形成可靠的安全生产保障。

（五）技术性特点强

安全生产法律法规涉及自然科学和工程技术，许多安全生产的监管要求、技术标准、操作规范，都具有科学依据和技术支撑。特别是安全生产监管部门、行业主管部门发布的部门规章、标准规范、监管要求等，与其他法律规范相比，科技性特点更为突出。

第三节 安全生产合规管理基本制度

安全生产法律法规体系庞大，法律法规条文众多。纵向上，从国家宪法、基本法到法律法规，再到部门规章、规范文件、政策要求，一直延伸到具体行业、具体工种、具体岗位的技术标准、操作手册；横向上，安全生产法关联民法、行政法、经济法、社会法、刑法，关联自然科学、社会科学众多学科。安全生产法律法规体系，可以体现为与企业的生产经营实际相结合，在企业内部转化为各类制度。

企业安全领域工作要将法律法规、监管要求、标准规范“外规内化”和建章立制，实行制度化、规范化管理。企业安全生产规章制度是以安全生产责任制为核心，以安全为出发点和落脚点的管理企业业务活动的制度、体制、机制的总称。其作用是明确各岗位安全职责，规范安全生产行为，建立和维护安全生产秩序。鉴于安全生产规章制度的强制性、禁止性、义务性的特点，健全完善并有效执行安全生产规章制度，层层压紧压实安全生产责任制，也就是安全生产专项合规的基本要求。

一、企业安全生产责任制体系

抓安全生产，首先要抓责任制。抓责任制关键在抓责任人，抓责任人根本在抓责任心。安全生产责任制是安全生产管理的根基。安全生产的其他管理制度都是这一根基制度的延伸、扩展和具体化。基础不牢，地动山摇。安全生产责任制是由企业主体责任制、第一责任人制、全员安全生产责任制组成的责任体系。

（一）企业主体责任制

企业是生产经营管理活动的主体，也是普遍存在的基本社会组织，是科技、经济、劳动的集合体和载体。新《安全生产法》第3条第3款明确规定，在安全生产方面要“强化和落实生产经营单位的主体责任”。第20条规定：“生产经营单位应当具备本法和有关法律、行政法规和国家标准或者行业标准规定的安全生产条件；不具备安全生产条件的，不得从事生产经营活动。”

生产经营单位必须遵守《安全生产法》和其他有关安全生产的法律法规，加强安全生产管理，建立健全全员安全生产责任制和安全生产规章制度；加大对安全生产资金、物资、技术、人员的投入保障力度；构建安全风险分级管控和隐患排查治理双重预防机制；坚持建设工程项目安全设施必须“三同时”；加强对员工、劳务派遣人员、实习生等进行安全生产教育培训；改善安全生产条件，加强安全生产标准化、信息化建设，提高安全生产水平，化解安全隐患，防范安全事故。企业安全生产主体责任还体现在安全生产责任的分配方面，两个以上生产经营单位在同一作业区域内进行生产经营活动，可能危及对方生产安全的，应当签订安全生产管理协议，明确各自的安全生产管理职责和应当采取的安全措施，并指定专职安全生产管理人员进行安全检查与协调。企业将生产经营项目、场所发包或者出租给其他单位的，应当与承包单位、承租单位签订专门的安全生产管理协议，或者在承包合同、租赁合同中约定各自的安全生产管理职责；企业对承包单位、承租单位的安全生产工作统一协调、管理，定期进行安全检查，发现安全问题的，应当及时督促整改。

违反安全生产禁止性规定、强制性规定，企业要承担法定责任。强化和落实生产经营单位主体责任，是安全生产法律制度体系设计的重要基础和基本要求，是保障经济社会协调发展的必然要求，也是实现企业可持续发展的客观要求。

（二）第一责任人制

根据安全生产法律法规，企业的主要负责人是本单位安全生产的第一责任人，全面领导安全生产工作，对安全生产负总责，并根据实际情况分别承担安全生产的领导责任、管理责任、直接责任。企业主要负责人对本单位包括安全生产在内的全部工作具有决策安排、指挥调度以及督促落实的权力，与单位其他工作人员是一种领导与被领导的关系。只有单位主要负责人对安全生产工作真正重视，整个单位的安全生产工作在很大程度上才有保障。企业可以安排其他负责人协助主要负责人分管安全生产工作，但不能因此减轻或免除主要负责人对本单位安全生产工作所负的全面责任。其他负责人作为分管领域的直接领导人员，应当对其职责范围内的安全生产工作负责。

企业主要负责人负责安全生产要持证上岗。根据新《安全生产法》第 27 条的规定，生产经营单位的主要负责人和安全生产管理人员必须具备与本单位所从事的生产经营活动相应的安全生产知识和管理能力。危险物品的生产、经营、储存、装卸单位以及矿山、金属冶炼、建筑施工、运输单位的主要负责人和安全生产管理人员，应当由主管的负有安全生产监督管理职责的部门对其安全生产知识和管理能力考核合格。

（三）全员安全生产责任制

安全生产，人人有责。生产经营单位的各个部门、所有岗位、全体员工，都不同程度地直接或间接影响着企业安全生产运营。新《安全生产法》第 4 条和第 22 条规定，“生产经营单位要建立健全全员安全生产责任制”，“应当明确各岗位的责任人员、责任范围和考核标准等内容”。第 28 条规定，“生产经营单位应当对从业人员进行安全生产教育和培训，保证从业人员具备必要的安全生产知识，熟悉有关的安全生产规章制度和安全操作规程，掌握本岗位的安全操作技能，了解事故应急处理措施，知悉自身在安全生产方面的权利和义务。未经安全生产教育和培训合格的从业人员，不得上岗作业”。

全员安全生产责任制就是通过做好责任分解落实，把生产经营单位全体员工的积极性和创造性调动起来，形成人人关心安全生产、人人提升安全素质、人人做好安全生产的局面，从而整体上提升安全生产的水平。全员安全生产责任制是企业岗位责任制主要内容之一，是最基本的一项安全制度。主要负责人应当承担安全生产第一责任人责任，其他各级管理人员、职能部门、技术人员和各岗位操作人员，根据工作任务、岗位特点，确定各自在安全生产方面的任务和责任，并与奖惩、问责挂钩。

二、安全生产行政许可制度

企业取得营业执照只是表明可以合法经营，不等于可以从事有特别和特定安全要求的生产经营业务。安全生产合规管理既要符合《安全生产法》的要求，也要符合《行政许可法》的要求。行政许可是有法定性、强制性的，行政许可的设定、实施机关、实施程度和监督检查由法律规定。被许可人从事特定活动的权利、义务和法律责任也来源于法律。根据《行政许可法》，在以下六个方面设定行政许可：

（1）直接涉及国家安全、公共安全、经济宏观调控、生态环境保护以及直接关系人身健康、生命财产安全等特定活动，需要按照法定条件予以批准的事项；

（2）有限自然资源开发利用、公共资源配置以及直接关系公共利益的特定行业的市场准入等，需要赋予特定权利的事项；

（3）提供公共服务并且直接关系公共利益的职业、行业，需要确定具备特殊信誉、特殊条件或者特殊技能等资格、资质的事项；

（4）直接关系公共安全、人身健康、生命财产安全的重要设备、设施、产品、物品，需要按照技术标准、技术规范，通过检验、检测、检疫等方式进行审定的事项；

（5）企业或者其他组织的设立等，需要确定主体资格的事项；

（6）法律、行政法规规定可以设定行政许可的其他事项。

行政许可具体分为普通许可、特许、认可、核准、登记五大类，主要方式是对被许可人颁发相关的证照和进行资质、资格认可，授予和实施监督管理。安全生产关乎人民福祉，事关经济社会发展大局。管行业必须管安全。加强对安全生产行政许可管理，是各级政府履行社会事务管理和市场监管职能的重要职责，也是企业安全生产合规管理的基本要求。

安全生产行政许可制度是我国社会主义市场准入制度的重要组成部分。把住安全准入关，坚持预防为主、关口前移、源头治理，是安全生产合规管理最主要、最基本的措施之一。安全生产行政许可是确认其安全资格的“身份证”和“通行证”，设定企业安全生产的权利、义务和责任，以此提升企业的安全生产条件，从而实现本质安全。

改革开放以来，国家高度重视安全生产法制建设，通过制定相关法律法规，设定并实施了一系列的安全生产行政许可。安全监管部门和行业主管部门可以依据法律法规的授权设定安全生产行政许可。安全生产行政许可多集中在安全生产条件较差、重大安全生产隐患较多、重大特大生产安全事故高发的领域和行业，如矿山、危险化学品、烟花爆竹、交通运输、建筑施工、民用爆炸品、金属冶炼等。安全生产行政许可不仅涉及行业面广，而且覆盖高危行业生产经营的各个环节、各个方面。具体的安全生产行政许可如表4－1所示。

表 4－1　具体的安全生产许可列表

业务领域	行政许可
煤矿	采矿许可、安全许可、经营许可、矿长资格、矿长安全资格许可
非煤矿山	采矿许可、安全许可、矿长安全资格许可
建筑施工	施工单位资质许可、安全许可、施工许可
危险化学品	生产、储存企业设立审批安全许可，生产许可、经营许可、运输许可、燃放许可
烟花爆竹	生产许可、经营许可、运输许可、燃放许可
民用爆破器材	安全许可、生产许可、储存许可、销售和购买许可、使用许可
放射性物质	辐射安全许可、核电厂建造许可、核电厂运行许可、核电厂退役许可、核电厂操作员资格等

三、安全措施保障制度

新《安全生产法》第 35 条规定："生产经营单位应当在有较大危险因素的生产经营场所和有关设施、设备上，设置明显的安全警示标志。"第 36 条规定："安全设备的设计、制造、安装、使用、检测、维修、改造和报废，应当符合国家标准或者行业标准。生产经营单位必须对安全设备进行经常性维护、保养，并定期检测，保证正常运转。维护、保养、检测应当作好记录，并由有关人员签字。生产经营单位不得关闭、破坏直接关系生产安全的监控、报警、防护、救生设备、设施，或者篡改、隐瞒、销毁其相关数据、信息。"第 45 条规定："生产经营单位必须为从业人员提供符合国家标准或者行业标准的劳动防护用品，并监督、教育从业人员按照使用规则佩戴、使用。"

安全生产保障措施全面贯穿从生产准备到完成的全过程、全环节，涉及设备装备、操作措施、抢险救助、职业卫生、劳动保护等方面的直接安全措施，如安装配置生产装置出现事故后的紧急关断装置和系统（ESD[①]），安装配置预防火灾的消防设施和系统等。这些直接安全措施，必须有准备、能操作、可及时响应。除此之外，在安全生产过程的监督管理上，为做好与《刑法修正案（十一）》关于危险作业罪规定的衔接，新《安全生产法》增加规定"生产经营单位不得关闭、破坏直接关系生产安全的监控、报警、防护、救生设备、设施，或者篡改、隐瞒、销毁其相关数据、信息"。

四、强制设立安全管理机构制度

安全生产管理人员作为生产经营单位全员安全生产责任制的重要组成部分，对保障生产经营活动的安全有着重要作用。新《安全生产法》第24条规定，在两种情况下必须设立专门的安全生产管理部门、配备安全生产管理人员：《安全生产法》表述的矿山、金属冶炼、建筑施工、运输单位和危险物品的生产、经营、储存、装卸单位，应当在内部设立专门负责安全生产管理部门，或者配备专门负责安全生产管理、不再兼任其他工作的人员。前款规定以外的其他生产经营单位从业人员超过一百人的，应当设置安全生产管理机构或者配备专职安全生产管理人员；从业人员在一百人以下的，应当配备专职或者兼职的安全生产管理人员。

新《安全生产法》第25条规定了安全生产管理机构以及安全生产管理人员的职责：

（1）组织或者参与拟订本单位安全生产规章制度、操作规程和生产

① 紧急停车系统ESD（Emergency Shutdown），是指用于监控生产装置运行和操作的特殊安全保障装置和系统，如果生产装置在运行和操作过程中出现超出安全阈值范围、机械设备故障、人为误操作，紧急停车系统自动产生一系列预先设定的动作和程序，关断相关联的设备装置的运行和水、电、气、能量供应，使操作人员和生产装置处于安全状态或不再继续造成更大的破坏和损害。

安全事故应急救援预案；

（2）组织或者参与本单位安全生产教育和培训，如实记录安全生产教育和培训情况；

（3）组织开展危险源辨识和评估，督促落实本单位重大危险源的安全管理措施；

（4）组织或者参与本单位应急救援演练；

（5）检查本单位的安全生产状况，及时排查生产安全事故隐患，提出改进安全生产管理的建议；

（6）制止和纠正违章指挥、强令冒险作业、违反操作规程的行为；

（7）督促落实本单位安全生产整改措施。

安全生产管理人员必须具备与本单位所从事的生产经营活动相对应的安全生产知识和管理能力。安全生产管理机构以及安全生产管理人员负有“组织开展危险源辨识和评估”的职责，要充分利用自身专业知识和技能，做好本单位生产经营活动中危险源的发现、辨别和评估工作。安全生产管理机构以及安全生产管理人员应当恪尽职守，依法履行职责。企业作出涉及安全生产的经营决策，应当听取安全生产管理机构以及安全生产管理人员的意见。企业不得因安全生产管理人员依法履行职责而降低其工资、福利等待遇或者解除与其订立的劳动合同。

对危险物品的生产、经营、储存、装卸单位以及矿山、金属冶炼、建筑施工、运输单位的安全生产管理人员的管理还有特殊要求。安全生产管理人员任免，应当告知安全生产监管部门；安全生产管理人员的安全生产知识和管理能力，应当由安全生产监管部门负责考核。危险物品的生产、储存、装卸单位以及矿山、金属冶炼单位应当由注册安全工程师从事安全生产管理工作。

五、安全风险分级管控和隐患排查治理双重预防制度

“安全第一，预防为主，综合治理”是我国安全生产工作的基本方针。党的二十大报告强调，“推进安全生产风险专项整治，加强重点行业、重点领域安全监管”。新《安全生产法》第41条规定，生产经营单位应当构建安全风险分级管控和隐患排查治理双重预防机制。建立安全风险分级管控制度，按照安全风险分级采取相应的管控措施；落实生产安全事故隐患排查治理制度，采取技术、管理措施，及时发现并消除事故隐患。事故隐患排查治理情况应当如实记录，并通过职工大会或者职工代表大会、信息公示栏等方式向从业人员通报。其中，重大事故隐患排查治理情况应当及时向负有安全生产监督管理职责的部门和职工大会或者职工代表大会报告。

安全风险分级管理和隐患排查治理双重预防机制充分发挥作用，是实现安全生产的根本途径。重大危险源是危险孕育、聚集、放大、扩散的地方，当危险源变成隐患，隐患变成事故的概率、速度、烈度就会急剧上升。重大危险源识别是风险排查的主要方法和内容，只有从源头上、根子上识别危险源并进行科学评估，按照不同安全风险进行分级、分类管控，有针对性地强化预防措施，才能做到防患于未然，牢牢把握安全生产工作的主动权。重大危险源识别应当严格登记建档，制定风险清单，挂牌公告警示，定期进行检查、检测、评估。重大危险源较多、情况复杂的企业，还应当建立信息化、网络化、可视化的安全监控系统，实施不间断监控。一方面，重大危险源与生产作业活动难以分开，分布在生产经营区域内，应当由负责设备、工艺、操作、流程的业务部门负责风险源的建档、检查、检测、评估等管理工作；另一方面，重大危险源安全管理的专业性、技术性较强，安全管理、科技人员在检查中发现有遗漏、误判的重大危险

源的，有权要求进行整改，坚持把安全风险管控挺在隐患前面，把隐患排查治理挺在事故前面。

生产安全事故隐患是生产经营单位违反安全生产法律、法规、规章、标准、规程和安全生产管理制度的规定，或者因其他因素在生产经营活动中存在可能导致事故发生的物的危险状态、人的不安全行为和管理上的缺陷。经过风险排查发现重大事故隐患的，应当全部或者局部停产停业，在经过整改治理消除、排除重大隐患后才能恢复生产。生产经营单位要制定包含隐患治理目标和任务、方法和措施、经费和物资、机构和人员、节点和时限及应急预案的完整、可操作治理方案，切实执行落实到位。安全生产监管部门可采取督办的方式予以监督。

建立风险防范化解机制的关键要求包括：一是坚持关口前移，超前辨识安全风险，确定安全风险，通过实施制度、技术、管理等措施，有效管控各类安全风险；二是强化隐患排查治理，加强过程管控，及时发现和消除各类事故隐患，防患于未然；三是强化事后处置，及时、科学、有效地应对各类重特大事故，最大限度减少事故伤亡人数。企业在事故隐患排查和治理过程中，应当将排查治理情况如实记录，并通过职工大会或者职工代表大会、信息公示栏等方式向员工通报，确保员工知情权。

建立风险排查和隐患治理双重预防机制，重点是实现生产经营单位安全风险自辨自控、隐患自查自治，形成政府领导有力、部门监管有效、企业责任到位、社会参与有序的工作格局。

六、安全生产“三同时”制度

生产安全事故的发生，很多是由于生产经营单位缺乏安全生产意识，在建设项目的设计和施工阶段忽视安全要求，导致付出巨大代价。早在 1973 年中央发布的《关于保护和改善环境若干规定》《关于认真做好劳动保护工作的通知》中，就从环境保护、劳动保护、矿山安全等方面，提出要在基本建设和技术改造过程中，对涉及安全和环保的设施、设备、工程、措施要与主体工程同时设计、同时施工、同时投用。此后，我国的《环境保护法》《安全生产法》《劳动保护法》及产业政策、投资政策等都把“三同时”确立为企业必须遵循的基本制度并不断丰富完善。

为确保企业建设项目安全设施的建设，同时也是落实企业安全措施保障制度的要求，《安全生产法》规定了“三同时”制度。“三同时”制度不仅对生产经营单位有约束力，对参与安全保障设施设计、施工的单位、人员同样有约束力。新《安全生产法》第 31 条、第 32 条、第 33 条、第 34 条作出如下规定：

（1）生产经营单位新建、改建、扩建工程项目的安全设施，必须与主体工程同时设计、同时施工、同时投入生产和使用。安全设施投资应当纳入建设项目概算。

（2）矿山、金属冶炼建设项目和用于生产、储存、装卸危险物品的建设项目，应当按照国家有关规定进行安全评价。

（3）建设项目安全设施的设计人、设计单位应当对安全设施设计负责。

（4）矿山、金属冶炼建设项目和用于生产、储存、装卸危险物品的建设项目的安全设施设计应当按照国家有关规定报经有关部门审查，审查部门及其负责审查的人员对审查结果负责。

（5）矿山、金属冶炼建设项目和用于生产、储存、装卸危险物品的建设项目的施工单位必须按照批准的安全设施设计施工，并对安全设施的工程质量负责。

（6）矿山、金属冶炼建设项目和用于生产、储存危险物品的建设项目竣工投入生产或者使用前，应当由建设单位负责组织对安全设施进行验收；验收合格后，方可投入生产和使用。

（7）负有安全生产监督管理职责的部门应当加强对建设单位验收活动和验收结果的监督核查。

新《安全生产法》第60条规定，工会有权对建设项目的安全设施与主体工程同时设计、同时施工、同时投入生产和使用进行监督，提出意见。

七、特殊建设项目禁止转包、分包制度

安全生产有严格的准入、资质要求，特殊、特种行业安全生产准入、资质标准更高。企业的设备装备、工艺技术、人员配备的实际状况与准入条件、资质证照相一致，才能切实保障安全生产。企业实际状况与准入条件、资质证照不相符，会给安全生产和安全监管造成极大风险和隐患。实践中，承包商、分包商发生的安全事故占比大。究其原因，就是承包商、分包商的设备装备、工艺技术、人员配备实际状况与准入条件、资质证照不一致。这种不一致表现为非法倒卖、出租、出借、挂靠、转让资质证照，以及非法转包、违规分包等问题。

一些企业为了谋取不正当利益，不惜铤而走险，倒卖、出租、出借、挂靠或者以其他形式非法转让施工资质，非法转包、支解分包。特别是在矿山、金属冶炼建设项目和用于生产、储存、装卸危险物品等特殊行业领域违法转包、支解分包工程项目，由于缺乏专业技术能力水平，导致施工现场缺乏统一的安全管理和应有的组织协调，造成施工现场混乱、责任不清；而且，由于层层转包，中间商和最终实际施工人会采取降低材料等级、减少施工工序等偷工减料方法获取经济利益，这都会造成重大风险和隐患，极易引发生产安全事故。

为此，新《安全生产法》第 49 条规定：“矿山、金属冶炼建设项目和用于生产、储存、装卸危险物品的建设项目的施工单位应当加强对施工项目的安全管理，不得倒卖、出租、出借、挂靠或者以其他形式非法转让施工资质，不得将其承包的全部建设工程转包给第三人或者将其承包的全部建设工程支解以后以分包的名义分别转包给第三人，不得将工程分包给不具备相应资质条件的单位”。法律法规明文禁止转包行为。

转包是指承包人在承包工程后，不履行合同约定的责任和义务，未获得发包方同意，以营利为目的，将其承包的全部建设工程转给他人，或者将其承包的全部建设工程支解以后以分包的名义分别转给其他单位承包，并且不对所承包工程的技术、管理、质量和经济承担责任的行为。由于转包容易使不具有相应资质的承包者进行工程建设，造成工程质量低下、建设市场混乱，甚至造成重大安全事故发生[①]，所以，无论是安全生产法律法规，还是招投标、工程建设法律法规都予以禁止。分包是允许的，但必须合规合法。合规合法分包的条件包括：一是分包必须取得发包人同意；二是分包只能是一次分包，即分包不得再将其承包的工程分包出去；三是分包必须是分包给具有相应资质条件的单位；四是总承包人建筑工程总兼包单位可以将兼包工程中的部分工程发包给具有相应资质条件的分包单位，前提是建筑工程主体结构的施工必须由总兼包单位自行完成。

---

① 如山东栖霞 1 · 10 爆炸事故。2021 年 1 月 10 日 13 时 13 分许，山东五彩龙投资有限公司在栖霞市笏山金矿的基建施工过程中，回风井发生爆炸事故。经全力救援，11 人获救，10 人死亡，1 人失踪，直接经济损失 6847.33 万元。调查组调查报告认定：建设项目外包管理极其混乱，对外来承包施工队伍安全生产条件和资质审查把关不严，日常管理不到位；对浙江其峰工程公司、新东盛工程公司等外包施工单位管理不力，以包代管，只包不管，对浙江其峰工程公司、新东盛工程公司交叉作业未进行统一协调管理，未及时发现并制止违规动火作业行为；对进场作业人员安全教育培训、特种作业人员资格审查流于形式。

八、安全生产投入保障制度

安全生产法律法规、标准规范体系中，针对不同行业的生产经营特点及潜在的危险因素，详细规定了诸多应当达到安全生产条件的技术标准、技术规范，企业必须严格执行，达不到规定要求的，不得从事相关生产经营活动。

安全生产投入是企业安全发展的前提和基础。要确保各项物质技术条件及人员素质符合安全生产要求，如生产经营的设施、设备、器材和从业人员防护用品等必须数量充足、性能良好、定期更换，安全生产教育、岗位培训规范有效，企业必须加大资金①、物资、技术、人员等方面的投入保障力度。

随着经济社会发展和科技进步，生产经营管理模式多样化，安全设施设备日益复杂，相关数据信息急剧增加。加强信息化建设，运用现代通信、大数据和互联网等科技手段服务于安全生产工作，建立稳定、高效、可靠的信息化支撑体系，有助于企业有关人员全面掌握安全生产动态、有效管控安全风险、及时发现并处置事故隐患，提升事故应急救援能力，切实提高本质安全水平。同时，也为安全生产监管及时汇集和提供安全生产的基础数据，实现动态信息及时调取、执法过程便捷可溯、应急处置快捷可视、事故规律科学可循、全面提升安全生产信息化水平提供了便利。加强信息化建设，提升安全生产管理水平，已成为安全生产投入的重点关键。

---

① 在我国境内直接从事煤炭生产、非煤矿山开采、建设工程施工、危险品生产与储存、交通运输、机械制造等业务的企业，应当按照《企业安全生产费用提取和使用管理办法》(财企〔2012〕16 号)规定的安全生产费用提取标准和使用范围，提取和使用安全生产费用，并在成本中据实列支。

九、安全生产抢险和救助制度

发生生产安全事故后，必须把保护人的生命安全放在第一位，要首先抢救、治疗因事故遇险、受困、受伤人员。《生产安全事故应急条例》第 17 条规定，发生生产安全事故后，应当立即启动生产安全事故应急救援预案，并迅速控制危险源，组织抢救遇险人员。新《安全生产法》第 83 条规定，单位负责人接到事故报告后，应当迅速采取有效措施，组织抢救，防止事故扩大，减少人员伤亡和财产损失。发生事故后，企业及时实施救治义务不仅仅是对本企业的从业人员，也包括受事故影响、伤害的其他人员，如现场施工的承包商和分包商人员、周边社区居民和群众。

新《安全生产法》第 52 条规定，企业与员工订立的劳动合同，应当载明有关保障从业人员劳动安全、防止职业危害的事项，以及依法为从业人员办理工伤保险的事项。企业不得以任何形式与员工订立协议，免除或者减轻企业对员工因生产安全事故伤亡依法应承担的责任。因生产安全事故受到损害的员工，除依法享有工伤保险外，依照有关民事法律获得赔偿权利的，有权向本企业提出赔偿要求。最高人民法院《关于审理人身损害赔偿案件适用法律若干问题的解释》规定，依法应当参加工伤保险统筹的用人单位的劳动者，因工伤事故遭受人身损害，劳动者或者其近亲属向人民法院起诉请求用人单位承担民事赔偿责任的，告知其按《工伤保险条例》的规定处理。

企业要加大对员工人文关怀力度。新《安全生产法》第 44 条规定了企业负有关注员工身体健康、心理状况和行为习惯的义务，要加强对员工的心理疏导、精神慰藉，防范和避免因从业人员身体疾病、精神极端、行为异常而导致事故发生的情况。①

十、高危行业强制保险制度

在鼓励企业投保安全生产责任保险的基础上，新《安全生产法》增加了高危行业、领域企业强制保险的规定。煤矿、非煤矿山、危险化学品、烟花爆竹、交通运输、建筑施工、民用爆炸物品、金属冶炼、渔业生产等高危行业和领域的企业，必须购买安全生产责任保险。安全生产责任险是保险机构对投保企业发生生产安全事故造成的人员伤亡和有关经济损失予以赔偿，并且为投保企业提供生产安全事故预防服务，带有公益性质的强制性商业保险，是一种有效的风险转移机制。

安全生产责任保险的保障范围，不仅仅包括本企业员工，还包括第三方的人员伤亡和财产损失，以及相关救援救护、事故鉴定、法律诉讼等费用。企业要充分发挥安全生产责任保险事故预防的功能，保险机构必须为投保单位提供事故预防的服务，帮助企业查找风险隐患，提高安全管理水平。安全生产强制保险虽然会增加企业的经营成本，但对提高意识、提前防范、转移风险、降低损失、恢复生产等具有积极作用。

在安全生产责任保险与工伤保险的衔接上，按照《安全生产责任保险实施办法》规定，投保单位按照安全生产责任保险请求的经济赔偿，不影响其员工依法请求工伤保险赔偿的权利。

十一、安全生产“双报告”制度

新《安全生产法》第7条规定：“工会依法对安全生产工作进行监

---

① 例如，2020年7月7日，贵州安顺市发生公交车坠湖重大公共安全事故。经调查证实，起因是公交车司机因生活不如意和对拆除其承租公房不满，针对不特定人群实施的危害公共安全犯罪，造成21人死亡、16人受伤，公共财产遭受重大损失。

督。生产经营单位的工会依法组织职工参加本单位安全生产工作的民主管理和民主监督，维护职工在安全生产方面的合法权益。生产经营单位制定或者修改有关安全生产的规章制度，应当听取工会的意见。”第41条增加了“双报告”制度，即对于重大事故隐患排查治理情况，要求企业既要及时向安全生产监管部门报告，又要向职工大会或者职工代表大会报告。第101条关于生产经营单位的法律责任中，将“未建立安全风险分级管控制度或者未按照安全风险分级采取相应管控措施”和“未建立事故隐患排查治理制度，或者重大事故隐患排查治理情况未按照规定报告”增列为处罚事由。

十二、安全生产违法失信行为联合惩戒制度

为解决安全生产领域“低老坏”和违法违规行为“屡禁不止，屡罚不改，屡改屡犯”问题，新《安全生产法》第78条规定，在建立违法行为信息库和公告通报的基础上，增加对受到安全生产行政处罚的企业进行曝光，并与有关部门和机构开展联合惩戒措施，以此来强化对违规违法失信企业及其从业人员的社会监督，提高全社会安全生产诚信水平。

安全生产监管部门应当加强对企业安全生产行政处罚信息的及时归集、共享、应用和公开，对企业作出处罚决定后7个工作日内在监管部门公示系统予以公开曝光。安全生产监管部门记录、公开并通报的违法违规行为信息，既有企业的违法违规行为信息，也有企业管理人员、员工的违规违法行为信息。增加对从业人员的失信惩戒规定，是为了督促企业严格落实全员安全生产责任制，督促管理人员和员工严格履行岗位职责。

党的十八届三中全会通过的关于全面加强依法治国的决议，要求加强社会主义法治建设，建立健全社会征信体系，褒扬诚信，惩戒失信。2014

年7月，国务院发布《关于促进市场公平竞争维护市场正常秩序的若干意见》，提出对违规违法实行联合惩戒。《中共中央 国务院关于推进安全生产领域改革发展的意见》要求“积极推进安全生产诚信体系建设，完善企业安全生产不良记录‘黑名单’制度，建立失信惩戒和守信激励机制”。新《安全生产法》第78条增加了四项惩戒措施：“有关部门和机构应当对存在失信行为的生产经营单位及其有关从业人员采取加大执法检查频次、暂停项目审批、上调有关保险费率、行业或者职业禁入等联合惩戒措施，并向社会公示。”

（1）加大执法检查频次。存在违法违规失信行为的企业在安全生产方面必然存在较大问题，通过加大执法检查频次，有利于督促其加强安全生产管理，防范安全生产风险。

（2）暂停项目审批。一方面是因为其所具有的安全生产管理隐患可能影响其完成所申请的项目；另一方面也是防止其“带病发展”，督促其重视安全生产，及时整改存在的安全生产违法行为。

（3）上调保险费率。如果企业存在安全生产违法违规失信行为，则其安全生产风险水平就会升高，其保险费率也需要作出相应的调整。

（4）行业或者职业禁入。为杜绝有的企业或从业人员因安全生产违法行为受到惩处后，更换名称、单位，继续从事该行业的生产经营，采取行业或者职业禁入措施，督促企业及有关从业人员在该行业领域的生产经营活动中依法安全生产、遵法守规。

十三、安全生产第三方责任制度

在安全生产管理中，从事安全生产评价、认证、检验、检测的机构出具不合格甚至虚假报告，给企业安全生产和监管造成隐患，成为发生生产安全事故的重要原因之一[①]。强化安全生产第三方责任，加强第三方监管成为安全生产合规管理的重要内容。

安全生产第三方机构经常出现“两虚假”和“两出借”问题，成为安全生产合规管理的顽瘴痼疾。“两虚假”是指企业提供虚假材料骗取安全生产相应许可、资质、证照，第三方机构提供虚假材料骗取安全生产评价、认证、检验、检测方面的许可、资质、证照。“两出借”是指第三方机构出借安全生产方面的评价、认证、检验、检测许可、资质、证照，第三方机构的评价人员出租出借资格证书。2021 年 5 月 15 日，应急管理部印发《安全评价机构执业行为专项整治方案》，对“两虚假”“两出借”进行专项治理。[②] 新《安全生产法》增加“承担安全评价、认证、检测、检验职责的机构应当建立并实施服务公开和报告公开制度，不得租借资质、挂靠、出具虚假报告”要求，不仅对第三方机构设定了不得弄虚作假的合规底线，而且作出第三方机构服务公开、报告公开制度性安排。

十四、生产安全事故调查和整改评估制度

根据国务院《生产安全事故报告和调查处理条例》规定，企业发生造成人身伤亡或者直接经济损失的生产安全事故的都应组织调查。特别重

---

① 天津港“8・12”特别重大火灾爆炸事故。2015 年 8 月 12 日 22 时 51 分，位于天津市滨海新区天津港的瑞海公司危险品仓库发生火灾爆炸事故，造成 165 人遇难、798 人受伤，核定直接经济损失 68.66 亿元，国务院调查组认定是一起特别重大生产安全事故。查明第三方机构天津中滨海盛卫生安全评价监测有限公司出具的安全预评价报告和安全验收评价报告均存在弄虚作假，故意隐瞒涉事企业不符合安全条件的关键问题，作出了危化品仓库与民居距离符合规定的虚假判断。江苏响水“3・21”特别重大爆炸事故。2019 年 3 月 21 日 14 时 48 分，江苏省盐城市响水县陈家港镇化工园区内江苏天嘉宜化工有限公司化学储罐发生爆炸事故，波及周边 16 家企业，导致 78 人死亡、76 人重伤、640 人因伤住院，直接经济损失 19.86 亿元。国务院事故调查组认定是一起特别重大生产安全事故。涉事企业江苏天嘉宜化工有限公司刻意瞒报、违法贮存、违法处置硝化废料，固废仓库等工程未批先建。江苏天工大成安全技术有限公司、盐城市海西环保科技有限公司等相关环评、安评中介服务机构严重违法违规，出具虚假失实环评、安评报告。

② 《应急管理部铁腕治理安全评价机构“两虚假”“两出借”问题》，光明网，2021 年 12 月 10 日。

大事故由国务院或者国务院授权有关部门组成事故调查组调查，重大事故、较大事故、一般事故分别由事故发生地省级人民政府、设区的市级人民政府、县级人民政府负责组织调查，应急管理部门、行业主管部门、工程建设部门、生态环境部门、医疗卫生部门、公安部门、检察院、纪检监察机构等参与。新《安全生产法》第60条规定，工会有权依法参加事故调查，向有关部门提出处理意见，并要求追究有关人员的责任。在事故调查过程中，涉事企业及有关人员应高度重视、积极配合，合法、真实、客观提供材料，回答询问。事故调查结论经政府组织会议审定后发布调查报告。调查报告包含生产安全事故的性质、等级、损失、原因、教训、追责建议等多方面结论，为后续法律追责起到“定因、定性、定责”的作用。

根据生产安全事故造成的人员伤亡或者直接经济损失，事故一般分为以下等级：

（1）特别重大事故，是指造成30人以上死亡，或者100人以上重伤（包括急性工业中毒，下同），或者1亿元以上直接经济损失的事故。

（2）重大事故，是指造成10人以上30人以下死亡，或者50人以上100人以下重伤，或者5000万元以上1亿元以下直接经济损失的事故。

（3）较大事故，是指造成3人以上10人以下死亡，或者10人以上50人以下重伤，或者1000万元以上5000万元以下直接经济损失的事故。

（4）一般事故，是指造成3人以下死亡，或者10人以下重伤，或者1000万元以下直接经济损失的事故。

从各级各类安全事故的数量和分布看，多数为一般事故。为了更精细、更精准地管控安全事故，部分企业将“一般事故”再细化为A级、B级、C级，以此作为企业内部追责的依据和标准。

一般A级事故，指造成3人以下死亡，或者3人以上10人以下重伤，或者10~20人轻伤，或者300万元以上1000万元以下直接经济损失的事故，或者造成较大影响的火灾爆炸。

一般 B 级事故，指造成 3 人以下重伤，或者 3 人以上 10 人以下轻伤，或者 100 万元以上 300 万元以下直接经济损失的事故，或者造成较大影响的泄漏、持续燃烧 30 分钟以上的火灾爆炸事故。

一般 C 级事故，指造成一定影响的泄漏，或者持续燃烧 30 分钟以内且未造成较大影响的火灾爆炸事故，或者在企业管辖区域内，外单位发生承担主要责任的 1 人伤亡事故。

根据《中共中央 国务院关于推进安全生产领域改革发展的意见》的要求，要进一步完善事故调查处理机制，建立事故暴露问题整改督办制度。新《安全生产法》第 86 条新增规定："负责事故调查处理的国务院有关部门和地方人民政府应当在批复事故调查报告后一年内，组织有关部门对事故整改和防范措施落实情况进行评估，并及时向社会公开评估结果；对不履行职责导致事故整改和防范措施没有落实的有关单位和人员，应当按照有关规定追究责任。"新增的规定旨在通过建立强制性的评估制度，最大限度地督促相关的整改措施在规定时间内落实到位，避免有关安全生产隐患久拖未决，导致人民群众的生命财产安全始终处在危险当中，甚至导致相同或类似的事故再次发生。

十五、安全生产公益诉讼制度

落实《中共中央 国务院关于推进安全生产领域改革发展的意见》要求，新《安全生产法》增加了公益诉讼制度，对安全生产公益诉讼条件、程序作出明确规定，使安全生产公益诉讼具有了法律基础，有助于提高全社会的安全生产法律意识水平。与环境公益诉讼制度不同的是，新《安全生产法》并没有赋予社会公益组织提起安全生产公益诉讼的权利，只规定了人民检察机关可以提起民事或行政公益诉讼。因此，有权提起安全生产公益诉讼的机关只能是人民检察院。根据新《安全生产法》第 74 条第 2 款的规定，检察机关提起公益诉讼的条件有 3 个：

（1）因安全生产违法行为造成重大事故隐患或者导致重大事故，即任何组织或者个人有违反《安全生产法》或者其他安全生产相关法律法规规定的行为，且这种违法行为导致出现安全生产重大事故隐患或者发生重大事故。安全生产公益诉讼的被告包括企业、社会组织、个人和安全生产监管部门、行业主管部门等政府机构。

（2）国家利益或者社会公共利益受到侵害。出现安全生产重大事故隐患或者发生重大事故，既会使生产经营单位及其从业人员、周边单位及社区居民的人身、财产权益受到损害，也有可能使国家利益或者社会公共利益受到侵害。检察机关提起公益诉讼仅适用于国家利益或者社会公共利益受到侵害的情况，如果是企业可以提起民事侵权诉讼，请求赔偿，可以由相关权利人提起民事诉讼。

（3）根据《民事诉讼法》《行政诉讼法》的相关规定提起公益诉讼。

第四节　安全生产行政法律责任

安全生产法律体系设定了安全生产违规违法的民事责任、行政责任和刑事责任。安全生产违规违法造成安全事故，构成民事侵权的，按侵权法追究民事责任。安全生产违法违规不论是否造成安全事故，只要违反法律法规，达到处罚条件的，就要按《行政处罚法》和《安全生产法》相关规定承担行政责任，如警告、责令整改、停业、罚款、禁业、暂扣或吊销证照和行政许可、罚款等。

新《安全生产法》在第六章“法律责任”中，不仅普遍提高了对违规违法的处罚力度、罚款数额，还引入了一些新的处罚措施或者计算方式，明显增强了对安全生产违规违法行为的威慑和惩罚力度。

一、新增按日连续处罚措施

新《安全生产法》第 112 条规定："生产经营单位违反本法规定，被责令改正且受到罚款处罚，拒不改正的，负有安全生产监督管理职责的部门可以自作出责令改正之日的次日起，按照原处罚数额按日连续处罚。"

"按日计罚"是参考《环境保护法》《水污染防治法》等环保法律有关规定，以提高企业的违法成本，严厉打击拒不整改、虚假整改等违法行为。具体实施"按日计罚"需明确起始期限、计算基数和计算方式。

（1）起始期限。根据新《安全生产法》第 112 条的规定，安全生产监管部门可以自作出责令改正之日的次日起，开始计算连续罚款日期。责令改正区分为责令立即改正和责令限期改正。在责令立即改正的情况下，如果企业拒不改正，可以从有关部门作出责令立即改正决定之日的次日起开始计算；在责令限期改正的情况下，如果企业在限定期满后被认定属于拒不改正，从有关部门作出责令限期改正决定之日的次日起开始计算。

（2）计算基数。计算基数为"原处罚数额"，即企业被作出责令改正时受到罚款处罚的数额。

（3）计算方式。按照原处罚数额按日连续处罚，即按照原处罚数额按日累加连续计算，并非按日倍增计算或者以其他方法计算，避免处罚过重。例如：

第一种情形，有关部门于 1 月 1 日对企业未采取措施消除事故隐患的违法行为，作出责令立即消除事故隐患，处 5 万元罚款的决定。1 月 5 日，有关部门现场检查时发现生产经营单位拒不采取措施消除事故隐患。有关部门可以按照第 112 条规定，自 1 月 2 日起，按照每日 5 万元的金额连续计罚，即可以对生产经营单位再处以 20 万元的罚款。

第二种情形，有关部门在 1 月 1 日对生产经营单位未采取措施消除事故隐患的违法行为，作出责令限期 10 日消除事故隐患，处 5 万元罚款的决定。该生产经营单位在限定时间内拒不改正，有关部门可以在 1 月 11 日作出按照原处罚数额按日连续处罚的决定，自 1 月 2 日起开始计算，按照每日 5 万元的金额连续计罚，即对生产经营单位再处以 50 万元的罚款，总罚款金额为 55 万元。

二、累加处罚和加倍处罚机制

新《安全生产法》第 113 条规定，企业存在特定违法情形的，将受到关闭和吊销有关证照的处罚；其主要负责人 5 年内、情节严重的终身不得担任任何企业的主要负责人。其中第一种情形是“存在重大事故隐患，180 日内 3 次或者 1 年内 4 次受到本法规定的行政处罚的”。这种处罚机制被称为“累加处罚”，借鉴自《食品安全法》第 134 条，类似于刑法中针对“累犯”的加重处罚机制，有助于加大对多次违法、长期违法的威慑和惩戒力度。

新《安全生产法》第 114 条规定，发生生产安全事故之后，对负有责任的生产经营单位处以罚款。除了提高罚款幅度外，还增加了第二款，规定“发生生产安全事故，情节特别严重、影响特别恶劣的，应急管理部门可以按照前款罚款数额的二倍以上五倍以下对负有责任的生产经营单位处以罚款”。按照这一规定，对特大事故责任单位的罚款最高可以达到 1 亿元（2000 万元 ×5），相对于修法之前最高 2000 万元的罚款额度，足足提高 4 倍。

三、加大对主要负责人不履行法定职责处罚力度

新《安全生产法》在企业主要负责人未履行安全生产管理职责被要

求“责令限期改正”基础上，增加了“处2万元以上5万元以下的罚款”的规定，即只要发现未履行法定的安全生产职责的，就可以对企业主要负责人进行2万元以上5万元以下的处罚；逾期未改正的，除责令生产经营单位停产停业整顿外，原“处2万元以上5万元以下的罚款”修改后增加为“处5万元以上10万元以下的罚款”。生产经营单位的主要负责人未依法履行安全生产管理职责导致发生安全事故的，对其罚款数额由年收入的30%～80%提高为40%～100%。其中，发生一般生产安全事故的处上一年年收入40%的罚款；发生较大事故的处上一年年收入60%的罚款；发生重大事故的处上一年年收入80%的罚款；发生特别重大事故的处上一年年收入100%的罚款。

企业主要负责人因生产安全事故受刑事处罚或者撤职处分的，自刑罚执行完毕或者受处分之日起，5年内不得担任任何生产经营单位的主要负责人；对重大、特别重大生产安全事故负有责任的，终身不得担任本行业生产经营单位的主要负责人。

四、停业整顿与复产复工

事故发生后，企业通常面临停业整顿。按照生产安全事故报告和整改评估制的要求，企业需要严格按照政府部门下发的《停产整治方案》进行整改，还要制定《自查报告》《整改落实方案》等一系列方案，逐一落实整改内容。在整改完毕后，企业应当提交《复产复工申请报告》，经审核通过后方能正式复产复工。新《安全生产法》第86条规定：“负责事故调查处理的国务院有关部门和地方人民政府应当在批复事故调查报告后一年内，组织有关部门对事故整改和防范措施落实情况进行评估，并及时向社会公开评估结果；对不履行职责导致事故整改和防范措施没有落实的有关单位和人员，应当按照有关规定追究责任。”

第五节　安全生产刑事法律责任

安全生产，人人有责，各负其责。单位主要负责人、其他负责人、安全生产管理人员、从业人员是企业安全生产法定责任主体，应当严格遵守国家颁布的各种有关安全生产的法律法规、监管规定；企业自己及上级管理机关制定安全生产规章制度，包括工艺技术、生产操作、技术监督、劳动保护、安全管理等方面的制度、办法、规则、规程；反映生产、科研、设计、施工的安全操作客观规律和要求，在实践中为员工所公认的行之有效的操作习惯和惯例等。由于《刑法》是各类法律处罚最严厉的法律，所以，安全生产违规不一定违（刑）法，违（刑）法则一定违规。

一、安全生产刑事违法犯罪

（一）安全生产刑事犯罪构成

我国现行《刑法》第二章“危害公共安全罪”中，明确规定了重大责任事故罪，强令违章冒险作业罪，冒险组织违章作业罪，危险作业罪，重大劳动安全事故罪，大型群众性活动重大安全事故罪，危险物品肇事罪，工程重大安全事故罪，教育设施重大安全事故罪，消防责任事故罪，不报、谎报安全事故罪共 11 个安全生产罪罪名。同一章节中的非法制造、买卖、运输、邮寄、存储危险物质罪，重大飞行事故罪，铁路运营安全事故罪也与安全生产有关。

安全生产违法犯罪的行为通常表现为作为和不作为两种方式。“作为”即行为人以积极的行动实施违反禁止性规范的危害行为，如强令、冒险组织他人违章作业罪及工程重大安全事故罪等。“不作为”即行为人负有实施某种行为的特定法律义务，能够履行而不履行的危害行为，如消防责任事故罪等。“作为”和“不作为”受主观方面因素的影响巨大。

安全生产违法犯罪中，除了“危险作业罪”外，大多为结果犯，只有发生了《刑法》规定的特定危害后果才能认定为犯罪，并予以刑事处罚；如果没有发生危害结果，即使行为人实施了违反安全管理规定、危害生产安全的行为，也仅属于一般违法行为，不能作为犯罪处理。《刑法修正案（十一）》新增“危险作业罪”，作为《刑法》第134条的补充条款，是安全生产犯罪中唯一“危险犯”，即只要行为人实施的危害行为具有发生危害结果的危险状态，就可以是犯罪既遂而无须出现危害结果。

根据《刑法修正案（十一）》的新规定，《刑法》第134条第2款修改为：强令他人违章冒险作业，或者明知存在重大事故隐患而不排除，仍冒险组织作业，因而发生重大伤亡事故或者造成其他严重后果的，处五年以下有期徒刑或者拘役；情节特别恶劣的，处五年以上有期徒刑。新增“或者明知存在重大事故隐患而不排除”。

尤其是第134条内增加了“第134条之一”，规定：“在生产、作业中违反有关安全管理的规定，有下列情形之一，具有发生重大伤亡事故或者其他严重后果的现实危险的，处一年以下有期徒刑、拘役或者管制：（一）关闭、破坏直接关系生产安全的监控、报警、防护、救生设备、设施，或者篡改、隐瞒、销毁其相关数据、信息的；（二）因存在重大事故隐患被依法责令停产停业、停止施工、停止使用有关设备、设施、场所或者立即采取排除危险的整改措施，而拒不执行的；（三）涉及安全生产的事项未经依法批准或者许可，擅自从事矿山开采、金属冶炼、建筑施工，以及危险物品生产、经营、储存等高度危险的生产作业活动的。”

（二）安全生产刑事犯罪责任主体

安全生产刑事犯罪责任主体分为三类：自然人、单位、自然人和单位。

（1）主体仅限于自然人，如重大责任事故罪，强令、组织他人违章冒险作业罪及不报、谎报安全事故罪等。

（2）主体仅限于单位，但受到刑罚处罚的仅是相关责任人，如工程重大安全事故罪。

（3）主体既可以是自然人，也可以是单位，如重大劳动安全事故罪、消防责任事故罪等。在单位构成安全生产犯罪情况下，只处罚直接负责的主管人员和直接责任人员。

实践中，一旦发生生产安全事故，司法机关会综合考虑犯罪行为表现和事故原因等因素，对单位主要负责人、其他负责人、安全生产管理人员、从业人员处以不同罪名的刑罚处罚。

二、安全生产刑事犯罪主要罪名

根据《刑法》第二章“危害公共安全罪”，《刑法修正案（十一）》《安全生产法》及其他相关法律规定，重点分析重大责任事故罪，强令违章冒险作业罪，冒险组织作业罪，危险作业罪，重大劳动安全事故罪，工程重大安全事故罪，危险物品肇事罪，不报、谎报安全事故罪的构成及法律责任。

（一）重大责任事故罪

《刑法》第 134 条第 1 款规定：“在生产、作业中违反有关安全管理的规定，因而发生重大伤亡事故或者造成其他严重后果的，处三年以下有期徒刑或者拘役；情节特别恶劣的[1]，处三年以上七年以下有期徒刑。”

构成重大责任事故罪的主体较为广泛，既有对生产作业负责组织、指挥、管理的企业负责人、管理人员、实际控制人、投资人，也有在一线直接从事生产、作业的人员。构成犯罪的原因也相当宽泛，即“在生产、作业中违反有关安全管理的规定”，既包括主要负责人履行安全生产第一责任人职责不到位，没有组织制定并实施本单位安全生产规章制度和操作规程，单位没达到法定的安全生产条件，没有履行法定的安全必要投入等，也包括一线直接作业人员违规操作和误操作等。

构成重大责任事故罪的主观方面原因有两种，一是疏忽大意，二是过于自信。这两种状态与安全生产方面的意识、素质、能力有关，更与安全生产责任心有关。只有具备强烈的安全生产责任心，才能克服工作中疏忽大意的不负责任和过于自信的不负责任。

《刑法》第134条第1款重大责任事故罪是安全生产领域最基本的刑事犯罪。强令违章冒险作业罪是第134条的第2款，冒险组织作业罪是根据《刑法修正案（十一）》对第134条第2款作的补充。危险作业罪是《刑法修正案（十一）》以“第134条之一”的形式新增的条款。这4个罪名都在重大责任事故罪名之下，构成4个罪名重大伤亡事故或者造成其他严重后果对应的事故等级认定标准是一致的。强令违章冒险作业罪、冒险组织作业罪、危险作业罪是根据不同犯罪的主客观表现，对重大责任事故罪的细分和加重。

---

① 根据最高法《关于进一步加强危害生产安全刑事案件审判工作的意见》（法发〔2011〕20号），如造成“重大伤亡事故或者其他严重后果”，同时具有下列情形之一的，也可以认定为《刑法》第134条规定的“情节特别恶劣”：①非法、违法生产的；②无基本劳动安全设施或未向生产、作业人员提供必要的劳动防护用品，生产、作业人员劳动安全无保障的；③曾因安全生产设施或者安全生产条件不符合国家规定，被监督管理部门处罚或责令改正，一年内再次违规生产致使发生重大生产安全事故的；④关闭、故意破坏必要安全警示设备的；⑤已发现事故隐患，未采取有效措施，导致发生重大事故的；⑥事故发生后不积极抢救人员，或者毁灭、伪造、隐藏影响事故调查的证据，或者转移财产逃避责任的；⑦其他特别恶劣的情节。

（二）强令、组织他人违章冒险作业罪

强令他人违章冒险作业，或者明知存在重大事故隐患而不排除，仍冒险组织作业，因而发生重大伤亡事故或者造成其他严重后果的，构成强令、组织他人违章冒险作业罪。强令、组织他人违章冒险作业罪是《刑法修正案（十一）》对重大责任事故罪的补充和新增，是重大责任事故罪的“升级加强版”。与重大责任事故罪相比，强令、组织他人违章冒险作业行为的主观意图更恶劣，刑罚也更为严厉，发生重大伤亡事故或者造成其他严重后果的，处五年以下有期徒刑或者拘役；情节特别恶劣的，处五年以上有期徒刑。“发生重大伤亡事故或者造成其他严重后果”及“情节特别恶劣”的认定情形与重大责任事故罪相同。

强令违章冒险作业主要客观表现为：对生产、作业负有组织、指挥或者管理职责的负责人明知存在事故隐患、继续作业存在危险，仍然违反有关安全管理的规定，实施下列行为之一的，应当认定为“强令他人违章冒险作业”。

（1）利用组织、指挥、管理职权，强制他人违章作业的；

（2）采取威逼、胁迫、恐吓等手段，强制他人违章作业的；

（3）故意掩盖事故隐患，组织他人违章作业的；

（4）其他强令他人违章作业的行为。

“强令”既包括恶劣的态度、强硬的语言，也包括利用职权能够对他人产生精神强制、使其不敢违抗命令，不得不违章冒险作业。

冒险组织作业主要客观表现为：生产、作业中负有组织、指挥或者管理职责的负责人，对事故隐患的存在可能导致的危害后果虽然不是积极追求，但存在鲁莽、轻率心态，明知具有重大事故隐患未采取有效措施予以排除，仍然组织冒险作业，如已发现事故苗头却不听劝阻、一意孤行，拒不采纳工人和技术人员的意见导致事故发生的，或者通过恶劣手段掩盖安

全生产隐患，蒙骗工人作业，在出现险情的情况下仍然继续生产、作业或者指挥工人生产、作业等。

“发生重大伤亡事故或者造成其他严重后果”及“情节特别恶劣”的认定情形与重大责任事故罪相同。

（三）危险作业罪

《刑法修正案（十一）》新增“危险作业罪”，作为《刑法》第134条的补充规定，是安全生产刑事犯罪中唯一的“危险犯”。危险作业罪的责任主体、违反安全管理规定、重大伤亡事故或者其他严重后果的认定，可直接适用两高《关于办理危害生产安全刑事案件适用法律若干问题的解释》有关规定。

根据新《安全生产法》第36条和第99条规定，生产经营单位不得关闭、破坏直接关系生产安全的监控、报警、防护、救生设备、设施，或者篡改、隐瞒、销毁其相关数据、信息，否则，单位会被责令限期改正，处5万元以下的罚款；逾期未改正的，处5万元以上20万元以下的罚款，情节严重的，会被责令停产停业整顿。单位逾期未改正的，直接负责的主管人员和其他直接责任人员会被处1万元以上2万元以下的罚款；构成犯罪的，被依法追究刑事责任。

《刑法修正案（十一）》与新安全生产法在危险作业罪上作了无缝衔接，直接规定：“在生产、作业中违反有关安全管理的规定，有下列情形之一，具有发生重大伤亡事故或者其他严重后果的现实危险的，处一年以下有期徒刑、拘役或者管制：（一）关闭、破坏直接关系生产安全的监控、报警、防护、救生设备、设施，或者篡改、隐瞒、销毁其相关数据、信息的；（二）因存在重大事故隐患被依法责令停产停业、停止施工、停止使用有关设备、设施、场所或者立即采取排除危险的整改措施，而拒不执行的；（三）涉及安全生产的事项未经依法批准或者许可，擅自从事矿山开采、金属冶炼、建筑施工，以及危险物品生产、经营、储存等高度危险的生产作业活动的。”

“关闭、破坏设备、设施或者篡改、隐瞒、销毁相关数据、信息”，主观上是“故意”的，只不过动机不是希望或者追求发生安全事故，否则就可能构成危害公共安全罪。与生产安全存在直接关系的监控、报警、防护、救生设备、设施及相关数据、信息，是有效防止生产安全事故发生的重要保障。实践中，有些企业和企业管理者为了节省成本、逃避监管，擅自关闭、破坏相关设施或者篡改、隐瞒、销毁相关数据、信息，致使监控设施、救生设备不能发挥功能，导致生产安全事故发生和扩大，妨碍有关部门的监管和追责。

拒不整改重大事故隐患主要客观表现为：因存在重大事故隐患被依法责令停产停业、停止施工、停止使用有关设备、设施、场所或者立即采取排除危险的整改措施而拒不执行。该行为构成犯罪需具备两个条件：一是存在重大事故隐患、重大危险行为，可能直接导致危害后果发生；二是被执法部门依法责令停产停业、停止施工、停止使用，或者监管部门虽未责令停产、停业、停工、停用，但明确要求了整改措施、整改期限，仍拒不执行，有发生生产安全事故危险的情况。

擅自、非法生产主要客观表现为：根据《矿山安全法》《危险化学品管理条例》等法律法规的规定，从事矿山开采、金属冶炼、建筑施工、危险物品等行业生产经营，应当依法取得有关安全生产事项的批准。没有经过安全生产批准或者许可的，一般来说，安全生产条件不符合法定要求，极易导致重大事故发生。负责行政审批的部门发现或者接到举报后应当立即予以取缔，并依法予以处理。对已经依法取得批准的单位，负责行政审批的部门发现其不再具备安全生产条件的，应当撤销原批准。

《刑法修正案（十一）》中的“现实危险”是纯粹损害性风险，主要是指已经出现了重大隐患，或者出现了多起、连续、关联的“跑冒滴漏”事故，虽然最终还没有发生重大严重后果，但具有累计、叠加、扩散、放大成为重大事故的较大概率。

（四）重大劳动安全事故罪

《刑法》第135条规定：“安全生产设施或者安全生产条件不符合国家规定，因而发生重大伤亡事故或者造成其他严重后果的，对直接负责的主管人员和其他直接责任人员，处三年以下有期徒刑或者拘役；情节特别恶劣的，处三年以上七年以下有期徒刑。”

根据《刑法》第135条及《最高人民法院、最高人民检察院关于办理危害生产安全刑事案件适用法律若干问题的解释》有关规定，重大劳动安全事故罪的责任主体为“直接负责的主管人员和其他直接责任人员”，即对安全生产设施或者安全生产条件不符合国家规定负有直接责任的生产经营单位负责人、管理人员、实际控制人、投资人，以及其他对安全生产设施或者安全生产条件负有管理、维护职责的人员等。

构成重大劳动安全事故罪的主要原因和直接原因，是没有按照保证安全生产保障措施、安全生产法定投入等合规管理要求，健全安全保障措施，实施资金财力投入，致使安全生产设施或者安全生产条件不符合国家规定，造成重大伤亡事故和其他严重后果。被追究重大劳动安全事故罪，如具有下列情形之一的从重处罚：

（1）未依法取得安全许可证件或者安全许可证件过期、被暂扣、吊销、注销后从事生产经营活动的；

（2）关闭、破坏必要的安全监控和报警设备的；

（3）已经发现事故隐患，经有关部门或者个人提出后仍不采取措施的；

（4）一年内曾因危害生产安全违法犯罪活动受过行政处罚或者刑事处罚的；

（5）采取弄虚作假、行贿等手段，故意逃避、阻挠负有安全监督管理职责的部门实施监督检查的；

（6）安全事故发生后转移财产意图逃避承担责任的；

（7）其他从重处罚的情形。

（五）工程重大安全事故罪

《刑法》第137条规定："建设单位、设计单位、施工单位、工程监理单位违反国家规定，降低工程质量标准，造成重大安全事故的，对直接责任人员，处五年以下有期徒刑或者拘役，并处罚金；后果特别严重的，处五年以上十年以下有期徒刑，并处罚金。"《最高人民检察院、公安部关于公安机关管辖的刑事案件立案追诉标准的规定（一）》第13条规定：建设单位、设计单位、施工单位、工程监理单位违反国家规定，降低工程质量标准，涉嫌造成死亡一人以上，或者重伤三人以上；或造成直接经济损失五十万元以上等情形的，应予立案追诉。

"三同时"是安全生产合规管理的基本制度。工程重大安全事故的发生，很多是因为缺乏安全生产意识，在建设项目设计、施工阶段忽视安全生产要求和规定，偷工减料、以次充好，甚至利益输送、非法获利，以致造成工程质量重大隐患，发生安全事故，导致付出巨大的代价。工程重大安全事故罪与其他安全生产刑事犯罪有所不同，一是犯罪主体只有单位，即建设（业主）、设计、施工及监理单位；二是行为目的虽不希望发生重大安全事故，但偷工减料、非法牟利，降低工程质量标准是故意的，而且在客观方面实施了违反国家规定、降低工程质量标准的行为[①]；三是重大安全事故既可以是工程建设过程中也可以是竣工交付后，由于质量不达标准或者存在严重问题，发生建设工程坍塌、损坏，致人重伤、死亡或重大经济损失的情况；四是犯罪刑期有所提高，具有造成死亡1人以上，或者重伤3人以上的情形的，认定为“造成重大安全事故”，对直接责任人员，处5年以下有期徒刑或者拘役，并处罚金。具有造成死亡3人以上或者重伤10人以上，负事故主要责任的情形的，对直接责任人员，处5年以上10年以下有期徒刑，并处罚金。

根据《刑法》第137条的规定，工程重大安全事故罪是单位犯罪，但实行单罚制，即仅对单位中的直接责任人员处以拘役、徒刑、罚金，不对单位判处罚金。对工程重大事故罪“直接责任人员”的范围，应当严格按照其业务过失行为与重大安全事故之间是否存在直接因果关系这一标准进行判断，防止人为拔高伤及无辜和降格处理放纵犯罪这两种错误倾向。

实践中，如果企业主要负责人、其他负责人要求降低质量标准要求时没有威胁、强迫，直接从事设计、施工、监理的具体负责人员完全听从其要求，违规降低质量标准，最终造成重大安全事故的，对二者均应构成工程重大安全事故罪；如果直接从事设计、施工、监理的具体负责人员明确表示拒绝，而企业主要负责人、其他负责人采用威胁、逼迫等手段强令其执行，导致发生重大安全事故的，则仅应对该企业主要负责人、其他负责人按工程重大事故罪处理，对直接从事设计、施工、监理的具体负责人员

---

① 《建筑法》第五章关于建筑安全生产管理的规定，包括建筑工程从业人员的安全防护、安全设施的合理配备等内容，目的在于保护劳动者的人身健康和财产安全。第六章关于建筑工程质量管理的规定，主要包括设计、施工工作的质量要求和竣工验收活动的合法合规等内容，目的在于确保建筑工程的建设质量和使用寿命。对于违反规定降低工程质量标准的，应以工程重大安全事故罪论处，对于在工程建设过程中违反规定降低工程安全标准的，则可能构成重大责任事故罪或者强令违章冒险作业罪等罪名。

则不应认定为工程重大事故罪中的“直接责任人员”。

根据新《安全生产法》第103条第3款和《刑法》第134条和第280条第1款规定，矿山、金属冶炼建设项目和用于生产、储存、装卸危险物品的建设项目的施工单位倒卖、出租、出借、挂靠或者以其他形式非法转让施工资质的，除责令停产停业整顿、吊销资质证书、没收违法所得，对单位和直接负责的主管人员和其他直接责任人员处以罚款外，如因此发生重特大事故的，也可能构成工程重大安全事故罪。

（六）危险物品肇事罪

新《安全生产法》第100条规定：“未经依法批准，擅自生产、经营、运输、储存、使用危险物品或者处置废弃危险物品的，依照有关危险物品安全管理的法律、行政法规的规定予以处罚；构成犯罪的，依照刑法有关规定追究刑事责任。”第101条规定，生产经营单位有下列行为之一的，责令限期改正，处10万元以下的罚款；逾期未改正的，责令停产停业整顿，并处10万元以上20万元以下的罚款，对其直接负责的主管人员和其他直接责任人员处2万元以上5万元以下的罚款；构成犯罪的，依照刑法有关规定追究刑事责任。

（1）生产、经营、运输、储存、使用危险物品或者处置废弃危险物品，未建立专门安全管理制度、未采取可靠的安全措施的；

（2）对重大危险源未登记建档，未进行定期检测、评估、监控，未制定应急预案，或者未告知应急措施的；

（3）进行爆破、吊装、动火、临时用电以及国务院应急管理部门会同国务院有关部门规定的其他危险作业，未安排专业人员进行现场安全管理的；

（4）未建立安全风险分级管控制度或者未按照安全风险分级采取相应管控措施的；

（5）未建立事故隐患排查治理制度，或者重大事故隐患排查治理情况未按照规定报告的。

这种犯罪就是《刑法》第136条规定的危险物品肇事罪，即“违反爆炸性、易燃性、放射性、毒害性、腐蚀性物品的管理规定，在生产、储存、运输、使用中发生重大事故，造成严重后果的，处三年以下有期徒刑或者拘役；后果特别严重的，处三年以上七年以下有期徒刑”。

危险物品是指易燃易爆物品、危险化学品、放射性物品等能够危及人身安全和财产安全的物品。生产经营单位生产、经营、运输、储存、使用危险物品或者处置废弃危险物品，必须执行有关法律法规和国家标准，建立专门的安全管理制度，采取可靠的安全措施，接受有关主管部门监督管理，如果违反爆炸性、易燃性、放射性、毒害性、腐蚀性物品的管理规定，在生产、储存、运输、使用中发生重大事故，造成严重后果的，直接负责的主管人员和其他直接责任人员要承担刑事责任。

具有以下情形之一的，可被认定为“造成严重后果”：一是造成死亡1人以上，或者重伤3人以上的；二是造成直接经济损失100万元以上的；三是其他造成严重后果或者重大安全事故的情形。

具有以下情形之一的，可被认定为“后果特别严重”，一是造成死亡3人以上或者重伤10人以上，负事故主要责任的；二是造成直接经济损失500万元以上，负事故主要责任的；三是其他造成特别严重后果、情节特别恶劣或者后果特别严重的情形。

危险物品肇事的责任人主观上存在违反危险物品安全管理的故意或过失，但不存在追求或放任发生重大事故、损害的主观状态，否则就构成以危险方法实施危害公共安全犯罪。

（七）不报、谎报安全事故罪

《刑法》第139条之一规定：“在安全事故发生后，负有报告职责的人员不报或者谎报事故情况，贻误事故抢救，情节严重的，处三年以下有期徒刑或者拘役；情节特别严重的，处三年以上七年以下有期徒刑。”新《安全生产法》第50条和第110条规定：“生产经营单位发生生产安全事故时，单位的主要负责人应当立即组织抢救，并不得在事故调查处理期间擅离职守。不立即组织抢救或者擅离职守、逃匿的，或者对事故隐瞒不报、谎报或者迟报的，给予降级、撤职处分，并由应急管理部门处上一年年收入百分之60%～100%的罚款；逃匿的，处十五日以下拘留；构成犯罪的，依照刑法有关规定追究刑事责任。”

发生生产安全事故后，事故现场人员应立即报告本单位负责人。单位负责人接到事故报告后，一方面应当迅速采取有效措施，组织抢救，防止事故扩大，减少人员伤亡和财产损失；另一方面应当于1小时内向事故发生地县级以上人民政府应急管理部门和负有安全生产监督管理职责的有关部门报告。不得隐瞒不报、谎报或者迟报，不得故意破坏事故现场、毁灭有关证据。报告内容包括：事故发生单位概况，事故发生的时间、地点及事故现场情况，事故的简要经过，事故已经造成或者可能造成的伤亡人数（包括下落不明的人数）和初步估计的直接经济损失，已经采取的措施等情况，并根据新情况及时补报。

不报、谎报安全事故罪的责任主体是“负有报告职责的人员”，包括企业主要负责人、雇主、管理人、实际控制人、投资人，对安全生产负有组织、监督、管理职责的监督检查人员，以及直接造成生产安全事故的责任人员。在安全事故发生后，负有报告职责的人员不报或者谎报事故情况，会耽误最佳抢救时机，导致危害结果扩大化。

迟报：报告事故的时间超过规定时限。

漏报：因过失对应当上报的事故或者事故发生的时间、地点、类别、伤亡人数、直接经济损失等内容遗漏未报。

谎报：故意不如实报告事故发生的时间、地点、初步原因、性质、伤亡人数和涉险人数、直接经济损失等有关内容。

瞒报：隐瞒已经发生的事故，超过规定时限未向安全监管监察部门和有关部门报告，经查证属实的。

根据“两高”司法解释，实施下列行为之一，致使不能及时有效开展事故抢救的，也应认定为不报、谎报安全事故罪中的“情节严重”。

（1）负有报告职责的人决定不报、迟报、谎报事故情况或者指使、串通有关人员不报、迟报、谎报事故情况的；

（2）在事故抢救期间擅离职守或者逃匿的；

（3）伪造、破坏事故现场，或者转移、藏匿、毁灭遇难人员尸体，或者转移、藏匿受伤人员的；

（4）毁灭、伪造、隐匿与事故有关的图纸、记录、计算机数据等资料以及其他证据的。

具有下列情形之一的，属于不报、谎报安全事故罪中的“情节特别严重”。

（1）导致事故后果扩大，增加死亡 3 人以上，或者增加重伤 10 人以上，或者增加直接经济损失 500 万元以上的；

（2）采用暴力、胁迫、命令等方式阻止他人报告事故情况，导致事故后果扩大的；

（3）其他情节特别严重的情形。

三、安全生产刑事犯罪法律责任

安全生产刑事责任主体有三种：一是仅限于自然人，如重大责任事故罪，强令、组织他人违章冒险作业罪及不报、谎报安全事故罪等；二是仅限于单位，但受到刑事处罚的仅是相关责任人（自然人），如工程重大安全事故罪；三是既包括自然人又包括单位，如重大劳动安全事故罪、消防责任事故罪等。

个人构成安全生产犯罪的，个人要承担刑事责任。在单位构成相关犯罪的情况下，只处罚直接负责的主管人员和直接责任人员。实践中，一旦发生生产安全事故，司法机关会综合考虑犯罪行为和事故原因等因素，对单位主要负责人、其他负责人、安全生产管理人员、从业人员这几类主体，处以不同罪名的处罚。一类主体可能触犯多个安全生产的罪名，一个安全生产的罪名可能涉及多类主体。如主要负责人、其他负责人、安全生产管理人员、从业人员这四类主体，都可能构成重大责任事故罪，强令、组织他人违章冒险作业罪，危险作业罪，不报、谎报安全事故罪。

本部分重点分析企业主要负责人、其他负责人、安全生产管理人员、从业人员四类人员可能承担的安全生产刑事合规责任。

（一）企业主要负责人

依据法律规定，企业主要负责人包括企业法定代表人、分支机构主要负责人、生产经营单位主要管理人员、实际控制人等。企业主要负责人是安全生产的第一责任人。

法定代表人，是指依法律或章程规定代表法人行使职权的负责人。按照《公司法》的规定，有限责任公司（包括国有独资公司）和股份有限公司依据公司章程的规定，董事长、执行董事或总经理是公司的法定代表人。公司经理负责“公司的生产经营管理工作”。因此，有限责任公司和股份有限公司的法定代表人由董事长、执行董事担任时，董事长、执行董事、总经理都是企业主要负责人；当法定代表人由总经理担任时，总经理、董事长、执行董事都是企业主要负责人。对于非公司制的企业（分公司、厂矿、项目部等），主要负责人为经理、厂长、矿长等。实际控制人虽然名义可能不是法定代表人或者股东，但通过投资关系、协议安排等方式，对企业重大事项拥有最终决策权，能实际支配公司。认定主要负责人要注意把握以下三点：

（1）主要负责人必须是企业开展生产经营活动的主要决策人，全面领导生产经营活动，拥有本企业生产经营活动和安全生产事项的决定权。

（2）主要负责人必须是实际领导、实际指挥生产经营日常活动的决策人。在一些产权、管理层级较长和产业、业务板块较多的大型企业、企业集团，存在上级单位法定代表人、其他负责人担任下级企业法定代表人，但又不负责下级企业日常的生产经营活动和安全生产工作。在这种情况下，获得上级授权、指派实际全面组织、领导生产经营活动和安全生产工作的决策人，如执行董事、出资人代表、总经理等就是主要负责人。

（3）主要负责人必须是能够承担生产经营单位安全生产全面领导责任的决策人。当董事长或总经理因生病、学习等其他原因长期不能履职主持工作时，应当按程序授权或者委托其他负责人主持生产经营单位的工作。如果在这种情况下发生生产安全事故需要追究责任时，应当综合考虑主要负责人不能履职、授权委托、受托主持生产经营的其他负责人履职情况，认定对生产安全事故负责的主要负责人。

根据新《安全生产法》第21条规定，生产经营单位的主要负责人对本单位安全生产工作负有下列职责：

（1）建立健全并落实本单位全员安全生产责任制，加强安全生产标准化建设；

（2）组织制定并实施本单位安全生产规章制度和操作规程；

（3）组织制定并实施本单位安全生产教育和培训计划；

（4）保证本单位安全生产投入的有效实施；

（5）组织建立并落实安全风险分级管控和隐患排查治理双重预防工作机制，督促、检查本单位的安全生产工作，及时消除生产安全事故隐患；

（6）组织制定并实施本单位的生产安全事故应急救援预案；

（7）及时、如实报告生产安全事故。

根据新《安全生产法》第94条、《刑法》及两高司法解释有关规定，主要负责人未依法履行安全生产管理职责，将面临行政和刑事责任的不利后果。行政责任方面，一是被责令限期改正，处2万元以上5万元以下的罚款；逾期未改正的，处5万元以上10万元以下的罚款，单位还会被责令停产停业整顿。二是发生生产安全事故的，被给予撤职处分。三是受到刑事处罚或者撤职处分，自刑罚执行完毕或者受处分之日起，5年内不得担任任何生产经营单位的主要负责人；对重大、特别重大生产安全事故负有责任的，终身不得担任本行业生产经营单位的主要负责人。

综合新《安全生产法》和《刑法》关于主要负责人安全生产职责，企业主要负责人在11种安全生产刑事犯罪中，可能会因在安全生产管理上存在玩忽职守、失职渎职而构成重大责任事故罪；因违章指挥、滥用职权而构成强令、组织他人违章冒险作业罪和危险作业罪；因事故处理避重就轻、欺上瞒下而构成不报、谎报安全事故罪。重大责任事故罪是适用最多也最为典型的一种安全生产刑事责任。

（二）其他负责人

企业的其他负责人包括有关领域的分管负责人，如分管生产调度、设备工艺的副总经理，分管财务资产的总会计师、财务总监，分管安全生产的副总经理、安全总监等。其他负责人同时也是新《安全生产法》和《刑法》中规定需要承担法律责任的“直接负责的主管人员”。

新《安全生产法》第六章“法律责任”中，有7个条文明确了单位实施违法行为构成犯罪的，“直接负责的主管人员和其他直接责任人员”

要承担刑事责任的23种违法情形。根据安全生产“谁主管，谁负责”“党政同责”“一岗双责”原则和干部管理权限，直接负责的主管人员就是企业各级党政主要领导、业务分管领导和各企业分管安全的领导，其管理权限、职责与违规违法行为具有直接关系。

根据“管业务必须管安全，管生产经营必须管安全”的原则，其他负责人对职责范围内的安全生产负责，主要体现在：

（1）认真抓好有关安全生产法律法规和监管规定的贯彻落实；

（2）对分管或负责的业务领域担负直接领导责任；

（3）制订分管领域年度安全生产计划，并抓好落实；

（4）经常组织分管领域安全生产检查，及时消除事故隐患；

（5）组织开展安全生产教育，参与事故调查处理和善后处理；

（6）注意安全生产条件的改善，依法保护从业人员的安全和健康；

（7）定期组织分管部门开展应急演练；

（8）按照企业规章制度，做好本单位的其他安全生产工作。

根据新《安全生产法》第96条，其他负责人未依法履行安全生产管理职责的，会被责令限期改正，处1万元以上3万元以下的罚款；导致发生生产安全事故的，暂停或者吊销其与安全生产有关的资格，并处上一年年收入20%以上50%以下的罚款。构成犯罪的，司法机关会综合考虑犯罪表现和事故原因等因素，定罪量刑。

企业其他负责人也会构成重大责任事故罪、强令、组织违章冒险作业罪、危险作业罪的主体。企业其他负责人也可能是重大劳动安全事故罪中的“直接负责的主管人员和其他直接责任人员”，工程重大事故罪中“直接责任人员”，不报、谎报安全事故罪中“负有报告职责的人员”。

（三）安全生产管理人员

安全生产管理人员是全员安全生产责任制的重要组成部分，对保障生产经营活动的安全发挥着重要作用。根据新《安全生产法》的规定，矿山、金属冶炼、建筑施工、运输单位和危险物品的生产、经营、储存、装卸单位，应当在内部设立专门负责安全生产管理部门，或者配备专门负责安全生产管理、不再兼任其他工作的人员。从业人员超过100人的其他生产经营单位，应当设置安全生产管理机构或者配备专职安全生产管理人员；从业人员在100人以下的，应当配备专职或者兼职的安全生产管理人员。

根据新《安全生产法》第25条的规定，安全生产管理机构以及安全生产管理人员需依法履行以下职责：

（1）组织或者参与拟订本单位安全生产规章制度、操作规程和生产安全事故应急救援预案；

（2）组织或者参与本单位安全生产教育和培训，如实记录安全生产教育和培训情况；

（3）组织开展危险源辨识和评估，督促落实本单位重大危险源的安全管理措施；

（4）组织或者参与本单位应急救援演练；

（5）检查本单位的安全生产状况，及时排查生产安全事故隐患，提出改进安全生产管理的建议；

（6）制止和纠正违章指挥、强令冒险作业、违反操作规程的行为；

（7）督促落实本单位安全生产整改措施。

安全生产管理人员必须具备与本单位所从事的生产经营活动相应的安全生产知识和管理能力，有的还需要取得安全工程师等专业资格证书。安全管理人员应当熟练掌握、认真贯彻安全生产法律法规、标准规范、政策要求，以及本单位安全生产规章制度、操作规程和安全标准；掌握安全分析、评估、决策及事故预测和防护知识；具有从事本行业工作的经验，熟悉和掌握对本单位所从事的生产经营活动必需的安全知识。

企业生产经营决策涉及安全生产（生产调度、投资项目、更新设备、调整工艺）、对安全生产工作作出决策的，应当听取安全生产管理机构以及安全生产管理人员的意见。同时，企业应保障安全生产管理人员履行法定职责，不得因安全生产管理人员正当行使制止和纠正违章指挥、强令冒险作业等权利，采取扣减工资、福利待遇、解除劳动合同等方式打击报复。

在行政责任方面，安全生产管理人员未依法履行职责，将被责令限期改正，处1万元以上3万元以下的罚款；导致发生生产安全事故的，暂停或者吊销其与安全生产有关的资格，并处上一年年收入20%以上50%以下的罚款。

在刑事责任方面，安全生产管理人员构成重大责任事故罪、重大劳动安全事故罪、不报谎报安全事故罪较为常见。具体构成哪种安全生产犯罪，需综合犯罪行为表现和事故原因等因素判定。

（四）从业人员

从业人员是指在企业厂矿、车间、工段、班组等直接从事生产、作业的人员，包括基层管理人员、技术人员和操作工人，以及企业临时聘用人员、劳务派遣工、因合作关系派驻现场的工作人员等。

从业人员作为安全生产基石，是安全生产的第一线执行者，是安全生产岗位责任制的最终落实者，是压实安全生产责任体系的关键。从业人员安全意识强弱、操作水平高低，对企业安全生产工作产生直接、重大影响。

安全事故大都起源于基本操作不规范、基础工作不扎实。从业人员既是安全生产的保护对象也是安全生产的关键要素，必须掌握本职工作所需的安全生产知识，提高安全生产技能，服从管理，严格遵守安全生产规章制度和操作规程，增强事故预防和应急处理能力。

企业应当保障从业人员安全生产知情权，保障从业人员获得符合国家标准的劳动防护用品、法律法规规定的安全保障措施的权利。从业人员有权对本单位安全管理工作提起建议、批评、检举、控告，有权拒绝管理者违章指挥，有权采取撤离作业场所等紧急避险措施，有权及时获得救治和赔偿。

从业人员在享有获得安全生产保障权利的同时，也负有以自己的行为保证安全生产的义务。在作业过程中，应当严格落实岗位安全责任，遵守本单位的安全生产规章制度和操作规程，服从管理，不得违章作业，减少误操作；接受安全生产教育和培训，掌握本职工作所需要的安全生产知识；发现事故隐患应当及时向本单位安全生产管理人员或主要负责人报告；正确佩戴和使用劳动保护用品；未经安全生产教育和培训合格的，不得上岗作业；特种作业人员还必须按照国家有关规定经专门的安全作业培训，取得相应资格，方可上岗作业。

事实证明，许多安全事故都是由于从业人员不遵守规章制度，违章操作或误操作而产生的。根据新《安全生产法》第107条规定，从业人员不落实岗位安全责任，不服从管理，违反安全生产规章制度或者操作规程的，[①]由生产经营单位给予批评教育，依照有关规章制度给予处分；构成犯罪的，依法追究刑事责任。从现实情况看，作业人员主要构成重大责任事故罪。一般不会构成强令、组织他人违章冒险作业罪和工程重大安全事故罪、重大劳动安全事故罪。在实践中，从业人员因规避对自身工作的监管，破坏、关闭监控、预警、救护设施或毁坏、篡改监控数据，导致出现重大安全隐患，构成现实危险的，也可能构成危险作业罪。

① 直接从事生产操作的从业人员常用的“保命条款”：①用火作业必须现场确认安全措施。②高空、高处作业必须正确系挂安全带。③进入受限、密闭空间必须进行气体检测。④涉硫化氢介质等剧毒的作业必须正确佩戴空气呼吸器。⑤吊装作业时人员必须离开吊装半径范围。⑥设备、管线打开前必须进行能量隔离。⑦电气设备检维修必须停验电并上锁挂牌。⑧接触危险传动、转动部位前必须关停设备。⑨应急施救前必须做好自身防护。

第五章 生态环境保护合规

第一节 企业生态环境保护合规风险

党的十八大以来，以习近平同志为核心的党中央高度重视生态文明建设，形成了习近平生态文明思想。在推进社会主义现代化国家建设新征程的经济、政治、文化、社会、生态文明“五位一体”总体布局中，生态环境是重要的组成部分。习近平总书记在党的二十大报告中强调：“大自然是人类赖以生存发展的基本条件。尊重自然、顺应自然、保护自然，是全面建设社会主义现代化国家的内在要求。必须牢固树立和践行‘绿水青山就是金山银山’的理念，站在人与自然和谐共生的高度谋划发展。”“我们要推进美丽中国建设，坚持山水林田湖草沙一体化保护和系统治理，统筹产业结构调整、污染治理、生态保护、应对气候变化，协同推进降碳、减污、扩绿、增长，推进生态优先、节约集约、绿色低碳发展。”

在进入新发展阶段、贯彻新发展理念、构建新发展格局，推动高质量发展，以人民为中心，实现广大人民群众对美好生活的向往，不断增加人民群众的获得感、幸福感的时代背景下，“绿水青山就是金山银山”理念深入人心，全社会形成了良好的生态环境保护意识和氛围。随着法治国家、法治政府、法治社会一体建设全面推进，“科学立法、严格执法、公正司法、全民守法”的法治环境不断完善，社会、政府、企业、社区、舆论各方共同发力，最严格的生态环境保护法律体系和最严密的生态环境保护监督体系已经形成。

党的二十大指出：“中国式现代化是人与自然和谐共生的现代化。人与自然是生命共同体，无止境地向自然索取甚至破坏自然必然会遭到大自然的报复。我们坚持可持续发展，坚持节约优先、保护优先、自然恢复为主的方针，像保护眼睛一样保护自然和生态环境，坚定不移走生产发展、生活富裕、生态良好的文明发展道路，实现中华民族永续发展。”

对于企业来说，保护生态环境既是自己安身立命之本，也是合规管理的基本要求。企业加快发展方式绿色转型，深入推进环境污染防治，提升生态系统多样性、稳定性、持续性，积极稳妥推进碳达峰、碳中和，站在人与自然和谐共生的高度谋划发展，为实现建成富强、民主、文明、和谐、美丽的社会主义现代化强国的第二个百年奋斗目标多做贡献，更是政治责任和社会责任的担当。从我国生态环境保护法治建设快速发展的进程来看，企业生态环境保护正面临严峻的合规风险挑战。在生态环境保护上，企业必须主动合规、本质合规，才能实现企业与社会共赢，实现高质量发展。

一、企业生态环境保护法律法规体系

2018 年 3 月 11 日，第十三届全国人大第一次会议通过了改革开放以来修订幅度最大的现行《宪法》。在《宪法》的序言中明确提出：“推动物质文明、政治文明、精神文明、社会文明、生态文明协调发展，把我国建设成为富强、民主、文明、和谐、美丽的社会主义现代化强国，实现中华民族伟大复兴。”《宪法》第 26 条规定：“国家保护和改善生活环境和生态环境，防治污染和其他公害。”生态环境受到国家根本大法和拥有最高法律效力的《宪法》保护。

2020年，在新中国成立以来颁布的第一部《民法典》中，首次将绿色发展理念国家意志通过民事立法予以确认和体现。《民法典》第9条规定："民事主体从事民事活动，应当有利于节约资源、保护生态环境。"在平等、自愿、公平、诚信、遵守法律和公序良俗五大民事法律基本原则基础上，"绿色原则"正式成为民事法律第六大基本原则。相比于世界其他各国的民法，"绿色原则"鲜明体现了中国法治特色和对生态文明保护的高度重视。《民法典》第七篇"侵权责任"设立第七章"环境污染和生态破坏责任"专章，明确了污染环境、破坏生态环境应承担侵权责任；故意污染环境、破坏生态环境造成严重后果的，要处以惩罚性赔偿；造成生态环境破坏的，除承担赔偿责任外，还要承担生态环境修复责任。《民法典》在法律层面明确规定了生态环境公益诉讼制度和生态环境损害赔偿制度。①

生态环境不仅在民事法律上得到保护，而且在刑事法律上加强规制，形成威慑。《刑法》第六章"妨害社会管理秩序罪"第六节设有"破坏环境资源保护罪"专节。其中，原第338条"污染环境罪"规定："违反国家规定，排放、倾倒或者处置有放射性的废物、含传染病病原体的废物、有毒物质或者其他有害物质，严重污染环境的，处三年以下有期徒刑或者拘役，并处或者单处罚金；后果特别严重的，处三年以上七年以下有期徒刑，并处罚金。"污染环境罪可以构成单位犯罪。原第346条规定，单位犯破坏环境资源保护罪的，对单位判处罚金，并对其直接负责的主管人员和其他直接责任人员，根据犯罪情节，判处拘役、3年以下有期徒刑或3

① 《民法典》第1235条规定，违反国家规定造成生态环境损害的，国家规定的机关（如检察院）或者法律规定的组织（如环境保护社会组织）有权起诉，请求侵权人赔偿生态环境受到损害至修复完成期间生态环境服务功能丧失导致的损失，生态环境功能永久性损害造成的损失，生态环境损害调查、鉴定评估费用，清除污染、修复生态环境费用，防止损害的发生和扩大所支出的合理费用。

年以上7年以下有期徒刑，并处罚金。

最高人民法院、最高人民检察院《关于办理环境污染刑事案件适用法律若干问题的解释》（法释〔2016〕29号），明确了污染环境罪的入刑标准。如法释〔2016〕29号第1条第2项规定，“非法排放、倾倒、处置危险废物三吨以上的”可被认定为“严重污染环境”，环保部门应将案件移送公安机关，进入刑事司法程序处理。法释〔2016〕29号第7条规定：“明知他人无危险废物经营许可证，向其提供或者委托其收集、贮存、利用、处置危险废物，严重污染环境的，以共同犯罪论处。”我国实行严格的危险废物监管、危险废物生产经营行政许可和危险废物目录管理制度。危险废物生产经营许可细分为危险废物生产、经营、运输、收集、贮存、处置等许可。危险废物生产经营单位必须持有效、与具体业务相一致的许可证方能生产经营，不得出借、借用、混用、冒用。这是企业生态环境保护最基本的合规管理要求。

2020年12月26日，第十三届全国人民代表大会常务委员会通过了《中华人民共和国刑法修正案（十一）》，自2021年3月1日起施行。《刑法修正案（十一）》大幅度提高了污染环境罪的法定刑事处罚力度和生态环境刑事保护力度。《刑法》原第338条污染环境罪的最高刑期为7年，即“违反国家规定，排放、倾倒或者处置有放射性的废物、含传染病病原体的废物、有毒物质或者其他有害物质，严重污染环境的，处三年以下有期徒刑或者拘役，并处或者单处罚金；后果特别严重的，处三年以上七年以下有期徒刑，并处罚金”。《刑法修正案（十一）》对于原第338条作了修改，增加了可判处七年以上有期徒刑并处罚金的四种情形：

（1）在饮用水水源保护区、自然保护地核心保护区等依法确定的重点保护区域排放、倾倒、处置有放射性的废物、含传染病病原体的废物、有毒物质，情节特别严重的；

（2）向国家确定的重要江河、湖泊水域排放、倾倒、处置有放射性的废物、含传染病病原体的废物、有毒物质，情节特别严重的；

（3）致使大量永久基本农田基本功能丧失或者遭受永久性破坏的；

（4）致使多人重伤、严重疾病，或者致人严重残疾、死亡的。

除了《民法》《刑法》等国家的基本法以外，党的十八大以来，国家制定、修订的生态环境保护方面法律法规众多，主要有《海洋环境保护法》（2017 年）、《水污染防治法》（2017 年）、《大气污染防治法》（2018 年）、《土壤污染防治法》（2018 年）、《环境保护税法》（2018 年）、《环境影响评价法》（2018 年）、《节约能源法》（2018 年）、《固体废物污染环境防治法》（2020 年）、《环境噪声污染防治法》（2021 年）、《湿地保护法》（2021 年），等等，基本建立了涵盖大气、水体、土壤、海洋全方位的生态环境保护法规体系，也是必须纳入企业生态环境保护合规管理的法规体系。

二、生态环境行政执法和信息披露

党的二十大报告提出，要“深入推进中央生态环境保护督察”，生态环境保护督察制度必将更加严格、完善。

2019 年，中央办公厅、国务院办公厅印发《中央生态环境保护督察工作规定》，全面建立生态环境保护督察制度，设立常态化的中央环保督察组，明确“督企”和“督政”的程序规范、权限职责。所谓“督政”，即督促各级地方政府环境管理机关除了正常行使监管职责外，支持符合条件的原告提起环境公益诉讼。所谓“督企”，即牵头联合惩处企业涉及的 14 种环境失信、违规、违法行为，强化生产经营者生态环境保护的法律责任，大幅度提高企业生态环境保护违规违法成本。

在现行法律法规体系下，生态环境保护违规违法行政处罚共有 8 种，即警告，罚款，责令停产整顿，责令停产、停业、关闭，暂扣、吊销许可证或者其他具有许可性质的证件，没收违法所得、没收非法财物，行政拘留，法律、行政法规设定的其他行政措施。

2015年以后，根据法律法规的变化，新增、调整、完善了4种行政处罚措施：一是环境保护主管部门实施按日连续处罚；二是环境保护主管部门实施查封、扣押；三是环境保护主管部门实施限制生产、停产整治；四是对涉生态环境违规违法案件的主要负责人和直接责任人移送行政拘留。

自2022年2月起，我国正式实施企业环境信息披露制度。根据生态环境部发布的《企业环境信息依法披露管理办法》[①]规定，对生态环境影响大、公众关注度高的企业、重点排污单位、实施强制性清洁生产审核的企业、符合规定情形的上市公司、发债企业等是环境信息披露的责任主体。环境信息披露分为年度披露报告和临时披露报告。企业每年3月15日前披露上一年度1月1日至12月31日的环境信息，企业年度环境信息披露报告内容包括企业环境管理体系、污染物产生、治理与排放、碳排放信息等八类信息，实施强制性清洁生产审核的企业还要增加披露实施强制性清洁生产审核的原因、实施情况、评估与验收结果等信息。企业临时环境信息披露报告内容包括企业取得的生态环境行政许可发生变更、涉及生态环境的行政处罚、生态环境损害赔偿等市场关注度高、时效性强的信息等。

符合《企业环境信息依法披露管理办法》第八条规定情形的上市公

① 2021年11月26日生态环境部通过《企业环境信息依法披露管理办法》，自2022年2月8日开始实施。《企业环境信息依法披露管理办法》共6章33条，旨在深化企业环境信息依法披露制度改革，推进生态环境治理体系和治理能力现代化，加快推动建立企业自律、管理有效、监督严格、支撑有力的环境信息依法披露制度。《企业环境信息依法披露管理办法》明确了企业环境信息依法披露的主体、内容、形式、时限、监督管理等基本内容，强化企业生态环境保护主体责任，规范环境信息依法披露活动。

司（合并报表范围内的各级子公司）和发行公司债的企业，还要增加披露融资所投项目的应对气候变化、生态环境保护等信息。企业因生态环境违法行为受到行政处罚的，应当自收到相关法律文书之日起五个工作日内，以临时环境信息依法披露报告的形式进行披露。上市公司代表着行业最先进、最规范的企业，证监会为此专门发布《首发业务若干问题解答》，对上市公司的环境、社会和公司治理（Environment、Social Responsibility、Corporate Governance，简称 ESG）披露提出特殊要求，如企业的污染物和二氧化碳排放量，募集资金用途是否符合产业政策和环境保护政策，有无受到环境保护方面的处罚等情况。[①]

企业应加强环境信息披露方面的合规管理和源头治理，避免生态环境保护负面舆情，披露环境信息不仅应当依法、及时、真实、准确、完整，还应简明清晰、通俗易懂，不得有虚假记载、误导性陈述或者重大遗漏。生态环境及其他主管部门将环境信息依法披露纳入企业信用管理，作为评价企业信用的重要指标，并将企业违反环境信息依法披露要求的行政处罚信息记入信用记录。企业“一处违规、处处留痕；一地失信、处处受限”。

三、生态环境司法监督和司法保护日益完善

近年来，最高人民法院先后发布了多个涉及生态环境保护的司法解释，是企业生态环境保护专项合规管理必须重点关注的内容。其中有

① 随着我国“双碳”目标和应对气候变化目标的确立，碳交易作为每一个排放主体必须采取的一项碳减排管理措施，已将 ESG 作为评估企业可持续性发展重要内容。《首发业务若干问题解答》要求发行人应当在招股说明书中充分做好相关信息披露，包括：生产经营中涉及环境污染的具体环节、主要污染物名称及排放量、主要处理设施及处理能力；报告期内，发行人环保投资和相关费用成本支出情况，环保设施实际运行情况，报告期内环保投入、环保相关成本费用是否与处理公司生产经营所产生的污染相匹配；募投项目所采取的环保措施及相应的资金来源和金额等；公司生产经营与募集资金投资项目是否符合国家和地方环保要求，发行人若发生环保事故或受到行政处罚的，应披露原因、经过等具体情况，发行人是否构成重大违法行为，整改措施及整改后是否符合环保法律法规的有关规定。

《关于审理环境民事公益诉讼案件适用法律若干问题的解释》《关于审理环境侵权责任纠纷案件适用法律若干问题的解释》《关于审理生态环境损害赔偿案件的若干规定》《关于审理海洋自然资源与生态环境损害赔偿纠纷案件若干问题的规定》《关于生态环境侵权案件适用禁止令保全措施的若干规定》《关于审理生态环境侵权纠纷案件适用惩罚性赔偿的解释》《关于办理环境污染刑事案件适用法律若干问题的解释》。

全国法院系统普遍设立环境法庭。截至2021年11月，从最高人民法院至基层人民法院，全国共设立环境资源专门审判机构2149个，2021年审结一审环境资源案件26.5万件。检察院主导的生态环境公益诉讼制度日臻成熟。最高人民检察院会同最高人民法院发布《关于检察公益诉讼案件适用法律若干问题的解释（2020年修正）》，单独发布《人民检察院公益诉讼办案规则》。2021年，全国检察机关各种类型公益诉讼案件立案16.9万件，同比上升12.3%。其中，办理生态环境和资源保护领域的公益诉讼案件8.7万件，占立案总数的51.6%。

社会公益组织、生态环保组织提起生态环境公益诉讼成为社会监督企业合规管理的重要方式。《环境保护法》明确赋予社会组织提起环境公益诉讼的原告资格。生态环境公益诉讼中，原告具有诉讼成本低①、举证责任轻、败诉损害小的优势，推动生态环境公益诉讼案件快速增长。2019年1月至2021年11月，全国共受理13024件环境公益诉讼案件，涉案企业多为上市公司、大型国企、跨国企业在华投资，且以化工企业居多。其中“泰州长江污染1.6亿天价公益诉讼案”判决江苏常隆农化有限公司、泰兴锦汇化工有限公司等6家化工企业承担1.6亿元民事赔偿，14人因犯

① 根据我国民事诉讼法和最高人民法院、最高人民检察院关于公益诉讼有关司法解释，生态环境公益诉讼的原告缴纳诉讼费用确有困难，依法申请缓交的，人民法院应予准许。败诉或者部分败诉的原告申请减交或者免交诉讼费用的，人民法院应当依照规定，视原告的经济状况和案件的审理情况决定是否准许。

环境污染罪判处有期徒刑和罚金。

生态环境公益诉讼正因其“公益性”得到媒体的普遍关注，有相当部分的公益诉讼案件是经由舆论监督、媒体报道引起社会广泛关注后进入司法程序的。生态环境公益诉讼易引发企业社会声誉方面的负面舆情风险，是企业必须高度关注、严密防范的合规风险。

第二节 生态环境行政责任风险及应对

一、生态环境行政案件的特点及风险

(一) 企业的生态环境行政责任

近年来，生态环境监管部门在持续保持打击生态环境违规违法行为高压态势的同时，积极推动转变执法方式，提高执法效能，推进严格规范公正文明执法。根据生态环境部统计，2020 年，全国生态环境系统下达环境行政处罚决定书 12.6 万份，罚没款总计 82.36 亿元人民币。这反映出随着生态环境执法的严肃性、权威性进一步树立，对生态环境违规违法案件的警示功能和震慑作用进一步增强。企业自觉尊法守法意识普遍提高，恶意生态环境违规违法的势头得到有效遏制。

在加强生态环境行政执法的规范性、震慑性的同时，生态环境部门大力推动“放管服”改革，给生态环境行政执法工作带来显著改变，对被执法企业、被检查对象，特别是可能面临生态环境行政处罚企业及相关人员产生了重要影响。例如，生态环境部门在执法中更加坚持包容审慎的原则，努力做到严格规范执法，不断强化服务意识，转变执法方式，既对恶意违规违法企业实现依法严惩重罚，又对尊法守法企业“无事不扰”，还对轻微违规违法、无心之过或能力不足的企业加强帮扶指导。当前，我国

生态环境行政执法监管进入最严格、最规范的时期。

1. 全面推行“双随机、一公开”监管方式

目前，全国所有市、县级生态环境部门均已建立“双随机、一公开”监管制度，涵盖污染源企业125.24万家。2020年，通过“双随机”方式开展执法检查66.14万次，发现并查处环境违法问题2.24万个，逐步实现对排污企业差异化监管。

2. 完善配套制度，坚持规范执法

生态环境部印发《关于进一步规范适用环境行政处罚自由裁量权的指导意见》《关于在生态环境系统推进行政执法公示制度执法全过程记录制度重大执法决定法制审核制度的实施意见》等文件，指导各地规范环境行政处罚自由裁量权适用，促进各地规范执法和公正执法。

3. 优化监管方式，加大帮扶力度

生态环境部印发《关于在京津冀及周边地区、汾渭平原强化监督工作中加强排污许可执法监管的通知》，加强对企业整改过渡期的管理服务；组织召开引导企业环境守法座谈会，与企业代表面对面对话，回应企业关切问题，有针对性地采取帮扶措施，并起草做好引导企业环境守法工作的指导意见。

（二）企业高管的生态环境行政责任

企业承担生态环境保护方面违规违法的主体责任。企业因生态环境保护受到行政处罚的，因失职渎职对此负有责任的企业直接负责的主管人员和直接责任人员，除了被追究党纪、政纪责任外，还可能承担行政责任。企业在生态环境保护方面直接负责的主管人员和直接责任人员，主要包括企业的主要负责人、法定代表人、分管生态环境保护的负责人、生态环境保护部门的负责人、直接组织或实施破坏生态环境行为的人员等。

1. 行政拘留

行政拘留的主要对象为直接负责的主管人员和直接责任人员。对于这两类人员的认定标准为《行政主管部门移送适用行政拘留环境违法案件暂行办法》第9条的规定，直接负责的主管人员是指违法行为主要获利者和在生产、经营中有决定权的管理、指挥、组织人员；其他直接责任人员是指直接组织或实施违规违法排放、倾倒、处置污染物或者篡改、伪造监测数据的人员等。在企业生态环境案件中，因违规违法个人可能被采取行政拘留措施的主要包括以下7种情形：

（1）企业存在建设项目未依法进行环境影响评价，被责令停止建设，拒不执行的情形；

（2）企业存在违反法律规定，未取得排污许可证排放污染物，被责令停止排污，拒不执行的情形；

（3）企业存在不经法定排放口等逃避监管方式排放污染物的情形；

（4）企业存在篡改、伪造监测数据等逃避监管方式排放污染物的情形；

（5）企业存在不正常运行防治污染设施等逃避监管方式排放污染物的情形；

（6）企业存在生产、使用国家明令禁止生产、使用的农药，被责令改正，拒不改正的情形；

（7）企业存在违反《固体废物污染环境防治法》第120条的情形。

一般情况下，对造成生态环境破坏、损害的直接负责的主管人员和直接责任人员，可处10日以上15日以下行政拘留；情节较轻的，处5日以上10日以下拘留。

2. 行政处分

行政处分的对象主要是直接负责的主管人员和其他直接责任人员，在生态环境案件中个人可能被行政处分的情形主要包括以下两种：

（1）未依法报批或未重新报批建设项目环境影响报告书、报告表；

（2）饮用水供水单位供水水质不符合国家规定标准。

3. 信用惩戒

根据《国务院关于建立完善守信联合激励和失信联合惩戒制度 加快推进社会诚信建设的指导意见》中关于“褒扬诚信，惩戒失信”的总体要求，2016年，国家发展改革委、原环境保护部等31个部委、单位联合发布《关于对环境保护领域失信生产经营单位及其有关人员开展联合惩戒的合作备忘录》，[①]实施联合惩戒措施。联合惩戒对象是在环境保护领域存在严重失信行为的生产经营单位及其法定代表人、主要负责人和负有直接责任的有关人员。上述联合惩戒对象，由生态环境部定期汇总后提供给签署本备忘录的各部门、各单位，并及时更新。

联合惩戒措施包括限制或者禁止市场准入、行政许可或者融资行为，停止执行或不予批准相关优惠政策，扣减绩效考核得分、限制评优评先，其他惩戒措施四个方面共25条具体措施。如限制取得政府供应土地，限制取得工业产品生产许可证，禁止参加政府采购，限制参与财政投资项目投标，海关不予认证进出口报关申请，限制发行企业债及公司债，不支持股票公开发行，不得享受增值税即征即退政策，停止享受环境保护项目企业所得税优惠，停止执行财政性资金支持，停止执行投资等领域优惠性政策，扣减中央企业负责人年度经营业绩考核得分或给予纪律处分或者调整职务，不应推荐为人大代表、政协委员人选，不得授予文明单位等荣誉称号，不得授予“五一劳动奖章”等荣誉称号，作为核定环境污染责任保

---

① 参加联合惩戒的部委、单位为：国家发展改革委、人民银行、原环境保护部、中央宣传部、中央统战部、中央文明办、工业和信息化部、公安部、财政部、国土资源部、住房城乡建设部、交通运输部、水利部、原农业部、商务部、国资委、海关总署、税务总局、原工商总局、原质检总局、原安全监管总局、原法制办、原银监会、证监会、原保监会、民航局、全国总工会、共青团中央、全国妇联、全国工商联、铁路总公司。

险费率的参考，行业主管部门加大日常监管力度和提高抽查的比例和频次，等等。

参与联合惩戒的各部门、各单位将失信生产经营单位信息，在生态环境部网站、“信用中国”网站和国家企业信用信息公示系统向社会公布。各部门、各单位按照联合惩戒备忘录约定内容，建立惩戒效果定期通报机制，各部门定期将联合惩戒实施情况通过全国信用信息共享平台反馈给国家发展改革委和生态环境部。

特别强调，企业有下列情形之一的实行“一票否决”，直接评定为“环保不良企业”：一是因为环境违法构成环境犯罪的；二是建设项目环境影响评价文件未按规定通过审批，擅自开工建设的；三是建设项目环保设施未建成、环保措施未落实、未通过竣工环保验收或者验收不合格，主体工程正式投入生产或者使用的；四是建设项目性质、规模、地点、采用的生产工艺或者防治污染、防止生态破坏的措施发生重大变动，未重新报批环境影响评价文件，擅自投入生产或者使用的；五是主要污染物排放总量超过控制指标的；六是私设暗管或者利用渗井、渗坑、裂隙、溶洞等排放、倾倒、处置水污染物，或者通过私设旁路排放大气污染物的；七是非法排放、倾倒、处置危险废物，或者向无经营许可证或者超出经营许可范围的单位或个人提供或者委托其收集、贮存、利用、处置危险废物的；八是环境违法行为造成集中式生活饮用水水源取水中断的；九是环境违法行为对生活饮用水水源保护区、自然保护区、国家重点生态功能区、风景名胜区、居住功能区、基本农田保护区等环境敏感区造成重大不利影响的；十是违法从事自然资源开发、交通基础设施建设，以及其他开发建设活动，造成严重生态破坏的；十一是发生较大及以上突发环境事件的；十二是被环保部门挂牌督办，整改逾期未完成的；十三是以暴力、威胁等方式拒绝、阻挠环保部门工作人员现场检查的；十四是违反重污染天气应急预案有关规定，对重污染天气响应不力的。

二、生态环境行政案件的应对

（一）核实行政处罚决定的合法性

行政处罚决定书是行政管理机关针对当事人的违法行为，在经过调查取证掌握违法证据的基础上，制作的记载当事人违法事实、理由、依据和决定等事项的具有法律强制力的书面法律文书。大部分当事人收到行政机关送达的行政处罚决定书后，有的不以为然，有的惶恐万分，正确的做法是应该从以下五个方面着手：

1. 核实接受处罚的对象是否准确

行政处罚的对象包括违反行政管理秩序的公民、法人和其他组织，具体到企业作为处罚对象，可能会涉及产权单位、经营单位、管理单位等多个单位，此时要核实真正应当接受处罚的是否是本企业，还是与本企业相关的其他单位。

2. 核实该行政机关是否具有作出处罚决定的主体资格

2019 年后，我国生态环境部门实行“垂直管理”，区县一级生态环境部门统一成为地市级生态环境部门的派出机构，不再具有行政处罚权。因此，在生态环境行政处罚案件中，只能由地市级以上生态环境部门以其自己的名义作出行政处罚。

3. 核实行政处罚依据的相关事实是否清楚、证据是否充分

《行政处罚法》第 59 条规定：“行政处罚决定书应当载明违反法律、法规、规章的事实和证据。”因此，如果行政处罚决定内容过于笼统模糊，事实不清、证据不足的，当事人应当提出异议。

4. 核实行政执法过程和作出决定的程序是否合法

核实执法机关在对企业调查取证、执法过程中是否符合法定要求，如是否两名以上均持执法证件的执法人员共同执法，执法人员是否主动告知被调查询问人员有申请执法人员回避的权利。对于超标排放类的行政处罚案件，“采样”后依法出具的《检测报告》是认定企业存在生态环境违法事实的直接依据，对现场取证过程是否符合法定要求要给予特别关注。如现场“采样”应根据国家规定的程序规范进行提取、封存，并由见证人签字确认，防止“采样”过程中的疏漏等问题，确保所采集的样品与检测结果的匹配。《行政处罚法》赋予当事人有陈述、申辩和听证的权利。企业要核实在接到生态环境行政处罚通知前，执法部门是否按规定告知当事人有陈述、申辩、要求听证的权利，是否举行了听证会。

5. 核实该行政处罚是否适当

行政处罚决定是否超越行政机关处罚的自由裁量权。根据《环境行政处罚办法》第 6 条的规定，生态环境主管部门在行使行政处罚自由裁量权时，应当考虑当事人的过错程度等情节。因此，企业可以围绕违法行为所造成的环境污染、生态破坏程度及社会影响，改正违法行为的态度和所采取的改正措施及效果等方面争取有利结果。

在生态环境行政处罚案件处理过程中，企业应做好充分的证据准备，核实行政处罚的程序和实体是否符合法律规定，依法维护自身的合法权益。企业依法维护自身的合法权益有利于促进行政执法的合法性、规范性、合理性，有利于促进我国社会主义法治建设。

（二）企业应对生态环境行政处罚的步骤

1. 申请听证

对于生态环境执法部门拟作出的行政处罚决定，企业有陈述、申辩的权利。企业如果认为生态环境部门拟作出的行政处罚程序或实体内容不当，根据《行政处罚法》第63条规定，可以向生态环境部门提出听证，提出拟作出的行政处罚不当、错误的事实或者法律理由。

2. 申请行政复议

生态环境保护部门举行听证会，听取企业的陈述、申辩后，仍然出具正式的行政处罚决定书，则企业可根据《行政复议法》相关规定，向生态环境部门同级人民政府申请行政复议。

3. 向法院提起行政诉讼

生态环境部门同级人民政府对企业就生态环境行政处罚决定提起的行政复议申请，作出维持生态环境部门行政处罚决定，若企业仍然不服，可以向生态环境部门所在地有管辖权的人民法院提起行政诉讼。企业对法院就行政诉讼作出的一审判决仍然不服，可向上级法院提起上诉，进行二审审理和判决。企业对法院的二审（终审）判决仍然不服，可以提起审判监督程序或申请检察院的抗诉程序来维护自己的合法权益。

（三）针对生态环境行政处罚案件的建议

生态环境行政处罚案件类型多样，根据生态环境部的行政处罚指导目录，截至2021年，共有354项各类生态环境违法行为被处以行政处罚。当受到生态环境行政处罚时，企业可以依法通过行政复议、行政诉讼维护合法权益，在生态环境保护合规管理方面应当做好以下三项工作：

1. 高度重视申请陈述、申辩、听证

根据相关法律规定，陈述、申辩、听证均应向作出行政处罚的机关提出。企业通过陈述、申辩、听证程序充分阐明自己的主张和减轻、免予行政处罚的理由。通过这些救济程序，生态环境部门有可能在作出正式的行政处罚决定书之前即决定不予处罚或者减轻、从轻处罚。另外，通过这些救济程序，有利于企业利用此期间充分组织第三方机构进行检测、论证，甚至是主动积极整改，消除或减轻环境污染后果。这些因素都将有利于对企业作出的行政处罚的撤销、减轻或从轻。

2. 高度重视依法提起行政复议

针对生态环境行政处罚向政府申请行政复议，是企业的法定权利。结合“环保垂直管理体制改革”后的实际情况，生态环境行政处罚均由地市级以上生态环境部门作出，区县一级生态环境部门不再具有行政处罚权。因此，企业应结合基本案情，综合考虑当地政府对待生态环境治理的力度、地方经济保护程度等情况，重视复议工作。

3. 主动采取整改措施

企业应在行政处罚决定书正式下达前，积极采取整改措施并争取整改到位。同时，法律规定行政复议期间不停止行政处罚的执行，企业应主动履行缴纳罚款、停止继续损害生态环境、采取修复生态环境的整改措施等义务。这样有利于争取减轻或从轻行政处罚，避免在超标排放等特殊违规违法的“按日连续计罚”中形成更加严重的后果。

三、生态环境损害赔偿制度

2014 年，党的十八届三中全会明确提出对造成生态环境损害的责任者严格实行赔偿制度。历经数年发展，生态环境损害赔偿制度已经成为生态文明制度体系的重要组成部分。近年来，各地生态环境主管部门逐步探索建立环境行政处罚与生态环境损害赔偿制度衔接机制，对于造成环境损害的环境违法行为，在作出行政处罚的同时，将会启动生态环境损害赔偿程序。

（一）生态环境损害赔偿制度

2015 年，中央办公厅、国务院办公厅印发《生态环境损害赔偿制度改革试点方案》，通过在全国范围内试行生态环境损害赔偿制度，明确生态环境损害赔偿范围、责任主体、索赔主体、损害赔偿解决途径等，形成相应的鉴定评估管理和技术体系、资金保障和运行机制，逐步建立生态环境损害的修复和赔偿制度，加快推进生态文明建设。

生态环境损害是指发生较大和突发环境事件，在国家和省级主体功能区规划中划定的重点生态功能区、禁止开发区发生环境污染、生态破坏事件，及发生的其他严重影响生态环境事件，污染环境、破坏生态造成大气、地表水、地下水、土壤、森林等环境要素和植物、动物、微生物等生物要素的不利改变，以及上述要素构成的生态系统功能退化。

国务院授权省级、市地级政府、直辖市所辖的区县级政府作为本行政区域内生态环境损害赔偿权利人，对违反法律法规，造成生态环境损害的单位或个人提起诉讼，要求赔偿义务人承担生态环境损害赔偿责任，实现应赔尽赔。

2019 年 6 月 5 日，最高人民法院公布《最高人民法院关于审理生态环境损害赔偿案件的若干规定（试行）》，开始完善生态环境损害赔偿诉讼制度。该规定列举了可提起生态环境损害赔偿诉讼的三种情形，包括发生较大、重大、特别重大突发环境事件的，在国家和省级主体功能区规划中划定的重点生态功能区、禁止开发区发生环境污染、生态破坏事件的，以及发生其他严重影响生态环境后果的情形。

2022 年 4 月 26 日，生态环境部、最高人民法院、最高人民检察院、科技部、公安部、司法部、财政部、自然资源部、住房和城乡建设部、水利部、农业农村部、卫生健康委、市场监管总局、林草局联合发布《生态环境损害赔偿管理规定》（环法规〔2022〕31 号），其中第 10 条规定，赔偿义务人因同一生态环境损害行为需要承担行政责任或者刑事责任的，不影响其依法承担生态环境损害赔偿责任。赔偿义务人的财产不足以同时承担生态环境损害赔偿责任和缴纳罚款、罚金时，优先用于承担生态环境损害赔偿责任。基于“应赔尽赔”的法律法规要求，各地生态环境主管部门积极探索建立行政处罚与生态环境损害赔偿无缝衔接制度，对生态环境主管部门查处的涉嫌造成生态环境损害需要承担赔偿责任的环境违法行为，在实施环境行政处罚后，进一步开展生态环境损害赔偿工作。

建立健全生态环境损害赔偿制度是生态文明体制改革的重要组成部分，是党中央、国务院作出的重大决策。生态环境损害赔偿制度以“环境有价，损害担责”为基本原则，以及时修复受损生态环境为重点，是破解“企业污染，群众受害，政府买单”困境的有效手段，是切实维护人民群众环境权益的坚实制度保障。生态环境损害赔偿诉讼原告主体包括省级、市地级人民政府及其指定的相关部门、机构，如生态环境、国土资源、住房城乡建设、水利、农业、林业、海洋与渔业等相关部门。截至2021 年年底，全国累计办理生态环境损害案件 1. 13 万件，涉及的赔偿金额超过 117 亿元，推动修复土壤超过 3695. 57 万立方米、地下水 166. 63 万立方米、地表水 3. 69 亿立方米、林地 6155. 22 万平方米、农田 213. 88 万平方米、湿地 20. 00 万平方米、清理固体废物 8984. 25 万吨。

（二）生态环境损害赔偿的范围和责任承担方式

1. 生态环境赔偿范围

生态环境受到损害至修复完成期间服务功能丧失导致的损失；生态环境功能永久性损害造成的损失；生态环境损害调查、鉴定评估等费用；清除污染、修复生态环境费用；防止损害的发生和扩大所支出的合理费用。

2. 生态环境损害赔偿责任承担方式

第一，生态环境损害以修复为主。生态环境损害可以修复的，应当修复至生态环境受损前的基线水平或者生态环境风险可接受水平。赔偿义务人根据赔偿协议或者生效判决要求，自行或者委托开展修复的，应当依法赔偿生态环境受到损害至修复完成期间服务功能丧失导致的损失和生态环境损害赔偿范围内的相关费用。生态环境损害无法修复的，赔偿义务人应当依法赔偿相关损失和生态环境损害赔偿范围内的相关费用，或者在符合有关生态环境修复法规政策和规划的前提下，开展替代修复，实现生态环境及其服务功能等量恢复。

第二，生态环境损害赔偿优先。赔偿义务人因同一生态环境损害行为需要承担行政责任或者刑事责任的，不影响其依法承担生态环境损害赔偿责任。其财产不足以同时承担生态环境损害赔偿责任和缴纳罚款、罚金时，优先用于承担生态环境损害赔偿责任。

第三，积极实施整改措施可减免处罚。赔偿义务人积极履行生态环境损害赔偿责任的，相关行政机关和司法机关，依法将其作为从轻、减轻或者免予处理的情节。对生效判决和经司法确认的赔偿协议，赔偿义务人不履行或者不完全履行义务的，依法列入失信被执行人名单。

（三）生态环境损害赔偿的程序

我国《生态环境损害赔偿管理规定》对生态环境损害赔偿案件线索筛查、案件管辖、索赔启动、损害鉴定、赔偿磋商、司法确认、赔偿诉讼、修复效果评估等环节已作出明确规定。

1. 线索筛查

国务院授权的省级、市地级政府作为本行政区域内生态环境损害赔偿权利人，重点通过以下渠道组织筛查案件线索，中央和省级生态环境保护督察发现的案件线索；突发生态环境事件；资源与环境行政处罚案件；涉嫌构成破坏环境资源保护犯罪的案件；在生态保护红线等禁止开发区域、国家和省级国土空间规划中确定的重点生态功能区发生的环境污染、生态破坏事件；日常监管、执法巡查、各项资源与环境专项行动发现的案件线索；信访投诉、举报和媒体曝光涉及的案件线索；上级机关交办的案件线索；检察机关移送的案件线索；赔偿权利人确定的其他线索渠道。

2. 案件管辖

在全国有重大影响或者生态环境损害范围在省域内跨市地的案件由省级政府管辖；省域内其他案件管辖由省级政府确定。损害范围跨省域的，由损害地相关省级政府共同管辖。相关省级政府应加强沟通联系，协商开展赔偿工作。

3. 索赔启动

赔偿权利人及其指定的部门或机构在发现或者接到生态环境损害赔偿案件线索后，应当在30日内就是否造成生态环境损害进行初步核查。对已造成生态环境损害的，应当及时立案启动索赔程序。调查应当围绕生态环境损害是否存在、受损范围、受损程度、是否有相对明确的赔偿义务人等问题开展。

4. 损害鉴定

赔偿权利人及其指定的部门或机构，可以根据相关规定委托符合条件的环境损害司法鉴定机构或者生态环境、自然资源、住房和城乡建设、水利、农业农村、林业和草原等国务院相关主管部门推荐的机构出具鉴定意见或者鉴定评估报告，也可与赔偿义务人协商共同委托上述机构出具鉴定意见或者鉴定评估报告。

5. 赔偿磋商

赔偿权利人及其指定的部门或机构，应当就修复方案、修复启动时间和期限、赔偿的责任承担方式和期限等具体问题与赔偿义务人进行磋商。

经磋商达成一致意见的，赔偿权利人及其指定的部门或机构，应当与赔偿义务人签署生态环境损害赔偿协议，并就赔偿协议向有管辖权的人民法院申请司法确认。磋商未达成一致的，赔偿权利人及其指定的部门或机构，应当及时向人民法院提起诉讼。

6. 赔偿诉讼

对磋商未达成一致或者无法进行磋商的，赔偿权利人及其指定的部门或机构，可以向人民法院提起诉讼。对未经司法确认的赔偿协议，赔偿义务人不履行或者不完全履行的，赔偿权利人及其指定的部门或机构，可以向人民法院提起诉讼。对生效判决和经司法确认的赔偿协议，赔偿义务人不履行或不完全履行的，赔偿权利人及其指定的部门或机构可以向人民法院申请强制执行。修复效果未达到赔偿协议或者生效判决规定修复目标的，赔偿权利人及其指定的部门或机构，应当要求赔偿义务人继续开展修复，直至达到赔偿协议或者生效判决的要求。

（四）生态环境损害赔偿与生态环境公益诉讼的关系

生态环境损害赔偿与生态环境公益诉讼既有区别又有紧密联系，主要区别在于以下四点：

第一，两者的启动主体不同。生态环境损害赔偿诉讼的原告是各级政府以及所授权的相关行政机构，生态环境公益诉讼的原告是检察院及公益组织。

第二，两者的适用程序不同。生态环境损害诉讼是政府在履行社会、行政管理职责中，实行磋商程序前置，即生态环境损害赔偿诉讼的启动，必须以政府及其授权的行政机关与生态环境破坏者磋商不成为必要条件。生态环境公益诉讼的启动并无任何前置性程序的要求。

第三，两者的功能作用不同。生态环境损害赔偿诉讼程序启动的条件是“无损害，无赔偿”，其功能和作用是对生态环境损害的恢复和补偿。生态环境公益诉讼的功能和作用不仅包括生态环境的恢复和补偿，也包括重大生态环境破坏风险的预防和警示，达到“处罚一个，教育一片”的效果。

第四，两者的举证责任不同。在生态环境损害赔偿诉讼中，原告应当证明以下事实：被告实施了污染环境行为，被告污染破坏生态环境行为与生态环境损害之间具有关联性和效果关系，生态环境受到实际损害，被告具有应当依法承担责任的情形，生态环境所需修复费用和损害赔偿等具体数额，等等。生态环境公益诉讼则举证责任倒置，原告仅需提供初步证明材料。

生态环境损害赔偿与生态环境公益诉讼的联系在于两点：

第一，生态环境损害赔偿诉讼与生态环境公益诉讼由同一审判组织审理。在生态环境损害赔偿诉讼案件审理过程中，同一损害生态环境行为又被提起民事公益诉讼，符合起诉条件的，应当由已受理生态环境损害赔偿诉讼案件的人民法院受理并由同一审判组织审理。

第二，先生态环境损害赔偿，后生态环境公益诉讼。人民法院受理因同一损害生态环境行为提起的生态环境损害赔偿诉讼案件和生态环境民事公益诉讼案件，应先中止生态环境民事公益诉讼案件的审理，待生态环境损害赔偿诉讼案件审理完毕后，就生态环境民事公益诉讼案件未被涵盖的诉讼请求再依法作出裁判。

第三节　生态环境民事责任风险及应对

根据司法救济原则，环境侵权诉讼在环境纠纷解决中具有无可替代的地位和优势。环境侵权诉讼分为私益诉讼和公益诉讼，而环境公益诉讼是在全面依法治国、全面依法治企的时代背景下，立法、执法、司法、社会四方共同发力，由检察机关或依法注册成立的社团组织作为原告，将破坏生态环境的企业作为被告，通过发起诉讼、法院审理的司法程序和社会监督，惩治生态环境破坏者，维护社会公众生态环境权益的新型诉讼形式。

一、生态环境公益诉讼的特点及风险

（一）生态环境公益诉讼原告

1. 检察院

在生态环境公益诉讼中，各级检察院是最重要的原告。检察院提起生态环境公益诉讼的对象相当广泛，无论是企业破坏生态、污染环境行为，还是政府机关在环境监管失察、失职、渎职行为，人民检察院均可以原告身份直接起诉。检察院除了自己起诉外，还可出庭支持公益组织的公益诉讼，以法律监督机关身份进行监督。

诉前公告程序，依法公告 30 天，督促或建议辖区内符合法律规定条件的有关组织提起民事公益诉讼。经过诉前公告，法律规定的机关和有关组织没有提起民事公益诉讼，没有适格主体或者适格主体不提起诉讼，社会公共利益仍处于受损害状态的，人民检察院应当提起民事公益诉讼。

2. 社会公益组织

《环境保护法》规定凡依法在设区的市级以上人民政府民政部门登记的，专门从事环境保护公益活动连续 5 年以上且信誉良好的社会组织，都能以原告的身份向人民法院提起生态环境公益诉讼。提起生态环境公益诉讼的社会组织不得通过诉讼牟取经济利益。目前，在全国有代表性的环保公益组织有中华环境保护联合会、中华环境保护基金会、中国生物多样性保护与绿色发展基金会、自然之友（全称“中国文化书院 · 绿色文化分院”）等。公益组织是以原告身份提起生态环境民事公益诉讼的主力军。

（二）生态环境公益诉讼起诉条件

只要原告提交被告破坏生态环境行为已经损害社会公共利益或具有损害社会公共利益重大风险的初步证明材料即可，不需要翔实的证据。如环保部门行政处罚决定，政府和社会网站发布的企业超标排放数据，政府网站发布的国控重点污染源检测和对比检查报告，其他诉讼案件法院判决书确认的环保污染事实，等等。

（三）生态环境公益诉讼的主要风险

近年来，全国已发生多起社会反响强烈的生态环境公益诉讼案件，涉及生态环境保护各领域。土壤和地下水污染案，如广州市人民检察院诉广州市花都区卫洁垃圾综合处理厂、李永强污染环境民事公益诉讼案，广州市中级人民法院判决被告承担生态环境修复费、服务功能损失费、鉴定评估费及其他合理费用共计 1.31 亿余元。水体污染案，如江苏省泰州市环保联合会诉泰兴锦汇化工有限公司等水污染民事公益诉讼案，法院判决六个被告企业赔偿环境修复费用共计 1.6 亿余元。固体废物污染环境案，如中华环保联合会诉宜春市中安实业有限公司等污染公益诉讼案，判决五个被告赔偿因违规排放废液废水造成的应急处置费用、生态环境修复费用及服务功能损失费用等 3700 余万元。大气污染案，如中华环保联合会诉山东德州晶华集团振华有限公司大气污染民事公益诉讼案，判决振华公司赔偿超标排放污染物造成损失 2198.36 万元，用于大气环境质量修复。

随着中国特色社会主义法律体系、法治建设不断完善，社会公众环保意识、法治意识不断增强，生态环境公益诉讼呈现出快速多发态势。对于资源开采、能源化工、金属冶炼、加工制造等行业以及位于自然生态保护区、水源保护区、长江黄河流域、京津冀区域、居民密集社区周边的企业来说，因具有高温高压、易燃易爆、有毒有害的物理属性和化学属性，造成生态环境污染和破坏的概率大、风险高，因而成为生态环境公益诉讼被告的风险巨大。企业一旦陷入生态环境公益诉讼，将会面临至少四个方面的风险。

1. 政治风险

生态环境保护事关建设富强、民主、文明、和谐、美丽中国现代化国家目标和中华民族永续发展，是重大的民生问题和社会问题，是关系党和政府执政能力的大事。重大生态环境事件和案件，往往会导致群体性的社会稳定问题，有的甚至会涉及国际问题和外交问题。

2. 经济风险

生态环境公益诉讼被告一旦败诉，首先要承担巨额的生态环境修复费用和惩罚性赔偿费用的直接损失，其次要承担声誉损失、信用降级、股价下跌、竞争力下降等间接损失。

3. 法律风险

生态环境公益诉讼案件往往集民事、行政、刑事责任于一体，法律关系复杂。因环境污染侵权不仅要承担民事赔偿责任，还会导致行政处罚，甚至引发刑事调查或刑事诉讼，构成环境污染的单位犯罪，单位和单位的主管领导和负直接责任的人员都要承担刑事责任。尤其是生态环境公益诉讼社会关注高，往往会形成舆情事件。在生态环境公益诉讼中，原告占据道义的制高点，案件的起诉、审理、调解、判决、执行除依申请可以不公开的以外，过程向社会公开，结果向社会公示。生态环境公益诉讼对被告来讲，无论是胜诉、和解，还是败诉，都不可避免地导致企业的经济损失和声誉受损。企业是“法治社会、法治国家、法治政府一体建设”的重要组成部分，也是社会、国家、政府治理的主要对象，生态环境公益诉讼早已超出诉讼案件单纯法律程序和法律技术的意义，具有企业合规管理，尤其是生态环境保护专项合规的重大意义。无论是在企业全面合规管理体系，还是专项合规管理中，在现时和今后相当长一段时期，生态环境公益诉讼都将占据突出的位置。

4. 信用风险

进入新发展阶段，贯彻新发展理念。生态环境保护、“双碳”目标、节能减排已成为衡量企业 ESG 水平的重要指标。[①] 2022 年4 月16 日，中国企业改革与发展研究会以团体标准的形式发布了《企业 ESG 披露指南》(T/CERDS 2—2022)，自 2022 年 6 月 1 日起实施。这是我国目前第一个关于企业 ESG 信息披露标准，将有助于中国特色 ESG 生态系统的建设与完善。该指南包括环境、社会责任、公司治理 3 个维度、4 个层级的信息披露指标体系。其中，环境、社会责任和公司治理包括 3 个一级指标、10 个二级指标、35 个三级指标和 118 个四级指标。在环境维度一级指标下，包括 3 个二级指标，即资源消耗、污染防治和气候变化；二级指标下包含 10 个三级指标，即水资源、物料、能源、其他自然资源、废水、废气、固体废物、其他污染物、温室气体排放、减排管理；四级指标有 43 个定性定量技术指标。企业披露 ESG 信息应遵循政府监管要求，依据该标准规范进行披露。除法律法规要求外一般为自愿披露。披露时间周期以年为周期或自定，一般以年度报告形式披露。企业自主选择平台或政府监督部门指定平台披露，供企业、政府监督机构、评价机构、社会公众和新闻媒

---

① ESG：指的是环境（Environment）、社会责任（Social Responsibility）和公司治理（Corporate Governance），由联合国环境规划署于 2004 年最早提出来，从环境、社会责任和公司治理三个维度来评价企业经营的可持续性和对社会价值观的影响，是衡量企业是否具备足够社会责任感的重要标准。ESG 最先被银行、证券交易所用来评估企业申请绿色贷款、发行绿色债券的条件和评估上市公司的社会责任和可持续发展能力，逐渐成为综合评估评价企业生态环境保护、社会责任水平、企业治理能力和合规管理能力的方法和体系。目前，还没有国家、监管机构制定的关于 ESG 的标准规范。部分社会组织和团体发布了一些 ESG 的标准规范，供认证机构、中介机构、银行、交易所采纳和使用。

体参考使用。企业对ESG披露信息负责，接受政府、社会公众、新闻媒体及其他主体监督。ESG失信或ESG信息披露失当，将会严重影响企业环境信用评级，甚至会受到联合信用惩戒，导致涉案企业在行政许可申请、环保专项资金补助申请、评优评先、银行贷款、股票债券发行、环境污染责任保险费率等方面受到诸多限制和制裁，陷入“一处违规，处处留痕；一地失信，处处受限”的境地。

二、生态环境公益诉讼案件的应对

生态环境公益诉讼作为新型法律诉讼类别，随着《民事诉讼法》的修订、司法解释的制定而不断完善。企业生态环境专项合规管理要了解、熟悉、掌握生态环境公益诉讼的基本程序和基本规律，从而从预防的角度做好合规风险防控。

（一）生态环境公益诉讼的基本程序性规定

按照生态环境民事案件涉及的诉讼当事人主体不同，将生态环境案件分为环境侵权民事私益诉讼、环境侵权民事公益诉讼两种。

生态环境侵权民事私益诉讼的原告主要为遭受环境侵权损害的被侵权人，包括受到财产、人身损害的自然人、法人或者非法人组织等；生态环境侵权民事公益诉讼的原告为环境公益组织和检察院。

生态环境公益诉讼与私益诉讼的区别较大，都是企业生态环境专项合规管理必须重点掌握的。

1. 诉讼主体不同

生态环境公益诉讼的原告只能是公益组织、检察院；私益诉讼的原告可以是普通公民、企业、社会组织。

2. 起诉条件不同

若已经造成损害，或者虽没有造成实际后果但已具有污染环境、破坏生态重大风险可能性的，就可发起生态环境公益诉讼。私益诉讼要有生态环境受到损害的实际后果发生才能提起。

3. 举证责任不同

生态环境公益诉讼适用举证责任倒置，原告只需初步证明、推定生态环境侵权人造成的后果存在和具有重大风险即可达到立案条件。私益诉讼适用一般侵权责任举证原则，即谁主张谁举证，立案环节原告要证明损害事实存在，要证明损害事实与被告侵权行为存在关联性。生态环境诉讼举证责任严苛，环境侵权实行因果关系的举证责任倒置，环境侵权行为人应当就其行为与损害之间不存在因果关系承担举证责任，就法律规定的不承担责任或者减轻责任的情形承担举证责任。

4. 审判组织不同

生态环境公益诉讼属于中级以上人民法院管辖。私益诉讼无特殊要求，适用一般民事侵权案件管辖规则，一般由侵权行为发生地、被告住所地等基层人民法院受理并审理。

5. 责任方式不同

生态环境公益诉讼是针对遭受破坏的生态和环境进行，所以被告要承担的最主要、最基本的法律责任就是修复、恢复生态环境，除此之外还可能承担惩罚性赔偿、其他民事赔偿、公开赔礼道歉等。私益诉讼主要适用各种民事法律责任形式。

对于涉案企业来讲，生态环境公益诉讼结束后，并不是万事大吉。因同一污染环境、破坏生态而受到损害的当事人仍可以提起生态环境私益诉讼，同时公益诉讼认定的事实可直接作为定案的依据。

（二）生态环境公益诉讼举证责任

1. 举证责任倒置

在生态环境公益诉讼中，鉴于原告方和侵害方之间信息不对称和地位不对等等因素，实行举证责任倒置。原告只需提供初步证明材料证明环境污染事实及侵害方企业、单位存在即可。被告需自证清白。法院有协助原告调查和鉴定取证的权利和义务。环保部门有支持人民法院提供相关证据的义务。

2. 因果关系推定

原告要求被告提供其排放的主要污染物名称、排放方式、排放浓度和总量、超标排放情况以及防治污染设施的建设和运行情况等环境信息，按法律规定被告应当持有的某证据或者能证明被告已持有某证据，而被告拒不提供的，在此情形下如果原告主张相关事实不利于被告的，人民法院可以推定原告主张成立。

3. 不存在因果关系的证明

在生态环境公益诉讼中，企业作为被告，要用证据证明自己的行为与生态环境损害没有因果关系，才能免除责任、消除风险。一要从公众认知上证明被指控的企业污染环境、破坏生态行为不具备造成生态环境损害的可能性；二要从地理位置和空间距离上证明企业排放的污染物未到达或不可能到达损害发生地；三要从时间上证明生态环境损害的事实发生于被指控的企业污染环境、破坏生态行为实施之前；四要从其他方面证明被指控的污染环境、破坏生态行为与损害之间不存在因果关系。

（三）生态环境公益诉讼法律责任

生态环境公益诉讼被告最终要承担的民事法律责任有：停止侵害、排除妨碍、消除危险、恢复原状、修复生态环境、赔偿损失、赔礼道歉等。

1. 生态环境修复责任

原告请求恢复原状的，人民法院可依法判决被告将生态环境修复到损害发生之前的状态和功能。无法完全修复的，可以准许采用替代性修复方式。生态环境修复侧重于恢复受到损坏的生态环境的各项功能和状态，包括生态功能、经济功能和文化功能。当出现部分或全部无法原地原样恢复的，可以准许采用替代性修复方式，例如“异地补植”“恢复植被”“种植树木”“增殖放流”“复绿补植”等。鉴于生态环境修复的专业性，法院一般判决被告承担环境修复的费用、由第三方代履行。

对生态环境修复的费用，一般需结合司法鉴定及专家意见确定。人民法院可在判决被告修复生态环境的同时，确定被告不履行修复义务时应承担的生态环境修复费用；也可以直接判决被告承担生态环境修复费用。生态环境修复费用包括制定、实施修复方案的费用和监测、监管等费用。

2. 赔偿损失

生态环境损害赔偿范围包括生态环境受到损害至恢复原状期间生态环境服务功能全部的损失费。损害赔偿的数额，由有资质的鉴定机构、行业主管部门推荐的机构或物价评估机构进行评估审定。生态环境公益诉讼被告可以通过与原告协商沟通共同确定鉴定评估机构，并经法院确认；如双方协商不成的，由法院指定。

对人身损害、财产损害、应急处置费用、调查评估费用和污染修复费用等损害的评估，适用环境保护部办公厅下发的《环境损害鉴定评估推荐方法》《生态环境损害鉴定评估技术指南》等规定。

关于赔偿金的归属，生态环境公益诉讼案件中，社会环保公益组织是为了维护公共利益才提起的诉讼，胜诉后所得的赔偿金不能归社会组织所有，应当全部用于修复被损害的生态环境。

3. 惩罚性赔偿

依据《民法典》第1232条，侵权人违反法律规定故意污染环境、破坏生态造成严重后果的，被侵权人有权请求相应的惩罚性赔偿。要承担生态环境侵权惩罚性赔偿责任的，必须具备三个要件：一是侵权人实施的污染环境、破坏生态行为违反法律规定；二是侵权人主观上具有故意，重大过失不适用；三是造成了严重后果，导致人身、财产严重损害，对生态环境造成严重损害或不可逆损害。侵权人故意污染环境、破坏生态的恶劣行为严重影响社会可持续发展，对其适用惩罚性赔偿责任有利于更好地救济受害人，惩罚恶意侵权人，警示全体社会成员。

根据最高人民法院发布的《关于审理生态环境责任纠纷案件适用惩罚性赔偿的解释》（自2022年1月20日起施行），以下10种情形应当认定侵权人具有污染环境、破坏生态的故意。

（1）因同一污染环境、破坏生态行为，已被人民法院认定构成破坏环境资源保护犯罪的；

（2）建设项目未依法进行环境影响评价，或者提供虚假材料导致环境影响评价文件严重失实，被行政主管部门责令停止建设后拒不执行的；

（3）未取得排污许可证排放污染物，被行政主管部门责令停止排污后拒不执行，或者超过污染物排放标准或者重点污染物排放总量控制指标排放污染物，经行政主管机关责令限制生产、停产整治或者给予其他行政处罚后仍不改正的；

（4）生产、使用国家明令禁止生产、使用的农药，被行政主管部门责令改正后拒不改正的；

（5）无危险废物经营许可证而从事收集、贮存、利用、处置危险废物经营活动，或者知道或者应当知道他人无许可证而将危险废物提供或者委托给其从事收集、贮存、利用、处置等活动的；

（6）将未经处理的废水、废气、废渣直接排放或者倾倒的；

（7）通过暗管、渗井、渗坑、灌注，篡改、伪造监测数据，或者以不正常运行防治污染设施等逃避监管的方式，违法排放污染物的；

（8）在相关自然保护区域、禁猎（渔）区、禁猎（渔）期使用禁止使用的猎捕工具、方法猎捕、杀害国家重点保护野生动物、破坏野生动物栖息地的；

（9）未取得勘查许可证、采矿许可证，或者采取破坏性方法勘查开采矿产资源的；

（10）其他故意情形。

上述10种认定故意污染环境、破坏生态的行为的标准，应当转化为企业生态环境专项合规的内部禁止性规定，企业负责生产、经营的业务部门，负责环保、合规的职能部门，负责审计、追责的监督部门及企业所属各级、各类分支机构都要严格执行。

惩罚性赔偿数额的确定，人民法院应当综合考虑侵权人的恶意程度、侵权后果的严重程度、侵权人因污染环境、破坏生态行为所获得的利益或者侵权人所采取的修复措施及其效果等因素，一般不超过人身损害赔偿金、财产损失数额的2倍。因同一污染环境、破坏生态行为已经被行政机关给予罚款或者被人民法院判处罚金，侵权人主张免除惩罚性赔偿责任的，人民法院不予支持，但在确定惩罚性赔偿金数额时可以综合考虑。

4. 责任免除

生态环境公益诉讼中，主要有两种情况被告可不承担法律责任：一是由自然灾害、战争等不可抗力造成的；二是由受害人故意、重大过失造成的。

生态环境公益诉讼被告确因污染环境造成损害，不论有无过错，均应承担侵权责任。被告主张以排污符合国家或者地方污染物排放标准为由不承担责任的，人民法院不予支持。

（四）生态环境民事公益诉讼的调解机制

根据《最高人民法院关于审理环境民事公益诉讼案件适用法律若干问题的解释》，当事人可以就环境公益纠纷达成调解协议或自行达成和解协议。人民法院审查认为调解协议或和解协议的内容不损害社会公共利益的，将协议内容予以公告，公告期间不少于30日。公告期届满，可由人民法院出具调解书予以确认，以此来了结生态环境公益纠纷案件。

因此，企业根据生态环境公益诉讼中原告诉求的具体情况，采取不同的结案策略。对于由政府部门和检察院提起的生态环境损害赔偿诉讼、公益诉讼，企业应当积极整改、协商和解。对公益组织提起公益诉讼，要综合考虑社会组织的目的、诉求、动机，沟通协商，争取和解或调解结案。以和解或调解方式了结生态环境公益诉讼纠纷，既可以提高效率、减轻诉累、弱化对抗、促进谅解、缓解舆情，也可以减轻或避免因败诉而承担高额赔偿费用，对修复、维护、提升企业社会形象也有积极作用。这也是目前世界各国处理生态环境公益诉讼的惯常做法。

第四节　生态环境刑事责任风险及应对

一、生态环境刑事案件的特点及风险

长期以来，社会对企业环境民事侵权和行政违法问题关注较多，而对企业环境犯罪问题重视度不够。事实上，较之于个人环境犯罪，企业环境犯罪有着组织化、规模化、模式化特点，不仅破坏性强，而且后果严重，除了会造成数额巨大的财产损失乃至危及生命的人身损害外，还会带来影

响深远、难以恢复甚至不可逆转的生态环境损害，增加了应对的复杂度和困难度。

（一）生态环境刑事法律责任变化

1. 生态环境犯罪刑事规制变化

我国环境保护及其立法起步较晚，破坏、污染环境资源的违法犯罪行为在20世纪70年代尚未引起人们的重视，环境保护和调控侧重于运用行政手段。究其原因，当时我国经济发展尚处于起步阶段，环境污染和其他危害环境的行为并不突出。因此，1979年新中国第一部《刑法》并无污染环境罪的相关规定，与其相关联的罪名散见于危害公共安全罪、破坏社会主义市场经济秩序罪等罪中。

随着我国生态环境状况问题日益突出，通过“刑罚”来惩治污染环境行为日益引起重视。在综合以往立法经验和司法实践，同时参考域外环境刑事立法的基础上，1997年《刑法》于分则第六章以专节的形式首次规定了“破坏环境资源保护罪”，专节设置了第338条至第346条共9个法条。此后，全国人大常委会通过2001年《刑法修正案（二）》、2002年《刑法修正案（四）》、2011年《刑法修正案（八）》、2020年《刑法修正案（十一）》对刑法中关于破坏环境资源犯罪的规制进行了四次修订和完善。

迄今为止，破坏环境资源保护罪的罪名共有四大类：一是污染环境犯罪。包括污染环境罪，非法处置进口的固体废物罪，擅自进口固体废物罪。二是破坏动物资源犯罪。包括非法捕捞水产品罪，危害珍贵、濒危野生动物罪，非法狩猎罪，非法猎捕、收购、运输、出售陆生野生动物罪。三是破坏国土资源犯罪。包括非法占用农用地罪，破坏自然保护地罪，非法采矿罪，破坏性采矿罪。四是破坏动植物资源犯罪。包括危害国家重点保护植物罪，非法引进、释放、丢弃外来入侵物种罪，盗伐林木罪，滥伐林木罪，非法收购、运输盗伐、滥伐的林木罪。

最新的《刑法修正案（十一）》于2020年12月26日由第十三届全国人大常委会通过，自2021年3月1日起施行，一方面将环境影响评价、环境监测机构“弄虚作假”首次纳入《刑法》定罪量刑；另一方面对《刑法》原有的“污染环境罪”的适用情形提高了处罚档次，同时补充了在自然保护区非法建设、非法引入外来物种两类新的犯罪。就破坏生态环境资源罪而言，现行《刑法》第338条、第339条、第340条、第341条、第342条、第343条规定了污染环境罪，非法处置进口固体废物罪，擅自进口固体废物罪，非法捕捞水产品罪，危害珍贵、濒危野生动物罪，非法猎捕、收购、运输、出售陆生野生动物罪，非法占用农用地罪，破坏自然保护地罪8个罪名。企业和单位都可以构成该8个生态环境犯罪。其中，污染环境罪、非法占用农用地罪、破坏自然保护地罪属于高发案率犯罪。《刑法修正案（十一）》将《刑法》第338条“污染环境罪”的法定最高刑期，从7年有期徒刑提高至7年以上有期徒刑，加大了打击力度。

2. 构成污染环境罪的情形

最高人民法院、最高人民检察院《关于办理环境污染刑事案件适用法律若干问题的解释》（法释〔2016〕29号，以下简称《环境司法解释》）第1条以列举方式解释了18种应当被认定为“严重污染环境”，构成污染环境罪的具体情形，环保部门应将案件移送公安机关转为刑事案件处理，进一步细化了环境犯罪的追诉内容。

（1）饮用水水源一级保护区、自然保护区核心区排放、倾倒、处置有放射性的废物、含传染病病原体的废物、有毒物质的；

（2）非法排放、倾倒、处置危险废物3吨以上的；

（3）排放、倾倒、处置含铅、汞、镉、铬、砷、铊、锑的污染物，超过国家或者地方污染物排放标准3倍以上的；

（4）排放、倾倒、处置含镍、铜、锌、银、钒、锰、钴的污染物，超过国家或者地方污染物排放标准10倍以上的；

（5）通过暗管、渗井、渗坑、裂隙、溶洞、灌注等逃避监管的方式排放、倾倒、处置有放射性的废物、含传染病病原体的废物、有毒物质的；

（6）两年内曾因违反国家规定，排放、倾倒、处置有放射性的废物、含传染病病原体的废物、有毒物质受过两次以上行政处罚，又实施前列行为的；

（7）重点排污单位篡改、伪造自动监测数据或者干扰自动监测设施，排放化学需氧量、氨氮、二氧化硫、氮氧化物等污染物的；

（8）违法减少防治污染设施运行支出100万元以上的；

（9）违法所得或者致使公私财产损失30万元以上的；

（10）造成生态环境严重损害的；

（11）致使乡镇以上集中式饮用水水源取水中断12小时以上的；

（12）致使基本农田、防护林地、特种用途林地5亩以上，其他农用地10亩以上，其他土地20亩以上基本功能丧失或者遭受永久性破坏的；

（13）致使森林或者其他林木死亡50立方米以上，或者幼树死亡2500株以上的；

（14）致使疏散、转移群众5000人以上的；

（15）致使30人以上中毒的；

（16）致使3人以上轻伤、轻度残疾或者器官组织损伤导致一般功能障碍的；

（17）致使1人以上重伤、中度残疾或者器官组织损伤导致严重功能障碍的；

（18）其他严重污染环境的情形。

《环境司法解释》第3条规定了13种“后果特别严重的”情形，可以据此判处3年以上7年以下有期徒刑。

（1）致使县级以上城区集中式饮用水水源取水中断12小时以上的；

（2）非法排放、倾倒、处置危险废物100吨以上的；

（3）致使基本农田、防护林地、特种用途林地15亩以上，其他农用地30亩以上，其他土地60亩以上基本功能丧失或者遭受永久性破坏的；

（4）致使森林或者其他林木死亡150立方米以上，或者幼树死亡7500株以上的；

（5）致使公私财产损失100万元以上的；

（6）造成生态环境特别严重损害的；

（7）致使疏散、转移群众1.5万人以上的；

（8）致使100人以上中毒的；

（9）致使10人以上轻伤、轻度残疾或者器官组织损伤导致一般功能障碍的；

（10）致使3人以上重伤、中度残疾或者器官组织损伤导致严重功能障碍的；

（11）致使1人以上重伤、中度残疾或者器官组织损伤导致严重功能障碍，并致使5人以上轻伤、轻度残疾或者器官组织损伤导致一般功能障碍的；

（12）致使1人以上死亡或者重度残疾的；

（13）其他后果特别严重的情形。

《环境司法解释》第7条规定：“明知他人无危险废物经营许可证，向其提供或者委托其收集、贮存、利用、处置危险废物，严重污染环境的，以共同犯罪论处。”

就现代企业的生产规模和流程工艺而言，触发上述 18 种严重污染环境情形和后果特别严重的 13 种情形并不罕见，可以说构成污染环境罪的门槛并不高，必须引起高度重视，在工作中对照相关法律法规严格排查，对可能存在的环境违法违规风险隐患及时整改。

（二）单位犯罪的认定应当宽严相济

2019 年 2 月 20 日，最高人民法院、最高人民检察院、公安部、司法部、生态环境部发布《关于办理环境污染刑事案件有关问题座谈会纪要》（以下简称《纪要》）认为，办理环境污染犯罪案件，认定单位犯罪时，应当依法合理把握追究刑事责任的范围，贯彻宽严相济刑事政策，重点打击出资者、经营者和主要获利者，既要防止不当缩小追究刑事责任的人员范围，又要防止打击面过大。

为了单位利益，实施环境污染行为，并具有下列情形之一的，应当认定为单位犯罪。

（1）经单位决策机构按照决策程序决定的；

（2）经单位实际控制人、主要负责人或者授权的分管负责人决定、同意的；

（3）单位实际控制人、主要负责人或者授权的分管负责人得知单位成员个人实施环境污染犯罪行为，并未加以制止或者及时采取措施，而是予以追认、纵容或者默许的；

（4）使用单位营业执照、合同书、公章、印鉴等对外开展活动，并调用单位车辆、船舶、生产设备、原辅材料等实施环境污染犯罪行为的。

（三）主观过错的判断和刑事追责适用

《纪要》认为，判断犯罪嫌疑人、被告人是否具有环境污染犯罪的故意，应当依据犯罪嫌疑人、被告人的任职情况、职业经历、专业背景、培训经历、本人因同类行为受到行政处罚或者刑事追究情况以及污染物种类、污染方式、资金流向等证据，结合其供述，进行综合分析判断。

实践中，具有下列情形之一的，犯罪嫌疑人、被告人不能作出合理解释，可以认定其故意实施环境污染犯罪，但有证据证明确系不知情的除外。

（1）企业没有依法通过环境影响评价，或者未依法取得排污许可证排放污染物，或者已经通过环境影响评价并且防治污染设施验收合格后，擅自更改工艺流程、原辅材料，导致产生新的污染物质的；

（2）不使用验收合格的防治污染设施或者不按规范要求使用的；

（3）防治污染设施发生故障，发现后不及时排除，继续生产放任污染物排放的；

（4）生态环境部门责令限制生产、停产整治或者予以行政处罚后，继续生产放任污染物排放的；

（5）将危险废物委托第三方处置，没有尽到查验经营许可的义务，或者委托处置费用明显低于市场价格或者处置成本的；

（6）通过暗管、渗井、渗坑、裂隙、溶洞、灌注等逃避监管的方式排放污染物的；

（7）通过篡改、伪造监测数据的方式排放污染物的；

（8）其他足以认定的情形。

《纪要》认为，具有下列情形之一的，一般不适用不起诉、缓刑或者免予刑事处罚。

（1）不如实供述罪行的；

（2）属于共同犯罪中情节严重的主犯的；

（3）犯有数个环境污染犯罪依法实行并罚或者以一罪处理的；

（4）曾因环境污染违法犯罪行为受过行政处罚或者刑事处罚的；

（5）其他不宜适用不起诉、缓刑、免予刑事处罚的情形。

《纪要》要求，人民法院审理环境污染犯罪案件拟适用缓刑或者免予刑事处罚的，应当分析案发前后的社会影响和反应，注意听取控辩双方提出的意见。对于情节恶劣、社会反应强烈的环境污染犯罪，不得适用缓刑、免予刑事处罚。

二、生态环境刑事责任风险应对

（一）对证据的合法性依法提出质证意见

法院审查证据的合法性，首先要审查证据的收集主体是否适格；证据的鉴定检验机构是否取得相关行政许可，具有合法资质。具体到污染环境犯罪案件中，对于企业而言，可以从执法机关是否有法定授权，大气污染、水污染的鉴定是否符合法定形式，证据的取得是否符合法律法规、司法解释的要求，是否有影响证据效力的其他违法情形提出质证意见。

第一，调取证据的机关没有执法资格。生态环境主管部门是授权的环保执法机关，在环保监管改为垂直管理体制后，各县区生态环境部门为设区的市生态环境部门的派出机构，没有独立的处罚权，且各地的执法权限不一，故对调取证据的机关的执法资格有权提出质疑。

第二，检测机构没有资质。污染物的鉴定可以委托司法行政机关主管的鉴定机构，也可以委托具有专门性知识的人进行鉴定。2015 年，最高人民法院、最高人民检察院、司法部联合印发了《关于将环境损害司法鉴定纳入统一登记管理范围的通知》，司法部、环保部联合印发了《关于规范环境损害司法鉴定管理工作的通知》，就环境损害司法鉴定实行统一登记管理和规范管理环境损害司法鉴定工作作出明确规定。环境损害挨罚鉴定主要针对环境诉讼中需要解决的专门性问题，如确定污染物的物理化学性质；确定生态环境遭受损害的性质、范围和程度；评定因果关系；评定防止损害扩大、修复生态环境的措施或方案等。根据规定，从事环境损害司法鉴定的机构和个人需进行审核登记。因此，企业可以从检测机构或个人的鉴定资质方面提出质证意见。

第三，证据提取程序不合法。证据合法性还包括程序合法。实践中，环保执法机关虽然及时提取了物证、书证，但存在程序不规范或瑕疵的问题，例如：有的案件提取物证、书证时未制作提取笔录、扣押清单；有的现场勘查时提取了，但在勘查笔录中没有记载，有的仅在事后出具一纸说明；虽然有勘查笔录记载，但缺少见证人亲笔签名；有的缺乏对物证、书证的照片、录像或复制品与原件核对无误的说明；有些书证有更改或更改迹象，但没有作出合理说明；通话清单未加盖电信部门公章等。因此，企业可以对证据提取程序的合法性提出质证意见。

（二）对证据的真实性依法提出质证意见

在污染环境犯罪中，法院结合案情通常围绕以下方面审查证据的真实性，如证据形成的原因、发现环境污染时证据的客观环境、证据是否为原件原物、复印件复制品与原件原物是否相符等。对于企业而言，要格外关注的是执法机关证据收集保存的方式是否合法、合理等问题。

第一，污染物取样与保存的方式、方法不当导致污染物发生变化。如苯胺类化合物需要4℃冷藏保存，二氧化氯和亚氯酸盐应当避光、热、剧烈震动保存，石油类如不冷藏，应当在12小时内测定等。若污染物取样和保存的手段、方法不当会导致污染物发生变化，将影响监测报告和污染物的真实性。

第二，执法视频等视听资料有伪造、剪辑、加工、篡改迹象。执法视频等试听资料应当完整、客观反映案件情况，若经过篡改、剪辑、加工、伪造的，则不能作为真实证据使用。

因此，企业可以对污染物取样和保存的手段、方式等提出质证意见。

（三）对证据的关联性依法提出质证意见

从企业排污行为与危害结果的因果关系，分析证据的关联性。依据《最高人民法院关于审理环境侵权责任纠纷案件适用法律若干问题的解释》（2020 修订），被侵权人根据民法典相关规定请求赔偿的，应当提供证明侵权人排放的污染物或者其次生污染物、破坏生态行为与损害之间具有关联性的证据材料。在污染环境犯罪案件中，法院分析企业排污行为与危害结果的因果关系时，既要结合刑事诉讼的一般规则，也要考虑环境污染诉讼的特殊情况。

第一，企业的排污行为与污染造成的损害存不存在关联。如排放污染物、破坏生态的行为没有造成该损害可能的；排放的可造成该损害的污染物未到达该损害发生地的；该损害于排放污染物、破坏生态行为实施之前已发生的。在环境污染、生态破坏人身损害侵权案件中，企业可以结合有资质的医院出具的病历、诊断书、被害人的病理症状等进行分析，关注企业的污染物是否会导致相应症状，得出企业排污行为与被害人人身损害之间不存在内在联系；在环境污染造成财产损失的案件中，如确认污染事实存在，也不是一定证明企业要承担责任，还可以围绕财物损失如动、植物的死因与特征污染物存不存在联系进行质证。

第二，注意环境污染案件中因果关系的认定与一般刑事诉讼的区别，对举证责任的分配提出意见。在环境污染诉讼中，虽然侵权行为与损害结果之间的因果关系认定较之普通案件更为困难，损害的发生是经过较长时间的持续作用、多因素复合累积共同作用的结果，但是因果关系的论证不能简单适用举证责任倒置，应当结合企业特征污染物以及损害情况合理分配举证责任。因此，企业可以对排污行为与污染造成的损害之间的因果关系等提出质证意见。

（四）积极整改补救，争取撤诉减罚

从《刑法》第338条和《刑法修正案（十一）》规定看，构成污染环境罪，部分案件不以人身、财产损害的严重实际后果为前提要件。这也就意味着，企业想通过采取补救措施，进而避免构成犯罪的可能性进一步缩小，但是并不代表企业积极采取补救措施就没有意义。如若发生严重污染环境的犯罪行为，企业以积极态度认罪认罚，主动承担相应责任与赔偿，及时减少损害与恢复损失，仍旧可以争取到减轻处罚，甚至合规不起诉、暂缓起诉或给予减轻刑事处罚的建议的有利结果。

《环境司法解释》第5条规定，实施了《刑法》第338条、第339条规定的行为，刚达到应当追究刑事责任的标准，但行为人及时采取措施，防止损失扩大、消除污染，全部赔偿损失，积极修复生态环境，且系初犯，确有悔罪表现的，可以认定为情节轻微，不起诉或者免予刑事处罚；确有必要判处刑罚的，应当从宽处罚。最高人民法院2022年3月1日颁布的《依法审理固体废物污染环境典型案例》明确，企业可以进行整改的措施是多种多样的，比如积极承担固体废弃物的处置费用、开展环境修复工程、对废弃物进行无害化处置、签订和解协议等。在积极整改过程中，企业可与检察院、法院积极沟通，争取不起诉、免予刑事处罚或者从宽处罚。

三、生态环境刑事附带民事公益诉讼

生态环境涉及刑事犯罪的主要是污染环境罪。构成污染环境罪的，按《刑法》第338条规定，对单位判处罚金，并对其直接负责的主管人员和其他直接责任人员，依照该条的规定处罚；对个人按犯罪情节和后果，处以相应的刑事处罚，包括拘役、有期徒刑和罚金。

人民检察院对破坏生态环境和资源保护损害社会公共利益的犯罪行为

提起刑事公诉时，可以向人民法院一并提起附带民事公益诉讼，由人民法院同一审判组织审理；在刑事案件的委托鉴定评估中，可同步提出公益诉讼案件办理的鉴定评估需求。

第五节　生态环境保护合规管理建议

生态环境保护合规管理的首要任务，就是要解决意识和认识问题。只有在习近平生态文明思想的指引下，从贯彻落实新发展理念出发，站在国民经济和社会高质量、可持续发展的高度，才能从内心认同、接受生态环境保护的意义，才有自觉自愿做好生态环境保护的主动性和积极性。

一、明确生态环境合规管理组织架构和职责

生态环境合规体系建设的一个重要工作内容就是搭建完善的合规管理架构，协调管理职能和资源配置，强化合规职责及其组织领导。只有在企业的部门、角色、职能、定位等方面满足生态环境合规工作要求，部门间汇报路径与协作机制顺畅的前提下，企业的生态环境合规工作才能顺利开展。

生态环境合规管理工作的顺利开展一定要自上而下建立贯穿企业全部机构、人员、流程的管理组织架构。企业全部机构和全体成员都或多或少地承载着合规职责。只有构建起科学的组织架构，才能更好地明确不同层级部门的管理职责和汇报路径，确保企业合规管理体系的高效运行。

合规管理作为企业的重要内控机制，必然涉及不同部门的协同运作。只有建立完善的合规管理组织架构，才能够使合规、风控、审计、法务、业务等部门充分发挥优势，形成管理合力，将生态环境合规管理各项工作落实到位。

完善的合规管理架构更是建立长效合规机制的内在需要。企业的生态环境合规体系并非一蹴而就，而是需要在相当长的时期内不断地巩固和完善。这样一个体系的建立，需要以环保理念的树立、合规机构的设置、合规角色和责任的明确为基础和依托，来保障生态环境合规管理工作的稳步推进和稳健运行。

二、建章立制筑牢生态环境保护合规管理的基础

不同行业、不同企业面对的具体的生态环境问题是不一样的，企业的规模大小、管理水平也有差异，但是就生态环境合规管理而言，基础性的管理制度是通用的。企业应该充分识别来自外部生态环境保护方面的法律法规、标准规范，结合企业实际情况，实现外规内化。从生态环境保护基本管理制度，重大投资和建设工程生态环境保护，生态环境信息收集、统计、报告、披露，生态环境保护管理检查、督办，突发生态环境事件及应急处置，生态环境管理责任追究等方面制定、健全、完善内部规章制度。

三、建立生态环境保护合规风险识别排查机制

制定生态环境保护规章制度后，仅仅是把制度“写在书上”“挂在墙上”，而不是“放在心上”，生态环境合规管理就会变成形式主义。坚持日常、动态的生态环境合规风险排查，才是生动的、活动的和切实发挥作用的合规管理。生态环境合规风险点详见附表 2。在生态环境保护合规风险排查中，重点识别、排查以下九方面的合规风险：

（1）投资决策、项目建设、生产活动是否取得行政许可、项目核准、环境影响评价和验收，是否符合产业政策，是否符合生态环境保护基本政策、“双碳”目标，是否符合“两限”（排放总量和排放强度）、“两高”

（高耗能和高排放）、“双控”（能耗总量和能耗强度）要求。

（2）在新建、改建和扩建的基本建设项目、技术改造项目和自然开发是否执行环保设施“三同时”规定。

（3）装置设备、生产活动、施工作业、仓储堆料是否处于生态保护区和敏感区范围、长江黄河流域、历史文化遗产区、居民聚居区周边，是否存在超越生态红线的情况。

（4）废气废水的排放许可证、排放标准、排放总量、排放时间。部分省市相继出台严于国家标准的地方标准，对个别污染因素的管控大幅严于国标要求。排放问题是企业生态环境合规中最常见的问题，最易受到监管部门处罚，也最能被社会公众直接感知和高度关注。

（5）企业危险废物产生、经营、收集、存放、运输、处置等是否具有有效的专项许可证，与企业合作和企业外委的涉及危险废物经销、收集、存放、运输、处置单位是否具有有效的专项许可证，危险废物流转、处置过程是否报经环保部门批准、备案，文件、单据是否齐备等。

（6）企业所在及周边区域土壤、地下水是否存在因生产过程的“跑、冒、滴、漏”及雨水冲刷、渗漏、侵蚀等原因造成污染。

（7）可能面临的责令改正和行政处罚：罚款、责令停产整治等。

（8）环境监测设备是否正常运行，是否存在故意和疏忽导致的环境监测设备故障，数据储存是否规范。

（9）排查是否存在监管部门生态环境方面的警示、约谈、公告、生态环境信用、生态环境行政处罚、司法机关法律监督、民事侵权诉讼及社会舆论监督、公益组织反映和公益诉讼等情况，及时发现生态环境法律合规风险。

企业应根据自己所在行业的特点，结合产品服务的物理和化学属性，充分考虑企业的管理幅度、管理能力和管理方式，做好生态环境合规风险识别。规模大的企业集团，还应分业务板块和分支机构所处的业务领域、专业特点、所在区域做好细分、条线的合规风险识别。

合规风险识别要充分考虑企业与生态环境的交互过程的各种因素和应遵守的外部法律法规、标准规范，以及企业根据外部法律法规、标准规范转化为内部的规章制度、业务流程。制定生态环境保护合规风险点，下发至企业内部各个业务、职能、监督部门和各级、各类分支机构，形成主动识别、事先防范的生态环境保护合规体制机制。

四、妥善处理生态环境保护合规事件

企业在日常生产经营过程中，企业环保、生产等相关部门一旦预警到可能出现生态环保争议事项，或受到国家及地方政府部门约谈、通报、限期整改、挂牌督办、处罚等情形，要及时通知所在企业法律合规部门，立即启动应急处置预案和程序，以最快的速度、最小的范围和最少的代价化解生态环境紧急事件和案件。

在生态环境紧急事件和案件的处置过程中，首先要采取强力措施制止污染环境、破坏生态的继续发生，抢救因污染环境、破坏生态导致的人员伤亡、生态环境、财产，切断一切污染环境、破坏生态的生产、经营链条，防止污染环境、破坏生态造成更大的损害和损失，有序地组织开展生态环境的恢复。

与此同时，企业的环境部门、宣传舆情部门、法律合规部门要立即进入生态环境的调查处理程序，调查企业内部产生生态环境事件的原因，协调来自企业上级主管部门、纪律监察部门、政府监管部门、司法部门以及社区、媒体的调查、关切。企业内部的生产、技术、环保、合规、监督、党群、宣传以及企业所属的厂矿、标段、车间、班组要通力合作、密切配合，发挥好技术专家、环保专家和合规团队在认定损害事实、制订修复方案、确定赔偿损失、确认鉴定意见、归集证据、应对调查、制订调解方案、应对行政处罚、生态环境诉讼等方面的作用。发挥宣传部门与政府、公众沟通和舆情疏导方面的作用。

法律合规部门要从源头介入紧急事件的处置，管理企业参加的调查、听证、协商、处理，制定和提供法律合规处理意见，协调行政机关、司法机关和外聘律师团队，充分运用听证程序、行政复议和行政诉讼法律救济手段，争取达到从轻、减轻甚至不予处罚，从而减少、降低生态环境侵权诉讼、生态环境赔偿诉讼、生态环境公益诉讼发生的概率和风险。

五、加强企业全体员工生态环境合规培训

（一）养成生态环境保护合规意识

建设生态文明，需要每一个员工增强生态文明意识，维护生态环境法治，践行绿色工作和生活方式。树立保护环境就是保护生产力，改善环境就是发展生产力的意识，纠正发展不可避免地会破坏生态环境、以牺牲环境为代价换取一时一地经济增长的错误做法。引导企业员工通过自身行为积极维护生态环境，做好践行者、推动者，通过改变习惯和消费方式进一步倒逼生产方式绿色化，将生态文明理念贯彻在产品生产、消费、使用和处置的全过程，持续消除环保合规管理的“盲点”和“堵点”。

（二）提升生态环境保护合规能力

坚持“保护优先、预防为主、综合治理、公众参与、损害担责”的原则，培育“绿色低碳”公司文化，对违规行为强化监督问责并纳入公司经营管理层绩效考核。建立形成企业自身环保管理制度体系，完善企业运行机制，将对环保的重视从企业的生产经营环节前移至企业融资环节，从源头防治污染，推进生产服务绿色化，优化原料投入，依法依规淘汰落

后生产工艺技术。积极践行绿色节能生产方式，推动技术研发与创新，实施清洁生产，将法律法规、监管规定、行业准则、国际条约和规则等外规内化于行，提供资源节约、环境友好的产品和服务。

（三）培育生态环境保护合规文化

创新生态环境宣传方式方法，多渠道多途径深层次推动节能环保文化宣传，广泛传播“绿水青山就是金山银山”的生态文明理念。构建生态环境治理全员行动体系，深入推动环保设施向公众开放活动，通过“公众开放日”等形式，向社会公众宣传环保理念。完善生态环境信息公开和有奖举报机制，通过环保举报热线、“随手拍”等方式加强监督。积极参与生态环境保护社会责任活动，讲好生态文明建设“企业故事”。

第六章 企业税务合规管理

第一节　税务违规违法类型

企业是纳税主体，承担纳税义务。企业全生命周期都涉及税务登记、纳税申报、账簿凭证管理、发票管理、缴纳税款、配合税务检查等税务管理工作。税务合规是企业最基本的合规管理内容，也是最基本的专项合规。如果违反税收征管法律法规和监管要求，逃税、漏税、欠税、骗取出口退税，就会导致税务类违规违法和犯罪；如果违规违法虚开、变造、伪造、出售、购买、持有发票，就会导致发票类违规违法和犯罪。

一、国家税务法律法规和监管规则体系

国家为了规范税收征收和税款缴纳行为，建立了较为规范完善的税收征收管理制度，出台了直接规范税收和税收征管的法律法规，如《税收征收管理法》《企业所得税法》《个人所得税法》《环境保护税法》《车船税法》《烟草税法》《船舶吨位税法》，以及《税收征收管理法实施细则》《增值税暂行条例》《印花税法》《纳税信用管理办法》等。鉴于税收和征税与会计、审计、票据、统计等关联密切，《会计法》《统计法》《票据

法》《审计法》《企业国有资产法》《企业财务会计报告条例》等，也是税务合规管理必须遵循的法律法规。

《刑法》是所有涉税法律法规中，对税务合规规制最严厉的法律。《刑法》对于涉税犯罪的规定，主要在第三章“破坏社会主义市场经济秩序罪”第六节“危害税收征管罪”的第201条至第212条，包括逃税罪、逃避追缴欠税罪、抗税罪和骗取出口退税罪4个税务类犯罪，以及虚开、伪造、非法买卖、非法持有发票等发票类犯罪。构成税务犯罪的追究刑事责任。另外，最高人民法院、最高人民检察院发布的涉税司法解释，以及公安部发布的关于涉税刑事调查、追诉的有关规定，也纳入税务合规管理范围。

国务院国资委《关于加强中央企业资金内部控制管理有关事项的通知》《中央企业违规经营投资责任追究实施办法（试行）》等规范性文件，明确要求各中央企业要结合企业行业特点、业务模式和经营规模，细化资金内控在资金支出、收支结算、银行账户、票据管理等关键环节的管控，防范财税领域的合规风险。中央企业经营管理有关人员违反国家税务法律法规、监管规则，未履行或未正确履行职责，在经营投资中造成国家税收损失的，要追究党纪政纪责任、行政责任，直至刑事责任。

对于企业来讲，国家涉税的法律法规、监管规则不仅数量多、种类多，而且涉及企业的资金、资产、税务、审计等生产经营各个方面、各个环节。企业税务合规管理要把进行充分的法律法规和监管规则识别，并实现外规内化，作为企业税务专项合规的基本遵循。

二、企业涉税违规违法的主要表现

国家税务法律法规和监管规则明确了税收征收对象、纳税环节、计税依据、税种税率、纳税期限、征管体制等一系列监管要求。纳税人、扣缴义务人对应税义务采取隐瞒、欺骗手段逃避缴纳税款的，或者违反税收纳税环节、计税依据、纳税期限、税率等规定，不缴纳、少缴纳或拖延缴纳税款的，都是对国家税收征收管理制度的直接侵害。就企业而言，要重点关注逃税、欠税、骗税以及虚开发票、持有和购买伪造发票等违规违法和犯罪行为。

（一）避税

避税是利用合法的手段和税法不完善的地方，通过资金费用、成本的转移，如让利销售、资产租赁、转让定价等方式，达到少缴纳或者不缴纳税款的目的。避税使得本应缴纳税款而不用缴纳或者少缴纳，造成国家税收的流失。避税没有违法，但极有可能违规，如违反企业自己和上级主管单位的关于资产评估、定价、交易、处置等内部规章制度、社会责任和诚信义务。

（二）漏税

漏税是行为人误解法律法规和政策规定，粗心大意、无意识地漏报、少报纳税金额或漏缴、少缴税款的行为。税务机关应当责令漏税者限期补缴所漏税款，逾期未缴的，从漏税之日起，按日加收一定的滞纳金。因为漏税不存在主观故意和获取非法利益的目的，所以漏税属于一般违规违法行为。但在行为人知道自己漏税的违规违法之后不改正的，则可能转化为欠税、逃税等较为严重的涉税违规违法行为。

（三）欠税

欠税是指纳税人超过税收法律法规规定或税务机关依照税收法律法规规定的纳税期限，暂时拖欠、未缴或少缴税款的行为。纳税人漏税后，接到税务机关补缴通知仍没有按期补缴的，是明知已超过纳税期限应缴纳而不缴纳的欠税行为。

（四）逃税

逃税是行为人已处于欠税的状态下，主观上为非法获取利益，通过转移、隐匿财产，致使税务机关无法追缴其所欠税款，税额较大的行为。逃税属于比较严重的涉税违规违法行为，达到法定数额，会构成税务刑事犯罪。

（五）骗取出口退税

自然人和企业伪造或者签订虚假的买卖合同，伪造、变造或者以其他非法手段取得出口货物报关单、出口收汇核销单、出口货物专用缴款书等有关出口退税单据、凭证，以假报出口或者其他欺骗手段，骗取国家出口退税款。骗取出口退税存在主观恶意和获取不法利益的目的，是比较严重的涉税违规违法行为。骗取出口退税数额较大的，构成骗取出口退税罪。

（六）虚开增值税专用发票

虚开增值税专用发票是指为他人虚开、为自己虚开或让他人为自己虚开、介绍他人虚开增值税专用发票，或者用于骗取出口退税、抵扣税款发票的行为。虚开增值税专用发票存在主观故意，有的有获取非法利益的目的，有的并不是直接为获取非法利益，而是出于“帮忙”等。虚开增值税专用发票的行为，侵害了国家税收制度与国家税收利益，是比较严重的涉税违规违法行为；虚开增值税发票，可能扰乱增值税专用发票的正常管理秩序，并构成行政违法。虚开增值税专用发票目的是骗取国家税款且数额较大的，构成虚开增值税发票罪。

（七）虚开发票

虚开发票是指为他人虚开、为自己虚开、让他人为自己虚开发票的行为。虚开发票存在主观故意，目的是赚取手续费、开票费，或者为了少报收入从而少缴纳或者不缴纳税款。虚开发票危害国家的税收征收管理制度和发票管理制度。

（八）持有伪造发票

非法持有伪造发票是指行为人携有、藏有或者以其他方式实际占有、支配、控制伪造的发票的行为。伪造发票是指使用印刷、制作、变造等非法手段，仿照真发票的大小、纸张、内容、形状、油墨、图案、色彩、版式等制造的假冒发票。非法持有的伪造发票，包括普通专用发票、增值税专用发票和专业发票等各种发票。

上述是企业经营管理中容易发生的涉税违规违法行为。在准确认识各种涉税违规违法行为严重程度，防范涉税合规风险方面，关键要把握各种涉税违规违法的主观状态、目的动机和行为后果。一般而言，主观上不存在故意，或是善意的且不是为了获取非法利益，属于一般性违规违法行为，不会构成严重的涉税犯罪。如善意取得虚开增值税专用发票，虽然客观上为供货方虚开增值税专用发票牟取非法利益提供了便利，购货方自己也可获得退税好处，但是购货方是在不知情且没有主观故意的情况下取得增值税发票的，一般不以违规违法行为论处。当然，善意取得必须满足三个条件：一是发票记载事项与客观实际完全相符；二是购货方不知道发票为虚开，且没有能力知道发票为虚开；三是发票经过税务机关认证为真发票。在没有证据表明购货方知道销售方提供的专用发票是以非法手段获得的情况下，对购货方不以骗取出口退税违规违法论处。在涉税问题上，如果主观上存在故意、恶意，是为了获取非法利益，严重破坏国家税务法律法规和管理秩序，导致国家税收损失的，属于严重涉税违规违法行为，甚至构成税务刑事犯罪。

第二节　税务违规违法主要风险表现

虽然涉及各个税种和各种发票的违规违法行为特征各有不同，但也有一些共同的“手段”和“表现”，是涉税合规管理中重点防控的风险点和风险源。

一、不申报纳税风险表现

不申报纳税行为是指纳税人违反税务法律法规规定，不进行纳税申报。

（一）失误型不申报

如纳税人当期未实现应税收入，按规定应当进行零税额申报，即零申报也要申报。但纳税人误认为没有收入就不用申报，事实上也没有进行申报。当纳税人不按规定进行纳税申报，但未造成不缴或少缴税款时，其行为违反了一般性税收管理规定，仅是程序上的违法。失误型不申报从危害结果来看，相对较轻，处罚也比较轻，由税务机关责令限期改正，处 2 千元以下罚款；情节严重的，处 2 千元以上 1 万元以下罚款。

（二）欠税型不申报

纳税人明知违反税收法律法规，不按规定进行纳税申报，造成不缴、少缴应纳税款后果。欠税型不申报的危害结果比失误型不申报严重得多。对此，由税务机关追缴其不缴或者少缴的税款、滞纳金，并处不缴或少缴税款 50% 以上 5 倍以下罚款。

（三）逃税型不申报

纳税人在欠税情况下，经税务机关依法下达追缴通知后仍未申报并受到行政处罚的情形。“经税务机关通知申报”是指具有下列情形之一：

（1）纳税人、扣缴义务人已经依法办理了税务登记或扣缴税款登记的；

（2）依法不需要办理税务登记的纳税人，但已有纳税义务且经税务机关依法书面通知其申报的；

（3）尚未依法办理税务登记、扣缴税款登记的纳税人、扣缴义务人，但已有纳税义务且经税务机关依法书面通知其申报的。

二、虚假税务申报风险表现

纳税人用制造假象、隐藏真相的方法，在向税务部门报送的《纳税申报表》《财务会计报表》以及其他纳税资料中，提供不真实的数据和事实，使税务机关误认为有税收减免、退还的情形，具体行为方式有以下六种：

（一）账簿凭证造假

直接伪造、变造、隐匿、擅自销毁账簿和记账凭证，应付税务检查稽核，逃避缴纳税款。

（二）虚列多列支出

（1）编造、列支虚假的费用支出；

（2）伪造票据列支虚假费用支出；

（3）在费用中列支扩大虚假支出；

（4）列支与本企业经营业务无关的费用支出。

（三）私设小金库，收入不入账、建立账外账

主要手段和做法是隐瞒已经取得的收入。

（1）将非主营业务取得的收入不入账；

（2）“无票销售”，将不开发票的业务收入隐瞒不入账；

（3）将货物、劳务等直接作价抵债后不计入业务收入；

（4）将取得的业务收入款，直接转入隐蔽的非本企业账户，不计入业务收入。

（四）多行开户，隐瞒收入

纳税人设置真假两套会计账簿，即所谓的“阴阳账”。真账内部使用，假账对付税务检查。企业有盈利的，在假账上制造“亏损”；有的将部分经营收入额记在真账上，把另一部分经营收入额记入假账；有的在多个银行开户，同时使用，只向税务部门提供一个银行账户，大量经营收入通过隐蔽银行账户结算；有的将经营收入直接转入个人银行账户或者个人电子账户，隐瞒企业经营收入。

（五）发票造假，偷逃税款

最典型的是“大头小尾”开销售发票。发票开出一式数联，各联内容应当完全一致，发票联给客户，记账联留存，前者即所谓的“头”，后者即所谓的“尾”。行为人只将发票联如实填写，而在记账联上减少数额，形成“大头小尾”发票，以“小尾”记账作为纳税依据，从而偷逃税款。

（六）虚构条件，骗取优惠

行为人本不具备享受国家规定的减免税条件或税收优惠条件，却弄虚作假、“创造”条件，骗取减、免税，或骗取享受各种税收优惠政策。

三、虚开发票违规违法风险表现

在企业正常的生产经营活动中，发票既是交易活动的证明，也是重要的计税依据。虚开发票是违反有关发票管理规定、不按照实际情况如实开具发票和增值税专用发票的行为。主要表现：一是没有货物购销或者没有提供或接受应税劳务而为他人、为自己、让他人为自己、介绍他人开具；二是有货物购销或者提供或接受应税劳务，但为他人、为自己、让他人为自己、介绍他人开具数量或者金额是不真实的；三是进行实际经营活动，但是由他人为自己代开增值税专用发票。目前，企业经营管理中有下列异常情形，可能存在虚开发票的合规风险。

（一）发票异常

（1）税务发票大部分或经常顶额开具，发票开具金额高于满额度90%；

（2）签订假合同或根本没有采购合同，没有入库单或制造假入库单，且没有相关的收发货运单据，进、销、存账目记载混乱，对应关系不清；

（3）客户往来关系单一，除“采购”“付款”外，无任何其他往来，与某个客户在采购时间上相对固定和集中，资金进出频繁；

（4）从银行对账单上看，资金空转现象较为明显，货款打出后又转回；

（5）发票开具后大量作废，发票连续多次增量增版；

（6）存在大量红字普通发票、随意开具红字发票来冲减以往年度的蓝字发票；

（7）开票时经常更换单位名字，但登记信息雷同，企业法定代表人、财务人员、办税人员多为同一人；

（8）开票人或收票人成立时间短，但营业规模迅速扩大；法人设立异常集中；多户企业法人登记的住所为同一地址，法人登记住所为居民住宅小区；

（9）法定代表人、财务负责人曾担任非正常户的负责人或财务负责人，且法定代表人与财务负责人交叉担任；

（10）开票人或收票人公司所属行业属于虚开高危行业。

（二）虚开增值税专用发票风险表现

虚开增值税专用发票也是一种虚开发票的行为，会导致骗取国家退税等更为严重的后果，和一般虚开发票相比，违规违法程度更为严重。同时，虚开增值税专用发票在表现形式上也有其不同于一般虚开发票的特征。

（1）末端不开票引发的虚开。行为人在购货环节取得进项增值税专用发票，而在销售货物时不向客户开具销项增值税发票。例如部分违法个体、私营加油站，最终消费者（司机）多数不需要增值税专用发票，于是违法的个体、私营加油站就产生冗余发票。在进项税额固定的情况下，必然需要一定的销项税额进行配比，此时行为人往往利用自己在税务部门的留存抵扣税款，对外虚开牟利。

（2）初始端自开票引发的虚开。在无真实业务时，虚构交易事实，与第三方串通，对外虚开发票作为进项抵扣，从而逃避税款。

（3）注册“开票公司”进行虚开。专门注册公司，从税务部门骗取增值税专用发票进行虚开。我国商事制度改革后，大大简化了公司注册流程。与此同时，出现了很多不法分子注册公司后领用大额增值税专用发票，对外虚开后跑路的现象。

（4）税收优惠政策引发的虚开。享受税收优惠政策的公司利用自身税收优势，对外虚开发票，通过非法方式牟利等。

四、非法购买、伪造增值税专用发票风险表现

根据《增值税暂行条例》和《发票管理办法》及相关监管规定，非法购买增值税专用发票的行为主要包括以下情形。

（一）领购主体不合法

除由税务机关认定的增值税一般纳税人以外的任何单位与个人，都不得领购并使用增值税专用发票。不具备领购主体资格的单位和个人，无论采取何种手段购买增值税专用发票都属非法购买。不合法的领购风险表现为：

（1）提供虚假材料向税务机关购买，如提供伪造、变造《发票领购簿》、IC 卡和经办人身份证明进行购买；

（2）行贿税务机关工作人员购买；

（3）故意不依核准的事项和程序进行购买，虽然具备购买主体资格，但不依核准的数量超额购买等；

（4）虽经税务机关审核确认为增值税一般纳税人，但因出现会计核算制度不健全、有税收违法行为正在接受调查处理等法定不允许领购事由的，采取欺骗手段领购。

（二）从非法渠道购买

在我国唯一有权发售增值税专用发票的主体是税务机关，无论是有购买增值税专用发票资格的主体，还是没有购买资格的主体，从税务机关以外的单位和个人处购买都属于非法购买。

（三）购买伪造增值税专用发票

伪造是指依照增值税专用发票的数额、式样、图案、色彩、结构等特

征，采取印刷、复制、石印、描绘、拓印等各种方法，非法制造的增值税专用发票。明知伪造而购买，不论其手段与方式，亦不论从何人何处购买，都可构成非法购买伪造的增值税专用发票违规违法行为。

五、骗取国家出口退税风险表现

税法规定，办理出口退税必须提供进出口货物的增值税专用发票（税款抵扣联）或普通发票，出口货物销售明细账，盖有海关验讫章的《出口货物报关单（出口退税联）》出口收汇单证等。只有以上单证齐全，才能申请办理出口退税。骗取出口退税，一般也是从这些单证入手。假报出口或以其他方式骗取国家出口退税是严重的涉税违规违法行为，不仅破坏税收征管秩序，还会造成国家税款大量流失，往往会触犯刑事犯罪，是税务合规管理重点关注的风险点。

（一）虚构已税货物出口

实践中，虚构已税货物出口骗取出口退税一般会实施以下五种行为，应当作为重要风险因素予以关注。

（1）伪造或者签订虚假的买卖合同；

（2）以伪造、变造或者其他非法手段取得出口货物报关单、出口收汇核销单、出口货物专用缴款书等有关出口退税单据、凭证；

（3）虚开、伪造、非法购买增值税专用发票或者其他可以用于出口退税的发票；

（4）炒卖外汇，进行外汇核销，开出虚假结汇单；

（5）其他虚构已税货物出口事实的行为。

（二）其他欺骗手段

（1）骗取资格退税。行为人虽出口了货物，但并不具备退税资格，于是通过虚构事实使自己具备退税资格来骗取退税。例如，伪造退税登记证申请退税，将免税货物作为已税出口货物或者将不退税货物改变成退税货物申请退税。

（2）重复申请退税。利用税务机关审查把关不严的漏洞，或通过贿赂买通方式，以一次出口资料进行多次申报，重复退税。

（3）高报价格骗税。在有货物实际出口，也符合申请出口退税条件的情况下，采取伪造、变造合同、账簿、增值税专用发票或出口报关单等手段，虚构该出口货物的品名、数量、单价等，以少报多、以低报高，将货物以远远高于市场的价格报关出口，获取虚假出口额，抬高出口商品成本，骗取未实际纳税部分出口退税款。

（4）货物变名骗取。国家对不同商品规定了不同的出口退税率，货物品名的申报直接关系到适用什么样的退税率。伪报货物品名，将低退税率的货物改变为高退税率的货物，骗取退税率的差额。即使企业在办税时因为过失，错误申报了货物的名称，也容易导致被公安、税务、海关查处的风险。

（5）货物循环骗税。没有真实出口业务，通过伪造虚假外贸合同，将货物报关出口离境，货物出境后又以走私手段或者以较低价格报关入境，然后再出口，让“货物旅行”。一批货物多次使用，骗取退税。

（6）买单配票骗税。“买单配票”也称“配单配票”或“借货配票”。“买单”是指向他人购买无法申请退税或者不需要退税的出口货物信息，获取虚假的报关单，并根据出口货物报关单退税联制作虚假的购销合同；而“配票”是指联络上游企业向其虚开对应品名的增值税专用发票。

（7）“四自三不见”。一些有进出口经营权的企业为了获取出口代理费，违规从事“四自三不见”的“买单”业务。在“不见出口产品、不见供货货主、不见外商”的情况下，允许“客商”或中间人“自带客户、自带货源、自带汇票、自行报关”，骗取国家出口退税款。

第三节 税务违规违法责任主体

在涉税违规违法和犯罪活动中，只有抗税主体为自然人，其他涉税违规违法和犯罪都存在单位责任和个人责任。当单位涉税违规违法行为严重到触犯刑律的时候，就会构成涉税的单位犯罪。

一、单位在涉税违规违法中的责任

公司、企业、事业单位、机关、团体实施涉税违规违法行为，依照监管规则、行政法规、国家法律规定应予以民事、行政，直至刑事追责。判定单位是否构成涉税违规违法和犯罪，要综合考虑是否以单位的名义实施，是否执行单位意志而实施，是否执行单位职务而实施，是否为单位谋取非法利益，并且因违规违法和犯罪行为所产生的非法收益是否归单位所有。

单位意志通过两种方式来形成和表达，一种是单位决策机构决策，如董事会形成的决议、总经理办公会作出的决定等；另一种是由单位的领导、高级管理人员依据职权或者授权作出的决定。

盗用、冒用单位名义实施的涉税违规违法和犯罪行为；或者单位内部管理人员未经单位决策机构批准、同意、授权或认可而实施的涉税违规违法犯罪行为；或者单位内部管理人员实施的与其职务活动无关的涉税违规违法犯罪行为；或者虽经单位决策机关的策划、授权、批准、指挥或默许，在单位意志的支配下，没有为单位谋取利益，而是为单位内部特定的某些成员谋取利益，要根据实际情况判定是否应该追究单位的纪律、政务、经济责任和民事、行政责任，但不能追究单位的刑事责任。

对于为进行违法犯罪活动而专门设立的公司、企业、单位实施犯罪的，或者公司、企业、单位设立后，以实施犯罪为主要活动的，由于不符合单位设立的宗旨，且通常具有借此规避法律制裁的非法目的，应按自然人犯罪追究设立、管理这些公司、企业、单位的人刑事责任。

在企业税务合规管理中，之所以要对单位是否构成涉税违规违法犯罪进行判定，是因为单位是组织机构，组织机构的意志最终来源并受控于控制、管理组织的人。单位构成涉税违规违法和犯罪的，一定有对此承担责任的“直接负责的主管人员”和“其他直接责任人”。尤其是我国法律对单位犯罪实行“双罚制”，对单位判处罚金，并对其直接负责的主管人员和其他直接责任人员判处刑罚。单位构成涉税违规违法的，直接负责的主管人员和其他直接责任人员可能要承担相应的行政责任、经济责任、纪律责任；单位不构成涉税犯罪的，不能追究直接负责的主管人员和其他直接责任人员的刑事责任。

二、直接负责的主管人员和其他直接责任人的责任

在涉税违规违法特别是涉税犯罪中，直接负责的主管人员和其他直接责任人是最终要承担责任的两个主体。企业的高级管理人员要特别注意自己的身份和行为在涉税违规违法和犯罪中的风险。

（一）直接负责的主管人员

在涉税违规违法和犯罪中，要承担责任的直接负责的主管人员，是指需在单位中担任一定领导和管理职务，承担一定的管理职责，对该单位拥有实际决策权、控制权、管理权，且要求对单位涉税违规违法和犯罪的行

为负有直接责任的工作人员。比如作为企业各管理层级和各分管领域决策者的董事长、执行董事、总经理、总会计师、财务总监、财务部门负责人等。对涉税违规违法和犯罪负有直接责任，是指积极组织、策划、决定、批准、授意、指挥实施涉税违规违法和犯罪；或者在事前、事中明知相关单位和人员将实施或正在实施涉税违规违法和犯罪行为，容许或默许其发生；或者事后知道而积极予以追认。

（二）其他直接责任人

其他直接责任人必须是单位内部的工作人员，既可以是单位的经营管理人员，也可以是单位的一般职工；必须参与实施了单位涉税违规违法和犯罪行为；必须明知自己实施的行为是内部规章制度、监管要求、法律法规禁止的涉税违规违法和犯罪行为；必须是对单位涉税违规违法和犯罪的实施和完成起重要作用的骨干分子或积极分子。

（三）单位意志和企业高级管理人员行为的关联性

单位的意志是由单位的决策机构按照决策程序作出的决定。而单位的决策机构中包含了各个层级、各个专业的众多管理人员，并非每个管理人员都会参与决策的制定和实施。相比中下层管理人员，高层管理人员在单位中的地位更高，决策权限更大，影响单位涉税违规违法和犯罪的能力也更强。这并不意味着高层管理人员就当然地构成涉税违规违法行为，也不意味着当然构成涉税犯罪。是否构成涉税犯罪，与职务级别、地位高低、权力大小并无必然联系。关键在于该管理人员在单位犯罪中的参与程度，是否起到了“决定、批准、授意、纵容、指挥”等重要作用。如果没起到上述重要作用，即便该管理人员是单位的法定代表人或者主要负责人，也不应对单位犯罪直接负责。对于在单位犯罪中受领导指派或奉命而参与、实施了一定犯罪行为的人员，一般不宜作为直接责任人员追究刑事责任。

（四）财务人员在涉税违规违法和犯罪中的风险防范

从实践中看，如果财务负责人、财会人员未尽到对本单位会计工作和会计资料真实性、完整性负责的义务，可能被认定为直接负责的主管人员。从实际发生的案例来看，财务负责人、财务人员往往在逃税这种违规违法和犯罪中参与程度较高，由于掌握单位的财务状况、会计数据，具有“专业水平和技能”，能发挥其他人员不能发挥的关键作用。并且即使是在上级领导劝说、诱导、命令、威胁下实施的，在主观上具有违规违法的故意，是否构成犯罪故意也要根据具体情形判断。也就是说，财务负责人、财务人员如果不仅仅是被动参与，而是在不同程度上有主动参与的表现，并且起到较大作用，也会被追责机关、司法机关认定为“直接负责的主管人员”或“其他直接责任人”。如果该财务负责人、财会人员是受单位领导指派或奉命参与实施了一定涉税违规违法行为，程度不严重，并且没有起到重要的作用，也没有体现其个人的意志，没有主动参与，主观上没有违规违法和犯罪的意图，一般会根据实际情况追究其纪律、政务、经济责任，但不会追究其刑事责任。

在涉税犯罪的共同犯罪情形中，没有纳税义务的单位和人员也可能成为犯罪主体。比如税务人员串通纳税人和扣缴义务人，共同实施逃税行为，情节严重的，以逃税共犯论处。一般人员或单位勾结纳税人和扣缴义务人，为逃税人提供逃税上的便利，情节严重的，也可以逃税罪共犯论处。

三、涉税违规违法和犯罪的主观状态

（一）关于涉税违规违法和犯罪的主观故意

在涉税违规违法和犯罪行为中，判定行为人的主观状态和目的动机极为重要。构成涉税犯罪的，都具有主观故意，而且大多数具有获取非法利益的目的。当然，构成涉税犯罪的，也有部分不是出于获取非法利益的目的，仅仅是出于“友情”“帮忙”，如碍于情面为他人虚开发票但不收取任何好处。所以，在企业税务合规管理中，要加强税务法律法规意识和能力培训教育。较高的税务法律法规意识和能力，可以有效防范涉税的严重违规违法风险，防范涉税的故意犯罪风险。

在税务合规管理中，掌握了什么样的行为是出于故意，可以在日常的合规教育培训中增加针对性和有效性。分析行为人在涉税违规违法和犯罪中是否存在主观故意，要根据主观条件、业务水平、行为时的具体情况等进行综合分析判断。如是否具有非法获利的目的，主要行为人是否采取欺骗、隐瞒手段逃避缴纳应纳税款义务等。

（二）涉税主观状态中的“明知”和“应当知道”

主观故意状态中的“明知”包括“知道”和“应当知道”两种情况。行为人对自己的行为具有违规违法性是认知的，即可认定为“知道”。对于“应当知道”应当根据行为当时的具体情况、客观条件来综合判断行为人是否知道、能否知道，行为人的心理状态是故意放任，还是无法知晓等多方面因素来分析。

(1)“知道”或者“应当知道”。一般根据行为人对自己的行为是否具有违规性、违法性的认知来判定。例如，行为人具有正常思维，受过基本教育，具有法律常识，知道企业持有《税务登记证》，具有纳税义务，就应当确定为“知道”或“应当知道”。又如，因骗取国家出口退税曾经受到行政处罚或刑事处罚后，再次骗取国家出口退税的，就属于明知的故意。

(2)“推定明知”。应当结合行为人的认知能力，以及违规违法和犯罪所得及其收益的情况综合考虑。如行为人将涉税违规违法和犯罪所得收益主动转换、隐匿、处置，以逃避调查、追责，则可以推定行为人知道其所作所为具有违规违法性和犯罪性质。

（3）可以认定为属于“明知”涉税违规违法和犯罪的情节，如已经主动办理了税务登记；已收到税务机关、海关等发出的涉税申报、缴税、调查、处罚书面通知；收到司法机关发出的涉税司法文书的。

（4）单位主要负责人、法定代表人、分管财务的负责人、财务部门负责人在能证明涉税违规违法和犯罪行为成立的有关文件、财务报表、纳税申报表等纳税申报资料上签字的，应认定有主观故意。除非能证明签字不是他本人的本意，或者不是本人亲笔签字。当然，即使签字不是本人的本意，也要承担相应的管理不当、管理失察等责任。

实践中，有许多涉税违规违法和犯罪是由行为人的主观过失造成的。从税务合规管理出发，对于因过失而造成的涉税违规违法，不能因为责任相对轻就忽视。行为人的过失也有给国家造成重大税收损失或构成涉税犯罪的风险。

第四节 涉税违规违法和犯罪责任

涉税违规违法和犯罪都要承担相应的责任和后果。对于造成涉税违规违法和犯罪中直接负责的主管人员和其他直接责任人，首先要被追究党纪政纪责任，会根据涉税违规违法和犯罪的主观意图、动机目的、情节表现、后果程度等，给予诫勉、警告、撤销党内职务、留党察看直至开除党籍等党纪处分，以及警告、停职、降职、撤职、除名或解除劳动合同等政务处分。对于构成涉税违规违法和犯罪的单位，以及直接负责的主管人员和其他直接责任人，还要承担法律上的民事、行政和刑事责任。

一、涉税违规违法的行政责任

对于各种涉税违规违法要承担的行政责任主要有：

（1）追缴所欠税款、骗取的退税款，并加罚滞纳金。

（2）罚款：固定金额按 1 万元以上 50 万元以下罚款，根据违规违法涉及金额的按 50% 以上或 1 倍以上 5 倍以下罚款。

（3）没收违法所得。

（4）没收违规违法原材料、半成品、成品和工具。

（5）涉及出口退税的，税务机关可以在规定期间内停止为其办理出口退税。

二、涉税犯罪的刑事责任

根据《刑法》及《刑法修正案（八）》及《最高人民法院、最高人民检察院关于执行〈中华人民共和国刑法〉确定罪名的补充规定（五）》《最高人民法院关于执行〈中华人民共和国刑法〉确定罪名的规定》，我国现有涉税刑事犯罪 14 个，即：①逃税罪；②逃避追缴欠税罪；③骗取出口退税罪；④抗税罪；⑤虚开增值税专用发票、用于骗取出口退税、抵扣税款发票罪；⑥虚开发票罪；⑦非法出售增值税专用发票罪；⑧非法出售用于骗取出口退税、抵扣税款发票罪；⑨非法出售发票罪；⑩伪造、出售伪造的增值税专用发票罪；⑪非法制造、出售非法制造的用于骗取出口退税、抵扣税款发票罪；⑫非法制造、出售非法制造的发票罪；⑬非法购买增值税专用发票、购买伪造的增值税专用发票罪；⑭持有伪造的发票罪。另外，国家公务人员渎职犯罪中，还有徇私舞弊不征、少征税款罪，徇私舞弊发售发票、抵扣税款、出口退税罪，违法提供出口退税凭证罪等。

这14个涉税罪名里，除了逃税罪、逃避追缴欠税罪、骗取出口退税罪、抗税罪外，其他10个罪名都是围绕发票管理的犯罪。在10个发票类犯罪中，又以涉及增值税专用发票管理的犯罪最多，共4个。与增值税有关的涉税犯罪，已成为我国企业和企业高管涉税犯罪第一高发领域，是税务合规管理的重中之重。

（一）涉税犯罪的刑罚规定

对于涉税刑事犯罪，司法机关将根据被告的主观方面、目的动机、犯罪情节、犯罪后果及其他量刑标准，分别处以不同的刑罚。

（1）欠税、逃税、骗税犯罪，处涉税数额的1倍以上5倍以下罚金，3年以下有期徒刑或拘役，3年以上7年以下有期徒刑。

（2）骗取国家出口退税款犯罪，处骗取税款1倍以上5倍以下罚金，处5年以下有期徒刑或者拘役，数额巨大或者有其他严重情节的，处5年以上10年以下有期徒刑。

（3）虚开增值税发票犯罪，或者虚开用于骗取出口退税、抵扣税款的其他发票，虚开税款数额在5万元以上的，处3年以下有期徒刑或者拘役，并处2万元以上20万元以下罚金；数额较大或者有其他严重情节的，处3年以上10年以下有期徒刑，并处5万元以上50万元以下罚金；数额巨大或者有其他特别严重情节的，处10年以上有期徒刑或者无期徒刑，并处5万元以上50万元以下罚金或者没收财产。

（4）虚开发票犯罪，情节严重的，处2年以下有期徒刑、拘役或者管制，并处罚金；情节特别严重的，处2年以上7年以下有期徒刑，并处罚金。

（5）非法购买增值税专用发票或者购买伪造的增值税专用发票的，处5年以下有期徒刑或者拘役，并处或者单处2万元以上20万元以下罚金。

（6）明知是伪造的发票而持有且数量较大的，处2年以下有期徒刑、拘役或者管制，并处罚金；数量巨大的，处2年以上5年以下有期徒刑，并处罚金。

所有涉税刑事犯罪中，虚开增值税发票犯罪法定刑事责任最重，最高可判处无期徒刑；在按固定金额处以罚金的，50万元也是最高的。

14个涉税犯罪中，除了抗税罪为自然人犯罪外，其他都可以是单位犯罪。单位构成涉税犯罪的，按各对应的罪名对单位处以罚金，并对单位犯罪直接负责的主管人员和其他直接责任人，依照各对应罪名规定予以刑事处罚。

（二）涉税刑事犯罪数额巨大、情节严重标准

在涉税刑事犯罪定罪和量刑中，骗取国家出口退税款额、虚开增值税发票数额达到50万元的，认定为"数额巨大"，达到250万元的，认定为"数额特别巨大"。

有下列情形之一的，认定为涉税犯罪量刑中的"其他严重情节"。

（1）骗取国家退税款造成国家税款损失30万元以上并且在第一审判决宣告前无法追回的；

（2）因骗取国家出口退税行为受过行政处罚，2年内又骗取国家出口退税款数额在30万元以上的；

（3）因虚开增值税专用发票致使国家税款被骗取5万元以上；

（4）具有其他严重情节的。

有以下情形之一的为涉税量刑中的"其他特别严重情节"。

（1）骗取国家退税款造成国家税款损失150万元以上并且在第一审判决宣告前无法追回的；

（2）因骗取国家出口退税行为受过行政处罚，2年内又骗取国家出口

退税款数额在150万元以上的；

（3）因虚开增值税专用发票致使国家税款被骗取30万元以上的；

（4）虚开的税款数额接近巨大并同时有其他严重情节的；

（5）具有其他特别严重情节的；情节特别严重的其他情形。

三、涉税违规违法失信惩戒风险

（一）涉税违规违法失信主体认定标准

根据国家税务总局《重大税收违法失信主体信息公布管理办法》，具有下列情形之一的，为重大税收违法失信主体。

（1）伪造、变造、隐匿、擅自销毁账簿、记账凭证，或者在账簿上多列支出或者不列、少列收入，或者经税务机关通知申报而拒不申报或者进行虚假的纳税申报，不缴或者少缴应纳税款100万元以上，且任意一个年度不缴或者少缴应纳税款占当年各税种应纳税总额10%以上的，或者采取前述手段，不缴或者少缴已扣、已收税款，数额在100万元以上的；

（2）具有偷税行为，在稽查案件执行完毕前，不履行税收义务并脱离税务机关监管，经税务机关检查确认走逃（失联）的；

（3）为纳税人、扣缴义务人非法提供银行账户、发票、证明或者其他方便，导致未缴、少缴税款100万元以上的；

（4）受到行政处罚后，在法定期限内未申请行政复议、未提起行政诉讼，或者申请行政复议，行政复议机关作出行政复议决定后，在法定期限内未提起行政诉讼，或者人民法院对税务行政处罚决定或行政复议决定作出生效判决、裁定维持行政处罚的；

（5）税务机关在将案件移送公安机关时，已依法作出《税务处理决定书》，但还未作出《税务行政处罚决定书》的；在法定期限内未申请行政复议、未提起行政诉讼，或者申请行政复议，行政复议机关作出行政复议决定后，在法定期限内未提起行政诉讼，或者人民法院对税务处理决定或行政复议决定作出生效判决、裁定维持行政行为的。

（二）失信主体社会公示

税务机关通过“信用中国”网站，或者国家税务总局各省、自治区、直辖市、计划单列市税务局网站或者税务机关公告栏、报纸、广播、电视、网络媒体等途径以及新闻发布会等形式向社会公布失信主体信息。失信主体为法人或者其他组织的，公布其名称、统一社会信用代码（纳税人识别号）、注册地址以及违法行为发生时的法定代表人、负责人或者经人民法院生效裁判确定的实际责任人的姓名、性别及身份证件号码（隐去部分码段）；失信主体为自然人的，公布其姓名、性别、身份证件号码（隐去部分码段）。

（三）失信主体及其负责人信用惩戒

失信企业及其法定代表人、负有直接责任的财务负责人将受到以下失信惩戒：纳税信用级别直接判为 D 级；阻止出境；限制担任相关职务；金融机构融资授信参考；禁止部分高消费行为；向社会公示；限制取得政府供应土地；强化检验检疫监督管理；依法禁止参加政府采购活动；禁止适用海关认证企业管理；限制证券期货市场部分经营行为；限制保险市场部分经营行为；禁止受让收费公路权益；依法依规限制政府性资金支持；从严审核企业债券发行、依法限制公司债券发行；依法限制进口关税配额分配；从严控制生产许可证发放；限制从事互联网信息服务；依法限制参与有关公共资源交易活动；依法限制参与基础设施和公用事业特许经营；对失信注册执业人员等实施市场和行业禁入；撤销荣誉称号，取消参加评先评优资格；支持行业协会商会对失信会员实行警告、行业内通报批评、公开谴责、不予接纳、劝退等；限制在认证行业执业；限制取得认证机构资质、限制获得认证证书等。

第五节　涉税合规管理指引

企业的税务管理与企业资金管理、资产管理、会计管理、审计管理等密切相连，税务合规管理也必然和资金、资产、会计、审计等领域的合规管理相关联。鉴于会计合规管理是税务合规管理的前提和保证，在防范税务合规风险，制定税务合规管理指引的同时，要一并制定会计合规管理指引。

一、会计合规管理指引要点

（一）会计合规管理风险点

1. 会计制度建设合规风险

会计制度风险归纳为企业财务和会计制度缺失、不完善或与政策法规相抵触等表现形式。会计管理制度建设与实施环节可能存在以下风险。

（1）未按照规定建立并实施单位内部会计监督制度或者拒绝依法实施的监督或者不如实提供有关会计资料及有关情况的，可能被县级以上人民政府财政部门责令限期改正，并对单位处以 3 千元以上 5 万元以下的罚款；直接负责的主管人员和其他直接责任人员，处 2 千元以上 2 万元以下的罚款；构成犯罪的，依法追究刑事责任；

（2）企业未按规定建立健全各项内部财务管理制度的；企业内部财务管理制度明显与法律、行政法规和通用的企业财务规章制度相抵触，且不按主管财政机关要求修正的，可被责令限期改正，予以警告。

2. 会计机构和管理人员风险

会计机构和管理人员涉及的风险主要为会计人员任用不符合政策法规要求及企业总会计师在从业过程中存在的违法违规等行为等。

（1）任用会计人员不符合《会计法》规定的，可被县级以上人民政府财政部门责令限期改正，并可对单位处以 3 千元以上 5 万元以下的罚款；对直接负责的主管人员和其他直接责任人员，处 2 千元以上 2 万元以下的罚款；构成犯罪的，依法追究刑事责任；

（2）总会计师、财务总监违反法律、法规、方针、政策和财经制度，造成财会工作严重混乱的；对偷税漏税，截留应当上交国家的收入，滥发奖金、补贴，挥霍浪费国家资财，损害国家利益的行为，不抵制、不制止、不报告，致使国家利益遭受损失的；在主管工作范围内发生严重失误，或者由于玩忽职守，致使国家利益遭受损失的；以权谋私，弄虚作假，徇私舞弊，致使国家利益遭受损失，或者造成恶劣影响的；会计师单位主要行政领导人阻碍总会计师行使职权，对其打击报复或者变相打击报复的，区别情节轻重，依照国家有关企业职工或者国家行政机关工作人员奖惩的规定给予处分。情节严重，构成犯罪的，追究刑事责任。

3. 会计核算风险

会计核算风险主要涉及会计账簿设置和管理不符合法律规定、基础凭证和资料使用、管理不当、成本控制管理不符合规定、企业工资总额管理不符合规定等。

不依法设置会计账簿的；私设会计账簿的；未按照规定填制、取得原始凭证或者填制、取得的原始凭证不符合规定的；以未经审核的会计凭证为依据登记会计账簿或者登记会计账簿不符合规定的，可被县级以上人民政府财政部门责令限期改正，并可对单位处以 3 千元以上 5 万元以下的罚款。直接负责的主管人员和其他直接责任人员，处 2 千元以上 2 万元以下的罚款；构成犯罪的，依法追究刑事责任；会计人员有上述行为之一，情节严重的，5 年内不得从事会计工作。

随意变更会计处理方法，未按照规定使用会计记录文字或者记账本位币的，可能被县级以上人民政府财政部门责令限期改正，并可对单位处以 3 千元以上 5 万元以下的罚款。直接负责的主管人员和其他直接责任人员，处 2 千元以上 2 万元以下的罚款；构成犯罪的，依法追究刑事责任；会计人员有上述行为之一，情节严重的，5 年内不得从事会计工作。

违反成本控制规定列支成本费用的，违反成本控制规定截留、隐瞒、侵占企业收入的，企业和企业负有直接责任的主管人员和其他人员可能被县级以上主管财政机关责令限期改正、予以警告，有违法所得的，没收违法所得，可并处不超过违法所得 3 倍、最高不超过 3 万元的罚款；没有违法所得的，可处以 1 万元以下的罚款。

违反税务、社保有关规定超提、超发工资总额，虚列成本；企业工资增长与经济效益严重不匹配、内部收入分配管理不规范、收入分配关系明显不合理的，可被清退并且进行相关账务处理。①

4. 会计报告风险

会计报告风险主要涉及会计报告编制不符合要求、不配合会计报告的监督检查、会计报告不真实或未按规定保存及会计报告未按规定报送等。

（1）会计报告编制不符合要求。在编制年度财务会计报告前，未按照规定全面清查资产、核实债务的；随意改变财务会计报告的编制基础、编制依据、编制原则和方法的；向不同的会计资料使用者提供的财务会计报告编制依据不一致的；提前或者延迟结账日结账的；拒绝财政部门和其

① 目前国有企业仍实行工资总额调控管理。国有企业工资总额增长与企业经济效益严重不匹配、内部收入分配管理不规范、收入分配关系明显不合理的，国资委相应核减下一年度工资总额基数，并视情况对企业领导班子采取相应问责和处罚措施。

他有关部门对财务会计报告依法进行的监督检查，或者不如实提供有关情况的，可由县级以上人民政府财政部门责令限期改正，处3千元以上5万元以下的罚款；对直接负责的主管人员和其他直接责任人员，可处2千元以上2万元以下的罚款。构成犯罪的，依法追究刑事责任；会计人员有上述行为之一，情节严重的，5年内不得从事会计工作。

（2）会计报告不真实或未按规定保存。企业编制、对外提供虚假的或者隐瞒重要事实的财务会计报告；授意、指使、强令会计机构、会计人员及其他人员编制、对外提供虚假的或者隐瞒重要事实的财务会计报告，或者隐匿、故意销毁依法应当保存的财务会计报告的，可由县级以上人民政府财政部门予以通报，并对单位处以5万元以上10万元以下罚款；构成犯罪的，依法追究刑事责任；尚不构成犯罪的，直接负责的主管人员和其他直接责任人员，可处3千元以上5万元以下的罚款；会计人员5年内不得从事会计工作。

（3）会计报告未按规定报送。未按时编制财务会计报告或未按照规定向主管财政机关报送月份、季度、年度财务会计报告等材料，可被县级以上主管财政机关依照《公司法》《企业财务会计报告条例》的规定予以处罚。

5. 会计监督风险

会计监督风险主要涉及会计管理中存在授意、指使、强令、打击报复等违法行为，会计管理中存在拒绝、阻碍检查等违法行为，国有企业、中央企业虚报、瞒报财务状况及提供虚假统计资料等违法行为。

（1）国有企业、中央企业虚报、瞒报财务状况的，由国资委和授权履行国有企业出资人职责的部门根据具体情节给予降级或者扣分处理。违规经营投资造成国有资产损失或其他严重不良后果，对相关责任人进行责任追究处理；情节严重的，给予纪律处分或者对企业负责人进行调整；涉嫌犯罪的，依法移送国家监察机关或司法机关查处。

（2）拒绝提供统计资料或者经催报后仍未按时提供统计资料；提供不真实或者不完整的统计资料；转移、隐匿、篡改、毁弃或者拒绝提供原始记录和凭证、统计台账、统计调查表及其他相关证明和资料的，可能被县级以上人民政府统计机构责令改正，给予警告，予以通报，并处5万元以下罚款；情节严重的，并处5万元以上20万元以下罚款；其直接负责的主管人员和其他直接责任人员属于国家工作人员的，由任免机关或者监察机关依法给予处分。

（3）迟报统计资料，或者未按照国家有关规定设置原始记录、统计台账，可能被县级以上人民政府统计机构责令改正，给予警告；并处1万元以下罚款。

（4）利用虚假统计资料骗取荣誉称号、物质利益或者职务晋升，作出有关决定的单位或者其上级单位、监察机关取消其荣誉称号，追缴获得的物质利益，撤销晋升的职务。对其编造虚假统计资料或者要求他人编造虚假统计资料的行为依法追究法律责任。

（5）授意、指使、强令会计机构、会计人员及其他人员伪造、变造会计凭证、会计账簿，或者隐匿、故意销毁依法应当保存的会计凭证、会计账簿。构成犯罪的，对单位判处罚金，对直接负责的主管人员和其他直接责任人员处5年以下有期徒刑或者拘役，并处或者单处2万元以上20万元以下罚金；尚不构成犯罪的，可以处5千元以上5万元以下罚款。

（6）单位负责人对依法履行职责、抵制违反规定行为的会计人员以降级、撤职、调离工作岗位、解聘或者开除等方式实行打击报复，构成犯罪的，依法追究刑事责任；尚不构成犯罪的，由其所在单位或者有关单位依法给予行政处分。

（7）在重大国情国力普查活动中拒绝、阻碍统计调查，或者提供不真实或者不完整的普查资料，可能被县级以上人民政府统计机构责令改正，予以批评教育。

收到违法会计制度规定相关检举内容的部门将检举人姓名和检举材料转给被检举单位和被检举人个人的，由所在单位或者有关单位依法给予行政处分。

6. 会计档案风险

会计档案风险主要涉及会计基础凭证和资料使用、管理不当。未按照规定保管会计资料，致使会计资料毁损、灭失的，可能被县级以上人民政府财政部门责令限期改正，可以对单位并处 3 千元以上 5 万元以下的罚款。直接负责的主管人员和其他直接责任人员，可能处 2 千元以上 2 万元以下的罚款；构成犯罪的，依法追究刑事责任；会计人员有上述行为之一，情节严重的，5 年内不得从事会计工作。

隐匿或者故意销毁依法应当保存的会计凭证、会计账簿的，可能被县级以上人民政府财政部门予以通报，对单位并处 5 千元以上 10 万元以下的罚款。直接负责的主管人员和其他直接责任人员，可能处 2 千元以上 2 万元以下的罚款；构成犯罪的，依法追究刑事责任；会计人员有上述行为之一，情节严重的，5 年内不得从事会计工作。

（二）会计合规管理目标和措施

1. 会计制度

目标和措施：

规范会计行为，确定内部财务管理体制，建立健全财务管理制度，保证会计资料真实、完整，加强经济管理和财务管理，提高经济效益，维护市场经济秩序。

2. 会计机构和管理人员

目标：

合理设置会计管理岗位，加强会计人员管理，明确会计人员范围和专业能力要求。

措施：

（1）根据有关法律法规、内部控制制度要求和会计业务需要设置会计岗位，明确会计人员职责权限。

（2）根据法律法规有关规定，结合会计工作需要，自主任用（聘用）会计人员，并对任用（聘用）的会计人员及其从业行为加强监督和管理。

（3）财务人员必须持证上岗，遵守国家有关法规、公司内部各项规章制度，认真履行职责，如实反映和严格监督各项经济业务。

（4）国有的和国有资产占控股地位或者主导地位的大、中型企业必须设置总会计师；合理制定总会计师岗位职责，确定总会计师履职权限；总会计师的职权受国家法律保护。

3. 会计核算

目标：

规范企业的会计核算，真实、完整地提供会计信息，确保各单位发生的各项经济业务事项应当在依法设置的会计账簿上统一登记、核算，保证会计账簿记录与实物及款项的实有数额相符、会计账簿记录与会计凭证的有关内容相符、会计账簿之间相对应的记录相符、会计账簿记录与会计报表的有关内容相符。

措施：

（1）建立成本控制系统，实行费用归口、分级管理和预算控制，建立必要的费用开支范围、标准和报销审批制度。

（2）明确依法设置会计账簿责任，并保证其真实、完整。各单位负责人对本单位的会计工作和会计资料的真实性、完整性负责。明确各单位发生的各项经济业务事项应当在依法设置的会计账簿上统一登记、核算。

（3）明确会计人员必须按照国家统一的会计制度的规定对原始凭证进行审核，对不真实、不合法的原始凭证有权不予接受，并向单位负责人报告；对记载不准确、不完整的原始凭证予以退回，并按照国家统一的会计制度的规定更正、补充。

（4）明确各单位采用的会计处理方法，保持延续性、一致性，不得随意变更；确有必要变更的，应当按照国家统一的会计制度规定进行变更，并将变更的原因、情况及影响在财务会计报告中说明。

（5）依据生产经营目标、经济效益情况和人力资源管理要求，对工资总额的确定、发放和职工工资水平的调整，作出预算安排，并且进行有效控制和监督。

（6）加强各单位内部会计监督制度建设，明确记账人员与经济业务事项和会计事项的审批人员、经办人员、财物保管人员的职责权限；明确重大对外投资、资产处置、资金调度和其他重要经济业务事项的决策和执行程序；明确财产清查的范围、期限和组织程序；明确对会计资料定期进行内部审计的办法和程序。

（7）不得提供不真实或者不完整的统计资料，不得迟报、拒报统计资料。

4. 会计报告

目标：

规范企业财务报告，保证财务会计报告真实、完整。

措施：

（1）按照国家统一的会计制度规定的编制基础、编制依据、编制原则和方法，根据真实的交易事项以及完整准确的账簿记录等资料编制财务会计报告。

（2）依照会计法、财务会计报告条例和国家统一的会计制度规定，对会计报表中各项会计要素进行合理的确认和计量。

（3）依照有关法律、行政法规和本条例规定的结账日进行结账，不得提前或者延迟。

（4）在年度中间根据具体情况，对各项财产物资和结算款项进行重点抽查、轮流清查或者定期检查。

（5）依法接受主管财政机关的财务监督和国家审计机关的财务审计。

（6）依照有关财务会计报告提供期限的规定，及时对外提供财务会计报告。对外提供的财务会计报告反映的会计信息应当真实、完整。报告应当依次编定页数，加具封面，装订成册，加盖公章。封面上应当注明：企业名称、企业统一代码、组织形式、地址、报表所届年度或者月份、报出日期，并由企业负责人和主管会计工作的负责人、会计机构负责人（会计主管人员）签名并盖章；设置总会计师的企业，还应当由总会计师签名并盖章。财务会计报告须经注册会计师审计的，将注册会计师及其会计师事务所出具的审计报告随同财务会计报告一并对外提供。

5. 会计监督

目标：

对会计凭证、会计账簿和会计报表等会计资料进行监督，以保证会计资料的真实、准确、完整、合法；对各种财产和资金进行监督，以保证财产、资金的安全完整与合理使用等，从而促进各单位严格遵守国家财经法规。

措施：

（1）任何单位或者个人不得以任何方式授意、指使、强令会计机构、会计人员伪造、变造会计凭证、会计账簿和其他会计资料。

（2）任何单位或者个人不得对依法履行职责、抵制违反法律规定行为的会计人员实行打击报复。

（3）坚持依法依规治企，健全问责机制，引导企业科学决策，依法合规经营，防范经营风险，防止企业财产和国有资产流失，维护企业和国有资本安全。

（4）不得伪造、篡改统计资料，不得以任何方式要求任何单位和个人提供不真实的统计资料。

（5）不得自行修改统计机构和统计人员依法搜集、整理的统计资料，不得以任何方式要求统计机构、统计人员及其他机构、人员伪造、篡改统计资料。

（6）不得利用虚假统计资料骗取荣誉称号、物质利益或者职务晋升。

6. 会计档案

目标：

确保本企业各项财务原始凭证的真实性、完整性。

措施：

（1）明确各单位采用的会计处理方法，保持延续性、一致性，不得随意变更；确有必要变更的，应当按照国家统一的会计制度的规定变更，并将变更的原因、情况及影响在财务会计报告中说明。

（2）加强各单位内部会计监督制度建设，明确记账人员与经济业务事项和会计事项的审批人员、经办人员、财物保管人员的职责权限；明确重大对外投资、资产处置、资金调度和其他重要经济业务事项的决策和执行程序；明确财产清查的范围、期限和组织程序；明确对会计资料定期进行内部审计的办法和程序。

（3）不得提供不真实或者不完整的统计资料，不得迟报、拒报统计资料。

二、税务合规管理指引要点

（一）税务合规风险点

1. 税务筹划环节

税收筹划风险有多缴税的风险和少缴税的风险。具体表现形式有未及时掌握国家新出台的政策，调整应对不及时、不准确，给企业带来不利；不了解税收优惠政策，导致企业不能享受政策带来的利益；企业税务筹划不足，税负成本水平偏高，影响公司收益水平和现金流。未及时、准确识别税收法律法规、政策规定的变化，导致企业重大经营行为、重组并购、资产处置等活动涉税事项核算不准，筹划失当，未能有效遵循税务管理程序，或税务申报缴纳不及时、不准确，被税务机关认定逃税漏税、被监管机构处罚，导致信用风险和法律合规风险。

2. 税务登记环节

未按照规定的期限申报办理税务登记、变更或者注销登记；未按照规定将其全部银行账号向税务机关报告；核定税种时，未选择正确的税种，导致适用了错误的税率计税；系统维护信息不准确，不及时；对税收法规政策理解有误、执行出现偏差（如纳税、税收优惠、退税等政策执行偏差）等，可能被税务机关处罚。

3. 税务申报环节

税务申报最严重的风险是触犯《刑法》，包括逃税罪、逃避追缴欠税罪、骗取出口退税罪等；扣缴义务人伪造、变造、隐匿、擅自销毁账簿、记账凭证，或者在账簿上多列支出或者不列、少列收入，或者经税务机关通知申报而拒不申报或者进行虚假的纳税申报；发票等原始凭证不合法、不完整、不规范；申报不完整、应代扣代缴未代扣代缴；税务利润与会计利润差异未调整；未经税务机关核准延期办理纳税申报；未按照规定将财务、会计制度或者财务、会计处理办法和会计核算软件报送税务机关备查。

4. 税款缴纳环节

扣缴义务人未按照规定期限解缴税款，导致按日加收滞纳税款0.05%的滞纳金；不缴或者少缴应纳税款造成偷税行为的，税务机关可在追缴不缴或者少缴的税款、滞纳金之外，并处不缴或者少缴税款50%以上5倍以下的罚款。

5. 税务管理环节

企业纳税人违反纳税条例，出现税收违法行为，造成纳税信用级别为D。税务筹划中未及时掌握国家新出台的政策，调整应对不及时、不准确，给企业带来不利可能产生的政策风险。不了解税收优惠政策，企业税务筹划不足，导致企业不能享受政策带来的利益，税负水平偏高，导致影响企业收益水平和现金流的成本风险。未能有效遵循税务管理程序，导致公司涉税事项核算不准确，影响财务报告的准确性，或税务申报缴纳不及时、不准确，被税务机关认定为逃税欠税而被监管机构处罚；扣缴义务人未按照规定设置、保管代扣代缴、代收代缴税款账簿或者保管代扣代缴、代收代缴税款记账凭证及有关资料；以及逃避、拒绝或者以其他方式阻挠税务机关检查，拒不接受税务机关处理等的信用风险和法律合规风险。

6. 发票管理

发票使用过程中，违反发票管理相关规定出现税收违法行为；跨区域使用、损毁发票及开具与实际经营业务不符的发票；在使用发票过程中存在伪造、转让及骗取税款等违法行为。

（二）税务合规风险目标和措施

1. 税务筹划环节

目标：

在符合国家税收、金融及物价政策有关规定基础上，通过科学合理的税务筹划，对企业筹融资、生产经营、利润分配等过程精细安排，达到充分行使企业纳税人权利、降低企业税负的目的。

措施：

（1）组织财务等部门研究国家税收法律法规变化、优惠减免政策，结合企业执行情况开展税务分析、编制税务筹划方案。

（2）对重大投资项目、重组改制、吸收合并、分立、对外合资（合作）等重大经营事项，财务等部门根据实际情况进行税务风险评估，研究涉税事项处理优化方案。根据需要聘请会计师事务所等中介机构协助评估。

2. 税务登记环节

目标：

符合国家税收、金融及物价政策有关规定，涉税事项登记报备完整、准确、及时。

措施：

（1）设立、明确经营机构和从事生产经营场所后，自领取营业执照之日起30日内，持有关证件，向税务机关申报办理税务登记。企业财务部门负责按照法律法规组织办理增值税一般纳税人登记、企业所得税汇总、纳税企业总分机构信息备案等税务相关资格认定，及时办理税收优惠手续等事项。

（2）企业财务部门进行税务登记前，应深入了解当前的生产经营情况、财务核算方式、纳税申报方式并熟知相关的税收法律法规，对于存在不确定的地方及时进行核查，确保在税务机关进行税费税种核定时正确提供相关资料。

（3）税务登记内容发生变化的，自工商行政管理机关办理变更登记之日起30日内或者在向工商行政管理机关申请办理注销登记之前，持有关证件向税务机关申报办理变更或者注销税务登记。

（4）按照国家有关规定，持税务登记证件，在银行或者其他金融机构开立基本存款账户和其他存款账户，并将其全部账号向税务机关报告。

（5）按照国务院税务主管部门的规定使用税务登记证件。税务登记证件不得转借、涂改、损毁、买卖或者伪造。

3. 税务申报环节

目标：

完善纳税申报资料申报环节管理，保证纳税申报资料的及时性、准确性、完整性。

措施：

（1）依照法律、行政法规规定或者税务机关确定的申报期限、申报内容如实报送代扣代缴、代收代缴税款报告表以及税务机关根据实际需要要求扣缴义务人报送的其他有关资料。

（2）在各税种纳税周期截止前完成纳税申报表的填报，并保证与会计账面一致；各税金的申报须备有原始凭证及履行相关审批程序。

（3）经核准延期办理前款规定的申报、报送事项的，应当在纳税期内按照上期实际缴纳的税额或者税务机关核定的税额预缴税款，并在核准的延期内办理税款结算。

4. 税款缴纳环节

目标：

每个税务核算周期，财务部门按照国家相关税收法律法规及政策规定，选择合理纳税方案，正确核算应税收入、扣除费用、纳税所得（应税收益）和应纳税额，保证税务业务真实准确、完整及时。

措施：

（1）纳税人、扣缴义务人按照法律、行政法规规定或者税务机关依照法律、行政法规的规定确定的期限，缴纳或者解缴税款。纳税人因有特殊困难，不能按期缴纳税款的，经省、自治区、直辖市国家税务局、地方税务局批准，可以延期缴纳税款，但是最长不得超过3个月。

（2）纳税人有合并、分立情形应当向税务机关报告，并依法缴清税款。

（3）企业会计业务核算应遵守会计准则及企业会计核算制度，确保税务账务处理时，选用的会计信息真实准确。

（4）严格按照会计法规和税收法规开展企业税务核算，明确企业涉及的税费种类、缴纳周期、核算方法等。

（5）及时跟踪税费法律法规变化，调整税费核算方式方法，对所得税、房产税、土地税等重大税种，增值税、资源税等特殊税种，以及减免税开展专项核算。

5. 税务管理环节

目标：

纳税人纳税信用级别保持在优异水平，按照有关法律、行政法规和国务院财政、税务主管部门的规定设置账簿，根据合法、有效凭证记账，开展税务核算，如实接受税务部门检查。

措施：

（1）组织财税、经济研究等部门研究国家税收法律法规变化、优惠减免政策，结合企业执行情况开展税务分析、编制税务筹划方案。

（2）对重大投资项目、重组改制、吸收合并、分立、对外合资（合作）等重大经营事项，财务等部门根据实际情况进行税务风险评估，研究涉税事项处理优化方案。根据需要聘请会计、税务事务所等中介机构协助评估。

（3）扣缴义务人按照有关法律、行政法规和国务院财政、税务主管部门的规定设置账簿，根据合法有效凭证记账，进行核算。

（4）从事生产经营的纳税人的财务会计制度，或者财务会计处理办法和会计核算软件，应当报送税务机关备案。

（5）纳税人、扣缴义务人必须接受税务机关依法进行的税务检查，如实反映情况，提供有关资料，不得拒绝、隐瞒。

（6）对重点税务业务，如印花税、环保税等进一步加强业务规范和内部检查，严格按照税务部门法规和规章要求规范管理。

6. 发票管理

目标：

严格按照国家法律法规及企业要求开具、收取和保管发票，确保发票业务的真实合法性、发票信息的准确完整性、发票报销业务的及时性等。

措施：

（1）按照国家法律法规要求以规定的时限、顺序、栏目、范围开具发票，准确加盖发票专用章。

（2）使用税控装置开具发票，按期向主管税务机关报送开具发票的数据。

（3）发票信息与实际经营业务真实相符，不为他人、为自己开具与实际经营业务情况不符的发票，不跨规定的使用区域携带、邮寄、运输空白发票，不私自印制、伪造、变造发票，非法制造发票防伪专用品，伪造发票监制章等。

（4）按照法律规定缴销、存放和保管发票，丢失发票后及时按照企业要求进行处理。

第七章 反不正当竞争合规

不正当竞争是指一些经营者在生产经营活动中，违反自愿、平等、公平、诚信的基本原则和公认的商业道德，违反法律法规和监管规则，扰乱市场竞争秩序，损害其他经营者和消费者合法权益的行为[①]。在市场经济和法治社会里，不正当竞争是政府监管部门重点监管的对象，也是民商法、经济法、行政法等重点规制的商业行为，更是企业专项合规管理的重点领域。

习近平总书记在党的二十大报告中提出，要“构建全国统一大市场，深化要素市场化改革，建设高标准市场体系。完善产权保护、市场准入、公平竞争、社会信用等市场经济基础制度，优化营商环境”“加强反垄断和反不正当竞争，破除地方保护和行政性垄断，依法规范和引导资本健康发展”。党的二十大精神为企业建立反不正当竞争专项合规管理体系提出了要求，指明了方向，确定了重点。

① 1883 年《保护工业产权巴黎公约》最早提出了“不正当竞争”的概念，该公约第 10 条规定：“在工业或商业中任何违反诚实习惯的竞争行为都是不正当竞争行为。”

第一节　反不正当竞争法律法规和监管规则

在反不正当竞争领域，我国已建立起比较完备的法律法规和监管规则体系。在国家法律层面，除了 1993 年 12 月 1 日起施行，2017 年、2019 年两次修订的《反不正当竞争法》以外，还有 1983 年 3 月 1 日起施行，2019 年第四次修订的《商标法》；1993 年 9 月 1 日起施行，2018 年第三次修订的《产品质量法》；1994 年 1 月 1 日起施行，2013 年第二次修订的《消费者权益保护法》；1995 年 2 月 1 日起施行，2015 年、2021 年两次修订的《广告法》；1998 年 5 月 1 日起施行的《价格法》；2000 年 1 月 1 日起施行，2017 年修订的《招标投标法》；2008 年 8 月 1 日起施行，2022 年 6 月修订的《反垄断法》；2019 年 1 月 1 日起施行的《电子商务法》；等等。

在政府对不正当竞争行为的监管规则方面，有原国家工商行政管理局 1995 年发布的《关于禁止仿冒知名商品特有的名称、包装、装潢的不正当竞争行为的若干规定》和《关于禁止侵犯商业秘密行为的若干规定》，1996 年发布的《关于禁止商业贿赂行为的暂行规定》；工业和信息化部 2012 年发布的《规范互联网信息服务市场秩序若干规定》；国家市场监督管理总局2020年发布的《规范促销行为暂行规定》等。

在司法机关对不正当竞争行为的司法规制方面，有2008年11月20日起施行的《最高人民法院、最高人民检察院关于办理商业贿赂刑事案件适用法律若干问题的意见》，2020年9月12日起施行的《最高人民法院关于审理侵犯商业秘密民事案件适用法律若干问题的规定》，以及2022年3月20日起施行的《最高人民法院关于适用〈中华人民共和国反不正当竞争法〉若干问题的解释》等。

第二节　不正当竞争违规违法种类和表现

不正当竞争行为形式多样，手段翻新，主要有市场混淆、商业贿赂、虚假误导商业宣传、侵犯商业秘密、不正当有奖销售、商业诋毁、网络新型不正当竞争7种。

一、市场混淆

在市场交易和企业经营中，违规不法经营者擅自使用与他人品牌LOGO、企业名称、商标标识、装潢包装等相同或近似的名称、标识，使违规不法经营者自己的产品、服务与他人有影响、有知名度的商品、服务相混淆，欺骗消费者，获取不当不法利益的，构成市场混淆行为。市场混淆行为违反商业道德，严重构成侵权的会导致民事赔偿、行政处罚，甚至刑事犯罪。市场混淆行为有如下主要表现形式。

（一）擅自使用与他人有一定影响的商品服务商标标识、包装装潢、品牌LOGO等相同或者近似的标识

“有一定影响”的商标标识、包装装潢、品牌LOGO是指具有一定

的市场知名度并具有区别商品服务来源的显著特征的标识。判定是否具有一定的市场知名度，应当综合考虑境内外公众的知悉程度，商品服务销售的时间、区域、数额和对象，推广宣传的持续时间、程度和地域范围，标识受保护的情况等因素。

（二）擅自使用他人有一定影响的名称

他人有一定影响的名称，既包括企业名称的全称，也包括简称和社会熟知的字号；既包括中文名称和字号，也包括外文的名称和字号；既包括政府机关、企业单位、社会组织名称，也包括个人的姓名、笔名、艺名、译名等。未经授权冒用他人的名称、字号或者以近似的名称、字号，开展经营活动，引起客户及消费者混淆，牟取不法利益，都属于不正当竞争行为。

（三）擅自使用他人有一定影响的网名、域名、网页、网站名称

在互联网经济、电子商务、网络销售、直播带货等营销模式、新业态日益兴盛的时期，将他人的域名主体部分注册为自己的网站名称，或者将他人网站名称注册为自己的域名；将他人域名主体部分、网站名称作为自己申请域名或网站名称的一部分；将他人的域名主体部分、网站名称作为自己单位或者产品的搜索关键词；故意使用与他人相同或近似的互联网链接，造成混淆或他人的网页、网站无法正常访问。

（四）擅自使用与他人有一定影响的商品独特形状、节目栏目名称、企业标志、网店名称、自媒体名称或者标志、应用软件名称或者图标等相同或者近似的标识

商品独特形状包括商品的外观设计和附带的独特使用功能和方法。企业标志除了名称、字号、LOGO 外，还包括具有影响的政府机构、社会组织及其他第三方机构发布的称号、排名、评价等。软件的名称和图标属于

知识产权，同时受著作权保护。

（五）其他足以引起、造成、形成混淆的行为

其他足以引起、造成的混淆行为包括违规不法经营者通过直接和间接、公开和隐蔽方式，造成客户、消费者误以为违规不法经营者提供的商品服务就是客户、消费者心目中原本要选择的对象。在这些足以引起混淆的行为中，有假称有商业合作、特许授权关系的“傍大款”式的混淆，有假称是子公司、分公司、代表处、经营部的“碰瓷儿”式混淆，等等诸如此类移花接木、李代桃僵的行为。

市场混同是企业合规经营者要高度重视的领域，既要规范自己的经营行为，尤其是在市场营销和推广过程中，不能用奇技淫巧在损害其他经营者利益和消费者权益，获取自己不道德、违规违法利益的同时，也要关注、防范企业被其他违规不法经营者以混淆的方式侵犯自己的合法权益。

二、商业贿赂

经营者在商业活动中，非法以财物或者其他手段收买可能影响交易的个人或者单位，谋取交易机会或竞争优势的，构成商业贿赂行为。财物的范围很广，包括现金、有价证券、礼品卡、购物卡、预付类的消费卡和提货卡，假借促销费、宣传费、赞助费、科研费、劳务费、咨询费、疗养费、佣金等名义或者以报销各种费用等方式支付资金，礼品、大件商品等实物。其他手段包括宴请、娱乐、高档消费、名为国内外考察调研实为旅游、给予就业和晋升便利、预留将来收益等给付财物以外的其他利益。

谋取交易机会是指经营者在商业活动中，为谋取签订合同、取得授标、进入市场、拿到资源等而与对方达成交易意向和完成交易事项的可能性。谋取交易优势是指经营者在商业活动中，通过商业贿赂的方式获得交

易规则、法律法规之外的便利，同时破坏其他经营者的商业机会。

商业贿赂不正当竞争行为主要表现为：

（一）以现金、实物和招待方式实施商业贿赂

向交易相对方的相关人员提供现金、礼品、礼品卡、有价证券等财物，或者提供可能宴请、旅游、健身、娱乐等活动安排。在一段时期内频繁向交易相对方的相关人员赠送实物礼品、现金或现金等价物，赠予频率明显超过一般商业惯例且对象是特定的。在赠礼行为持续期间，虽然企业与交易相对方之间尚未达成具体业务，但赠送的礼品价值明显超出了法律允许的范畴，足以被理解为以影响交易相对方人员的商业决定为目的。用以提供礼品、现金或现金等价物的经费未如实入账，或用虚假的报销单据冲账套取现金作为贿赂的经费。假借考察、学习、培训的名义，向利益相关方或其家人及私人宾客提供“免费旅游”。向其利益相关方报销其个人或其家人及私人宾客旅游过程中支付的相关费用。出于不正当目的为相关方安排旅游与考察时，支付或报销其家人或私人宾客的开销，或者为相关方提供奢侈昂贵的旅游与考察，或者为相关方提供旅游与考察的同时，向其支付现金、酬金、出差津贴以及任何形式补贴等。

（二）通过第三方实施商业贿赂

通过代理人、顾问、当地合作伙伴等第三方中间人，直接或间接向政府官员、公职人员、交易对方的高级管理人员和直接负责人员等行贿。通过代理人、顾问、当地合作伙伴等第三方中间人，以订立虚假合同、折扣、虚高报酬等方式向政府官员、公职人员、交易对方的高级管理人员和直接负责人员等变相提供不正当有价物。向与政府官员、公职人员、交易对方的高级管理人员和直接负责人员等人有“私交、亲密关系”的第三方提供不正当有价物。在应当知情却不知情的情况下，第三方顾问向政府

官员、公职人员、交易对方的高级管理人员和直接负责人员行贿。企业应政府官员、公职人员、交易对方的高级管理人员和直接负责人员要求或暗示，聘用特定的第三方。第三方“顾问协议”仅包含描述比较模糊或没有实际内容的服务。

（三）其他商业贿赂行为

通过为行贿对象亲属等特定人员提供就业机会、职务晋升、开展业务等提供支持、便利等方式实施商业贿赂。不以明示方式支付折扣、佣金，且不按照相关财务制度如实入账。员工实施商业贿赂行为，且没有证据能证明其行为与为企业谋取交易机会或者竞争优势无关的等。

商业贿赂是严重的不正当竞争行为，往往会滋生腐败行为，多数会触犯党纪政纪关于廉洁从业的规定，甚至导致行贿、受贿、贪污等刑事犯罪。商业贿赂历来是企业合规管理的重中之重，是世界各国政府和司法机关、国际组织（如联合国、世界银行）重点规制和打击的违法违规行为。

三、虚假误导商业宣传

在市场交易中，经营者利用广告或其他方法，对商品或服务的质量、制作方法、性能、用途、生产者、有效期限、原产地等，作出夸大、虚假及其他与实际情况不符的公开宣传，导致或足以导致消费者产生误解，损害消费者或者其他竞争对手利益的，构成虚假或误导的商业宣传行为。虚假或误导的商业宣传行为主要表现为：

（一）自行实施虚假或误导商业宣传行为

对所提供商品的性能、功能、质量、销售状况、用户评价、曾获荣誉、成分含量、制造方式、制造日期、销售服务，以及对推销商品所附带赠送礼品的品种和数量等作出夸大、虚假或者引人误解的商业宣传，欺骗、误导消费者或者其他相关公众。如在商品或者其包装上作虚假的标识；雇用或伙同他人进行欺骗性的销售诱导；在经营场所或者展览会、展销会、博览会等其他场所，以及通过互联网等信息网络对商品进行虚假的展示、演示、说明、解释、推介或者文字标注；通过上门推销或者举办鉴定会、宣传会、推介会等方式，对商品进行虚假的展示、演示、说明、解释、推介或者文字标注等；张贴、散发、邮寄虚假的商品说明、图片或者其他资料等；以“有偿新闻”形式进行虚假的宣传报道，隐藏真相，夸大事实；采取律师“严正声明”的方式进行虚假的反向宣传，本来自己的商品严重滞销，却声称其“商品深受广大消费者喜爱，但近来发现有诸多假冒，提醒消费者认准某某牌，谨防假冒”等。

误导商业宣传包括对商品作片面的宣传或者对比的；故意忽略前提条件、必要信息；断章取义不完全引用第三方数据、结论等内容的；将科学上未定论的观点、现象作为定论事实的；使用歧义性语言进行宣传的；等等。

（二）帮助虚假商业宣传行为

帮助虚假商业宣传行为主要表现为利用掌握搜索检索、信息系统、网络平台、大数据和算法等优势，帮助其他经营者对销售数量、用户评价、应用排名、搜索结果排名等进行虚假或者误导的商业宣传，组织虚假交易、虚构评价、伪造物流单据、诱导作出指定的评价；为其他经营者进行虚假或者误导的商业宣传提供组织、策划、制作、发布等服务以及提供资金、场所、工具相关条件；等等。

虚假和误导商业宣传不正当竞争行为不仅是不道德的经营方式，而且容易侵犯消费者合法权益，导致行政处罚、民事侵权、合同纠纷等后果。严重的商业欺诈甚至会演变成诈骗犯罪。

四、侵犯商业秘密

商业秘密是指不为公众所知悉、具有商业价值并经权利人采取相应保密措施的技术信息、经营信息和商业信息。商业秘密有三个显著的法律特征。

（1）不为公众所知悉，即该信息不为其所属领域的相关人员普遍知悉或者不能从公开渠道容易获得；

（2）具有商业价值，即该信息具有现实的或者潜在的能为权利人带来商业利益或竞争优势；

（3）权利人采取了相应保密措施，即权利人为防止该信息泄密采取了标识、提示、警示、加密、保管、登记等具有针对性的保密措施。

商业秘密由技术信息、经营信息和商业信息组成。

（1）技术信息是指利用科学技术知识、信息和经验获得的技术方案，包括但不限于设计、程序、公式、产品配方、制作工艺、制作方法、操作手册、研发记录、实验数据、技术诀窍、技术图纸、编程规范、计算机软件源代码和有关文档等信息。

（2）经营信息是指与权利人经营活动有关的各类信息，包括但不限于管理诀窍、客户名单、员工信息、货源情报、产销策略、财务数据、库存数据、战略规划、采购价格、利润模式、招投标中的标的及标书内容等信息。

（3）商业信息是指与商业活动有关的，包括但不限于技术信息、经营信息的任何类型和形式的其他信息。

侵犯商业秘密行为主要表现为：

（一）以不正当手段获取商业秘密

以不正当手段获取商业秘密是指以盗窃、贿赂、欺诈、胁迫、电子侵入或者其他不正当手段获取权利人的商业秘密。如派出商业间谍盗窃权利人或持有人的商业秘密；通过提供财务、输送利益、高薪聘请、人身威胁、设计陷阱等方式引诱、骗取、胁迫权利人的员工或他人为其获取商业秘密；未经授权或超出授权范围进入权利人的邮箱、服务器、云盘、应用账户等电子系统或植入电脑病毒程序获取商业秘密；擅自接触、占有或复制由权利人控制下的包含商业秘密或者能从中推导出商业秘密的文件、物品、材料、原料或电子数据，以获取权利人的商业秘密等。

（二）商业秘密后续侵害行为

商业秘密后续侵害行为是指擅自披露、使用或者允许他人使用以不正当手段获取的权利人的商业秘密。如向他人直接口述商业秘密内容，或用广播、电视、网络等媒体公布于众，或为他人提供抄录、复制秘密原件的机会，或将载有秘密内容的原件、复印件交给权利人之外的第三人；以不正当手段获取商业秘密后，出于不正当竞争或者营利目的，将权利人的商业秘密应用于产品设计、产品制造、市场营销及其改进工作、研究分析等，或者允许他人将自己非法获得的商业秘密运用于生产经营等。

（三）违反保密和诚信义务

经营者虽然是通过合法渠道和方式取得权利人商业秘密，但是违反与权利人达成的保密协议规定的保密义务，或者违反权利人有关保守商业秘密的要求，披露、使用或者允许他人使用其所掌握的商业秘密。违反限制性使用商业秘密的义务是指未经权利人授权许可，违反合同约定，擅自利用商业秘密扩大经营规模、市场范围、使用时间，或者以接触、了解权利人或持有人技术秘密的人员通过回忆、复述，以及拆解终端产品获取权利人技术秘密的行为等。

1. 保密义务和保密要求

保密义务包括但不限于相对人（如合作方、雇员）通过书面或口头以明示或默示的方式等在劳动合同、保密协议、合作协议中，与权利人订立的关于保守商业秘密的约定。“权利人有关保守商业秘密的要求”是权利人单方面对知悉商业秘密的相对方提出的保密要求，包括但不限于对通过合同关系（如合作开发合同、劳动雇佣合同）知悉该商业秘密的相对方提出的保密要求，或者对通过参与研发、生产、检验等活动而知悉商业秘密的有关单位和人员提出的保密要求；在没有签订保密协议、劳动合同、合作协议等情况下，权利人通过其他规章制度或合理的保密措施对员工、前员工、合作方等提出的保守商业秘密的要求。

2. 限制性使用商业秘密

限制性使用商业秘密包括但不限于法律法规规定的对商业秘密使用人的限制，商业秘密权利人通过保密协议、劳动合同、合作协议及其他合同约定的对相对人使用商业秘密的限制。限制对象包括时间、区域、范围、人员等方面。员工或前员工在工作过程中所形成的自身知识、经验、技能除外。

（四）教唆、引诱、帮助他人实施侵害行为

教唆、引诱、帮助他人实施侵害行为是指教唆、引诱、帮助他人违反保密义务或者违反权利人有关保守商业秘密的要求，获取、披露、使用或者允许他人使用权利人的商业秘密。如以提供高薪、许诺职位、奖励房产、解决户口等方式说服、诱导、鼓励他人违反保密义务或者违反权利人有关保守商业秘密的要求；以各种方式为他人违反保密义务或者违反权利人有关保守商业秘密的要求提供便利条件，以获取、披露、使用或者允许他人使用权利人的商业秘密的行为等。

（五）非善意第三人间接侵害行为

非善意第三人间接侵害商业秘密是指第三人知道或者应当知道商业秘

密是商业秘密权利人的员工、前员工或者其他单位、个人通过非法手段取得的，仍获取、披露、使用或者允许他人使用该商业秘密的行为。

五、不正当有奖销售

有奖销售是指经营者以销售商品服务或者获取竞争优势为目的，向消费者或者社会公众提供奖金、奖品或者其他利益的行为，包括抽奖式和附赠式等有奖销售。

抽奖式有奖销售是指经营者以抽签、摇号、比赛等带有偶然性或者不确定性的方法，决定消费者是否中奖的有奖销售行为。附赠式有奖销售是指经营者向达到或满足一定条件的消费者提供奖金、奖品或者其他利益的有奖销售行为。

（一）信息不明有奖销售

故意或疏忽未在有奖销售前明确公布奖项种类、参与条件、参与方式、开奖时间、开奖方式、奖金金额或者奖品价格、奖品品名、奖品种类、奖品数量或者中奖概率、兑奖时间、兑奖条件、兑奖方式、奖品交付方式、弃奖条件、主办方及其联系方式等信息，采取不利于消费者的变更以及附加条件，导致影响兑奖；奖品为积分、礼券、兑换券、代金券等形式的，未公布兑换规则、使用范围、有效期限以及其他限制性条件等详细内容；需要向其他经营者兑换的，未公布或者未明确其他经营者的名称、兑换地点或者兑换途径等。

（二）欺骗方式有奖销售

欺骗方式有奖销售在主观上是故意的，如虚构奖项、奖品、奖金金额；在有奖销售活动期间将带有中奖标志的商品、奖券不投放、未全部投放市场或者仅在特定区域投放；未在有奖销售前明示，将带有不同奖金金额或者奖品标志的商品、奖券按不同时间投放市场；未按照明示的信息兑奖；有奖销售过程中，故意让内定人员中奖等。

（三）超限额有奖销售

一次性抽奖金额超过5万元，以及同一奖券或者购买一次商品具有两次或者两次以上获奖机会累计金额超过5万元的情形。①

企业应当秉承诚实信用的商业道德和商业规范，不论是培育市场、开拓市场，还是参与市场竞争，都要规范好企业经营行为。对于大型企业集团来讲，由于产业产品多、分支机构多，如果实行分权式管理、分散式经营，集团、总部管控不到位，分、子公司层面会在追求业绩和绩效考核的驱动下，采取超额有奖销售等不正当竞争行为，导致集团、总部层面也出现违规违法风险。

六、商业诋毁

商业诋毁是经营者自己或利用他人，通过捏造、散布虚假信息等不正当手段，对竞争对手的商业信誉和商品声誉进行恶意的诋毁和诽谤，削弱其市场竞争能力，为自己谋取不正当利益的行为。其中，商业信誉是指经营者通过公平竞争和诚实经营所取得的社会综合评价。商品声誉是指经营者制造或者销售的某种特定商品所获得的社会评价。

（一）利用信息载体媒介诋毁

经营者利用报刊、广播、电视、电信、网络等信息载体或媒介，编造、传播虚假信息或者误导性信息，损害竞争对手的商业信誉、商品声

① 《反不正当竞争法》第10条规定："经营者进行有奖销售不得存在下列情形：（一）所设奖的种类、兑奖条件、奖金金额或者奖品等有奖销售信息不明确，影响兑奖；（二）采用谎称有奖或者故意让内定人员中奖的欺骗方式进行有奖销售；（三）抽奖式的有奖销售，最高奖的金额超过五万元。"

誉。如以声明、告客户书等形式将信息传递给特定或不特定对象，通过微信群、朋友圈传播与其他经营者的同类型商品进行片面恶意对比的图片、视频等。

（二）利用业务交往诋毁

经营者在与他人的业务交往中，向客户及消费者散布虚假事实，贬低竞争对手的商业信誉，诋毁其商品和服务质量声誉。如以检测机构名义对产品进行检测、讲解时，不当地将自己的产品判定为合格产品，将其他产品判定为不合格产品，并推荐消费者购买自己公司的产品。

（三）利用产品宣传诋毁

经营者利用商品的包装、装潢、说明书、宣传册、传单等，在夸大、虚构自己产品和服务质量上乘、功能优异的同时，贬低竞争对手生产销售的同类产品和服务。

（四）利用谣言诋毁

经营者利用或者组织、指使他人利用大众媒介、信息网络编造、传播、散布竞争对手所售的商品和服务质量有问题，使公众对该商品和服务失去信赖，以便自己的同类产品取而代之等。

（五）利用虚假投诉诋毁

经营者组织有关人员假借顾客或者消费者的名义，向监管部门、行业组织、消费者权益保护组织，作关于竞争对手产品质量和服务低劣、侵害消费者权益等情况的虚假投诉，从而达到贬损其商誉的目的。

（六）利用比较广告诋毁

经营者刊登对比性广告或者以声明性公告、信息发布会等形式，通过片面介绍、夸大事实、歪曲产品的优劣等方式，在宣传自己产品的同时贬低竞争对手的商品或服务，降低竞争对手的商业信誉和商品信誉，丑化其商业形象。

（七）其他诋毁行为

经营者利用律师函、公开信进行诋毁；在监管部门、司法机关对被投诉、举报、起诉的其他经营者是否构成违规违法作出具有法律效力的认定前，自行加以认定并宣传、扩散，损害竞争对手商业信誉、商品声誉，使用较强感情色彩、贬义词汇，损害竞争者的商业信誉、商品声誉；片面陈述真实的事实引人误解，损害竞争者的商业信誉或者商品声誉等。

七、网络新型不正当竞争

互联网促进了新业态、新经济的发展，也产生了网络新型不正当竞争行为和方式。网络新型不正当竞争是指网络经营者利用技术手段，通过影响用户选择或者其他方式，实施妨碍、破坏其他经营者合法提供的网络产品或服务正常运行的行为。

（一）网络链接不正当竞争行为

网络链接中的不正当竞争行为主要发生在互联网经营者之间。如一个互联网经营者未经其他经营者同意，在他人合法提供和经营的网络产品或者服务中，强行插入链接或强制跳转链接，插入指向自己网络产品或服务的链接；利用图像链接技术，将其他网络经营者网站内的文字、图像、音视、视频等内容直接在自己网站中显示，造成他人网站访问量损失；利用视框链接技术，在自己网页上设置多个视框，设置的框架显示的是他人网站的内容，网络用户无须登录原始网站即可浏览相关内容，在不强行插入或跳转链接的情况下，无偿利用网站的资源，从中获得关注度和经济效益的不正当竞争效果等。

（二）违背用户意愿不正当竞争行为

违背他人意愿的各网络不正当竞争行为主要发生在互联网经营者与互联网用户、客户之间。如互联网经营者侵犯用户选择权，强迫用户修改、关闭、卸载其他经营者合法提供的网络产品或者服务；通过误导、欺骗的不诚实手段、使用户修改、关闭、卸载其他经营者合法提供的网络产品或者服务等。

（三）恶意不兼容不正当竞争行为

网络产品或者服务的经营者在网络产品或者服务设计时，故意进行有针对性的不兼容设置，禁止其他网络产品或者服务的开启、运行或部分功能的运行；无正当理由利用技术手段在其他网络产品或者服务运行时，修改其运行指令或代码，或更改技术相关参数，使其功能被迫更改等。

（四）其他妨碍、破坏网络产品和服务正常运行

网络经营者无正当理由对其他经营者合法提供的网络产品或者服务实施拦截、关闭等干扰行为；违背用户意愿下载、安装、运行应用程序，影响其他经营者合法提供的设备、功能或者其他程序正常运行；对非基本功能或不必要的应用程序不提供卸载功能或者对应用程序卸载设置障碍，影响其他经营者合法提供的设备、功能或者其他程序正常运行等。

除上述7种不正当竞争行为外，还有经营者利用公用、公益企业身份或独占、垄断地位，或者利用政府及其所属部门行政权力、行政干预，强制要求消费者购买自己或其指定的经营者的商品或服务，排挤其他经营者等不正当竞争行为和做法。这些不正当竞争行为和做法，经常同时构成滥用市场支配地位、行政性垄断违法违规行为。

第三节　不正当竞争法律合规责任

不正当竞争行为是企业生产经营，尤其是在营销环节中容易出现的违法违规行为，涉及面比较广，而且触犯的刑事犯罪罪名有39个之多，均会构成单位犯罪。所以，在企业合规管理中必须给予高度重视。不正当竞争违法违规行为会触犯党纪政纪，如商业贿赂因违反廉洁从业纪律会被追究党纪责任。因不正当竞争行为造成企业被责令停止生产、吊销营业执照、遭受重大经济和声誉损失的，对此要承担领导责任、管理责任、直接责任的企业高级管理人员，也会被追究党纪政纪责任。不正当竞争行为会因为违规违法的情形、造成的影响和后果，承担相应的行政责任、民事责任和刑事责任，或同时承担多种责任。

一、行政责任

对于不正当竞争违法违规行为，监管部门会根据违规违法情节、造成影响后果程度，从轻到重被处以责令停止违法行为（如停止生产、停止销售、停止施工、停止宣传等）、没收违法商品、没收违法所得、罚款、取消行政许可、暂扣或吊销营业执照等处罚。行政处罚记录还被监管部门记入信用记录，依照有关法律、行政法规的规定予以公示。

按照《反不正当竞争法》和《行政处罚法》的规定，对不同类型的不正当竞争行为，罚款可按固定金额或一定比例计算。按固定金额处罚的，最低处罚金额为针对不正当有奖销售行为的处罚5万元，最高处罚金额为针对侵犯商业秘密和商业诋毁等不正当竞争行为的处罚500万元；按比例进行处罚的，处罚金额在违规违法涉及金额和违法所得金额的1～5

倍确定。

企业名称构成混淆行为的，由市场监督管理部门及时强制办理名称变更登记。通过广告实施虚假、误导宣传的，可按《广告法》（2021 年修正）规定予以行政处罚。

拒绝、阻碍监管部门对不正当竞争行为进行调查、执法的，由监管部门责令改正，对个人可以处五千元以下的罚款，对单位可以处 5 万元以下的罚款，并由公安机关依法给予治安管理处罚。

二、民事责任

因为违法违规实施不正当竞争行为给其他经营者、消费者造成损害的，可能会构成侵权责任或违约责任，或者同时构成侵权责任和违约责任。受到不正当竞争行为损害的其他经营者、消费者，可以根据《反不正当竞争法》《消费者权益保护法》等民商事法律规定、与实施不正当竞争行为经营者签订的合同协议提起民事诉讼，要求承担停止侵害、恢复原状、消除影响、赔偿损失、赔礼道歉等民事责任。

三、刑事责任

严重的违规违法不正当竞争行为可能构成刑事犯罪。不正当竞争行为涉及的刑事犯罪罪名较多，主要集中在《刑法》第二编第三章“破坏社会主义市场经济秩序罪”。其中，第一节“生产、销售伪劣产品罪”之下涉及 9 个罪名；第三节“妨害对公司、企业的管理秩序罪”之下有对非国家工作人员行贿罪，对外国公职人员、国际公共组织官员行贿罪 2 个罪名；第七节“侵犯知识产权罪”之下有假冒注册商标罪，销售假冒注册商标的商品罪，非法制造、销售非法制造的注册商标标识罪，假冒专利罪，侵犯著作权罪，销售侵权复制品罪，侵犯商业秘密罪 7 个罪名；第八节“扰乱市场秩序罪”之下有损害商业信誉、商品声誉罪，虚假广告罪，串通投标罪，合同诈骗罪，组织、领导传销活动罪，非法经营罪，强迫交易罪，伪造、倒卖伪造的有价票证罪，倒卖车票、船票罪，提供虚假证明文件罪，出具证明文件重大失实罪 11 个罪名。在第六章“妨害社会管理秩序罪”第一节“扰乱公共秩序罪”之下有非法侵入计算机信息系统罪，非法获取计算机信息系统数据、非法控制计算机信息系统罪，提供侵入、非法控制计算机信息系统程序、工具罪，破坏计算机信息系统罪，网络服务渎职罪等 7 个罪名。在第八章“贪污贿赂罪”之下有行贿罪、对单位行贿罪、介绍贿赂罪、单位行贿罪 4 个罪名。

严重违法违规的不正当竞争行为构成的刑事犯罪，主观上都是故意，都有非法获利的目的和动机，都有造成损害他人权益实际后果为构成犯罪的条件。

（一）生产、销售伪劣产品类犯罪

《刑法》第 140 条规定，生产者、销售者在产品中掺杂、掺假，以假充真、以次充好或者以不合格产品冒充合格产品，销售金额 5 万元以上不满 20 万元的，处 2 年以下有期徒刑或者拘役，并处或者单处销售金额 50% 以上 2 倍以下罚金；销售金额 20 万元以上不满 50 万元的，处 2 年以上 7 年以下有期徒刑，并处销售金额 50% 以上 2 倍以下罚金；销售金额 50 万元以上不满 200 万元的，处 7 年以上有期徒刑，并处销售金额 50% 以上 2 倍以下罚金；销售金额 200 万元以上的，处 15 年有期徒刑或者无期徒刑，并处销售金额 50% 以上 2 倍以下罚金或者没收财产。

（二）对非国家工作人员行贿罪

《刑法》第 164 条规定，为谋取不正当利益，给予公司、企业或者其他单位的工作人员以财物，数额较大的，处3年以下有期徒刑或者拘役，并处罚金；数额巨大的，处3年以上10年以下有期徒刑，并处罚金。为谋取不正当商业利益，给予外国公职人员或者国际公共组织官员以财物的，依照前款的规定处罚。单位犯前两款罪的，对单位判处罚金，并对其直接负责的主管人员和其他直接责任人员，依照第一款的规定处罚。行贿人在被追诉前主动交代行贿行为的，可以减轻处罚或者免除处罚。

（三）侵犯注册商标权益罪

《刑法》第213条、第214条、第215条规定了三个侵犯注册商标权益的罪名，分别是假冒注册商标罪，销售假冒注册商标的商品罪，非法制造、销售非法制造的注册商标标识罪。情节严重的，违法所得数额较大的，处3年以下有期徒刑，并处或者单处罚金；情节特别严重的，违法所得数额巨大的，处3年以上10年以下有期徒刑，并处罚金。

（四）假冒专利罪

《刑法》第216条规定，假冒他人专利，情节严重的，处3年以下有期徒刑或者拘役，并处或者单处罚金。

（五）侵害著作权类犯罪

《刑法》第217条规定，以营利为目的未经著作权人许可，复制发行、通过网络传播其各类作品、软件；出版他人享有专有出版权的图书；未经录音录像制作者许可，复制发行、通过网络向公众传播的；未经表演者许可，复制发行录有其表演的录音、录像制品，或者通过网络向公众传播；制作、出售假冒他人署名的美术作品的；未经著作权利人许可，故意避开或者破坏权利人为其作品、录音录像制品等采取的保护著作权或者与著作权有关的权利技术措施的，违法所得数额较大或者有其他严重情节的，处3年以下有期徒刑，并处或者单处罚金；违法所得数额巨大或者有其他特别严重情节的，处 3 年以上 10 年以下有期徒刑，并处罚金。

《刑法》第 218 条规定，以营利为目的，销售明知是侵犯他人著作权的侵权复制品，违法所得数额巨大或者有其他严重情节的，处 5 年以下有期徒刑，并处或者单处罚金。

（六）侵犯商业秘密罪

《刑法》第 219 条规定，以盗窃、利诱、胁迫或者其他不正当手段获取权利人的商业秘密；披露、使用或者允许他人使用以前项手段获取的权利人的商业秘密；违反约定或者违反权利人有关保守商业秘密的要求，披露、使用或者允许他人使用其所掌握的商业秘密，给商业秘密的权利人造成重大损失的，处 3 年以下有期徒刑或者拘役，并处或者单处罚金；造成特别严重后果的，处 3 年以上 7 年以下有期徒刑，并处罚金。

（七）虚假广告罪

《刑法》第 222 条规定，广告主、广告经营者、广告发布者违反国家规定，利用广告对商品或者服务作虚假宣传，情节严重的，处 2 年以下有期徒刑或者拘役，并处或者单处罚金。

（八）串通投标罪

《刑法》第 223 条规定，投标人相互串通投标报价，损害招标人或者其他投标人利益，情节严重的，处 3 年以下有期徒刑或者拘役，并处或者单处罚金。投标人与招标人串通投标，损害国家、集体、公民的合法利益的，依照前款的规定处罚。

（九）损害商业信誉、商品声誉罪

《刑法》第 221 条规定，捏造并散布虚伪事实，损害他人的商业信誉、商品声誉，给他人造成重大损失或者有其他严重情节的，处 2 年以下有期徒刑或者拘役，并处或者单处罚金。

（十）涉及计算机信息系统类犯罪

《刑法》第 285 条、第 286 条、第 287 条之一规定涉及计算机信息系统的 7 个犯罪。

非法侵入他人计算机信息系统、非法获取他人计算机信息系统数据、非法控制他人计算机信息系统，情节严重的；提供侵入、控制计算机信息系统的程序、工具，或者明知他人实施侵入、非法控制计算机信息系统的违法犯罪行为而为其提供程序、工具，情节严重的，处 3 年以下有期徒刑或者拘役，并处或者单处罚金；情节特别严重的，处 3 年以上 7 年以下有期徒刑，并处罚金。单位犯前三款罪的，对单位判处罚金，并对其直接负责的主管人员和其他直接责任人员，依照各该款的规定处罚。

违反国家规定，对计算机信息系统功能进行删除、修改、增加、干扰，造成计算机信息系统不能正常运行，后果严重的；对计算机信息系统中存储、处理或者传输的数据和应用程序进行删除、修改、增加的操作，后果严重的；故意制作、传播计算机病毒等破坏性程序，影响计算机系统正常运行，后果严重的，处 5 年以下有期徒刑或者拘役；后果特别严重的，处 5 年以上有期徒刑。单位犯前三款罪的，对单位判处罚金，并对其直接负责的主管人员和其他直接责任人员，依照第一款的规定处罚。

网络服务提供者不履行法律、行政法规规定的信息网络安全管理义务，致使违法信息大量传播的；致使用户信息泄露，造成严重后果的；致使刑事案件证据灭失，情节严重的；有其他严重情节的，经监管部门责令采取改正措施而拒不改正，有下列情形之一的，处 3 年以下有期徒刑、拘役或者管制，并处或者单处罚金。单位犯前款罪的，对单位判处罚金，并对其直接负责的主管人员和其他直接责任人员依照前款的规定处罚。

第四节　反不正当竞争合规管理要求

针对反不正当竞争的主要行为表现和特征，经营者在实际经营过程中要分门别类制定合规风险清单，明确合规管理要求，做好风险应对预案，增强全员、特别是业务部门的合规意识，切实防范反不正当竞争合规风险。

一、识别并防范商业混淆风险

企业应引导和帮助有关部门和员工充分知晓商业混淆行为表现及违规违法后果，秉承“依法合规，诚信经营”的理念，严格规范生产经营行为，杜绝任何易引人误认为是他人商品或者与他人存在特定联系的混淆行为。

（1）在生产经营活动中，企业应提高品牌意识，通过提高劳动生产率、调整商品价格、提高商品质量、改善售后服务等方式，取得交易相对方的认可，增加自身的影响力和美誉度，从而提高市场竞争力。杜绝任何通过“搭便车”“傍名牌”等方式获取不正当利益的行为。

（2）加强商业混淆行为的识别预警，建立商业标识构思、设计、使用前的查询检索机制，避免侵犯他人在先权利。如确需使用与他人相同或相似的商业标识，要依法取得相关权利人的授权许可。

（3）与相关企业、社会组织、社会名人进行业务合作中，应对是否能够使用其名称、简称、字号、姓名、艺名，及其使用范围、时间等进行协商，并依照法律和约定允许的范围和内容使用。

（4）在经贸往来中，对待采购或拟转售的商品应严格甄别是否存在擅自使用与他人具有一定影响的商品名称、包装、装潢等相同或者近似的标识问题，并在相关合同中明确约定供应商应严格履行合规义务，提供的商品不存在任何侵权行为，并承诺承担相应责任。

（5）在开展商业联合、许可使用、商业冠名、广告代言等营销活动中，应严格审核合作伙伴是否存在擅自使用第三方有一定影响的企业名称包括简称、字号等，社会组织名称包括简称等，姓名包括笔名、艺名、译名等，以及第三方有一定影响的域名主体部分、网站名称、网页等，并在合同中对合作伙伴的商业行为进行严格约束，避免侵权行为发生。

（6）严格遵守《反不正当竞争法》《电子商务法》等相关法律规定，规范网上经营行为，公平有序开展竞争。严格履行域名使用、网站、网页设计、建设与发布的审核制度，要重点审核域名、网站与网页名称与内容是否存在侵犯他人权益行为。

（7）高度重视依法维护自身合法权益，建立并完善打假维权机制。一方面在生产经营活动中应当注意收集、保存好自身品牌、标识在相关领域有一定影响的证据材料，如广告投入、获得荣誉、销售市场份额等，以便被混淆时能够更好地维护自己的合法权益；另一方面同地方行政执法部门建立良好的沟通互动机制，建立并完善打假维权协作网络，将打假工作制度化、日常化，综合运用双方自行协商解决、寻求行政保护及司法保护等手段，强化打假维权实效。

二、识别并防范商业贿赂风险

企业应引导和帮助有关部门和员工充分知晓商业贿赂行为表现及违规违法后果，恪守商业道德，坚守合规底线，坚决反对和禁止一切商业贿赂。

（1）建立健全反商业贿赂规章制度和工作机制。企业应根据自身行业特色，自上而下提升反商业贿赂合规意识，并以此声明将把严格执行国家反商业贿赂政策法规作为发展经营战略的重要内容。建立包括反商业贿赂的企业声明、规章制度、组织架构、业务程序、问责追责及与审计、监察、纪检部门联动的完整的制度体系，构建完善反商业贿赂合规风险识别、分析与评价、预警与应对、举报与调查、考核与追责、培训及咨询沟通等工作机制，培育反商业贿赂的合规文化。

（2）加强第三方商业贿赂风险防范。精细化设计尽职调查内容；将合规流程嵌入业务流程；完善与第三方之间的交易文件；与第三方签订反商业贿赂承诺和协议；持续关注第三方的商业风险、商业信誉变化；完善企业内部风险控制制度，对于礼品费用、娱乐支出、差旅费用、报销项目等高敏感、高风险活动确保透明性，各项内部制度应当满足财务账簿记录的法定要求，全程监督与第三方之间的资金走向等。

（3）加强礼品与招待商业贿赂风险防范。明确可以允许接受礼品或招待的条件；明确禁止提供或接受礼品或招待的情形；对每年提供或接受礼品和招待的数量和限额制订具体规则；划分风险等级，分级审批，对风险级别较高的提供或接受礼品、餐饮、娱乐事项采取事前审批；向相关方提供旅游与考察前，进行合规审核，不得向外部人士、第三方及其配偶、亲属支付可能产生商业贿赂风险的费用，不得出于任何目的向有影响力的外部人士或第三方提供预付的现金，旅行和考察过程中发生的各项费用，应尽可能直接向酒店、航空公司等服务提供方支付，并应取得正规商业票据。

（4）加强招聘商业贿赂风险防范。完善相关人事制度，规范招聘流程，明确对拟招聘方进行合规背景调查，确保拟招聘岗位与拟招聘方无利益冲突；组织企业所有管理人员签署反商业贿赂声明；对劳动合同设置内部审核程序，加入反商业贿赂条款等。

三、识别并防范虚假误导商业宣传风险

企业应引导和帮助有关部门和员工充分知晓虚假误导的商业宣传行为表现及违法违规后果，自觉抵制虚假宣传和以组织“刷单炒信”为代表的帮助虚假宣传行为。

（1）企业在商业宣传活动中，应当遵循诚实信用原则，严格遵守《反不正当竞争法》《广告法》《消费者权益保护法》《电子商务法》等有关法律及监管规定，确保提供的商品和服务信息真实、准确、全面，不得使用内容不真实、与实际情况不符的表述欺骗消费者，不得使用含混不清、有多重语义的表述引起消费者误解。

（2）企业在对产品或者服务进行宣传时，要正确使用法律用语，慎用、禁用“国家级”“最高级”“最佳”及第一、全网销量第一、极品、顶级、顶尖、终极、最受欢迎、王牌、销量冠军、万能等绝对性用语；使用引证内容应当真实、准确，并标明出处；涉及专利产品或者专利方法的，应当标明专利号和专利种类；不得使用贬低其他经营者商品或服务的广告用语等。

四、识别并防范侵犯商业秘密风险

企业应引导和帮助有关部门和员工充分知晓侵犯商业秘密行为表现及违法违规后果，秉承依法合规、诚信经营理念，倡导自主研发，合法合规使用知识产权，严格规范生产经营行为，杜绝任何形式的侵犯商业秘密行为。

（1）制定完善商业秘密保护相关制度规范。依据国家保密、知识产权、商业秘密保护的法律法规，制定符合自身行业特点的商业秘密管理保

护的规范制度，作为企业商业秘密保护的基本遵循。

制定商业秘密清单及涉密载体、涉密场所等的台账制度，准确掌握商业秘密基本信息，确保商业秘密载体的保存、流转、交互、销毁等全生命周期有据可查，并对商业秘密场所的设备和接触人员进行完整的全流程记录。完整、准确记录商业秘密及其获取途径，获取途径可为反向工程、自我研发、合同、承诺、声明等提供合法性支撑。

针对企业实际情况制订培训制度和培训计划，对涉及商业秘密相关人员进行国家有关法律法规、商业秘密保护案例、企业保密规范制度、商业秘密保护注意事项、竞争对手防范措施等内容的普法教育与专项合规培训。

在商业秘密保护和风险防范工作中，对成绩显著或作出贡献的部门和个人，应当给予表彰和奖励。发生商业秘密泄密事件，由本企业保密委员会负责组织有关部门认定责任，相关部门依法依规进行处理。对泄露、非法使用商业秘密或者违反国家法律法规的员工，情节较重或者给企业造成较大损失的，应当依法追究相关法律责任；涉嫌犯罪的，依法移送司法机关处理。

（2）加强涉密人员管理。针对内部涉密人员，编制涉密人员管理规范，明确涉密人员岗前、在岗、离岗及离职期间的保密要求。对在岗人员进行培训，要求员工不得擅自披露、适用本企业商业秘密或披露因工作关系获取、掌握的第三方商业秘密；在岗人员对外公开发表的论文、宣传的资料涉及商业秘密的，应经企业保密和知识产权部门审核；培训内部涉密人员能熟练掌握、执行保密管理制度。

针对供应商、客户、被许可人、制造商、外部顾问等相关外部人员，做好与本企业商业秘密的隔离工作或者接触商业秘密的登记管理工作，必要时签订保密承诺书。

（3）强化涉密信息管理。根据商业秘密的数量、重要程度、保护要求、管理水平等实际状况，划分商业秘密的密级和知悉范围，明确各等级商业秘密保密期限以及商业秘密标志，将不同重要程度的商业秘密按照不同的保护模式进行保护。对商业秘密的产生、认定、使用和解密等环节进行动态管理，商业秘密变更密级、保密期限、知悉范围、在保密期限内解密或自行解密，要及时进行更新。商业秘密载体（文档、磁带、光盘、硬盘、U 盘等储存介质）放置专用保密档案室和密码文件柜内，建立存放、保管、查阅、调取、领用等登记台账并长期保存，指定专人管理，定期进行检查，做到账物相符。

涉密场所设立门禁，明确进入人员范围，严格禁止无关人员进入，其他部门员工和外来人员因工作需要进入涉密场所，需经涉密场所负责人批准，并做好登记工作。未经批准禁止携带有录音、录像、拍照、信息存储等功能的设备进入涉密场所。涉密区域的关键位置还应设置图像采集设施。

在开展对外合作签订合同时，要明确双方权利、义务以及技术成果归属。在合作过程产生新的信息也要明确权属关系和保密义务。企业在商务合作中合法取得商业秘密来源的证据，合作方取得第三方商业秘密授权及无侵犯第三方商业秘密声明承诺等相关证据，要留存归档。

（4）健全商业秘密失密泄密救济措施。一旦发生失密泄密事件应采取应急处置措施，包括失密泄密事件的确认、查找失密泄密原因、确定失密泄密风险等级、采取补救措施、失密泄密风险再识别及保密制度改进完善等步骤。

对于出现企业员工泄露或者非法使用商业秘密，情节较重或者造成较大损失的，应当依法向县级以上市场监管部门或公安、检察机关报案。对于出现第三方侵害商业秘密事件，要及时组织收集相关证据，启动应急补救措施和司法程序维权。如果企业内部采取的补救措施效果有限，可借助外部专业律师事务所或知识产权代理机构等力量，推进制止、谈判、报案、诉讼等方式的维权和补救工作，依法主张权利，要求停止侵权，消除影响，赔偿损失。

认定商业秘密符合法定条件的材料，包括但不限于商业秘密的研发过程和完成时间；商业秘密的载体和表现形式、具体内容等不为公众所知悉的情形；商业秘密具有的商业价值；对该项商业秘密所采取的具体保密措施等。

视为已提供初步证据合理表明商业秘密被侵犯的材料包括有证据表明涉嫌侵权人有渠道或者机会获取商业秘密，且涉嫌侵权人使用的信息与权利人的商业秘密在密点上高度相同、实质相同；有证据表明涉嫌侵权人有渠道或者机会获取商业秘密，且保密设施被涉嫌侵权人以不正当手段破坏；有证据表明商业秘密已被涉嫌侵权人披露、使用或者有被披露、使用的风险；权利人商业秘密被侵害造成的损失及损失计算方法；权利人提交了与该案相关的民事诉讼、刑事诉讼或其他法定程序中所形成的陈述、供述、鉴定意见、评估报告等证据，用于合理表明其商业秘密被侵犯等。

五、识别并防范不正当有奖销售风险

企业应引导和帮助有关部门和员工充分知晓有奖销售涉及的不正当竞争法律合规风险，避免和抵制奖品设置混乱、价格标志不明、抽奖方式不当、内部人操控等不正当有奖销售行为。

（1）建立促销及有奖销售相关制度规范。依据《反不正当竞争法》《规范促销行为暂行规定》《零售商促销行为管理办法》等法律法规，结合企业实际，制定符合本企业关于促销和有奖销售等行为的制度和规范。向涉及商品零售等相关人员进行制度宣贯，掌握促销和有奖销售法规规定，在允许范围内开展活动。

（2）建立促销及有奖销售法律合规审查机制。针对将要开展的促销及有奖销售行为，对所制订的方案进行事前法律合规审查，对照反不正当竞争及规范促销和有奖销售相关规定审查相关方案的合法性，确保合规操作。

（3）开展有奖销售活动，应设奖真实、兑奖真实，在设置有奖销售的规则时确保规则公平公正，避免定点投放或内部中奖。有奖销售促销广告中应含有设奖的种类、中奖概率、最高奖金额、总金额、奖品种类、数量、质量、提供方法等内容。若有前述内容受限于产品包装面积或者广告篇幅无法全面体现，应采取更多有奖促销信息见海报或者电子扫码了解等形式进行补充标注。有奖销售设置奖品时，奖品价值不超过5万元，且避免采用汽车使用权、房屋使用权或者叠加中奖等方式的有奖销售。有奖销售活动开始后，除非是有利于消费者的，否则不得擅自变更奖项种类、参与条件、开奖方式、兑奖方式等信息，不得另行附加条件或者限制。

六、识别并防范商业诋毁风险

企业应引导和帮助有关部门和员工充分知晓商业诋毁行为表现及违法违规后果，强化合规意识，自觉抵制贬低、诋毁竞争对手商誉的违法行为。

（1）企业从事宣传、营销的各部门和经营单位，应建立、维护本企业的商业信誉、商品声誉，以取得合作伙伴、消费者的信任，赢得更多交易机会和竞争优势；不得编造、传播或者指使他人编造、传播虚假信息或者误导性信息，损害竞争对手的商业信誉、商品声誉。

（2）企业各有关部门和单位在商业宣传和推广过程中，要遵守诚实信用原则，遵守商业道德规范，在法律法规允许的范围内进行对外宣传。

企业作出的评论应出于正当目的，秉承客观、公正、真实和审慎的态度，不能为了宣传自己而诋毁竞争对手，假借维护权利的名义，违背诚实信用，进行片面的引人误解的宣传；或者对竞争对手的商品，作出虚假或者误导性的风险提示信息等，损害竞争对手的商业信誉和商品声誉。

七、识别并防范网络新型不正当竞争行为

企业应引导和帮助有关部门和员工充分知晓网络新型不正当竞争行为表现及违规违法后果，规范和加强电子商务活动的内部控制、合规管理和风险管理，避免因违反《反垄断法》《电子商务法》等法律法规受到惩处。

（1）企业利用网络从事生产经营活动时，应当遵循自愿、平等、公平、诚信的原则，遵守商业道德和法律法规，公平参与市场竞争，履行消费者权益保护、环境保护、知识产权保护、网络安全与个人信息保护等方面的义务，承担产品和服务质量责任，接受政府和社会的监督，不得利用技术手段，通过影响用户选择或者其他方式，实施妨碍、破坏其他经营者合法提供的网络产品或者服务正常运行的行为。

（2）利用互联网推进业务、推广网站、电子商城以及各种应用 App 时，准确识别可能触及新型网络不正当竞争的风险点，避免抄袭、误导，规范互联网营销行为。若遇到被其他经营者影响，如被其他经营者侵犯权益、限制用户使用或利用网络舆论诋毁，以至于产生损害公平竞争机会时，及时采取依法维权措施。

第八章
反垄断合规

党的二十大提出，要构建高水平社会主义市场经济体制；充分发挥市场在资源配置中的决定性作用，更好发挥政府作用；加强反垄断和反不正当竞争，破除地方保护和行政性垄断，依法规范和引导资本健康发展；稳步扩大规则、规制、管理、标准等制度型开放。

高水平社会主义市场经济体系的基础是公平竞争的法治化规则、规制、管理、标准，充分发挥市场主体在市场中的竞争作用和市场在资源配置中的决定性作用。垄断是对公平市场竞争的直接破坏，政府要发挥反垄断的监管、调整作用。作为市场竞争基本主体的企业，要牢固树立公平竞争意识，自觉遵守反垄断法律法规，建立健全反垄断合规体系。

从19世纪下半叶开始，西方资本主义从自由竞争阶段开始向垄断阶段过渡。垄断成为对市场经济和公平竞争破坏力、杀伤力最大的违规违法行为，也成为法律重点规制的企业经济活动。1890年美国通过的反托拉斯法《谢尔曼法》（Sherman Act）是世界上第一个专门规制企业并购活动的法律。从某种意义上讲，企业合规管理也是从反垄断合规起步的①。各国法律法规重点监管企业违规并购集中、达成并实施垄断协议、滥用市场支配地位三种垄断行为。

---

① 1890年美国国会颁布了《谢尔曼法》，成为历史上第一个反垄断成文法。1865年美国南北战争结束后，随着全国铁路网的建立和扩大，全国统一大市场迅速形成，一方面推动了美国经济的迅速发展，另一方面也推动了垄断组织即托拉斯的产生和发展。1879年洛克菲勒财团控制下的美孚石油公司（MOBIL）即美国石油行业的第一个托拉斯建立，标志着美国历史上第一次企业兼并浪潮的开始。过度的企业兼并和集中导致垄断企业滥用市场支配地位的后果，市场失去竞争活力。在这种背景下，美国在19世纪80年代爆发了大规模抵制托拉斯的运动，直接导致1890年《谢尔曼法》的诞生，这是世界上最早的反垄断法。美国组织1914年颁布了《克莱顿法》和《联邦贸易委员会法》，对《谢尔曼法》作了补充和修订。日本1947年颁布了《禁止私人垄断和确保公正交易法》，联邦德国1957年颁布了《反对限制竞争法》，欧共体理事会也在1989年颁布了《欧共体企业合并控制条例》。现在，经济合作与发展组织（OECD）的所有成员国都有自己的竞争政策和反垄断法。亚洲和拉美新兴工业化国家、东欧和苏联加盟国家，也纷纷制定了反垄断法律。目前世界上颁布了反垄断法的国家已有80多个。

第一节　经营者集中反垄断合规管理

一、经营者集中法律法规和监管规则

反垄断领域的经营者集中主要包括企业合并、股权收购、资产收购、新设合营企业、通过合同取得控制权、通过其他方式取得控制权等情形。不论采取何种方式，只要能够形成经营者之间的控制与被控制关系，使得不同的经营者在运营上客观上成为一个经营实体，并能改变相关市场的份额和对相关市场竞争带来影响，都属于反垄断法要规制的经营者集中。

随着我国社会主义市场经济体制不断发展和完善，规范市场经济公平竞争的法律法规也不断发展和完善。2007 年 8 月 30 日由全国人大常委会审议通过，并于 2008 年 8 月 1 日起施行的《中华人民共和国反垄断法》，是我国反垄断领域效力最高、威力最大的法律。经过 15 年的实施和运用，2022 年反垄断法全面“大修”，6 月经全国人会常委会审议通过，8 月 1 日起施行。

在政府监管层面，现行有效的反垄断行政法规、部门规章和规范性文件主要是国务院 2008 年 8 月 3 日发布并实施、2018 年 9 月修订的《国务

院关于经营者集中申报标准的规定》，国务院反垄断委员会 2009 年 7 月发布实施的《关于印发〈关于相关市场界定的指南〉的通知》。

原商务部 2007 年 3 月发布实施的《外国投资者并购境内企业反垄断申报指南》。原商务部、中国人民银行、原中国银监会、中国证监会、原中国保监会 2009 年 8 月发布的《金融业经营者集中申报营业额计算办法》。

国家市场监督管理总局 2018 年 9 月发布实施的《关于经营者集中申报的指导意见》《关于规范经营者集中案件申报名称的指导意见》《关于经营者集中简易案件申报的指导意见》《关于经营者集中申报文件资料的指导意见》《关于施行〈经营者集中反垄断审查申报表〉的说明》《关于印发〈关于相关市场界定的指南〉的通知》；2020 年 10 月发布，2022 年 3 月修订、同年 5 月 1 日实施的《经营者集中审查暂行规定》；2021 年 11 月发布实施的《关于印发〈企业境外反垄断合规指引〉的通知》；2022 年 7 月发布实施的《关于试点委托开展部分经营者集中案件反垄断审查的公告》。

二、经营者集中的类型及认定标准

马克思主义政治经济学阐述了实现资本扩大再生产的两种途径，一是内涵式扩大再生产，即通过自身资本积累、扩大规模、赢得市场，实现做大做强；二是外延式扩大再生产，即通过兼并、收购、重组实现做大做强。当资本主义从自由竞争时代进入垄断时代后，外延式扩大再生产成为大型企业、龙头企业、头部企业形成的主要方式。经营者集中也就是企业之间通过收购、合并、合作实现重组，扩大市场份额和市场范围的活动。

（一）《反垄断法》关于经营者集中和控制权的规定

根据《反垄断法》第 20 条和《关于经营者集中申报的指导意见》第

4 条，纳入《反垄断法》规制范围的经营者集中有四种类型。

（1）经营者合并；

（2）经营者通过取得股权或者资产的方式取得对其他经营者的控制权；

（3）经营者通过合同、协议等方式取得对其他经营者的控制权或者能够对其他经营者施加决定性影响；

（4）两个以上经营者设立新的合营企业且共同控制该合营企业。

从上述四种经营者集中看，经营者集中除了企业之间直接合并以外，一个经营者取得对其他经营者的控制权，也属于经营者集中，应该纳入反垄断法规制范围，由此又引申出“控制权”的概念。反垄断法下的“控制权”适用范围广泛，凡是一个经营者对其他经营者的生产经营活动或重大经营决策具有或者可能具有决定性影响的，都属于有“控制权”。判断经营者是否通过交易取得对其他经营者的控制权或者能够对其他经营者施加决定性影响，应当考虑下列因素：

（1）交易的目的和未来的计划；

（2）交易前后其他经营者的股权结构及其变化；

（3）其他经营者股东大会的表决事项及其表决机制，以及其历史出席率和表决情况；

（4）其他经营者董事会或者监事会的组成及其表决机制；

（5）其他经营者高级管理人员的任免等；

（6）其他经营者股东、董事之间的关系，是否存在委托行使投票权、一致行动人等；

（7）该经营者与其他经营者是否存在重大商业关系、合作协议等；

（8）如果小股东拥有对经营者的存在事项的一票否决权，该小股东也会被认为取得了“控制权”。

（二）《反垄断法》关于经营者集中申报标准

经营者集中申报分为强制申报和自愿申报。到达强制申报标准的必须事先申报，获得批准后方可实施。

1. 经营者集中强制申报标准

《国务院关于经营者集中申报标准的规定》第3条规定了“申报规模标准”，即经营者集中达到下列标准之一的，经营者应当事先向国务院反垄断执法机构申报，未申报的不得实施集中。

（1）参与集中的所有经营者上一会计年度在全球范围内的营业额合计超过100亿元人民币，并且其中至少两个经营者上一会计年度在中国境内的营业额均超过4亿元人民币；

（2）参与集中的所有经营者上一会计年度在中国境内的营业额合计超过20亿元人民币，并且其中至少两个经营者上一会计年度在中国境内的营业额均超过4亿元人民币；

（3）如经营者集中没有达到上述标准，但按照规定程序收集的事实和证据表明该经营者集中具有或者可能具有排除、限制竞争效果的，反垄断执法机构有权依法进行调查。

2. 经营者集中自愿申报

未达到申报标准的经营者集中，参与集中的经营者从审慎防范风险的角度考虑，也可以自愿提出申报，由反垄断执法机构按照《反垄断法》的规定进行立案审查和决定。同时，参与集中的经营者合并计算营业额，即使超过强制申报标准，但根据《反垄断法》第27条，经营者集中有下列情形之一的，也可以不向反垄断执法机构申报。

（1）参与集中的一个经营者拥有其他每个经营者50%以上有表决权的股份或者资产的；

（2）参与集中的每个经营者50%以上有表决权的股份或者资产被同一个未参与集中的经营者拥有的。

从上述两项规定的情形看，实际上就是在一个企业集团内部，母公司与子公司之间、子公司与子公司之间重组、整合不需要作经营者集中申报。

2022年6月，国家市场监督管理总局公布《国务院关于经营者集中申报标准的规定（修订草案征求意见稿）》，提高了现行经营者集中申报门槛，新增了针对“猎杀式并购”[①]的申报门槛。

其他国家（地区）关于经营者集中申报标准见附录附表3。

三、经营者集中申报和审查

经营者集中达到法律法规和监管规则规定的申报标准的，经营者应当事先向国务院反垄断执法机构申报，未申报的不得实施集中。根据反垄断法有关规定，经营者集中未达到规定的申报标准，但有证据证明该经营者集中具有或者可能具有排除、限制竞争效果的，反垄断执法机构可以要求经营者申报。经营者未依法进行申报的，国务院反垄断执法机构应依法进行调查。

（一）经营者集中申报材料

1. 经营者向国务院反垄断执法机构提交申报材料

（1）经营者集中申报书；

（2）集中对相关市场竞争状况影响的说明；

---

① “猎杀式收购”（Killer Acquisition），主要是指大型互联网和平台型企业，为提前消除未来的竞争和竞争对手，对处于初创期且因采取免费或低价模式而导致营业额比较低的经营者，在可以规避经营者集中申报标准的情况下，实施的恶意收购。

（3）集中协议（收购协议、合资协议、合作协议等）；

（4）参与集中的各经营者经会计师事务所审计的上一会计年度财务会计报告；

（5）国务院反垄断执法机构规定的其他文件、资料。

经营者集中申报书应当载明参与集中的经营者的名称、住所、经营范围、预定实施集中的日期和国务院反垄断执法机构规定的其他事项。

经营者提交的文件、资料不完备的，应当在国务院反垄断执法机构规定的期限内补交文件、资料。经营者逾期未补交文件、资料的，视为未申报。

2. 简易申报

对于符合以下条件之一的案件，申报人可以申请作为简易案件申报。

（1）在同一相关市场，所有参与集中的经营者所占市场份额之和小于15%；

（2）存在上下游关系的参与集中的经营者，在上下游市场所占的市场份额均小于25%；

（3）不在同一相关市场、也不存在上下游关系的参与集中的经营者，在与交易有关的每个市场所占的份额均小于25%；

（4）参与集中的经营者在中国境外设立合营企业，合营企业不在中国境内从事经济活动；

（5）参与集中的经营者收购境外企业股权或资产的，该境外企业不在中国境内从事经济活动；

（6）由两个以上的经营者共同控制的合营企业，通过集中被其中一个或一个以上经营者控制。

选择简易程序申报的，自申报之日起1~2个月内审查完毕。国家市场监督管理总局2022年7月发布的《关于试点开展委托实施部分经营者集中案件反垄断审查的公告》提出，自 2022 年 8 月 1 日起试点委托北京市、上海市、广东省、重庆市、陕西省市场监督管理局开展部分适用经营者集中简易程序的案件反垄断审查工作。

（二）经营者集中审查和批准

国务院反垄断执法机构自收到经营者提交的文件、资料之日起 30 日内，对申报的经营者集中进行初步审查。

1. 简易申报和初步审查

对于适用简易申报的，或审查后认为符合经营者集中条件的，可以作出通过决定。通过审查可以是无条件通过，也可以采取不进一步审查的决定方式通过。反垄断执法机构逾期未作出决定的，视为通过。

反垄断执法机构在初步审查中，认为不符合经营者集中条件且事实、依据清楚的，可以作出不通过决定。

通过审查的，经营者可以实施集中。在审查期间或未通过审查的，不得实施经营者集中。

2. 进一步审查和普通程序

初步审查后认为申报材料不齐备，或者不符合简易申报条件，或申报的经营者集中可能要附加条件或修改方案内容的，可以作出进一步审查决定，转入普通审查程序，并书面通知经营者。反垄断执法机构应当自决定进一步审查之日起 90 日内审查完毕。符合特定情形时，国务院反垄断执法机构经书面通知经营者，可以对上述 90 日的审查期限再延长，但再延长的时间最长不得超过 60 日。

2022 年修订后的《反垄断法》引入“停钟”制度，有下列情形之一的，反垄断执法机构可以决定中止计算审查期限。

（1）经营者未按照规定提交文件、资料，导致审查工作无法进行；

（2）出现对经营者集中审查具有重大影响的新情况、新事实，不经核实将导致审查工作无法进行；

（3）需要对经营者集中附加的限制性条件进一步评估，且经营者提出中止请求。

企业在申请经营者集中申报时，应注意申报文件内容的完整性、准确性以及附条件承诺的可操作性，及时提交文件及资料，配合反垄断审查工作，避免审查期限由于“停钟”制度而产生拖延。

3. 反垄断执法机构审查决定

反垄断执法机构进一步审查后，通常会作出三种决定：通过、附条件通过、禁止集中。作出禁止经营者集中的决定，应当说明理由。审查期间或作出禁止集中决定的，经营者不得实施集中。

根据法律规定，反垄断执法机构将审查决定等信息向社会公布。无条件批准通过的、附条件通过的、禁止实施集中的以及适用简易程序申报的均在国家市场监督管理总局网站（https：//www. samr. gov. cn/fldes/）予以公示。

4. 附条件通过

在通过、附条件通过、禁止集中三种决定中，要重点关注附条件通过。对不予禁止的经营者集中，执法机构有权决定附加降低或减少经营者集中对相关市场竞争产生不利影响的限制性条件。附加的限制性条件分为结构性限制条件和行为性限制条件，以及结构性条件和行为性条件相结合的综合性限制条件。

结构性限制条件是指参与集中的经营者剥离部分有形资产、知识产权等无形资产、业务或者相关权益。剥离资产和业务一般应当具有在相关市场开展有效竞争所需要的所有要素，包括有形资产、无形资产、股权、关键人员以及客户协议或者供应协议等权益。剥离对象是参与集中经营者的子公司、分支机构或者业务部门。针对来自监管机构关于交易的任何顾虑，经营者集中的申报方以承诺的形式，提交相应解决方案，承诺须消除反垄断执法机构对排除和限制竞争的顾虑。

行为性限制条件是指如参与集中的经营者开放其网络或者平台等基础设施，许可专利、专有技术或者其他知识产权等关键技术，终止排他性协议安排等行为。

反垄断执法机构如果作出附条件同意集中决定，对参与集中的各方而言可能存在两个风险，一是未能积极参与反垄断执法机构关于附加条件的讨论，条件难以被全部或部分集中参与方接受；二是并购或合作交易合同、协议等文件未提前就反垄断执法机构提出附加条件作出安排。对此，经营者集中的参与方应充分协商，关注以下内容：

（1）事先充分分析经营者集中申报可能的结果，做好附条件的预案，并在交易文件中明确附加条件的通过应如何处理；

（2）交易各方间应积极配合，提出切实可行的建议方案；

（3）参与反垄断执法机构关于所附加条件的讨论，争取取得对集中交易最为有利的条件；

（4）提前关注并分析中国或其他司法辖区反垄断执法机构会采取哪些附加条件，如剥离参与集中的经营者的部分有形资产、无形资产、业务或相关权益等结构性条件，参与集中的经营者开放其网络或平台等基础设施、许可关键技术、终止排他性协议等行为性条件、结构性条件和行为性条件相结合的综合性条件等，提前做好资产和业务剥离、重组预案；

（5）对于需承担剥离义务的，应审慎委托监督受托人，并优先主动寻找潜在买家自行剥离；

（6）在附条件的限制性方案通过后，交易各方应在规定时限内严格遵守，尽可能保留相关证据文件，以备主管机关监督检查。如交易方、相关市场竞争状况发生重大变化或限制性条件已无必要或不可能，应及时向主管机关申请变更或解除限制性条件。

四、经营者集中违规的法律责任

（一）行政责任

根据《反垄断法》有关规定，经营者违法实施集中，且具有或者可能具有排除、限制竞争效果的，由国务院反垄断执法机构责令停止实施集中、限期处分股份或者资产、限期转让营业以及采取其他必要措施恢复到集中前的状态，处上一年度销售额10%以下的罚款；不具有排除、限制竞争效果的，处500万元以下的罚款。情节特别严重、影响特别恶劣、造成特别严重后果的，最高可能被处以上一年度销售额50%的罚款。经营者还会因受到反垄断行政处罚，被记入信用记录，并向社会公示。

此外，根据《经营者集中审查暂行规定》，违法经营者还会受到以下处罚：

（1）申报人隐瞒有关情况或者提供虚假材料的，市场监管总局对经营者集中申报不予立案或者撤销立案，并可以依照反垄断法阻碍反垄断执法的规定予以处罚。

（2）受经营者委托办理经营者集中申报的受托人，未按要求履行职责的，由市场监管总局责令改正；情节严重的，可以要求经营者更换受托人，并对受托人处3万元以下的罚款。

（3）剥离业务的买方未按规定履行义务，影响限制性条件实施的，由市场监管总局责令改正，并可以处3万元以下的罚款。

（二）民事责任

经营者实施垄断行为，给他人造成损失的，依法承担停止侵害、排除妨碍、消除危险、返还财产、恢复原状、消除影响、恢复名誉等一种或几种民事责任；损害社会公共利益的，可能面临民事公益诉讼。

（三）刑事责任

目前，未依法实施经营者集中，如不存在阻碍反垄断执法构成犯罪的行为，一般不涉及刑事责任。

五、企业经营者集中合规管理要求

企业在合资、合并、股权收购等项目中，应当在确定各方意向阶段即对是否需要作经营者集中申报作出分析判断。属于经营者集中情形的，应及时办理经营者集中申报，避免因漏报受到处罚。具体应做好以下工作。

（一）判断是否符合申报标准

企业根据交易类型判断是否属于经营者集中，在属于经营者集中的交易中，依据营业额等财务数据，参照所适用的法律法规，准确判断是否应当进行经营者集中申报，应当在哪些国家和地区进行经营者集中申报。国务院反垄断机构正在建立经营者集中分类分级审查制度，加强对涉及国计民生等重要领域的经营者集中审查。

（1）掌握项目基本情况，包括经营者集中交易架构、集中后相关经营者的控制权变更等；财务部门提供公司在中国以及全球各国开展经营的营业额等财务数据；项目所涉及的主体在全球范围内的业务情况及产品范围等；相关市场的情况，包括地理位置、行政区划、网络虚拟空间等相关市场、相关产品的界定，参与集中的经营者在相关市场的市场份额、相关市场的竞争情况等。

（2）根据基本情况作出法律判断，结合相关法律法规，对本次经营者集中的法律影响进行评估。评估内容主要包括本次交易是否需要申报、需要在哪些国家或地区申报、申报可能适用的程序（普通程序或者简易程序）以及申报所需时间、依据所适用的法律，应当事前申报还是事后申报，了解相关法域是否存在豁免申报条款，掌握应申报不申报的法律后果。部分国家将经营者集中案件区分为非简易案件和简易案件。简易案件多针对参与集中的经营者市场份额较小或者对东道国国内市场不会产生实质性竞争影响的集中行为。相对非简易案件而言，简易案件对申报材料要求较低、程序较为快捷。

（3）统一全球范围内的申报计划，确认全球范围申报的先后次序以及其他需要关注的问题。在交易文件中明确需要申报的国家和地区，明确各国或地区的执法机构。

（4）在披露敏感信息时，应严格限制知悉人员和使用目的，有可能的情况下考虑设置防火墙，避免被主管机关认定为串通共谋消除或限制竞争。

（5）结合项目情况对企业的合规经营作出分析评估，如对是否存在违反外商投资管理规定的行为，是否存在违反《反垄断法》或《反不正当竞争法》的行为等进行调查和评估，避免或排除不合规行为对集中申报进程及结果的不利影响。

《反垄断法》规定，经营者集中未达到国务院规定的申报标准，但有证据证明该经营者集中具有或者可能具有排除、限制竞争效果的，反垄断执法机构可以要求经营者申报，赋予执法机构在经营者未申报情形下，主动调查的权利。

（二）确定申报义务人

在经营者集中交易中，通常涉及两家以上的合作方。企业应选择恰当的申报义务人，顺利完成申报工作。

（1）根据交易类型和法律规定，判断申报主体。

（2）根据交易架构，在均可作为申报主体的情况下，与交易相对方充分沟通，参考对所涉司法辖区申报流程和规则的熟悉程度、交易迫切程度，基于有利于交易顺利进行、便利高效等原则，选定一方作为申报主体、其他方积极配合，也可以选择由所有有申报义务的主体共同申报。

（3）申报主体确定后，与交易相对方协商，写入交易文件。明确某一方的申报义务。

（三）事先商谈或预申报

各国家或地区通常在反垄断法律制度中，针对经营者集中申报，规定事先商谈等预先沟通的条款，应当积极利用这些条款，推动申报工作顺利进行。

（1）根据所适用法律法规的程序，在正式申报前申请事先商谈。在我国反垄断执法机构的事先商谈申请一般包括交易概况、交易各方的基本信息等文件和资料；拟商谈问题；参与商谈人员的姓名、国籍、单位及职务；建议的商谈时间等。

（2）在申请事先商谈过程中，反垄断执法机构可以要求经营者提交补充资料。补充材料应当在规定的时间内补交。

（3）商谈涉及的交易应相对确定的，拟商谈的问题应与拟申报的集中项目直接有关。

①交易是否需要申报，包括相关交易是否属于经营者集中，是否达到申报标准等。

②需要提交的申报文件资料，包括申报文件资料的信息种类、形式、内容和详略程度等。如果申报人无法提交上述某项材料，或者根据具体情况认为不需要提交上述某项材料的，可以在申报前的商谈阶段提出。

③具体法律和事实问题，包括如何界定相关商品市场和相关地域市场、是否符合简易程序的标准等。

④就申报和审查程序提供指导，包括申报的时间、申报义务人、申报和审查的时限、简易案件申报程序、非简易案件申报程序、审查程序等。

（4）在商谈过程中，应认真接受反垄断执法机构的指导，掌握商谈技巧，力争有所收获，初步解决相关问题。

（5）根据商谈结果，确认是否需要修改集中交易架构等。

（6）欧盟实行预申报流程，应根据项目情况判断提出预申报的时间节点。

（四）集中交易文件中应包含涉及经营者集中的条款

企业对经营者集中申报进行充分评估，结合市场惯例、交易具体情况、相关国家的经营者集中申报流程、反垄断主管机关的态度、各方谈判地位等，与交易对手进行充分协商，合理分配各方的权利义务，明确申报义务主体、商定申报国家或地区、明确将无条件批准作为项目交割条件、合理设计申报审批条款等内容，并在交易法律文件中明确体现，以确保交易按照预期顺利交割或妥善退出交易。

（1）在交易文件中，执法机构的无条件批准一般作为项目交割条件。需关注获取该先决条件中己方的义务程度，如合理努力、最大商业合理努力、最大努力等，避免己方承担过高、不合理的义务。

（2）如该交割条件满足义务在对方，己方可以要求对方在何时完成申报或获得审批，否则己方可无条件退出交易。

（3）对于实行事前审批的司法辖区，如主管机关禁止集中，约定交易各方会选择不交割，并约定干净退出交易的安排。

（4）交易方可在交易文件中约定是否接受附条件通过。

（5）对于少数实行自愿申报或事后审批的司法辖区，交易各方应在交易文件中考虑未获审批及事后被主管机关认定为违反《反垄断法》时如何处理。

（6）关注抢先实施集中与限制竞争等容易受到反垄断执法机构质疑的条款，包括过渡期安排、约定由一方经营者承包或者托管其他方经营者的对外经营业务或重要设施、约定经营者集中各方交换有关市场竞争条件的信息、约定经营者集中各方避免市场竞争的条款等。

（五）准备申报材料

合作双方应互相配合，确保申报材料完备，符合执法机构要求，内在逻辑清晰，能够清楚解释交易行为对市场竞争的影响。

（1）根据法律要求及执法机构公布的细则认真填写申报表，准备附件材料。

（2）材料应重点关注集中对相关市场竞争状况影响的说明、市场进入分析、潜在市场竞争和可能的市场进入、集中对市场结构、行业发展、竞争者、上下游经营者、消费者、技术进步、经济发展和公共利益的影响、集中各方内部或外部编制的有助于评估集中的分析和报告文件等。

（3）在境内申报中，如有政府机构对本次集中的批复意见，一并提交。

（4）注意对申报文件是否涉及商业秘密、敏感信息等进行审查，未来提交申报时明确对其进行标示，并采取相应的保密措施，确保相关保密信息不被泄露。

（5）建立完善经营者集中申报企业内部工作机制，厘清法律合规部门、财务部门职责，业务部门和专业研究机构的职责，相互配合。在欧盟等国家或地区申报时，中央企业通常需要额外提供最终控制股东、关联方、独立性等相关信息，提供资料前应提前履行内部报告和审批流程。

（六）与执法机构积极、适当地沟通

提交申报材料后，申报人应依据所适用的法律与反垄断执法机构积极沟通，了解执法机构审查流程和时间节点，随时关注进展，根据执法机构要求按时补充资料，或作出承诺。

（1）立案前后，反垄断执法机构均可能要求申报人就某些问题进行详细说明，申报人应当快速回答反垄断执法机构提出的问题，并按照反垄断执法机构的要求、在规定期限内提交相关补充材料。

（2）妥善行使参与集中的经营者的申辩权，通过信函、传真等方式向反垄断执法机构就有关申报事项进行书面陈述、申辩。

（3）妥善利用听证会等程序，充分阐述己方关于集中项目的观点。

（4）关注执法机构审查时间节点，随时跟进执法机构的要求。大部分国家都采取两阶段的审查程序的模式。第一阶段审查一般时间较短，适用于达到申报门槛，但明显能够通过审查标准的并购，此类案件一般可以在第一阶段的期限内得到批准。如果在第一阶段审查过程中，反垄断执法机构无法对交易作出准确的交易评估，则会启动第二阶段审查。在此阶段，反垄断执法机构将利用充足的时间去全面和深入地调查该项交易。如根据我国《反垄断法》规定，国务院反垄断执法机构应在正式立案后的 30 日内对申报的经营者集中进行初步审查，作出是否实施进一步审查的决定，并书面通知经营者。国务院反垄断执法机构决定实施进一步审查的，应当自决定之日起 90 日内审查完毕，作出是否禁止经营者集中的决定，并书面通知经营者。作出禁止经营者集中的决定，应当说明理由。如果出现提交的文件资料不准确、申报后有关情况发生重大变化等情形，国务院反垄断执法机构经书面通知经营者，可以延长进一步审查期限，但不得超过 60 日。在审查阶段不能实施集中，否则可能受到反垄断执法机构的处罚。若反垄断执法机构逾期未作出决定的，经营者可以实施集中。

（5）了解欧盟等国家或地区的救济手段，如对欧盟委员会基于《欧盟并购规则》作出决定的实体或程序性问题有异议，可上诉至欧盟法院。

（七）了解适当的附加条件

各国反垄断执法机构对于并购交易进行评估之后，存在禁止集中、附条件批准或批准三种可能。针对来自监管机构关于交易的任何顾虑，申报方均有权以承诺的形式提交相应救济方案，承诺须消除执法机构对排除和限制竞争效果的所有要求，如欧盟一般倾向于申报方提供如降低持股、减少业务或资产等结构性限制承诺，同时也接受如同意给第三方在合理及平等的条件下进行知识产权许可的行为性限制承诺。如果执法机构作出附条件同意的决定，应积极争取执法机构所附加的条件为集中各方均可接受。

（1）事先充分分析经营者集中申报可能的结果，做好附加条件的预案，并在交易文件中明确附加条件的通过应如何处理。

（2）交易各方间应积极配合，提出切实可行的建议方案。

（3）参与执法机构关于所附加条件的讨论，争取对公司最为有利的条件。

（4）提前关注并分析中国或其他国家、地区执法机构一般附加的条件，做好预案，如剥离参与集中的经营者的部分有形资产、无形资产、业务或相关权益等结构性条件；参与集中的经营者开放其网络或平台等基础设施、许可关键技术、终止排他性协议等行为性条件；结构性条件和行为性条件相结合的综合性条件等。

（5）对于需剥离义务，应审慎委托监督受托人，并优先主动寻找潜在买家自行剥离。

（八）做好项目交割安排

在反垄断执法机构审查过程中，如交易文件已经签署，则应依据交易文件中关于经营者集中申报的条款及执法机构的决定，完成项目交割。

（1）对于大部分事前申报的项目，交易交割应当是执法机构通过审查或附条件通过审查为条件，不能“抢跑”。在获得批准前不得办理股权变更登记、注册合营企业等。此外，在获得审批前的下述行为会被认为构成股权变更：完成股东或者权利变更登记、委派高级管理人员、实际参与经营决策和管理、与其他经营者交换敏感信息、实质性整合业务等取得对其他经营者的控制权或者施加决定性影响的行为等。

（2）在附条件的限制性方案通过后，交易各方应在规定时限内严格遵守，尽可能保留相关证据文件，以备主管机关监督检查。如交易方、相关市场竞争状况发生重大变化或限制性条件已无必要或不可能，应及时向主管机关申请变更或解除限制性条件。

（九）积极配合反垄断执法机构调查

企业在国际化经营中面临各个国家和地区越来越严格的合规管控，在开展合资、合并、股权收购等项目时，应依法申报并根据审查结果完成项目，积极回应反垄断执法机构调查。

（1）应申报的项目应当在项目谈判时就确定申报策略，留出申报时间，做好应对申报结果的各种预案。

（2）认真履行执法机构附条件通过时所附加的条件，并积极维护公司利益。

（3）留存在反垄断经营者集中合规方面的项目文件、审查通知等资料，积极应对执法机构调查。

第二节　反垄断协议合规管理

达成并实施垄断协议是对市场公平竞争危害最直接，也是最大的一种垄断行为。垄断协议主要通过两个或两个以上的企业，采取合同、决议、默契或其他形式，共同决定产品或服务的价格，或就产品的销售数量、生产技术标准，以及产品的销售地区、销售对象进行限定，从而达到排斥、限制或妨碍特定市场竞争的目的。

一、垄断协议具体表现形式和特征

横向垄断被称为卡特尔（Cartel），在世界各国被严格禁止并被处以最严厉处罚，也是经营者面临的最主要的《反垄断法》风险。

（一）横向垄断协议及其表现特征

横向垄断协议是指具有竞争关系的两个及以上的经营者，通过明示或者默示的方式，达成的限制、排除竞争的协议。横向垄断不仅发生在营销环节，在企业生产、销售、运输、仓储物流服务、贸易、电商经营等业务环节都有可能发生横向垄断的合规风险。横向垄断协议的主要表现形式有11种。

1. 共同固定或者控制价格变化

经营者与竞争者达成协议，共同固定或者控制价格变化，是最典型、最直接的横向垄断行为。从事相同业务的竞争者之间，达成协议直接固定或者变更价格水平、价格变动幅度和区间、利润水平，或者约定折扣、手续费、返还佣金、信贷条款等其他价格因素，以及约定采用据以计算价格的标准公式或其他方式限定参与横向垄断的经营者的自主定价权等。

2. 限制商品的生产数量或者销售数量

经营者与竞争对手达成协议，共同以限制产量、固定产量、停止生产等方式限制商品的生产数量，或者限制特定品种、型号商品的生产数量，或者以限制商品向市场的投放量等方式限制商品的销售数量，以及限制特定品种、型号商品的销售数量等方式故意制造短缺，实施“饥渴营销”

获取暴利。

3. 分割销售市场或者原材料采购市场

经营者与竞争对手达成协议，彼此划分商品销售地域、市场份额、销售对象、销售收入、销售利润或者销售商品的种类、数量、时间，以及划分原料、半成品、零部件、相关设备等原材料的采购区域、种类、数量、时间或者供应商，共同限制购买、排挤、开发新技术、新设备、新产品等。

4. 限制购买新技术、新设备或者限制开发新技术、新产品

经营者与竞争者达成协议，共同直接限制购买、使用新技术、新工艺；限制购买、租赁、使用新设备、新产品；限制投资、研发新技术、新工艺、新产品；拒绝使用新技术、新工艺、新设备、新产品；通过其他方式限制购买新技术、新设备或者限制开发新技术、新产品等。

5. 联合抵制交易

经营者与竞争对手达成协议，联合拒绝向特定经营者供应或者销售商品；联合拒绝采购或者销售特定经营者的商品；联合限定特定经营者不得与其具有竞争关系的经营者进行交易；或者在典型寡头垄断市场环境下，具有竞争关系的经营者通过意思联络，实施无正当理由的一致性抵制行为等。

6. 串通招投标

经营者与竞争对手达成协议，事实上提前约定、指定或确定中标人，协商投标报价等投标文件的实质性内容，约定部分投标人放弃投标或者中标；属于同一协会、商会等组织成员的经营者按照该组织要求协同投标；与竞争对手通过放弃招标、撤回标书、提交高价或者包含不合理条款的标书来支持预设的中标人等。

7. 交换敏感信息形成协同行为

具有竞争关系的经营者之间，以特定的、有组织的方式，通过现场磋商或视频会议、电话交流、电子邮件、微信交流等途径，交换价格（包括实际价格、价目表或者指示性价格）；折扣和折扣政策；招投标方案或者策略；客户（包括实际或者潜在的客户身份、客户分类）；市场区域（实际或者计划销售或不销售商品、提供或不提供服务的区域）；供应商（包括实际或者潜在的供应商、供应商分类）；销售条款或者条件；与客户谈判的政策或者策略；收益、利润或者利润率；市场份额；销售、营销、广告或者促销的策略或者成本；市场、供求、价格趋势等数据或者观点（包括但不限于市场上的价格是否过低，价格应处于什么水平，如何获得更高或者更稳定的价格等）；业务扩张或收缩计划；研发项目、策略或者成本；生产能力、产量或者成本；生产和销售的数量、库存等任何可被用于降低有效竞争的信息等。

8. 参与或者支持行业协会组织达成或者实施垄断协议

经营者参与或主动发起、组织行业协会讨论商品价格、产销数量、业务区域、交易对象，以及共同应对竞争对手等敏感商业信息；以行业自律、章程等方式制定的排除、限制竞争的规则、规定、建议；以协议、决议、纪要、备忘录等形式统一定价、限制数量、划分市场，共同抵制、拒绝交易等。经营者如作为发起人参与行业协会，可被视为垄断违法行为的组织者，即便第一个向执法部门申请横向垄断协议案件宽大处理，也不能免除处罚。

9. 并购交易中达成或实施横向垄断协议

对并购交易中涉及的敏感信息的转移与交换需求不加区分，对敏感信息转移与交换的时点与阶段不加控制，对参与信息转移与交换的人员范围不作界定，在不同经营者的经营团队之间，在同一经营者的交易团队与经营团队之间无过滤、无控制地转移、交换敏感信息，形成横向垄断协同行为；或者以并购为名，行共谋之实，利用虚假交易与竞争者交换敏感信息，实施“假集中真卡特尔行为”等。

10. 组织、帮助其他经营者达成垄断协议

供应商组织各经销商开会，帮助经销商达成协议；具有竞争关系的企业通过与一个居间方平台的沟通或意思联络（纵向协议）而最终达成横向垄断的目的；代理人促进其所代理的多个具有竞争关系的经营者之间共谋或敏感信息的交流；上游市场的不同厂商将其产品交由同一家经销商进行独家销售，产品流通结构由原来的“厂家—用户”，转变为“厂家—经销商—用户”，上游厂商因此获得了稳定的销售渠道，不必为销售产品而展开竞争，继而上游厂商间可能产生类似横向共谋的格局。

11. 竞争者之间合资合作的横向垄断行为

有竞争关系的经营者，或者在各自的部分业务领域存在一定横向竞争的情况下，借助共同设立的合营企业的运营、管理交换敏感信息，进而实现共谋；专利联营的成员利用专利联营交换产量、市场划分等有关竞争的敏感信息等。

（二）纵向垄断协议及其表现特征

纵向垄断协议是指一般发生于产业的上下游经营者之间为限制、排除竞争达成的协议。参与纵向垄断协议的经营者之间具有明显的原材料、产供销等方面的互补性，如原材料的供应商与下游的制造商之间、生产商与批发商之间、批发商与零售商之间的互补性。

纵向垄断协议行为分为纵向价格垄断协议和纵向非价格垄断协议两种。纵向价格垄断协议是指经营者与交易相对人之间达成的，旨在对交易

相对人向第三人转售商品的价格进行限制的垄断协议。纵向非价格垄断协议是指纵向非价格限制即经营者与交易相对人之间对价格之外的其他因素的限制竞争协议，包括销售对象、销售区域、搭售、购买来源等。

1. 纵向价格垄断行为

纵向价格垄断行为，即转售价维持（锁定转售价格）行为。主要表现为固定向第三人转售商品的价格水平、价格变动幅度、利润水平或者折扣、手续费等其他费用；限定向第三人转售商品的最低价格（如限定最低零售价），或者通过限定价格变动幅度、利润水平或者折扣、手续费等其他费用限定向第三人转售商品的最低价格等。

在企业经营中，以下做法可能被认定为纵向价格垄断行为。

（1）供应商对经销商固定销售毛利、折扣、返利等交易条件；

（2）设定量价挂钩条件，如供应商在给定产品供应量的同时要求经销商实现不少于一定金额的销售额；

（3）要求经销商锁定交易对手（如零售商、客户）转售价格；

（4）在经销商之间传递价格信息并促成价格同盟；

（5）限制经销商最低投标价，如供应商与经销商签订协议，约定“在任何招投标中，经销商均应严格遵从供应商的投标指导价，在对供应商投标指导价作任何变动之前，应获得供应商的书面确认等”。

2. 纵向非价格垄断行为

纵向非价格垄断行为主要有排他性（独家）销售、排他性独家购买、限制经销商主动或被动销售、限制交叉供货、限制销售区域或客户等形式。

（1）供货商向经销商承诺，在某个市场或区域只向经销商提供商品；经销商向供货商承诺，除了供货商或者由其指定的第三方外，经销商不从其他供货商购买议定的产品。

（2）供货商在某一市场或区域选择数量有限的经销商销售产品，被选定的经销商不得主动或被动地跨区域销售产品。

（3）供货商授权特定经销商销售产品，经授权的经销商不得向非经授权的经销商销售产品。

（4）供货商要求特定的经销商只能进行线下销售，不得进行网络推广和销售。

（5）供货商禁止从事批发业务的经销商直接向终端用户或零售商销售产品，以维持批发渠道和零售渠道的交易区隔。

（6）供货商要求经销商转售产品时搭售其他与产品相关或不相关的产品，供货商要求经销商接受不合理的销售目标、库存品种、数量甚至宣传推广等条件。

（三）与行政权力有关的垄断协议具体表现

企业加强反垄断专项合规管理，识别和防范反垄断法律合规风险的同时，应当了解《反垄断法》不仅规制企业的垄断行为，也规制行政机关和法律法规授权的具有公共事务管理职能的组织滥用行政权力，实施排除、限制竞争的行为方式。与行政权力有关的垄断行为，既有政府机关出于本行业、本区域经济、社会发展目标需要，要求或组织企业实施垄断行为；也有企业为了自身经济利益和竞争需求，争取政府机关实施或帮助实施垄断行为。与行政权力有关的垄断行为主要是政府机关设置有针对性、歧视性的关卡、审批、许可、技术标准、认证、检验、检查、收费等方式限制竞争。

但是，当企业被行政机关命令、要求，或者在政府机关组织下实施垄断行为的，并不能以“受政府命令而为之”作为为垄断行为抗辩的免责理由。

1. 限定或者变相限定单位或个人经营、购买、使用其指定的经营者提供的商品和服务

主要表现为：

（1）以明确要求、暗示、拒绝或者拖延行政审批、重复检查、不予接入平台或者网络等方式，限定或者变相限定经营、购买、使用特定经营者提供的商品；

（2）通过限制投标人所在地、所有制形式、组织形式等方式，限定或者变相限定经营、购买、使用特定投标人提供的商品；

（3）没有法律法规依据，通过设置项目库、名录库等方式，限定或者变相限定经营、购买、使用特定经营者提供的商品；

（4）限定或者变相限定单位或者个人经营、购买、使用其指定的经营者提供的商品的其他行为。

2. 妨碍商品在地区之间自由流通

主要表现为：

（1）对本区域外的商品设定歧视性收费项目、实行歧视性收费标准，或者规定歧视性价格、实行歧视性补贴政策；

（2）对本区域外的商品规定与本地同类商品不同的技术要求、检验标准，或者对本区域外商品采取重复检验、重复认证等措施，阻碍、限制本区域外商品进入本地市场；

（3）没有法律法规依据，采取专门针对本区域外商品的行政许可、备案，或者对本区域外商品实施行政许可、备案时，设定不同的许可或者备案条件、程序、期限等，阻碍、限制本区域外商品进入本地市场；

（4）没有法律法规依据，设置关卡、通过软件或者互联网设置屏蔽等手段，阻碍、限制本区域外商品进入本地市场或者本地商品运往本区域外市场；

（5）妨碍商品在地区之间自由流通的其他行为。

3. 排斥或者限制本区域外经营者参加本地的招标投标活动

主要表现为：

（1）不依法发布信息；

（2）明确本区域外经营者不能参与本地特定的招标投标活动；

（3）对本区域外经营者设定歧视性的资质要求或者评审标准；

（4）通过设定与招标项目的具体特点和实际需要不相适应或者与合同履行无关的资格、技术和商务条件，变相限制本区域外经营者参加本地招标投标活动；

（5）排斥或者限制本区域外经营者参加本地招标投标活动的其他行为。

4. 排斥或者限制本区域外经营者在本地投资或者设立分支机构

主要表现为：

（1）拒绝本区域外经营者在本地投资或者设立分支机构；

（2）没有法律法规依据，对本区域外经营者在本地投资的规模、方式以及设立分支机构的地址、商业模式等进行限制；

（3）对本区域外经营者在本地的投资或者设立的分支机构在投资、经营规模、经营方式、税费缴纳等方面设定与本地经营者不同的要求，在安全生产、节能环保、质量标准等方面实行歧视性待遇；

（4）排斥或者限制本区域外经营者在本地投资或者设立分支机构的其他行为。

5. 强制或者变相强制经营者从事《反垄断法》规定的垄断行为

主要表现为：

（1）以行政命令、行政授权、行政指导或者通过行业协会等方式，强制、组织或者引导经营者达成、实施垄断协议或者实施滥用市场支配地位行为；

（2）违法披露或者违法要求经营者披露生产经营敏感信息，为经营者实施垄断行为提供便利条件等。

6. 制定、发布含有排除、限制竞争内容的政策措施

政府机关主要以规定、办法、决定、公告、通知、意见、会议纪要等形式来排斥、排除、限制竞争。主要有四个方面的表现：

一是设置不合理和歧视性的准入和退出条件。

（1）未经公平竞争即授予经营者特许经营权；限定经营、购买、使用特定经营者提供的商品和服务；设置没有法律法规依据的审批或者具有行政审批性质的事前备案程序；对市场准入负面清单以外的行业、领域、业务等设置审批程序等。

（2）设置明显不必要或者超出实际需要的准入和退出条件，排斥或者限制经营者参与市场竞争；没有法律法规依据或者国务院规定，对不同所有制、地区、组织形式的经营者实施差别化待遇，设置不平等的市场准入和退出条件；没有法律法规依据或者国务院规定，以备案、登记、注册、名录、年检、监制、认定、认证、审定、指定、配号、换证、要求设立分支机构等形式，设定或者变相设定市场准入障碍；没有法律法规依据或者国务院规定，设置消除或者减少经营者之间竞争的市场准入或者退出条件。

（3）故意在一般竞争性领域实施特许经营，或者以特许经营为名变相增设行政许可；未明确特许经营权期限或者未经法定程序延长特许经营权期限；未采取招标投标、竞争性谈判等竞争方式，直接将特许经营权授予特定经营者；设置歧视性条件，使经营者无法公平参与特许经营权竞争。

（4）没有法律根据增设行政审批事项，增加行政审批环节、条件和程序；设置具有行政审批性质的前置性备案程序。对市场准入负面清单以外的行业、领域、业务等设置审批程序，主要指没有法律法规依据或者国务院决定，采取禁止进入、限制市场主体资质、限制股权比例、限制经营范围和商业模式等方式，直接或者变相限制市场准入。

二是限制商品和要素自由流动。

（1）对本区域外和进口商品、服务实行歧视性价格和歧视性补贴政策；限制本区域外和进口商品、服务进入本地市场或者阻碍本地商品运出、服务输出；排斥或者限制本区域外经营者参加本地招标投标活动；排斥、限制或者强制本区域外经营者在本地投资或者设立分支机构；对本区域外经营者在本地的投资或者设立的分支机构实行歧视性待遇。

（2）制定政府定价或者政府指导价时，对本区域外和进口同类商品、服务制定歧视性价格；对相关商品、服务进行补贴时，对本区域外同类商品、服务和进口同类商品不予补贴或者给予较低补贴。

（3）对本区域外商品、服务规定与本地同类商品、服务不同的技术要求、检验标准，或者采取重复检验、重复认证等歧视性技术措施；对进口商品规定与本地同类商品不同的技术要求、检验标准，或者采取重复检验、重复认证等歧视性技术措施；没有法律法规依据或者国务院规定，对进口服务规定与本地同类服务不同的技术要求、检验标准，或者采取重复检验、重复认证等歧视性技术措施；没有法律法规依据，设置专门针对本区域外和进口商品、服务的专营、专卖、审批、许可；没有法律法规依据，在道路、车站、港口、航空港或者本行政区域边界设置关卡，阻碍本区域外和进口商品、服务进入本地市场或者本地商品运出和服务输出；没有法律法规依据，通过软件或者互联网设置屏蔽以及采取其他手段，阻碍本区域外和进口商品、服务进入本地市场或者本地商品运出和服务输出。

（4）限制本区域外经营者设立分支机构。对本区域外经营者在本地的投资不给予与本地经营者同等的政策待遇；对本区域外经营者在本地设立的分支机构在经营规模、经营方式、税费缴纳等方面规定与本地经营者不同的要求；在节能环保、安全生产、健康卫生、工程质量、市场监管等方面，对本区域外经营者在本地设立的分支机构规定歧视性监管标准和要求。

三是行政干预影响竞争成本。

（1）违法给予特定经营者优惠政策。安排财政支出与企业缴纳的税收或非税收入挂钩；违法违规减免或者缓征特定经营者应当缴纳的社会保险费用；在法律规定之外要求经营者提供或扣留经营者各类保证金。没有法律法规依据或者国务院规定，给予特定经营者财政奖励和补贴；没有法律法规依据或者未经国务院批准，减免特定经营者应当缴纳的税款；没有法律法规依据或者国务院规定，以优惠价格或者零地价向特定经营者出让土地，或者以划拨、作价出资方式向特定经营者供应土地；没有法律法规依据或者国务院规定，在环保标准、排污权限等方面给予特定经营者特殊待遇；没有法律法规依据或者国务院规定，对特定经营者减免、缓征或停征行政事业性收费、政府性基金、住房公积金等。

（2）安排财政支出与企业缴纳的税收或非税收入挂钩，主要指根据企业缴纳的税收或者非税收入情况，采取列收列支或者违法违规采取先征后返、即征即退等形式，对企业进行返还，或者给予企业财政奖励或补贴、减免土地出让收入等优惠政策。

（3）违法违规减免或者缓征特定经营者应当缴纳的社会保险费用，主要指没有法律法规依据或者国务院规定，根据经营者规模、所有制形式、组织形式、地区等因素，减免或者缓征特定经营者需要缴纳的基本养老保险费、基本医疗保险费、失业保险费、工伤保险费、生育保险费等。

（4）在法律规定之外要求经营者提供或扣留经营者各类保证金。包括：没有法律法规或者国务院规定，要求经营者交纳各类保证金；在经营者履行相关程序或者完成相关事项后，不及时退还经营者交纳的保证金。

四是其他直接干预企业竞争行为。

（1）强制要求经营者实施《反垄断法》规定的垄断行为；违法披露或者违法要求经营者披露拟定价格、成本、生产数量、销售数量、生产销售计划、经销商信息、终端客户信息等。生产经营敏感信息；超越定价权限进行政府定价；违法干预实行市场调节价的商品和服务的价格水平。

（2）超越权限对实行政府指导价的商品、服务进行政府定价；对不属于本级政府定价目录范围内的商品、服务制定政府定价或者政府指导价；违反《中华人民共和国价格法》等法律法规采取价格干预措施。

（3）违法干预实行市场调节价的商品和服务的价格水平包括制定公布商品和服务的统一执行价、参考价；规定商品和服务的最高或者最低限价；干预影响商品和服务价格水平的手续费、折扣或者其他费用。

二、垄断协议违规的法律责任

（一）行政责任

1. 垄断协议行政处罚

《反垄断法》明确规定，经营者违规违法达成、实施垄断协议的，由反垄断执法机构责令停止违法行为，没收违法所得，并处上一年度销售额1%以上10%以下的罚款，上一年度没有销售额的，处500万元以下的罚款；已达成垄断协议但尚未实施的，可以处300万元以下的罚款。经营者组织其他经营者达成垄断协议或者为其他经营者达成垄断协议提供实质性帮助的，适用同样的处罚。经营者的法定代表人、主要负责人和直接责任人员对达成垄断协议负有个人责任的，可以处100万元以下的罚款。违规违法达成、实施垄断协议情节特别严重、影响特别恶劣、造成特别严重后果的，最高可能被处以上一年度销售额50%的罚款。经营者还会因受到反垄断行政处罚，被记入信用记录，并向社会公示。

行业协会违反本法规定，组织本行业的经营者达成垄断协议的，由反垄断执法机构责令改正，可以处300万元以下的罚款；情节严重的，社会团体登记管理机关可以依法撤销登记。

2. 宽大处理机制和减免梯度比例

我国在反垄断执法上建立了宽大处理机制。经营者主动向反垄断执法机构报告垄断协议有关情况并提供重要证据的，反垄断执法机构可以酌情按减免梯度比例减轻或者免除主动报告经营者的处罚，对第一个报告并申请依法减免除处罚的经营者，可以免除处罚或者按照不低于80%的幅度减轻罚款；对于第二个申请者，可以按照30%～50%的幅度减轻罚款；对于第三个申请者，可以按照20%～30%的幅度减轻罚款。通过减免梯度比例，鼓励涉嫌违法者尽早提出宽大申请，可以更好地发挥宽大机制的激励作用。当然，主动报告的经营者最终能否获得上述幅度的减免处罚，应当由反垄断执法机构综合考虑经营者主动报告的时间顺序、提供证据的重要程度以及达成、实施垄断协议的有关情况等因素，作出是否减轻或者免除处罚的决定。

（二）民事责任

违法违规达成、实施垄断协议，给他人造成损失的，依法承担停止侵害、排除妨碍、消除危险、返还财产、恢复原状、消除影响、恢复名誉等一种或几种民事责任；损害社会公共利益的，可能面临民事公益诉讼。

（三）刑事责任

不同于未依法实施经营者集中及滥用市场支配地位等反垄断违法行

为，即使不存在阻碍反垄断执法构成犯罪的行为，一旦达成、实施垄断协议的行为构成串通投标罪或强制交易罪，经营者也会被追究刑事责任。

三、反垄断协议合规管理要求

企业应充分认识到垄断协议破坏的是市场公平竞争秩序，不仅损害其他经营者和消费者的利益，也最终损害自身利益。企业要根据自身业务规模、行业特点，建立行之有效的反垄断合规管理制度，并确保制度得到严格执行。企业要建立反垄断合规管理部门并保持其相对独立性，明确责任人和岗位职责。企业要完善反垄断协议的合规咨询、检查、预警、评估、培训、考核等内部机制，并制订务实的合规策略。

企业要高度重视己方员工经营管理活动中可能引发的垄断协议合规风险。如己方员工与竞争对手员工之间在行业协会、会议以及其他场合的接触，竞争企业之间频繁的人员流动，以及通过同一个供应商或者客户交换敏感信息，或者与竞争者之间的合同、股权或其他合作等形式，导致的横向垄断协议风险。企业应根据员工面临反垄断法律合规风险的不同程度，开展风险评级，明确可能涉及垄断协议行为的高风险人员，如高级管理人员、营销部门人员、采购部门人员、负责价格制定的人员、参与行业协会的人员、与同行竞争者联络交往人员，以及从具有竞争关系的其他企业跳槽到本企业并从事相同工作的人员；明确可能涉及垄断协议行为的中风险人员，如与竞争对手或交易相对人不经常接触的管理人员，企业财务、通信等相关部门人员，从具有竞争关系的企业跳槽到本企业但尚未被确定为高度风险的员工等。

企业应定期对垄断行为进行风险评估，必要时可引入第三方评估机制。对垄断行为难以辨别定性时，可向反垄断执法部门咨询，也可向专业人士寻求帮助。

（一）防范横向垄断协议合规风险建议与措施

企业应准确识别与竞争对手业务往来，参加行业会议或活动，开展投资并购、合资合作，以及信息处理等方面存在的横向垄断协议风险，引导和帮助企业相关单位和员工在商业往来中，特别注意对涉及成本、价格、产销量、销售采购区域、新技术运用、交易条件等与竞争密切相关的敏感商业信息保持足够警觉，在协议、合同、备忘录、电子信息、口头等形式中，避免违反《反垄断法》的禁止性规定而产生法律合规风险。在与其他经营者采取"集体行动""协同行动""协调行动"之前，应独立研判，对是否触犯《反垄断法》及相关法规进行评估，避免因从众效应、盲目跟风而导致违规违法风险。

1. 企业根据自身商业考虑对销售、投标的数量、价格、市场开发、产品推广等作出决策，并重点关注以下事项

（1）充分了解掌握与己方具有竞争关系的经营者情况，做好建档立案、动态更新。识别具有竞争关系的经营者应当考虑的因素有经营范围，经营者营业执照记载的经营范围；商品功能或者服务功能；行业性质，经营者进入行业是否经政府批准；地域市场，经营者经营产品或者服务地域区域。

（2）在业务活动中，不得通过与竞争对手协商或交换竞争性敏感信息而不当获利；不得以排除限制竞争为目的，直接或间接与任何竞争对手在市场划分、定价、促销策略、销售方式及投标等方面达成任何协议、谅解、备忘录、会议纪要或任何形式的协调一致的意思表达。

（3）设立收集竞争性情报、开展行业比较活动的标准流程，对竞争对手价格信息的获取渠道应仅限于公开信息，不应以不正当方式直接或通过第三方获取竞争对手的敏感商业信息。审慎对外公开商品调价、成本等

敏感商业信息，并不得以发布公告、新闻的方式，或者以行业协会名义召开会议的方式，意图让竞争对手配合一起调整价格和产能，创造竞争者一起讨论涉及竞争的敏感商业信息的机会。

2. 与竞争对手业务往来过程中的注意事项

（1）企业及其员工在与竞争对手的代表商讨业务合作或协商合约之前，应主动咨询本企业的法律合规部门。与竞争对手签订协议，应当严格履行合法合规性审核把关；对与竞争对手已经签署的合同、协议进行梳理，设置合理的流程以确保各方在合作过程中不进行敏感商业信息交换。

（2）不在日常交谈、电话、线上聊天、电子邮件、相关会议、讨论所销售商品价格变化的微信群等场合，向竞争对手交流或透露本企业的敏感商业信息。若竞争对手主动在正式或非正式场合向己方业务人员、销售人员询问定价、市场发展、销售计划等信息，相关人员应退出讨论或离场，并尽快将该情况向本企业法律合规部门报告。若竞争对手主动在公开或非公开场合向我方业务人员或销售人员询问采购方式、采购地域、采购价格、客户名单等信息，相关人员应主动回避并告知对方不参与讨论，同时将该情况报告本企业法律合规部门。

（3）不发起、组织或参加与竞争对手讨论敏感商业信息的正式和非正式的研讨会、交流会、联谊会、工作会、部署会、推进会、总结会等会议或聚会，不参加此类会议的讨论或在此类会议上发表意见、观点。

（4）不与竞争对手在相关业务环节签订固定价格、划分销售市场或原材料采购市场、限定产量或销售数量、拒绝与第三方交易等内容的合同、备忘录、意向书等具有协议性质的文件。

（5）不与竞争对手协商是否将参加招标项目或将如何进行投标，或分配、分享参加的招标项目，或联合抵制特定的招标方，或与第三方约定递交“无效标书”。

（6）不与竞争对手针对第三方竞争者、潜在竞争者或上下游交易对象的新技术约定不使用该技术或达成其他限制该技术使用和发展的协议。

（7）在交换信息不可避免的情况下，应针对特定业务、特定参与人员建立反垄断合规准则及内部审查机制，建立保密制度，要求特定业务人员签署保密协议，在处理敏感商业信息时高度谨慎，不得向非相关人员披露该等信息，必要时设立“清洁团队”，并对包含敏感商业信息的文件做物理上的独立存放。所有外来资料、数据及其他信息须在合法的前提下取得，并记录资料来源。对于意外获知的竞争性敏感商业信息，不进行传播或使用。己方应独立进行相关商业决定，如有必要，避免在定价等方面同竞争者采取类似商业行动。

可以获取、交换的数据资料包括有关健康、安全、保安的资料，汇总所得的数据，历史数据，一般市场、行业研究资料，行业价格整体走势数据，第三方开发的技术资料，环保项目、环保方法的数据，有助技术程序、操作程序、生产力、表现水平标准化但没有商业价值的数据，一般公开可得的资料等。

3. 参与行业会议或活动的注意事项

（1）明确企业和员工取得行业协会会员资格（包括企业团体会员和个人会员）、员工参加行业协会会议的审核要求和审核流程。对可能涉及不同等级反垄断风险的行业协会进行分类，重点监控企业参加某些涉及行业信息交流又缺乏内部反垄断规章制度的行业协会，以及这类行业协会组织的会议。

（2）要求会议或活动组织者制定并提供会议或活动的议程，参与部门需就参与会议或活动的目的、内容及推荐人选等履行报批程序。如会议或活动内容似乎涉及敏感信息的，应进行合法合规性审核。会议结束后将会议情况向本企业法律合规部门报备。

（3）尽可能避免参加竞争者之间交流价格、产量等敏感商业信息的会议，如参会人员包括竞争者，应事先获取会议议程并由本企业法律合规部门进行审阅，在议程不涉及竞争性敏感商业信息的情况下方可参会，如果会上讨论此类信息，应立即回避，并将相关情况及时向本企业法律合规部门汇报。

（4）对于竞争者在会议中提出的诸如联合抵制、涨价等违规违法安排，应明确表示反对并回避，必要情况下可向反垄断执法机构举报。有关回避及反对情况，应要求被明确、完整地记录在会议记录上。会议结束后，应及时向本企业法律合规部门汇报相关情况。

4. 在与竞争对手开展合资合作过程中的注意事项

（1）尽量避免向拟开展合资合作的对方企业披露己方的价格、产量、客户名单、战略规划等敏感商业信息；如果交换敏感商业信息无法避免，应对需要转移和交换的敏感商业信息进行二次处理，降低信息的敏感程度（若可行），仅交换公开、历史、集合信息，并由企业法律合规部门进行事先审核。

（2）设立防火墙制度，限制敏感商业信息的接触人员范围，避免合营一方的决策、销售、市场人员接触到另一方的敏感商业信息；如意外获知合作方敏感商业信息，不可依据相关信息作出任何商业决定，如有必要，应避免与合作方采取类似商业行为。

5. 在并购交易启动前，相关方应采取以下合规措施限制信息交换的范围、时间、条件等，并执行至取得经营者集中批准

（1）明确并购交易不同阶段转移和交换信息的需求和步骤（后续如交易被反垄断执法机构附加限制性条件，还应当梳理执法机构对信息交换的专门要求）；

（2）制定信息交换的“防火墙指南手册”，明确信息转移、交换中接

触人员的范围，必要时引入第三方组建的“清洁团队”；

（3）要求相关人员签署保密协议，并采取其他避免所转移或交换信息被误用的必要措施；

（4）对于企业需要在交易实施前对集中后相关安排进行讨论的，讨论内容应避免涉及竞争性敏感商业信息，并由企业法律合规或外部律师参会旁听并就讨论内容的合规性出具法律意见；

（5）在各项交易相关文件中，谨慎地设定、履行包含信息转移和交换义务的条款。

6. 企业在与关联企业的业务往来中，应重点从以下几方面考虑是否被认定为有竞争关系的经营者，并采取相应防范措施

以下情况一般不会被认定彼此有竞争关系：

（1）股权结构。如果各关联企业的全部或多数股份由同一股东（同一相对控股股东）持有，或者母公司持有子公司多数甚至全部股份。

（2）对重要经营决策的决定和影响。如果某一经营者能够对与其相关联经营者的经营计划、年度财务预算、重大投资或其他重大经营事项拥有决定权或决定性影响，或者各关联企业的该等事项受同一其他经营者决定。

（3）重要管理人员的兼任。如果关联企业间存在董事、监事、高级管理人员（如财务经理、销售经理）的兼任。

（4）实际经营。如果实际经营者与关联企业均不享有市场经营行为的真正决定权，实际经营者与关联企业间不实际开展竞争。

除上述情况外，如果在实际经营中，各关联企业之间独立决策并且切实展开竞争；如果法律法规或产业政策明确要求关联企业之间应开展竞争，则关联企业彼此之间被认定为竞争者关联的可能性较大。

（二）防范纵向垄断协议合规风险建议与措施

企业应引导和帮助有关部门和员工加强与交易相对人之间商业行为定性的评估，准确识别和了解与交易对象往来中存在的纵向垄断协议法律合规风险，明确哪些行为被《反垄断法》所禁止，哪些行为虽然不被禁止，但必须保持警惕，杜绝以限制排除竞争为目的，通过与交易对象达成任何协议、谅解、讨论或任何形式的协调，或以任何形式向交易对象施加压力，限制其自主经营权。

1. 建立健全符合《反垄断法》的销售管控模式

充分了解和掌握有关纵向、处于供应链上下游之间、不具有竞争关系的交易相对人情况，建立完善内部审核制度，确保对交易相对人采取任何限制措施之前必须取得反垄断合规责任部门的批准。

2. 掌握本企业行业地位和影响

在业务活动中，应考虑本企业市场地位是否强大、所销售商品市场竞争是否充分以及限制转售价格的目的和后果。在与交易相对人签约时，应当关注提供商品或者服务的销售价格、销售数量、财务数据的合规性，如涉及限制性条款，应与本单位法律人员协商，注意添加保护性条款，陈述限制性条款的正当理由；如要求其他经营者提供排他性交易，应咨询本单位法律合规部门，谨慎制定相关合同及销售管理政策等文件。对签订具有五年或更长时间的排他性条款的协议，包含排他性条款的知识产权许可协议等，要保持高度警惕。

3. 全面审核与合作方的合作协议

交易相对人始终对其产品销售、采购渠道、销售渠道、销售价格及促销活动具有完全的自主决定权，公司及各有关单位不应通过明示、暗示或在内部文件中就此对交易对象作出限制。在与交易相对人签订经销协议时，不得与交易相对人约定转售商品的价格；不得约定违反固定转售价格条款的惩罚措施，如对交易相对人停止供应相关产品，或者给予罚款等；不得约定遵守上述条款的返利制度。若发现疑似纵向垄断协议的条款，在将相关事项向本单位法律合规部门报告前，不应签订该协议。可以约定非强制性的“建议零售价”，但是不能在协议中要求对方必须遵守。

4. 在我方可能具有支配地位的市场，与交易对象业务往来的注意事项

（1）不应因交易对象与竞争对手进行交易而停止与其交易，除非存在正当理由，如竞业禁止情况等。不应因交易对象未同意其他不合理条件，如搭售行为，而拒绝与其交易。不实施对交易相对人或消费者不公平交易行为，或者排挤、限制竞争对手的行为。在没有正当理由的情况下，不应限制交易对象只能与本企业或者本企业指定的经营者交易。不应采取其他间接方式，如以有条件的折扣、取消合作、减少供货量、供货品种、缩短付款周期等方式，迫使交易对象只能与公司或其他指定经营者交易。

（2）如果己方关联企业与非关联企业之间、非关联企业之间的交易条件相同或近似，应公平对待各交易相对人，给予其相同或相似的待遇。如果己方给予条件相同的交易对象不同的待遇，应咨询本企业法律合规部门，确保存在正当性理由。己方不应单方面对交易条件相同的关联公司和非关联公司在价格、付款条件、付款方式、服务范围等实行差别待遇。己方内部的结算价格不应明显低于市场价格，不应通过歧视定价或差别待遇方式实现不同业务的交叉补贴。

5. 在可能被认定为具有市场支配地位的情形下，当与交易对象达成独家交易安排时的注意事项

（1）交易方均自愿达成独家交易，而非迫于某一方的市场地位不得不同意。

（2）独家交易符合交易相对方的自身利益，如拥有市场支配地位的交易方从其他交易方采购商品或服务，其定价相对合理，交易相对方可通过该等独家销售获取稳定的收益。

（3）交易一方需要将自身重要的知识产权（例如工艺、配方、设计等）许可给另一方，或为另一方提供必要设施、设备和生产条件，因而限制其对产品的销售和使用是必要的。

（4）交易一方并非具备特定产品或服务的唯一经营者，相关市场上的竞争者具有替代选项，不存在明显的上下游封锁效应，也不会导致市场价格上升、产量下降、竞争格局剧烈变化或使得终端消费者遭受损失。

（5）具有其他正面或积极的影响。如独家交易所涉及的产品或服务是定制产品，因此双方的合作并没有减少竞争或损害消费者利益，而是增加了其他方的产品种类，提高了消费者福利。

（三）防范行政垄断合规风险的建议与措施

企业应引导、帮助有关部门和员工了解和掌握行政机关与法律法规授权的，具有管理公共事务职能的组织滥用行政权力的行为方式，充分认识到，即使被动遵守行政命令达成和实施垄断协议仍然要承担法律责任，及时识别违反公平竞争的行为，在确保经营活动依法合规的同时，有效维护企业合法权益。

（1）遇到行政机关和法律法规授权的具有管理公共事务职能的组织机构命令、要求或者组织从事《反垄断法》所禁止的任何垄断行为时，

企业应当予以明确的拒绝，并向反垄断执法部门投诉和举报。

（2）鉴于公平竞争审查制度实施后，给予企业优惠政策所依据的规范性文件，可能在公平竞争审查过程中被认为具有排除限制竞争情形从而被清理，因此企业应全面梳理已享受的优惠政策，有效评估政策取消的经营风险，积极争取政府部门或相关组织的替代补偿措施的书面承诺。

（3）组织企业员工认真学习并掌握《制止滥用行政权力排除、限制竞争行为暂行规定》，在维护自身利益的同时履行监督职责，对涉嫌未进行公平竞争审查或者违反审查标准出台的政策措施，企业可以向政策制定机关反映；对涉嫌未进行公平竞争审查或者违反审查标准出台的政策措施，企业可以向政策制定机关的上级机关或者反垄断执法机构举报。

（4）当企业遭受行政机关行政垄断行为侵害时，应积极寻求救济途径并注意保留相关证据，如申请行政复议、提起行政诉讼、向反垄断执法机构请求救济等。

（四）防范阻碍反垄断调查合规风险的建议与措施

企业及其员工要了解和掌握法律法规、监管要求对反垄断执法部门调查行为有哪些授权，并在执法部门行使这些权力时不实施拒绝、阻碍行为。

拒绝、阻碍反垄断调查行为主要表现为拒绝、阻碍执法人员进入经营者营业场所或其他有关场所检查；拒绝、阻碍执法人员对有关人员的询问；拒绝、阻碍执法人员查阅、复制相关文件、资料；拒绝、阻碍执法人员进行查封、扣押等取证工作。如辱骂、阻拦、围堵、威胁执法人员；拔掉取证的 U 盘、电脑网线和电源线、撕毁纸质材料、删除电子材料、谎称资料丢失、拆除存储现场录像资料的硬盘等阻挠取证的行为；拒绝签收送达文书、不按要求提供资料、借故拖延调查、无故离开调查现场等不积极配合的行为。

经营者应充分认识到不主动配合、应对反垄断调查的严重后果，如果在经营中出现了涉嫌反垄断风险，应诚信守法并积极履行法律责任和社会责任，正确地予以应对和处置。

（1）成立反垄断风险应对小组，制定应急预案，及时跟进反垄断执法或者诉讼动态，强化组织领导，有针对性研究调整商业模式，使其商业模式符合反垄断的立法和监管要求。发现有关部门员工涉嫌违反《反垄断法》迹象时，应当及时监控、调查，及早处置、处理；认为违法情节严重的，应当积极主动、及时向反垄断执法机构报告，并提供相应证据。

（2）在应对反垄断调查过程中应做到态度友好、积极配合；派出本企业高级别管理人员出面接洽；尽量确保执法人员依职权行使权力；企业统一协调向执法人员提供其要求的信息或资料，并详细复制或记录所提交的信息或资料；尽量确保全程陪同执法人员，每一位执法人员身边都有专人陪同或辅助调查；要求员工不得隐匿、破坏或删除包括电子邮件、内部沟通记录在内的任何纸质文件或电子文件。

（3）加强对本企业高级管理人员及高风险业务人员应对反垄断突袭调查的专门培训，使其熟悉和了解反垄断执法调查特点及程序规范等，如调查方式，被调查的场所，哪些人员可能被询问，哪些证据可能被查阅、复制等，主动做好配合工作。

第三节　反滥用市场支配地位合规管理

《反垄断法》本质上不是反对企业扩大市场份额，不是反对企业做大做强，而是反对大企业、龙头企业滥用市场支配地位，妨害市场竞争，阻止科技进步，损害消费者权益。滥用市场支配地位实际上是垄断行为的一种突出表现，特定行业的大企业、龙头企业因为具有雄厚的生产、资金、技术、市场规模，才具备滥用市场支配地位的可能。因此，反滥用市场支配地位，主要是规制具有行业和市场支配地位的企业的经营行为。

一、反滥用市场支配地位法律法规

《中华人民共和国反垄断法》与《中华人民共和国消费者权益保护法》，构成我国现行规制滥用市场支配地位的基本法律。其他涉及反滥用市场支配地位的法规、规章和监管规定还有国务院反垄断委员会2009年7月印发的《关于相关市场界定的指南》，2019年1月印发的《垄断案件经营者承诺指南》《关于知识产权领域的反垄断指南》，2020年9月印发的《经营者反垄断合规指南》，2021年2月印发的《关于平台经济领域的反垄断指南》。

还有原国家工商行政管理总局2015年4月发布、国家市场监督管理总局2020年10月修订并施行的《关于禁止滥用知识产权排除、限制竞争行为的规定》。国家市场监督管理总局2019年6月26日发布并于同年9月1日起施行的《禁止滥用市场支配地位行为暂行规定》《制止滥用行政权力排除、限制竞争行为暂行规定》，2021年11月印发的《企业境外反垄断合规指引》。

二、滥用市场支配地位的表现形式与特征

特定行业的大企业、优势企业凭借自己的市场支配地位，违规违法实施强买强卖、低价倾销、拒绝交易、强制交易、歧视交易、强制搭售等，就属于滥用市场支配地位。滥用市场支配地位都有一个前提，就是没有正当理由。所以，在认定是否构成滥用市场支配地位时，要分析判断正当理由与不正当理由。

（一）以不公平的高价销售商品或以不公平的低价购买商品

以不公平的高价销售商品或者以不公平的低价购买商品，也就是强买强卖。主要有以下表现形式：

（1）销售价格或者购买价格明显高于或者明显低于其他经营者在相同或者相似市场条件下销售或者购买同种商品或者可比较商品的价格。市场条件相同或者相似，即销售渠道、销售模式、供求状况、监管环境、交易环节、成本结构、交易情况等相同或者相似。

（2）销售价格或者购买价格明显高于或者明显低于同一经营者在其他相同或者相似市场条件区域销售或者购买商品的价格。

（3）在成本基本稳定的情况下，超过正常幅度提高销售价格或者降低购买价格。

（4）销售商品的提价幅度明显高于成本增长幅度，或者购买商品的降价幅度是否明显高于交易相对人成本降低幅度。

（二）没有正当理由，以低于成本的价格销售商品

没有正当理由，以低于成本的价格销售商品，也就是"恶意低价倾销"。"恶意低价倾销"不仅是滥用市场支配地位的行为，也是不正当竞争行为，主要有以下表现形式：

（1）将高规格、高等级的产品按低规格、低等级产品的销售条件卖出，并以所谓的"甩卖"形式冲击其他竞争对手的高端市场。

（2）通过无限制折扣、补贴等手段降低实际价格。

（3）将非等价的物资进行串换。

（4）通过多给数量等方式，变相倾销，排挤竞争对手。

构成恶意低价倾销的滥用市场支配地位行为的前提是没有正当理由。相对于没有正当理由，正当理由包括以下 4 种情形：一是降价处理鲜活商

品、季节性商品、有效期限即将到期的商品和积压商品。二是因清偿债务、转产、歇业降价销售商品。三是在合理期限内为推广新商品进行促销。四是能够证明行为具有正当性的其他理由。

（三）没有正当理由，拒绝与交易相对人进行交易

没有正当理由，拒绝与交易相对人进行交易，是具有市场支配地位的企业对特定交易对象实施的一种封锁性、惩罚性措施，主要有以下表现形式：

（1）实质性削减与交易相对人的现有交易数量。

（2）拖延、中断与交易相对人的现有交易。

（3）拒绝与交易相对人进行新的交易。

（4）设置限制性条件，使交易相对人难以与其进行交易。

（5）拒绝交易相对人在生产经营活动中，以合理条件使用其必需设施等。

不属于拒绝交易的正当理由包括以下 4 种情形：一是因不可抗力等客观原因无法进行交易。二是交易相对人有不良信用记录或者出现经营状况恶化等情况，影响交易安全。三是与交易相对人进行交易将使经营者利益发生不当减损。四是能够证明行为具有正当性的其他理由。

（四）没有正当理由，限定交易相对人只能与其或其指定的经营者进行交易

具有市场支配地位的企业没有正当理由，限定他人只能与自己或自己指定的经营者进行交易，就是以大欺小、恃强凌弱的强制交易，主要有以下表现形式：

（1）限定交易相对人只能与自己进行交易。

（2）限定交易相对人只能与自己指定的经营者进行交易。

（3）限定交易相对人不得与特定的其他经营者进行交易。

（4）限定交易相对人只能与特定地域内的经营者进行交易。

属于“正当理由”不构成强制交易的情形包括以下 4 种：一是为满足产品安全要求所必需。二是为保护知识产权所必需，如专利授权许可、保护商业秘密等。三是为保护针对交易进行的特定投资所必需。四是能够证明行为具有正当性的其他理由。

（五）没有正当理由搭售商品，或者在交易时附加其他不合理的交易条件

具有市场支配地位的企业没有正当理由，违背交易管理，不顾及交易相对方和消费者的意愿，强制搭售商品或附加其他不合理条件，主要有以下几种表现形式：

（1）违背交易惯例、消费习惯或者无视商品的功能，将不同商品捆绑销售或者组合销售。

（2）对合同期限、支付方式、商品的运输及交付方式或者服务的提供方式等附加不合理的限制。

（3）对商品的销售地域、销售对象、售后服务等附加不合理的限制。

（4）交易时在价格之外附加不合理费用。

（5）附加与交易标的无关的交易条件。

在判断是否属于强制搭售和附加条件时，要充分考虑交易习惯和交易惯例，属于“正当理由”不构成强制搭售的情形包括以下 4 种：一是符合正当的行业惯例和交易习惯的配套产品和服务。二是为满足产品安全要求所必需，如汽车销售中附带的灭火器等。三是为实现特定技术所必需。四是能够证明行为具有正当性的其他理由。

（六）没有正当理由，对条件相同的交易相对人在交易价格等交易条件上实行差别待遇

具有市场支配地位的企业没有正当理由，对特定的交易相对人、消费者实施差别待遇。如向特定消费者销售的价格明显高于正常的其他消费者，向特定消费者提供的服务标准和内容明显低于正常的其他消费者。歧视性交易主要有以下表现形式：

（1）实行不同的交易价格、数量、品种、品质等级。

（2）实行不同的数量折扣等优惠条件。

（3）实行不同的付款条件、交付方式。

（4）实行不同的保修内容和期限、维修内容和时间、零配件供应、技术指导等售后服务条件。

属于“正当理由”不构成歧视性交易的情形包括以下 3 种：一是根据交易相对人实际需求且符合正当的交易习惯和行业惯例，实行的不同交易条件。二是针对新用户的首次交易在合理期限内开展的优惠活动。三是能够证明行为具有正当性的其他理由。

（七）涉及知识产权的滥用市场支配地位行为

通常情况下，具有市场支配地位的企业会拥有知识产权。拥有市场支配地位的企业要在保护自身知识产权和防止滥用市场支配地位之间保持平衡，超过法律法规、监管规则，妨害社会公共利益，过度保护知识产权，往往会构成滥用知识产权妨害竞争和损害消费者权益的行为。涉及知识产权的滥用市场支配地位主要有以下表现形式：

（1）以不公平的高价许可知识产权。

（2）拒绝许可知识产权。

（3）没有正当理由涉及知识产权的搭售。

（4）涉及知识产权的附加不合理交易条件。

（5）涉及知识产权的差别待遇。

（6）利用专利联营实施的滥用市场支配地位行为。

（7）在标准制定和实施过程中的排除、限制竞争行为等。

（八）新型互联网平台滥用市场支配地位行为

在互联网、电子商务、平台经济迅速发展的形势下，一些互联网平台企业基于“平台、数据、算法”的三维结构和优势，实施滥用市场支配地位行为。新型互联网平台滥用市场支配地位行为会构成网络安全、个人敏感和隐私数据保护方面的违规违法行为，通常有以下表现形式：

（1）通过设置不合理的平台规则禁用用户账号。

（2）通过设置不合理的平台规则拒绝开放结构、屏蔽竞争对手链接。

（3）利用平台优势地位，强制入驻平台网络经营者和网络用户选择自己的服务，而不得选择其他平台。

（4）利用算法降低竞争对手产品排名。

（5）使用倾向于自家商品或服务的筛选算法。

（6）通过设置不合理的平台规则强制和过度收集用户数据等。

三、滥用市场支配地位的法律责任

与未依法实施经营者集中、达成并实施垄断协议一样，滥用市场支配地位给他人造成损失的，经营者将依法承担民事责任；损害社会公共利益的，将面临民事公益诉讼。不存在阻碍反垄断执法构成犯罪的，一般不会被追究刑事责任，但会因滥用市场支配地位而被反垄断执法机构责令停止违法行为，没收违法所得，并处上一年度销售额1%以上10%以下的罚款；[①] 情节特别严重、影响特别恶劣、造成特别严重后果的，最高可能被处以上一年度销售额50%的罚款。经营者还会因受到反垄断行政处罚，被记入信用记录，并向社会公示。

四、防范滥用市场支配地位合规风险的建议与措施

经营者应根据相关业务领域实际，引导和帮助企业和员工根据立法、执法、司法现状和变化，准确识别和了解生产经营活动中存在的滥用市场支配地位法律合规风险，明确哪些行为应当做，哪些行为不能做，建立健全反垄断法律风险识别、排查、评估、处置机制，有效防范因垄断违规违法行为带来的巨大风险和严重后果。

（一）审慎分析界定可能具有市场支配地位的相关市场

深入研究并了解掌握自身业务活动在哪些领域可能被认定具有市场支配地位，建立完善定期评估机制，即便在某些领域目前不具有市场支配地位，随着各方面情况变化，未来也可能出现滥用市场支配地位的法律合规风险。

（二）在可能具有市场支配地位的相关市场，应谨慎决定市场竞争策略

（1）不实施对交易相对人或消费者的不公平交易行为，或者排挤、限制竞争对手的行为。

① 2020年4月10日，国家市场监督管理总局对阿里巴巴集团作出行政处罚决定，认定阿里巴巴集团在其经营的淘宝网上实施“二选一”做法——禁止平台内的商家在与其具有竞争关系的其他平台上开店或参加促销活动，阻碍了网络零售平台上的竞争，损害了消费者利益，责令其停止违法行为，并按阿里巴巴集团2019年中国境内销售额4557.12亿元的4%计算，罚款182.28亿元。这是截至目前中国反垄断执法最高额度的罚款。

（2）与交易对象签订的合同中，如涉及对交易对象附加不符合商业惯例或不合理的限制或交易条件的，应经本企业法律合规部门审核把关，增加对己方的保护性条款，充分论证和陈述限制性条款的正当理由。

（3）鉴于在滥用市场支配地位民事诉讼案件中，被告对外发布的信息可作为证明其具有市场支配地位的证据。因此，要注意在本企业网站、新闻宣传或其他公开场合，审慎发布能证明企业有市场支配地位的数据、资料和相关信息。

（4）对定价、营销等部门进行专项培训，对可能存在滥用市场支配地位行为风险的行为进行事前评估，及时防范潜在风险。

（三）在具有市场支配地位情形下，要根据正当理由决定提供商品和服务的价格

（1）充分考虑自身的成本构成、市场内的竞争状况、市场整体的价格水平、竞争对手的价格等因素，在法律法规、价格政策允许的范围内，合理决定价格。

（2）在以低于成本的价格销售商品或提供服务时，应告知本单位法律合规部门审核把关，留存具有正当理由的证据。

（3）提价时应注意合理性和提价时间、频率和幅度，注意同反垄断执法机构之间的事先沟通。

（4）不强迫交易对象以低于成本的价格销售其商品或提供服务。不对相关市场内缺乏竞争的商品或服务制定过高价格。不以排挤、限制竞争对手为目的，以低于成本的价格销售商品或提供服务。

（四）如果占市场份额较大或为市场内主要供应商，不得随意采取拒绝交易行为

（1）企业的业务、营销部门应会同法律合规部门研究分析拒绝交易

是否有正当理由，并做好证据留存。

（2）带有公益性质、涉及民生的基础性行业、承担政府指定保供任务的企业，当保供产品价格剧烈下跌时，应注意避免简单直接采取拒绝交易措施。

（3）不以排挤、限制竞争对手为目的，拒绝与竞争对手或竞争对手的关联企业交易。

（4）不应因交易对象与竞争对手进行交易而停止与其交易，除非存在正当理由，如存在竞业禁止情况等。

（5）不应因交易对象未同意其他不合理条件，如搭售行为，而拒绝与其交易。

（6）如果所持有的某一知识产权被采纳为行业标准，为该行业内其他经营者从事生产经营所必需，不应拒绝其授权许可的请求。

（五）在没有正当理由的情况下，避免被指控为强制交易

具有市场支配地位的企业，在没有充足且正当理由的情况下，既不要直接要求交易对象只能与己方或己方指定的经营者交易，也不要采取以有条件的折扣、取消合作、减少供货量、供货品种、缩短付款周期等间接方式，迫使交易对象只能与己方或己方指定的其他经营者交易。如要求代理商、经销商排他性代理或者供应商排他性供货等，应咨询企业法律合规部门，谨慎制定相关合同及销售管理政策等文件。

（六）提供组合商品、服务销售时，应避免被指控为强制搭售

（1）谨慎决定商品、服务的销售策略，评估将不同商品进行组合销售是否存在违规违法风险。

（2）确保组合销售的商品、服务可以拆分出售，保证交易对象和消费者拥有选择的权利。不向交易对象或消费者搭售或强制捆绑销售任何交

易对象或消费者不愿意购买的商品、服务。

（3）在与其他经营者进行交易时，如果组合销售的两个或多个商品、服务具有显而易见的独立用途，且没有通行的商业惯例将该等商品、服务一起销售，不得将购买搭售商品、服务作为购买某一商品、服务的条件。

（七）受到行政执法机关反垄断调查时，要积极主动配合，再依法维护企业主张和权利

（1）及时成立反垄断风险应对小组，强化组织领导，制定应急预案，跟进反垄断执法或者诉讼动态，有针对性地研究调整商业模式，使其商业模式符合反垄断的立法和监管要求。

（2）在应对反垄断调查过程中应做到态度积极、诚恳、友好，指派企业高级别管理人员接洽处理；尽量确保执法人员依职权行使权力；尽量仅向执法人员提供其要求的信息或资料，并详细复制或记录所提交的信息或资料；尽量确保全程陪同执法人员，每一位执法人员身边都有专人陪同或辅助调查；要求员工不得隐匿、破坏或删除包括电子邮件、内部沟通记录在内的任何纸质文件或电子文件。

（3）加强对本企业高级管理人员及高风险业务人员应对反垄断突袭调查的专门培训，使其熟悉和了解反垄断执法调查特点及程序规范等，如调查方式、被调查的场所、哪些人员可能被询问、哪些证据可能被查阅或复制等。

第四节　境外反垄断合规管理

近年来，中国企业国际化经营步伐不断加快，随着“走出去”战略实施和“一带一路”建设的推进，境外投资并购和业务活动明显增多，企业反垄断合规风险不断增加，合规需求日益增长。2021 年 11 月 15 日，国家市场监督管理总局发布《企业境外反垄断合规指引》，旨在鼓励企业培育公平竞争的合规文化，引导企业建立和加强境外反垄断合规管理制度，增强企业境外经营反垄断合规管理意识，提升境外经营反垄断合规管理水平，防范境外反垄断法律合规风险。

《企业境外反垄断合规指引》是专门针对境外反垄断发布的第一个专项合规指引，系统梳理了境外各司法辖区相关反垄断法律制度和实践，对引导中国企业建立和加强境外反垄断合规管理制度，诚信守法、公平竞争，防控境外反垄断风险，保障经营者在境外的合法权益具有重要指导作用。

一、《企业境外反垄断合规指引》适用范围

《企业境外反垄断合规指引》适用于在境外从事经营业务的中国企业，以及在境内从事经营业务但可能对境外市场产生影响的中国企业，包括从事进出口贸易、境外投资、并购、知识产权转让或者许可、招投标等涉及境外经营活动的企业。多数司法辖区反垄断法都规定了域外管辖制度，对在本司法辖区以外发生但对本司法辖区内市场产生排除、限制竞争影响的垄断行为，同样适用《反垄断法》。

二、建立境外反垄断合规管理制度和管理机构

《企业境外反垄断合规指引》要求，企业可根据业务规模、业务涉及的主要司法辖区、所处行业特性及市场状况、业务经营面临的法律风险等制定境外反垄断合规制度，或者将境外反垄断合规要求嵌入现有整体合规制度中。企业建立并有效实施良好的合规制度，在部分司法辖区可以作为

减轻反垄断处罚的依据。鼓励企业设置境外反垄断合规管理部门或者岗位，鼓励企业建立境外反垄断合规承诺机制。企业可以对境外反垄断合规管理制度进行定期评估，该评估可以由反垄断合规管理部门实施或者委托外部专业机构协助实施。

三、把握境外反垄断合规风险防范重点

《企业境外反垄断合规指引》系统梳理总结了企业在反垄断调查中可能遇到的问题，介绍了外国反垄断执法机构的主要调查模式，如何配合反垄断调查，如何做好反垄断调查的应对工作。各司法辖区反垄断法调整的行为类型相类似，主要规制垄断协议、滥用市场支配地位和具有或者可能具有排除、限制竞争影响的经营者集中。横向垄断协议，尤其是与价格相关的横向垄断协议，通常被视为非常严重的限制竞争行为，各司法辖区均对此严格规制。多数司法辖区也对纵向垄断协议予以规制。垄断协议的形式不仅限于企业之间签署的书面协议，还包括口头协议、协同行为等行为。大多数司法辖区均规定协会不得组织企业从事垄断协议行为。企业在判断是否存在滥用市场支配地位时，根据有关司法辖区的规定，提出可能存在的正当理由及相关证据。对经营者集中，有的司法辖区称之为并购控制。是否构成集中、是否应当申报，应根据不同司法辖区的标准进行研判。

四、重视境外反垄断调查方式

多数司法辖区反垄断执法机构都拥有强力而广泛的调查权。一般反垄断执法机构可根据举报、投诉、违法公司的宽大申请或者依职权开展调查。调查手段包括收集有关信息、复制文件资料、询问当事人及其他关系

人（比如竞争对手和客户）、现场调查、采取强制措施等。部分司法辖区开展“黎明突袭”，即在不事先通知企业的情况下，突然对与实施涉嫌垄断行为相关或者与调查相关的必要场所进行现场搜查。此外，在有的司法辖区，反垄断执法机构可与边境管理部门合作，扣留和调查入境的被调查企业员工。

五、履行境外反垄断调查配合义务

通常企业对反垄断调查的配合程度，是执法机构作出处罚以及宽大处理决定时的重要考量因素之一。各司法辖区对于配合反垄断调查和诉讼以及证据保存均有相关规定，对于不配合调查的行为规定了相应的法律责任。有的司法辖区规定，提供错误或者误导性信息等情形可面临最高为集团上一财年全球总营业额1%的罚款，还可以要求每日缴纳最高为集团上一财年全球日均营业额5%的滞纳金；如果最终判定存在违法行为，则拒绝合作可能成为加重罚款的因素。有的司法辖区规定，拒绝配合调查可能被判藐视法庭或者妨碍司法公正，并处以罚金，情节严重的甚至可能被判处刑事责任，比如通过向调查人员提供重大不实陈述的方式故意阻碍调查等情形。

六、境外反垄断法律责任

垄断行为可能导致相关企业和个人被追究行政责任、民事责任和刑事责任。与我国目前关于反垄断法律法规不同，境外《反垄断法》规定了严厉的刑事责任，是企业在国际化经营中必须高度重视的法律合规风险。

（一）行政责任

行政责任主要包括被处以禁止令、罚款、拆分企业等。禁止令通常是指禁止继续实施垄断行为，也包括要求采取整改措施、定期报告、建立和实施有效的合规制度等。多数司法辖区对垄断行为规定大额罚款，有的司法辖区规定最高可以对企业处以上一年度全球总营业额10%的罚款。

（二）民事责任

民事责任主要有确认垄断协议无效和损害赔偿两种。有的司法辖区规定应当充分赔偿因垄断行为而造成的损失，包括实际损失和利润损失，加上从损害发生之日起至支付赔偿金期间的利息；有的司法辖区规定企业最高承担三倍损害赔偿责任以及相关诉讼费用。

（三）刑事责任

美国等部分司法辖区规定了刑事责任，垄断行为涉及的高级管理人员、直接责任人等个人可能面临罚金甚至监禁。对公司违法者的罚金高达1亿美元，个人刑事罚金高达100万美元，最高监禁期为10年。如果违法所得或者受害者经济损失超过1亿美元，公司的最高罚金可以是违法所得或者经济损失的两倍。

（四）母公司连带责任

有的司法辖区规定，如果母公司对子公司能够施加“决定性影响”，境外子公司违反《反垄断法》，母公司可能承担连带责任。同时，计算相关罚款的基础调整为整个集团营业额。

（五）其他重大不利影响

反垄断执法机构的调查或者反垄断诉讼可能耗费企业大量的时间，产生高额法律费用，分散对核心业务活动的关注，影响企业正常经营。如果调查或者诉讼产生不利后果，企业财务状况和声誉会受到极大损害。

七、可能适用的补救措施

出现境外反垄断法律风险时或者境外反垄断法律风险发生后，企业可以根据相关司法辖区的规定以及实际情况采取相应措施，包括运用相关司法辖区《反垄断法》中的宽大制度、承诺制度、和解程序等，最大限度降低风险和负面影响。

八、防范境外反垄断合规风险的建议与措施

（一）正确认识境外反垄断合规风险

境外反垄断法律法规纷繁复杂，世界各司法辖区法律体系、用语以及合规要求等均存在差异，我国不少国际化经营企业在反垄断合规方面还存在法律合规意识不到位、基础知识了解不全面、保障措施不足等难点和问题。不少企业和经营管理人员错误地认为反垄断都是针对超大型企业的，与小企业无关；以为海外企业独立运营，其垄断行为不会牵连母公司；心存侥幸或意识不到在国内一些惯常的做法，在海外就属于违法犯罪行为等。

（二）切实强化境外反垄断合规风险防范成效

国际化企业要全面掌握《企业境外反垄断合规指引》的要求，结合实际将有关要求贯彻落实到本企业合规管理体系中，根据境外业务规模、行业特点、市场情况、相关司法辖区反垄断法律法规以及执法环境等因素，开展反垄断合规风险识别、评估，做好企业员工风险评级；建立健全

境外反垄断合规报告、合规咨询、合规审核、合规培训，以及风险应对和减损等机制，制定完善内部应对流程，落实落细风险防范措施，守住不发生重大境外反垄断风险事件的底线。其中，要高度重视并扎实做好以下环节的风险评估：一是对业务收购、公司合并、新设合营企业等事项作出投资决策之前；二是实施重大营销计划、签订重大供销协议之前；三是受到境外反垄断调查或者诉讼之后。

第九章 知识产权合规管理

习近平总书记在党的二十大报告中指出，必须坚持科技是第一生产力、人才是第一资源、创新是第一动力，深入实施科教兴国战略、人才强国战略、创新驱动发展战略；深化科技体制改革，深化科技评价改革，加大多元化科技投入，加强知识产权法治保障，形成支持全面创新的基础制度。

知识产权是人类在社会实践活动中创造的智力劳动成果并通过法律保护的专有权利，是人类文明的体现、现代社会的标志，在人类生产、生活中具有举足轻重的地位。为促进国际社会树立尊重知识、崇尚科学、保护知识产权的意识，营造鼓励知识创新和保护知识产权的法律环境，世界知识产权组织将每年4月26日确定为“世界知识产权日”。随着知识经济在全球经济中的地位越发突出和重要，世界主要国家已将科技创新和知识产权保护上升为国家发展战略。在“百年未有之大变局”的国际政治、经济、科技形势下，科技创新和知识产权保护也成为大国竞争的主战场和国际贸易争端的重要领域。

当前，我国经济已进入高质量发展阶段，经济发展从传统的要素驱动转变为创新驱动，知识产权已成为产业革新升级的核心要素，加强知识产权管理已成为我国经济实现转型升级、向高质量发展的内在需求。与我国从知识产权引进大国向知识产权创造大国转变相适应，知识产权工作正在从追求数量向提高质量转变，知识产权合规管理的重要性也日益凸显。

党的二十大报告指出，企业是科技创新主体，是国家战略科技力量的重要组成部分，应牢固树立“创新是引领发展的第一动力，保护知识产权就是保护创新”等意识理念，充分认识到知识产权的高质量创造是创新发展的基本内涵、知识产权的高水平保护是创新发展的制度保障、知识产权的高效益运用更是创新发展的重要路径，加强知识产权合规管理是培育国际竞争优势、打造世界一流企业的必然选择，始终坚持“避免侵犯他人知识产权”与“保护自身知识产权”统筹兼顾，建强体系、建优机制、建好流程，抓实抓好知识产权法律合规风险防范，为全面准确贯彻新发展理念、构建新发展格局、推动高质量发展提供有力保障。

第一节　知识产权保护政策法律体系

我国的知识产权制度是伴随着改革开放建立和发展起来的。自 1980 年正式加入世界知识产权组织后，我国相继加入专利、商标、版权等领域的多个知识产权国际公约，在较短时间内实现知识产权制度与国际接轨。2008 年，国务院出台《国家知识产权战略纲要》，标志着知识产权工作上升为国家战略，我国知识产权事业进入一个新的发展时期。

党的十八大以来，以习近平同志为核心的党中央着眼世界百年未有之大变局，统揽中华民族伟大复兴战略全局，把强化知识产权保护摆在更加突出的位置，顶层设计不断加强，法律制度不断完善，行政保护及司法保护力度不断加大，国际合作深入推进，知识产权事业取得历史性成就。

2019 年 11 月，中央办公厅、国务院办公厅印发《关于强化知识产权保护的意见》；2021 年 9 月，党中央、国务院印发《知识产权强国建设纲要（2021—2035 年）》；2021 年 10 月，国务院印发《“十四五”国家知识产权保护和运用规划》，为新时代建设知识产权强国，推进知识产权事业高质量发展指明了方向，提供了根本遵循。党的十九届六中全会做出《中共中央关于党的百年奋斗重大成就和历史经验的决议》，要求“强化知识产权创造、保护、运用”，实现知识产权首次写入党的重大历史决议。

国家把加强知识产权保护作为扩大开放的一项重大举措，依法严格保护知识产权，陆续制定出台并多次修订完善商标法、专利法、著作权法、反不正当竞争法等法律法规，建立起符合国际通行规则、门类较为齐全的知识产权法律规范体系，加入几乎所有主要的知识产权国际公约，与全球80多个国家和地区以及国际组织建立了知识产权合作关系，在实现对专利、商标、地理标志等知识产权的全方位、立体化保护的同时，为全球知识产权平衡、包容、可持续发展作出了积极贡献。

一、知识产权保护的国家政策

随着创新驱动发展战略的深入实施，知识产权作为国家发展战略性资源和国际竞争力核心要素的作用越发凸显，国家作出一系列决策部署，以前所未有的力度推动我国知识产权保护能力和保护水平全面提升。

中共中央、国务院《知识产权强国建设纲要（2021—2035年）》（以下简称《纲要》）部署了建设面向社会主义现代化的知识产权制度，建设支撑国际一流营商环境的知识产权保护体系，建设激励创新发展的知识产权市场运行机制，建设便民利民的知识产权公共服务体系，以及建设促进知识产权高质量发展的人文社会环境，深度参与全球知识产权治理等六个方面的重点任务，明确要求“引导市场主体发挥专利、商标、版权等多种类型知识产权组合效应，培育一批知识产权竞争力强的世界一流企业”“引导企业自觉履行尊重和保护知识产权的社会责任”“在对党政领导干部和国有企业领导班子考核中，注重考核知识产权相关工作成效”。

中央办公厅、国务院办公厅《关于强化知识产权保护的意见》（以下简称《意见》）从“严保护、大保护、快保护、同保护”四个方面着手，对新时代强化知识产权保护作出了系统谋划和整体部署，明确要求不断改革完善知识产权保护体系，综合运用法律、行政、经济、技术、社会治理手段强化保护，促进保护能力和水平整体提升。加快专利法、商标法、著作权法等的修改完善，大幅提高侵权法定赔偿额上限，加大损害赔偿力度。

国务院《“十四五”国家知识产权保护和运用规划》（以下简称《规划》）明确指出了目前我国知识产权保护方面存在的突出问题，如关键核心技术领域高质量知识产权创造不足，行政执法和司法衔接机制不够完善，知识产权侵权易发多发和侵权易、维权难的现象仍然存在，知识产权转移转化成效有待提高，知识产权服务供给不够充分，海外知识产权纠纷应对能力不足，知识产权制度促进经济社会高质量发展的作用需要进一步发挥等；要求设立商业秘密保护、数据知识产权保护、知识产权保护机构建设、植物新品种保护体系建设、地理标志保护、一流专利商标审查机构建设、中小企业知识产权战略推进、商标品牌建设等 15 个专项工程，并进一步强调“推动中央企业建立完善知识产权工作体系，打造一批具备国际竞争优势的知识产权强企”。

《纲要》《意见》和《规划》在健全完善我国知识产权保护顶层设计、引领和推动知识产权产业高质量发展的同时，也为企业知识产权合规管理提出了具体要求。

（一）加强知识产权法律法规识别和源头保护

未来一段时间我国知识产权立法方向和重点是开展知识产权基础性法律研究，健全知识产权法律法规。统筹推进专利法、商标法、著作权法、反垄断法、科学技术进步法、电子商务法等相关法律法规的修改与完善。加强地理标志、商业秘密等领域立法，出台商业秘密保护规定。完善集成电路布图设计法规。推进修订植物新品种保护条例。制定中医药传统知识保护条例。完善与国防建设相衔接的知识产权法律制度。适应科技进步和经济社会发展需要，依法及时推动知识产权法律法规立改废释。

严格规范专利申请、商标注册和版权登记行为，严厉打击不以保护创新为目的的非正常专利申请和代理行为，以及不以使用为目的的恶意商标注册和代理行为。加强信用监管和行业自律，严厉打击无资质专利代理等违法违规行为。强化知识产权申请注册质量监管，完善以质量和价值为导向的知识产权统计指标体系，健全知识产权质量统计监测和反馈机制。

企业知识产权合规管理要加大“十四五”及未来一段时期的知识产权法律法规识别，从源头避免法律合规风险；要加强外规内化，建立健全以科技创新、资产管理、维权保护为主的知识产权合规管理制度。

（二）加强知识产权行政保护体系建设和效能作用

加强中央在知识产权保护的宏观管理、区域协调和涉外事宜统筹等方面事权。在条件成熟的地区建设国家知识产权保护试点示范区。健全跨区域、跨部门知识产权行政保护协作机制。加强商贸流通领域知识产权保护，制定商品交易市场知识产权保护国家规范，持续推进知识产权保护规范化市场建设。加强知识产权保护机构建设，加强知识产权行政执法指导制度建设，建立行政保护技术调查官制度，健全知识产权侵权纠纷行政裁决制度。

更好发挥全国打击侵犯知识产权和制售假冒伪劣商品工作领导小组作用，加强部门协同配合，开展关键领域、重点环节、重点区域行政执法专项行动，重点查处假冒专利、商标侵权、侵犯著作权、地理标志侵权假冒等违法行为。加大行政处罚力度，加强侵权纠纷行政裁决，有效遏制恶意侵权、重复侵权、群体侵权。完善专利、商标侵权判断标准。加强植物新品种保护体系建设。加强特殊标志、官方标志、奥林匹克标志保护。提升打击侵权假冒行为的效率及精准度。依法规制知识产权滥用行为，不断完善防止知识产权滥用相关制度。强化知识产权海关保护。

（三）加强知识产权执法司法资源配置和衔接

加强行政确权、行政执法、调解、仲裁、公证存证等环节的信息沟通共享和司法保护，促进行政执法标准和司法裁判标准统一，形成有机衔接、优势互补的运行机制。强化民事司法保护，全面建立并实施知识产权侵权惩罚性赔偿制度，加大损害赔偿力度。完善刑事法律和司法解释，加大刑事打击力度，准确适用知识产权领域行政执法移送刑事司法标准和刑事案件立案追诉标准，规范刑罚适用。

建立健全与审判机制、检察机制相适应的案件管辖制度和协调机制。完善知识产权司法案件繁简分流机制，开展适应知识产权审判特点的简易程序试点，提高审判质量和效率。探索依当事人申请的知识产权纠纷行政调解协议司法确认制度。

建立健全符合知识产权案件规律和审判规律的诉讼程序和规范，健全知识产权案件上诉机制，完善专门法院设置，深入推进知识产权民事、刑事、行政案件“三合一”审判机制改革。推动建立跨行政区域知识产权案件审理机制，充分发挥法院案件指定管辖机制作用，有效打破地方保护。

（四）建立知识产权纠纷多元化处理机制

培育和发展知识产权调解组织、仲裁机构、公证机构。鼓励行业协会、商会建立知识产权保护自律和信息沟通机制。建立健全知识产权调解、仲裁、公证、社会监督等人才的选聘、培养、管理、激励制度。推动完善知识产权纠纷投诉受理处理、诉讼调解对接、调解仲裁对接、行政执法与调解仲裁对接等机制。探索维权援助社会共治模式，鼓励高等院校、社会组织等开展维权援助工作。

建立完善知识产权侵权纠纷检验鉴定工作体系和知识产权侵权损害评

估制度。加强知识产权鉴定机构专业化、规范化建设，推动建立知识产权鉴定技术标准。

（五）加强知识产权国家安全保护和市场竞争管理

研究制定事关国家安全的关键核心技术知识产权保护规则。依法管理涉及国家安全的知识产权对外转让行为，完善知识产权对外转让审查制度。

完善知识产权反垄断、公平竞争相关法律法规和政策措施。推进我国知识产权有关法律规定域外适用。研究建立针对进口贸易的知识产权境内保护制度。完善跨境电商知识产权保护规则。

（六）加强知识产权领域诚信体系建设

推进建立知识产权领域以信用为基础的分级分类监管模式。制定覆盖专利、商标、版权等领域的信用信息基础目录。推进知识产权领域信用承诺制度建设。规范知识产权领域严重失信主体名单认定标准和程序，依法依规对严重失信主体实施惩戒。推进知识产权信用修复制度建设。推动全国知识产权信用信息共享平台与全国信用信息共享平台实现数据共享。

规范计划制定、名单抽取、结果公示、数据存档等各项抽查检查工作程序，实现“双随机、一公开”监管全覆盖。健全跨部门、跨区域协同监管机制。完善年度报告、经营异常名录、严重失信主体名单制度，开展信用评价并推广应用评价结果。利用新技术手段快速精准发现违法违规行为线索，提升监管效能。建立知识产权服务业评价系统和监管长效机制。

充分发挥知识产权服务行业协会作用，加大行业自律惩戒力度。推动企业做好知识产权会计信息披露工作。建立健全财政资助科研项目形成知识产权的声明制度和监管机制。

（七）加强新领域新业态知识产权保护

促进知识产权高质量创造，健全高质量创造支持政策，加强大数据、人工智能、量子信息、集成电路、基础软件、基因技术、生命健康、脑科学、生物育种、空天科技、深地深海探测等新领域、新业态自主知识产权创造、储备和知识产权保护制度建设。完善开源知识产权制度和法律体系。完善电子商务领域知识产权保护机制。健全绿色技术知识产权保护制度。完善维护国家安全的知识产权政策。

二、知识产权工作应遵循的法律法规

知识产权是智力创造的成果，是权利人通过依法登记注册或以其他方式形成的，对作品、发明、实用新型、外观设计、商标、商业秘密、地理标志、集成电路布图设计、植物新品种等客体享有的专有权利。著作权、专利权、商标权及商业秘密是企业生产经营中常见的知识产权。

无形性、专有性、地域性、期限性是知识产权的主要法律特征。因为知识产权是无形资产，本身没有物理形态，看不见摸不着，必须依赖一定的物质载体而存在；非经权利人许可或法律特别规定，他人不得实施权利人的知识产权，否则构成侵权；在没有国际条约、双边或多边协定特别规定情形下，知识产权的效力只限于本国境内和特定区域；并且除商业秘密之外，超过法律规定的保护期限，智力创造成果将进入公有领域，成为人人都可用的公共资源。

非物质性、创造性、公开性、可复制性是知识产权管理对象的典型特点。其中，非物质性是其区别于有形财产的本质特点。创造性是智力成果取得知识产权保护的条件，受保护的对象不同，法律对其要求的创造性也不同，如发明专利保护要求的创造性最高，著作权保护的作品次之；商标法对商标没有提出创造性的要求，但商标标识的设计也是创造性的体现；商业秘密中的技术秘密也体现了很高的创造性。公开性是除商业秘密、技术秘密以外，智力成果所有人取得知识产权的前提。可复制性是指智力成果通过一定的有形物去固定、复制的方式被广泛地传播，为权利人带来经济利益，实现其智力创造的价值，成为财产权的对象。

经过改革开放后的多年发展，特别是随着我国加入 WTO 后日益与国际接轨，我国知识产权法律法规、监管规则不断健全完善。目前已形成以《民法典》《刑法》有关规定为基准，以《专利法》《商标法》《著作权法》《反不正当竞争法》等单行法为主干，以《外商投资法》《对外贸易法》《促进科技成果转化法》《科技进步法》相关规定为补充，以知识产权专门法规、规章、司法解释、标准规范、国际条约等为支撑和延伸的知识产权法律体系。

（一）基本法律规范

在我国全国人民代表大会审议通过的基本法律中，《民法典》和《刑法》有关规定为知识产权法律保护奠定了坚实基础。

1.《民法典》关于知识产权民事法律保护的规定

该法第一编第五章第 123 条规定了 8 种知识产权类型，即①作品；②发明、实用新型、外观设计；③商标；④地理标志；⑤商业秘密；⑥集成电路布图设计；⑦植物新品种；⑧法律规定的其他客体。

知识产权就是民事主体依法对上述 8 种客体享有的专有权利。违法违规侵犯他人知识产权，应当承担停止侵害、排除妨碍、消除危险、恢复原状、赔偿损失、赔礼道歉等一种或几种法律责任。为加强对侵犯知识产权行为的惩罚力度，发挥法律威慑作用，《民法典》第 1185 条专门增加了惩罚性赔偿制度，明确规定“故意侵害他人知识产权，情节严重的，被侵权人有权请求相应的惩罚性赔偿”。[①]

2.《刑法》关于知识产权刑事法律保护的规定

该法第三章“破坏社会主义市场经济秩序罪”第七节“侵犯知识产权罪”第213条、第214条、第215条、第216条、第217条、第218条、第219条、第219条之一共8个条款，规定了假冒注册商标罪，销售假冒注册商标的商品罪，非法制造、销售非法制造的注册商标标识罪，假冒专利罪，侵犯著作权罪，销售侵权复制品罪，侵犯商业秘密罪，为境外窃取、刺探、收买、非法提供商业秘密罪8个罪名，对违法违规侵犯知识产权构成犯罪的，视情节轻重和造成损失程度，分别处不同年限的有期徒刑，并处或者单处罚金。单位构成侵犯知识产权犯罪的，对单位判处罚金，并对其直接负责的主管人员和其他直接责任人员判处有期徒刑。

（二）专门法律规范

在我国知识产权法律体系中，针对专利、商标、著作权、集成电路布图设计、植物新品种、计算机软件、地理标志等不同知识产权类型，以专门单行立法形式发布的知识产权法律、法规、规章及标准规范数量最多、适用面也最广，与我国承认和执行的知识产权国际条约共同构成了知识产权专门法律规范，主要包括《专利法》《著作权法》《商标法》《反不正当竞争法》。

---

① 惩罚性赔偿是一种附加赔偿责任，一般是在恶意侵权且造成严重后果的情况下，被侵权人有权请求惩罚性赔偿。如制造、销售假冒伪劣商品造成消费者或者其他受害人死亡或者健康严重损害，严重污染破坏生态环境造成严重后果，故意侵害他人的知识产权情节严重的，被侵权人有权请求相应的惩罚性赔偿。《民法典》第1185条规定，故意侵害他人知识产权，情节严重的，被侵权人有权请求相应的惩罚性赔偿；第1232条规定，侵权人违反法律规定故意污染环境、破坏生态造成严重后果的，被侵权人有权请求相应的惩罚性赔偿。目前法律规定惩罚性赔偿共有7种：1. 产品缺陷导人身损害的赔偿；2. 产权侵权责任赔偿；3. 生产销售假药、劣药造成用药者人身损害的赔偿；4. 经营者欺诈行为造成消费者或者其他受害人死亡或者健康严重损害的赔偿；5. 因卖方隐瞒没有取得商品房预售许可证明的事实或者提供虚假商品房预售许可证明的赔偿；6. 故意隐瞒所售房屋已经抵押的事实，导致买方签订的购房合同无法实现的赔偿；7. 环境污染造成严重后果的侵权责任赔偿。

1.《专利法》

《专利法》自1985年4月1日施行后，历经4次修正，最新施行日期为2021年6月1日。该法是确认和保护发明创造所有人或其继承人对其发明、实用新型和外观设计专利享有独占权的法律，所要调整和解决的主要是有关发明创造专利权的归属问题；因发明创造成果流转而产生的财产关系问题；对发明创造的保护问题等。

该法第4次修正的主要内容：一是加强对专利权人合法权益的保护。加大对侵犯专利权的赔偿力度，对故意侵权行为规定1~5倍的惩罚性赔偿，将法定赔偿额上限提高到500万元，完善举证责任，完善专利行政保护，新增诚实信用原则，新增专利权期限补偿制度和药品专利纠纷早期解决程序有关条款等。二是促进专利实施和运用，包括完善职务发明制度，新增专利开放许可制度，加强专利转化服务等。三是完善专利授权制度，包括进一步完善外观设计保护相关制度，增加新颖性宽限期的适用情形，完善专利权评价报告制度等。

2.《著作权法》

《著作权法》自1991年6月1日施行后，历经3次修正，最新施行日期为2021年6月1日。该法旨在保护文学、艺术和科学领域内的创作者，依法对其创作的文字作品、口述作品、计算机软件、工程设计图等具有独创性的作品，以及与著作权有关的权益，鼓励有益于社会主义精神文明、物质文明建设的作品的创作和传播，促进社会主义文化和科学事业的发展与繁荣。

该法第3次修正的主要内容：一是明确作品是文学、艺术和科学领域内具有独创性并能以一定形式表现的智力成果，并将“独创性并能以一定形式表现方法创作的作品”修改为“视听作品”。二是将广播权界定为除符合信息网络传播权的权利之外，以有线或者无线方式公开传播或者转播作品，以及通过扩音器或者其他传送符号、声音、图像的类似工具向公众传播广播作品的权利；在复制权内容中新增数字化复制方式，并强调出租权针对的不仅是原件，也包括复印件。三是新增权利存在的推定原则，即只要没有相反证据证明，就推定作品上署名的自然人、法人或者非法人组织为作者，且在该作品上存在相应权利。修订合作作品的权利归属规则，明确“合作作品的著作权由合作作者通过协商一致行使；不能协商一致，又无正当理由的，任何一方不得阻止他方行使除转让、许可他人专有使用、出质以外的其他权利，但是所得收益应当合理分配给所有合作作者”。四是新增特殊职务作品类型，明确报社、期刊社、通讯社、广播电台、电视台的工作人员创作的职务作品属于特殊职务作品，作者享有署名权，但著作权的其他权利由其单位享有等。五是增加权利人采取技术措施的规定，明确除法律、行政法规规定可以避开的情形外，为保护著作权和与著作权有关的权利，权利人可以采取技术措施。未经权利人许可，任何组织或者个人不得故意避开或者破坏技术措施，不得以避开或者破坏技术措施为目的制造、进口或者向公众提供有关装置或者部件，不得故意为他人避开或者破坏技术措施提供技术服务。六是增加惩罚性赔偿的规定，规定对故意侵犯著作权或者与著作权有关的权利，情节严重的，可以给予1倍以上5倍以下的赔偿。在权利人的实际损失、侵权人的违法所得、权利使用费难以计算的情形下，将原先的“50万元以下赔偿”修改为“500元以上500万元以下赔偿”。法院在权利人已经尽了必要举证责任，而与侵权行为相关的账簿、资料等主要由侵权人掌握的，可以责令侵权人提供与侵权行为相关的账簿、资料等，侵权人不提供或提供虚假证据的，则可能承担不利后果。

3.《商标法》

《商标法》自1983年3月1日施行后，历经4次修正，最新施行日期为2019年11月1日。该法主要规范和调整商标注册申请、商标专用权的共有、必须使用注册商标的商品、申请注册和使用商标应当遵循诚实信用原则、商标的构成要素、申请注册的商标应具备的条件、禁止作为商标使用的标志、不得作为商标注册的标志、以三维标志作为注册商标的特殊要求、驰名商标的保护等。

该法第4次修正的主要内容：一是强调商标注册应以使用为目的，不以使用为目的的恶意商标注册申请，应当予以驳回，同时将“以使用为目的”作为商标异议和无效的绝对理由。二是加强商标权的保护，提高侵权赔偿标准，将惩罚性赔偿倍率由原来的1～3倍提高到1～5倍，将法定赔偿额度由原来的300万元提高到500万元。三是新增对假冒注册商标的商品以及主要用于制造假冒注册商标的商品的材料、工具的处置规定。根据该法第63条第3款规定，在审理商标纠纷案件中，人民法院根据权利人的请求，可以责令销毁假冒注册商标的商品以及主要用于制造假冒注册商标的商品的材料、工具；假冒注册商标的商品不得在仅去除假冒注册商标后进入商业渠道。

4.《反不正当竞争法》

《反不正当竞争法》最早自1993年10月1日施行，历经2次修正，最新施行日期为2018年11月1日。该法主要对反不正当竞争的定义、不正当竞争行为的规制、查处及法律责任等作出了明确规定，旨在促进社会主义市场经济健康发展，鼓励和保护公平竞争，制止不正当竞争行为，保护经营者和消费者的合法权益。

该法第2次修正的主要内容：一是将商业秘密定义中的“技术信息和经营信息”修改为“技术信息、经营信息等商业信息”，实现与国际通行的保护客体相一致，并在一定程度上扩大了我国对于商业秘密的保护范围。二是新增以电子侵入手段获取权利人商业秘密，以及教唆、引诱、帮助他人违反保密义务或者权利人有关保密的要求，获取、披露、使用或者允许他人使用权利人的商业秘密情形；将违反约定修改为“违反保密义务”，扩大了打击商业秘密侵权行为的范围。三是新增将经营者以外的其他自然人、法人和非法人组织实施前款所列违法行为的，视为侵犯商业秘密，实现了民事侵权主体和刑事犯罪主体的统一。四是强化了侵犯商业秘密行为的法律责任，新增惩罚性赔偿制度，即“经营者恶意实施侵犯商业秘密行为，情节严重的，按照权利人因被侵权所受到的实际损失或者侵权人因侵权所获得的利益的1倍以上5倍以下确定赔偿数额”；提高了法定赔偿额度，由300万元提高至500万元；增加没收违法所得的处罚，并将罚款的上限由50万元、300万元分别提高到100万元、500万元。五是新增“商业秘密构成要件”方面的举证责任转移及“侵权责任”方面的举证责任转移规定。该法第32条规定，“在侵犯商业秘密的民事审判程序中，商业秘密权利人提供初步证据，证明其已经对所主张的商业秘密采取保密措施，且合理表明商业秘密被侵犯，涉嫌侵权人应当证明权利人所主张的商业秘密不属于本法规定的商业秘密。商业秘密权利人提供初步证据合理表明商业秘密被侵犯，且提供以下证据之一的，涉嫌侵权人应当证明其不存在侵犯商业秘密的行为：（一）有证据表明涉嫌侵权人有渠道或者机会获取商业秘密，且其使用的信息与该商业秘密实质上相同；（二）有证据表明商业秘密已经被涉嫌侵权人披露、使用或者有被披露、使用的风险；（三）有其他证据表明商业秘密被涉嫌侵权人侵犯”。

5.《外商投资法》

《外商投资法》第22条规定，“国家保护外国投资者和外商投资企业的知识产权，保护知识产权权利人和相关权利人的合法权益，对知识产权侵权行为，严格依法追究法律责任。……行政机关及其工作人员不得利用行政手段强制转让技术”。与其同步生效的《外商投资法实施条例》对外商知识产权保护规定进行了细化、完善。根据该条例第23条、第24条、第25条的规定，国家加大对知识产权侵权行为的惩处力度，行政机关及其工作人员不得强制或者变相强制外国投资者、外商投资企业转让技术，行政机关应当采取有效措施保护履行职责过程中知悉的商业秘密。

6.《对外贸易法》

为完善对外贸易中知识产权保护的有关规定：《对外贸易法》第29条规定，“进口货物侵犯知识产权，并危害对外贸易秩序的，国务院对外贸易主管部门可以采取在一定期限内禁止侵权人生产、销售的有关货物进口等措施”。第30条规定，“知识产权权利人有阻止被许可人对许可合同中的知识产权的有效性提出质疑、进行强制性一揽子许可、在许可合同中规定排他性返授条件等行为之一，[①]并危害对外贸易公平竞争秩序的，国务院对外贸易主管部门可以采取必要的措施消除危害”。第31条规定，“其他国家或者地区在知识产权保护方面未给予中华人民共和国的法人、其他组织或者个人国民待遇，或者不能对来源于中华人民共和国的货物、技术或者服务提供充分有效的知识产权保护的，国务院对外贸易主管部门可以依照本法和其他有关法律、行政法规的规定，并根据中华人民共和国缔结或者参加的国际条约、协定，对与该国家或者该地区的贸易采取必要的措施”。

7.《科学技术进步法》

为促进科技创新和技术进步所涉及的知识产权保护的有关规定：《科学技术进步法》第13条规定，“国家制定和实施知识产权战略，建立和完善知识产权制度，营造尊重知识产权的社会环境，依法保护知识产权，

① 甲方和乙方签订知识产权许可合同，甲方授权乙方使用自己的知识产权。甲方要求在合同中安排，乙方在使用甲方的知识产权过程中对知识产权做出改进后形成的新技术，乙方在自己使用的同时，必须授权甲方也可以无偿使用。甲方的这种要求就是排他性返授。

激励自主创新。企业事业单位、社会组织和科学技术人员应当增强知识产权意识，增强自主创新能力，提高创造、运用、保护、管理和服务知识产权的能力，提高知识产权质量”。第45条规定，“国家保护企业研究开发所取得的知识产权。企业应当不断提高知识产权质量和效益，增强自主创新能力和市场竞争能力”。第106条规定，“国家实行科学技术保密制度，加强科学技术保密能力建设，保护涉及国家安全和利益的科学技术秘密。国家依法实行重要的生物种质资源、遗传资源、数据资源等科学技术资源和关键核心技术出境管理制度”。

8.《促进科技成果转化法》

为规范科技成果转化所涉及的知识产权保护的有关规定，《促进科技成果转化法》第40条规定，“科技成果完成单位与其他单位合作进行科技成果转化的，应当依法由合同约定该科技成果有关权益的归属。合同未作约定的，按照下列原则办理：（一）在合作转化中无新的发明创造的，该科技成果的权益，归该科技成果完成单位；（二）在合作转化中产生新的发明创造的，该新发明创造的权益归合作各方共有；（三）对合作转化中产生的科技成果，各方都有实施该项科技成果的权利，转让该科技成果应经合作各方同意”。

根据该法第41条和第50条的规定，科技成果完成单位与其他单位合作进行科技成果转化，不得违反双方达成的保守技术秘密协议或者违反权利人有关保守技术秘密的要求，披露、允许他人使用该技术；以唆使窃取、利诱胁迫等手段侵占他人的科技成果，侵犯他人合法权益的，依法承担民事赔偿责任，可能被处以罚款，如构成犯罪将被依法追究刑事责任。根据该法第51条的规定，职工未经单位允许，泄露本单位的技术秘密，或者擅自转让、变相转让职务科技成果的，参加科技成果转化的有关人员违反与本单位的协议，在离职、离休、退休后约定的期限内从事与原单位相同的科技成果转化活动，给本单位造成经济损失的，依法承担民事赔偿责任，如构成犯罪将被依法追究刑事责任。

（三）知识产权司法解释

最高人民法院、最高人民检察院针对知识产权司法保护发布了系列司法解释。

综合类主要包括：《最高人民法院、最高人民检察院关于办理侵犯知识产权刑事案件具体应用法律若干问题的解释》（一）（二）（三）、《最高人民法院关于审理侵害知识产权民事案件适用惩罚性赔偿的解释》《最高人民法院关于全面加强知识产权司法保护的意见》《最高人民法院关于审理涉电子商务平台知识产权民事案件的指导意见》《最高人民法院关于依法加大知识产权侵权行为惩治力度的意见》《最高人民法院关于技术调查官参与知识产权案件诉讼活动的若干规定》《最高人民法院关于知识产权法庭若干问题的规定》《最高人民法院关于第一审知识产权民事、行政案件管辖的若干规定》等。

专利类主要包括：《最高人民法院关于审理专利纠纷案件适用法律问题的若干规定》《最高人民法院关于审理侵犯专利权纠纷案件应用法律若干问题的解释》《最高人民法院关于审理侵犯专利权纠纷案件应用法律若干问题的解释（二）》《最高人民法院关于审理专利授权确权行政案件适用法律若干问题的规定（一）》《最高人民法院关于审理申请注册的药品相关的专利权纠纷民事案件适用法律若干问题的规定》等。

商标类主要包括：《最高人民法院关于人民法院对注册商标权进行财产保全的解释》《最高人民法院关于审理商标案件有关管辖和法律适用范围问题的解释》《最高人民法院关于产品侵权案件的受害人能否以产品的商标所有人为被告提起民事诉讼的批复》《最高人民法院关于审理商标民事纠纷案件适用法律若干问题的解释》《最高人民法院关于建立驰名商标

司法认定备案制度的通知》《最高人民法院关于审理注册商标、企业名称与在先权利冲突的民事纠纷案件若干问题的规定》《最高人民法院关于涉及驰名商标认定的民事纠纷案件管辖问题的通知》《最高人民法院印发〈关于审理商标授权确权行政案件若干问题的意见〉的通知》《最高人民法院关于商标法修改决定施行后商标案件管辖和法律适用问题的解释》《最高人民法院关于审理商标授权确权行政案件若干问题的规定》等。

著作权类主要包括:《最高人民法院关于审理著作权民事纠纷案件适用法律若干问题的解释》《最高人民法院关于做好涉及网吧著作权纠纷案件审判工作的通知》《最高人民法院关于审理侵害信息网络传播权民事纠纷案件适用法律若干问题的规定》《最高人民法院关于加强著作权和与著作权有关的权利保护的意见》等。

商业秘密类主要包括:《最高人民法院关于审理侵犯商业秘密民事案件适用法律若干问题的规定》《最高人民检察院、公安部关于印发〈关于修改侵犯商业秘密刑事案件立案追诉标准的决定〉的通知》《最高人民法院关于适用〈中华人民共和国反不正当竞争法〉若干问题的解释》等。

其他类主要包括:《最高人民法院关于审理技术合同纠纷案件适用法律若干问题的解释》《最高人民法院关于审理涉及计算机网络域名民事纠纷案件适用法律若干问题的解释》《最高人民法院关于开展植物新品种纠纷案件审判工作的通知》《最高人民法院关于审理植物新品种纠纷案件若干问题的解释》《最高人民法院关于审理侵害植物新品种权纠纷案件具体应用法律问题的若干规定》《最高人民法院关于审理侵害植物新品种权纠纷案件具体应用法律问题的若干规定(二)》《最高人民法院关于开展涉及集成电路布图设计案件审判工作的通知》等。

(四)知识产权行政法规

知识产权类行政法规主要包括:《商标法实施条例》《特殊标志管理

条例》《奥林匹克标志保护条例》《世界博览会标志保护条例》《专利法实施细则》《国防专利条例》《著作权法实施条例》《著作权集体管理条例》《计算机软件保护条例》《集成电路布图设计保护条例》《信息网络传播权保护条例》《植物新品种保护条例》《知识产权海关保护条例》等。

（五）知识产权类部门规章

知识产权类部门规章主要包括：《驰名商标认定和保护规定》《集体商标、证明商标注册和管理办法》《地理标志产品保护规定》《关于规范网络转载版权秩序的通知》《网络交易监督管理办法》《关于禁止侵犯商业秘密行为的若干规定》《展会知识产权保护办法》《知识产权海关保护条例的实施办法》《关于规范专利申请行为的若干规定》《专利审查指南》《商标审查审理指南》《规范商标申请注册行为若干规定》《商标一般违法判断标准》《商标侵权判断标准》《关于对知识产权（专利）领域严重失信主体开展联合惩戒的合作备忘录》《市场监督管理严重违法失信名单管理办法》《国家知识产权局知识产权信用管理规定》《专利领域严重失信联合惩戒对象名单管理办法（试行）》等。在这些部门规章中，增加了关于专利审查、商标审查、规范专利申请行为及商标注册行为、商标违法及侵权判断标准、知识产权信用惩戒等方面的新规定、新要求。

1. 持续打击不以保护创新为目的的专利申请

2017 年 2 月，国家知识产权局修订《关于规范专利申请行为的若干规定》；2021 年 1 月，印发《关于进一步严格规范专利申请行为的通知》；同年 3 月，发布《关于规范申请专利行为的办法》；2022 年 1 月，又印发《关于持续规范专利申请行为的通知》，持续开展、从严打击和处置 11 种非正常专利申请行为。

非正常专利申请行为是指同一自然人、法人、其他组织和同一实际控制人等单位和个人，违背专利法立法宗旨、违反诚实信用原则，不以保护创新为目的，不以真实发明创造活动为基础，为牟取不正当利益或者虚构创新业绩、服务绩效，单独或者勾连提交各类专利申请、代理专利申请、转让专利申请权或者专利权等行为。

常见的11种非正常专利申请行为主要包括：①同一单位或者个人提交多件内容明显相同的专利申请；②同一单位或者个人提交多件明显抄袭现有技术或者现有设计的专利申请；③同一单位或者个人提交多件不同材料、组分、配比、部件等简单替换或者拼凑的专利申请；④同一单位或者个人提交多件实验数据或者技术效果明显编造的专利申请；⑤同一单位或者个人提交多件利用计算机技术等随机生成产品形状、图案或者色彩的专利申请；⑥帮助他人提交或者专利代理机构代理提交本条第一项至第五项所述类型的专利申请；⑦单位或个人故意将相关联的专利申请分散提交；⑧单位或个人提交与其研发能力明显不符的专利申请；⑨单位或个人异常倒卖专利申请；⑩单位或个人提交的专利申请存在技术方案以复杂结构实现简单功能、采用常规或简单特征进行组合或堆叠等明显不符合技术改进常理的行为；⑪其他违反《民法典》规定的诚实信用原则、不符合《专利法》相关规定、扰乱专利申请管理秩序的行为。

2. 细化完善专利审查标准

根据《专利法实施细则》第122条规定，国家专利行政部门制定专利审查指南。2010年，国家知识产权局对2006年5月24日公布、同年7月1日起施行的审查指南进行修订，并正式以《专利审查指南》名义发布，自2010年2月1日起施行。

以《专利审查指南（2010）》为基础，国家知识产权局先后多次修改完善专利审查要求，现行审查指南是2021年1月15日起施行的《专利审查指南（2020）》。其中，2013年修改主要针对实用新型和外观设计专利申请增加了明显不具备新颖性，以及重复授权的审查。2014 年修改主要是增加了图形用户界面的产品外观设计相关内容。2017 年修改主要是允许在权利要求中补入其他权利要求中记载的一个或者多个技术特征，以缩小保护范围，并允许对权利要求书中的明显错误进行修正；增加允许公众查阅和复制的内容；修改中止程序规定，对于人民法院要求协助执行财产保全而执行中止程序的，专利局应当依法协助执行；明确涉及商业模式的权利要求，如果既包含商业规则和方法的内容，又包含技术特征，不应当排除其获得专利权的可能性。2019 年修改主要涉及发明专利申请初步审查、外观设计、发明专利申请实质审查、检索相关内容、会晤电话讨论相关内容、人类胚胎干细胞相关审查标准、无效宣告程序、缴费信息补充、专利申请审查顺序等。2020 年修改主要对补交实验数据的审查标准、化合物新颖性的审查标准、化合物和生物领域创造性的审查标准进行了明确和完善。

3. 严格规制商标恶意注册行为

2019 年 12 月，《规范商标申请注册行为若干规定》（国家市场监督管理总局令第 17 号）施行，明确对违反诚实信用原则、恶意注册商标的，可依法作出驳回、宣告无效等决定，并视情节给予警告、罚款等行政处罚。该规定具体列举了 6 种违反诚实信用原则的商标申请注册行为：①不以使用为目的恶意申请商标注册；②复制、模仿或者翻译他人驰名商标；③代理人、代表人未经授权申请注册被代理人或者被代表人商标；基于合同、业务往来关系或者其他关系明知他人在先使用的商标存在而申请注册该商标；④损害他人现有的在先权利或者以不正当手段抢先注册他人已经使用并有一定影响的商标；⑤以欺骗或者其他不正当手段申请商标注册；⑥其他违反诚实信用原则，违背公序良俗，或者有其他不良影响的。

2021 年 3 月，国家知识产权局印发《打击商标恶意抢注行为专项行动方案》，部署对恶意抢注具有较高知名度的公众人物姓名、知名作品或者角色名称等10类典型商标恶意抢注行为给予严厉打击，并将涉嫌恶意注册商标申请相关案件线索转交地方知识产权管理部门。10类典型商标恶意抢注行为包括：①恶意抢注国家或区域战略、重大活动、重大政策、重大工程、重大科技项目名称；②恶意抢注重大自然灾害、重大事故灾难、重大公共卫生事件和社会安全事件等突发公共事件相关词汇、标志，损害社会公共利益；③恶意抢注具有较高知名度的重大赛事、重大展会名称、标志；④恶意抢注行政区划名称、山川名称、景点名称、建筑物名称等公共资源；⑤恶意抢注商品或服务的通用名称、行业术语等公共商业资源；⑥恶意抢注具有较高知名度的公众人物姓名、知名作品或者角色名称；⑦恶意抢注他人具有较高知名度或者较强显著性的商标或者其他商业标志，损害他人在先权益；⑧明显违背商标法第十条规定禁止情形以及其他违反公序良俗，对我国政治、经济、文化、宗教、民族等社会公共利益和公共秩序造成重大消极、负面社会影响；⑨商标代理机构知道或者应当知道委托人从事上述行为，仍接受其委托或者以其他不正当手段扰乱商标代理秩序；⑩其他明显违背诚实信用原则的。

4. 着力提升商标审查审理的精细化水平

自2016年12月以来，国家知识产权局已发布两版《商标审查审理指南》（以下简称《指南》）。现行《指南》发布于2021年11月，并自2022年1月1日起施行。《指南》是规范商标各项业务程序的规程，是指导商标审查审理工作的重要依据，也是社会公众办理商标注册申请或者其他商标事务的具体指引。

现行《指南》共有上下两编。上编为形式审查和事务性内容的处理标准，系对现行各流程形式审查标准和工作规程的系统梳理和优化，共包括商标申请形式审查、商品服务和商标检索要素的分类及其他商标业务审查、马德里商标国际注册审查等5个部分。下编为商标审查审理编，设置“概述”，明确了商标审查审理的基本原则、范围和基本概念；新增、范围和基本概念基本分类工作规程的系统梳理工作；修改完善了不得作为商标标志的审查审理，商标显著特征的审查审理，商标相同、近似的审查审理，三维标志商标的审查审理，颜色组合商标的审查审理，声音商标的审查审理，集体商标、证明商标的审查审理，复制、模仿或者翻译他人驰名商标的审查审理，擅自注册被代理人或者被代表人商标的审查审理，特定关系人抢注他人在先使用商标的审查审理，商标代理机构申请注册商标的审查审理，损害他人在先权利的审查审理，抢注他人已经使用并有一定影响商标的审查审理，以欺骗或者其他不正当手段取得商标注册的审查审理，撤销注册商标案件的审查审理，《商标法》第50条的审查审理等商标审查审理实体性标准有关内容。

5. 制定完善商标侵权及违法情形的判断标准

2020年6月15日，国家知识产权局发布并实施《商标侵权判断标准》。该标准对商标使用于商品、服务、广告及其他商业活动中的具体表现形式进行了细化规定，增加了网站、即时通信工具、社交网络平台、应用程序、二维码等新型的商标使用表现形式；明确了未经商标注册人许可包括未获得许可和超出许可的类别、期限、数量等情形；归纳列举了自行改变注册商标、多件注册商标组合使用、字号突出使用容易导致混淆、以攀附为目的附着颜色使用、在包工包料加工承揽中使用侵权商品、销售活动中附赠侵权商品、帮助侵权等情形。自行改变注册商标、多件注册商标组合使用、字号突出使用容易导致混淆、以攀附为目的附着颜色使用、在包工包料加工承揽中使用侵权商品、销售活动中附赠侵权商品、帮助侵权等多发易发的商标侵权行为；补充了“容易混淆”的侵权判断标准等。

2021年12月13日，国家知识产权局印发《商标一般违法判断标准》，自2022年1月1日起施行。该标准重点对现行商标法律、法规及部门规章规定的必须使用注册商标而未使用，使用不得作为商标使用的标志，在商业活动中使用“驰名商标”字样，商标被许可人未依法标明其名称和商品产地，自行改变注册商标、注册人名义、地址或者其他注册事项，将未注册商标冒充注册商标使用，未履行集体商标、证明商标管理义务，未履行商标印制管理义务，恶意申请商标注册等九类违反商标管理秩序的违法行为进行了细化规定。

6. 规范加强知识产权信用管理

近年来，国家加快推进知识产权（专利）领域信用体系建设，建立健全失信联合惩戒制度。2018年12月，国家发展改革委等38部委联合印发《关于对知识产权（专利）领域严重失信主体开展联合惩戒的合作备忘录》。2019年10月，国家知识产权局印发《专利领域严重失信联合惩戒对象名单管理办法（试行）》。2021年7月，国家市场监督管理总局发布《市场监督管理严重违法失信名单管理办法》（国家市场监督管理总局令第44号），自该年9月1日起施行。2022年1月，国家知识产权局印发《知识产权信用管理规定》。其中，失信行为认定及惩戒对象、措施规定如下：

一是失信行为：①不以保护创新为目的，并且不能及时纠正、主动消除后果的非正常专利申请行为；②恶意商标注册申请行为；③违反法律、行政法规从事专利、商标代理并受到国家知识产权局行政处罚的行为；④提交虚假材料或隐瞒重要事实申请行政确认的行为；⑤适用信用承诺被认定承诺不实或未履行承诺的行为；⑥对作出的行政处罚、行政裁决等，有履行能力但拒不履行、逃避执行的行为；⑦其他被列入知识产权领域公共信用信息具体条目且应被认定为失信的行为。

二是严重失信行为：①以侵犯商业秘密方式严重破坏公平竞争秩序的

不正当竞争行为；②恶意商标注册申请损害社会公共利益；③专利领域严重失信行为，如重复专利侵权行为、不依法执行行为、专利代理严重违法行为、专利代理师资格证书挂靠行为、非正常申请专利行为、提供虚假文件行为等；④在作出行政处罚、行政裁决等行政决定后，有履行能力但拒不履行、逃避执行，严重影响国家知识产权局公信力的。

重复专利侵权行为主要表现为省内各级知识产权管理部门作出的认定专利侵权成立的行政裁决决定发生法律效力后，侵权方再次侵犯同一专利权，并被该省内各级知识产权管理部门再次裁定侵权成立且相关决定发生法律效力的，视为侵权方存在重复专利侵权行为。

不依法执行行为主要表现为拒不执行已生效的针对专利侵权行为的行政裁决决定、针对专利假冒行为的行政处罚决定的，以及阻碍知识产权管理部门、专利执法部门依法开展调查取证工作情节严重的，视为不依法执行行为。

专利代理严重违法行为主要表现为专利代理机构被列入国家知识产权局确定的经营异常名录后，自列入之日起满 3 年仍不符合相关规定的，或者因专利代理违法违规行为受到行政处罚后 3 年内再次出现同类违法违规行为的，视为存在专利代理严重违法行为。

专利代理人资格证书挂靠行为主要表现为变造、倒卖、出租、出借专利代理师资格证书或以其他形式转让资格证书，受到行政处罚后 3 年内再犯的，视为存在专利代理师资格证书挂靠行为。

非正常申请专利行为主要表现为被国家知识产权局认定属于《关于规范专利申请行为的若干规定》（国家知识产权局令 2017 年第 75 号）所称的非正常申请专利行为。

提供虚假文件行为主要表现为在申请专利或办理相关事务过程中提供虚假材料或虚假证明文件的，或存在其他弄虚作假行为的。

三是失信惩戒对象：知识产权领域严重失信行为的主体实施者，如为法人的，惩戒对象为该法人及其法定代表人、主要负责人、直接责任人员和实际控制人；如为非法人组织的，惩戒对象为非法人组织及其负责人；如为自然人的，惩戒对象为本人。

四是激励措施：①在行政审批、项目核准等工作中，提供简化办理、快速办理等便利服务；②在政府专项资金使用等工作中，同等条件下列为优先选择对象；③在专利优先审查等工作中，同等条件下列为优先选择对象；指导知识产权保护中心在专利预审备案中优先审批；④在日常检查、专项检查工作中适当减少检查频次；⑤在履行法定职责、提供公共服务过程中可以采取的其他激励措施。

五是惩戒措施：①对财政性资金项目申请予以从严审批；②对专利、商标有关费用减缴、优先审查等优惠政策和便利措施予以从严审批；③取消国家知识产权局评优评先参评资格；④取消国家知识产权示范和优势企业申报资格，取消中国专利奖等奖项申报资格；⑤列为重点监管对象，提高频次，依法严格监管；⑥不适用信用承诺制；⑦依据法律、行政法规和党中央、国务院政策文件应采取的其他管理措施，如依法限制严重失信主体作为供应商参与政府采购活动，失信情况记入金融信用信息基础数据库及互联网征信系统等。

（六）知识产权国际条约

我国将知识产权合作视为国际创新合作的重要桥梁，把知识产权保护置于营造一流国际化法治化营商环境的大背景下进行总体统筹和安排，积极参与知识产权国际保护和治理体系建设，始终恪守知识产权保护的“国民待遇”“优先权”“透明度”等基本原则，不断强化知识产权保护质量和效益，构建完善“严保护、大保护、快保护、同保护”格局，已加入大多数主要的知识产权国际条约，并与全球 60 多个国家、地区和国际组织签订了多双边合作协议和谅解备忘录，与超过 50 个世界知识产权组织成员国建立正式合作关系。

目前，我国加入的知识产权国际条约主要是《世界产权组织公约》（简称 WIPO）、《保护工业产权巴黎公约》（简称《巴黎公约》）、《集成电路知识产权条约》、《商标国际注册马德里协定》、《〈商标国际注册马德里协定〉有关议定书》、《保护文学艺术作品的伯尔尼公约》（简称《伯尔尼公约》）、《世界版权公约》、《保护录音制品制作者防止未经许可复制其录音制品公约》（简称《录音制品公约》或《唱片公约》）、《专利合作条约》、《商标注册用商品和服务分类协定》（简称《尼斯协定》）、《国际承认用于专利程序的微生物保存条约》（简称《布达佩斯条约》）、《工业品外观设计国际分类协定》（简称《洛迦诺协定》）、《保护植物新品种国际公约》等。2020 年 4 月，《视听表演北京公约》作为第一个以中国城市命名且在中国缔结的国际知识产权公约的诞生，2022 年 5 月，世界知识产权组织管理的一个重要国际公约《工业品外观设计国际注册海牙协定》在中国生效，标志着我国深度参与知识产权全球治理进入一个新时期，步入了一个新阶段。

（七）知识产权合规管理规范

为指导企业更好地开展知识产权管理与专项合规建设，充分发挥知识产权制度的规范、保障和促进作用，推动企业强化对知识产权的有效开发、保护和运营，提高企业对知识产权的基础管理能力和风险控制能力，发展出一批具有国际竞争优势和强大的知识产权实力、能力、潜力的知识产权强企，近年来国家知识产权局及部分地方司法、执法部门出台了一系列管理规范和合规标准。

1. GB/T 29490—2013《企业知识产权管理规范》

2013 年 3 月 1 日，由国家知识产权局起草制定，国家质量监督检验检疫总局、国家标准化管理委员会批准颁布的我国首个知识产权管理国家标准 GB/T 29490—2013《企业知识产权管理规范》施行。GB/T 29490—2013 将知识产权管理作为一个完整的体系，要求企业策划、实施、检查、改进知识产权管理体系，提高知识产权管理水平，提升企业核心竞争力，支撑创新驱动发展战略。GB/T 29490—2013 的基本框架为知识产权管理体系—管理职责—资源管理—基础管理—实施和运行—审核和改进。知识产权管理体系包括文件要求（知识产权手册、程序文件、记录）；管理职责包括管理承诺、知识产权方针、策划、管理评审等；资源管理包括人力资源、基础设施、财务资源和信息资源的管理；基础管理包括知识产权作为权利项的获取、维护、运用、保护等的管理；实施和运行包括产品立项、研发、采购、生产、销售等企业主要业务环节应该进行的知识产权管理活动；审核和改进则包括对知识产权管理体系的适宜性和有效性进行审核和持续改进的要求。

2.《企业知识产权保护指南》

2022 年 4 月，国家知识产权局知识产权保护司组织编制《企业知识产权保护指南》，从战略及组织管理、人力资源管理、财务管理、市场营销、产品及研发管理、生产及供应链管理、法务与知识产权管理等 7 个方面，阐述在企业运行各环节、各阶段如何开展知识产权保护工作，通过场景化模式深入剖析企业在惯常商业场景下可能遇到的知识产权保护问题，为企业提供知识产权风险防控、高效应对纠纷等方面的策略建议，旨在推动从意识培养、机制建设、实务操作等方面帮助企业更好地理解并实现知识产权的商业价值，切实提升我国企业知识产权保护能力和水平。

3.《企业知识产权合规标准指引（试行）》

2021 年 12 月 27 日，中国信通院知识产权与创新发展中心和上海市浦东新区人民检察院联合发布《企业知识产权合规标准指引（试行）》，为企业知识产权合规管理体系的建立、实施、运行和监督全流程管理提供规范依据。该指引全文共三十条、六个章节，包含总则、知识产权合规管理组织体系、制度体系、运行体系、风险识别处置体系以及第三方监督评估体系等。

4.《侵犯知识产权犯罪涉案企业合规整改指南》

2022 年 4 月，北京市大兴区人民检察院联合北京市大兴区知识产权局、北京市大兴区工商联，共同制定《侵犯知识产权犯罪涉案企业合规整改指南》。该指南共五个章节、三十五条，包含总则、合规整改计划、合规整改实施、合规整改效果评估及附则，旨在为办理侵犯知识产权犯罪涉案企业合规案件的检察机关、参与涉案企业合规整改的第三方监督评估组织以及有知识产权合规整改需求的企业提供合规参考。

5.《企业知识产权国际合规管理规范》（DB44/T 2361—2022）

2022 年 4 月，广东发布省级地方标准《企业知识产权国际合规管理规范》（DB44/T 2361—2022），这是国内首个企业知识产权国际合规管理地方标准。该标准聚焦企业“走出去”和国际化经营的主要领域和重点区域，参照知识产权国际规则和主要国家和地区的差异性要求，总结企业“走出去”和国际化经营的经验教训，规定了建立、检查、实施、改进企业知识产权国际合规管理体系的基本要求，以及识别、评估、应对知识产权国际合规风险的基本方法和基本要求，致力于在海外知识产权布局、风险防范及纠纷应对等方面提供合规指引，从而帮助企业实现海外知识产权风险防控的“源头治理”。附录 A、B、C、D、E 列举了美国、欧盟、日本等国家的专利、商标、著作权、商业秘密保护的法律合规要点，对于企业海外知识产权合规管理具有实践操作指引意义。

第二节　知识产权合规管理体系建设

2020年11月30日，习近平总书记在主持十九届中共中央政治局第二十五次集体学习时强调："知识产权领域仍存在侵权易发多发和侵权易、维权难的现象，知识产权侵权违法行为呈现新型化、复杂化、高技术化等特点；有的企业利用制度漏洞，滥用知识产权保护；市场主体应对海外知识产权纠纷能力明显不足，我国企业在海外的知识产权保护不到位。"

从公开数据看，近年来知识产权犯罪案件激增。2021年，全国检察机关批捕侵犯知识产权犯罪4590件、7835人，同比分别上升16.8%和9.2%；起诉侵犯知识产权犯罪6565件、14020人，同比分别上升12.3%和15.4%；监督公安机关立案299件，同比上升65.2%。

随着知识产权日益成为企业的核心资产和主要竞争工具，加强知识产权合规风险防范应对，构建知识产权合规管理体系，已箭在弦上、刻不容缓。企业应积极关注并理解把握国家和地方知识产权政策法律规定，看清政策背后指引的方向、鼓励的举措、禁止的行为，在生产经营中能够清醒认识"哪些事情可以做""哪些事情应该做""哪些事情做不得"，以高水平的知识产权合规管理保障企业行稳致远。

一、以"控风险"为导向的知识产权合规管理

聚焦运用知识产权提升企业核心竞争力，识别和管控知识产权法律合规风险，依法依规加强对知识产权工作的计划、组织、协调、谋划和利用，有针对性地建立完善知识产权合规体系。

（一）知识产权法律合规风险

知识产权法律合规风险是指企业及其员工因违规违法行为，造成己方在知识产权取得、形成、运用、维护和侵害他人合法知识产权方面，引发各种经济损失、声誉损害、法律责任及其他负面影响的可能性。基于知识产权保护规则的特殊性，结合相关合规标准，企业在知识产权领域的合规风险包括但不限于：

1. 商标权法律合规风险

商标权法律合规风险主要有商标申请注册不成功风险，商标未注册或被他人抢先注册风险，商标申请注册类别不周延、重点类别保护不够、申请的标识不全的风险，商标申请注册国家和地区不全、未对目标市场提前布局的风险，超越商品或服务类别使用或许可他人使用注册商标的风险，由第三方责任造成的商标权侵权风险，侵犯他人商标权等在先权利风险，注册商标三年不使用被撤销风险，商标不规范使用、疏于管理维持不成功风险等。

2. 专利权法律合规风险

专利权法律合规风险主要有专利被他人抢先申请的风险，专利申请权争议风险，权利要求书不清晰、不周延的风险，专利提前布局、外围专利、防御专利不够的风险，被他人侵犯专利权的风险，被他人提起专利无效和专利侵权争议的风险，由第三方责任引发的专利权侵权风险，专利权授权许可使用中存在的风险，专利权转让纠纷的风险，未能有效开发和实施专利的风险，管理不善导致专利失效的风险，企业专利权归属和员工职务发明约定不清导致纠纷的风险，专利许可权滥用的风险，专利被强制实施的风险，涉外被“337”调查的风险等。[①]

3. 著作权法律合规风险

著作权法律合规风险主要有作品形成过程中疏于证明性记载、记录的风险，计算机软件形成后未及时登记的风险，忽视研发数据、设计图纸、操作手册、工艺包管理的风险，职务作品、委外创作、版权商的权属确定风险，作品素材侵权风险，由第三方责任造成的著作权侵权风险，忽视计算机软件、图片、字体侵权风险，互联网信息网络传播权侵权风险，著作权许可使用和转让中的法律风险等。

4. 商业秘密法律合规风险

商业秘密法律合规风险主要有未采取保密措施造成的失密风险，被他人以盗窃、间谍或黑客手段窃取的风险，合作方违反保密协议和保密要求使用、披露的风险，对外宣传、合作过程中疏于管理造成的泄密风险，员工离职泄密风险，由第三方责任造成的商业秘密侵权风险，违法违规侵犯他人商业秘密风险等。

（二）知识产权合规管理

知识产权合规管理是企业全面合规管理体系的重要组成部分。企业知识产权合规管理就是保证自己依法合规取得、形成、运用、维护知识产权和不侵犯他人合法的知识产权。根据合规风险的法律责任形式。知识产权合规管理可以分为知识产权竞争合规管理、民事合规管理、行政合规管理、刑事合规管理等；根据知识产权形成和运用的各个环节，可以分为知识产权取得和形成合规管理、使用和授权合规管理、交易和处置合规管

① “337”调查，是指美国国际贸易委员会（United States International Trade Commission，ITC）根据美国《1930年关税法》（Tariff Act of 1930）第337节及修正案，对外国进口至美国的产品是否侵犯美国知识产权、是否造成美国相关产业损害以及进口贸易中其他不公平竞争开展的调查。

理、维护和维权合规管理；根据知识产权的类别，可以分为商标权合规管理、专利权合规管理、著作权合规管理、商业秘密合规管理；根据知识产权注册登记的国别，可以分为境内知识产权合规管理、涉外知识产权合规管理等。

二、贯标认证角度下的知识产权合规管理体系建设

《企业知识产权管理规范》自2013年颁布实施以来，有力促进了企业知识产权意识和管理水平提升，迄今已有超过5万家企业通过知识产权管理体系认证。随着我国经济社会快速发展，企业知识产权工作和发展的环境、形势、特点发生了较大变化，2019年12月国家标准化管理委员会启动了《企业知识产权管理规范》的修订工作，2022年6月形成了《企业知识产权合规管理体系》征求意见稿，明确了知识产权管理体系的合规属性，突出了合规主线，增加了知识产权合规内容，补充了专利、商标、著作权、商业秘密、地理标志等各类知识产权的具体合规要求，扩展了标准对于不同类型知识产权的兼容性。

根据《企业知识产权管理规范》及征求意见稿，企业知识产权合规管理体系建设重点包括以下几个方面。

（一）知识产权管理体系

1. 知识产权制度体系

企业应建立知识产权管理制度，并保证制度能有效实施运行、持续改进。知识产权管理制度文件应包括企业知识产权的方针和目标、知识产权管理手册、专业类管理制度和流程等。企业应定期评审知识产权管理制度的适宜性和有效性。

2. 管理层重视知识产权

企业管理层要承诺尊重和保护知识产权，企业主要负责人是知识产权管理的第一责任人。企业应确立知识产权方针和目标，并得到全体员工的认同和支持。企业在内部应建立有效的知识产权管理沟通、协调工作机制。

3. 知识产权管理机构和人员

企业根据实际情况建立知识产权管理机构并配备专业的专职或兼职工作人员，或委托专业知识产权服务机构提供支撑服务；明确知识产权工作人员的任职条件，并采取适当措施确保从事知识产权工作的人员满足相应的条件。组织开展对中高层管理人员、研发人员，以及其他与知识产权关系密切岗位的人员进行知识产权培训，提升全员知识产权意识、素质和能力。

4. 员工知识产权管理

企业通过劳动合同、劳务合同等方式对员工进行管理，约定知识产权权属、保密条款。明确发明创造人员享有的权利和负有的义务，必要时应约定竞业限制和补偿条款。对新入职员工进行适当的知识产权背景调查，避免侵犯新入职员工原雇佣单位和他人知识产权。对于研究开发等与知识产权关系密切的岗位，应要求新入职员工签署知识产权方面的承诺、声明文件。对离职员工进行相应的知识产权事项提醒，涉及核心知识产权的员工离职时，应签署离职知识产权协议或执行竞业限制协议。明确员工知识产权创造、保护和运用的奖励和报酬，造成知识产权损失的责任。

5. 知识产权基础设施和条件

企业应加强知识产权管理所需软件、数据库、计算机和网络设施等建设。建立知识产权信息收集渠道、信息数据库，及时获取所属领域、竞争对手的知识产权信息。

6. 知识产权费用保障

企业应设立知识产权经常性预算费用，用于知识产权申请、注册、登记、维持、检索、分析、评估、诉讼和培训等事项，以确保知识产权管理体系正常运行。

（二）知识产权基础管理

知识产权基础管理是从知识产权的获取、维护、运用、保护各环节来规范知识产权管理。

1. 知识产权获取

根据知识产权目标，制定知识产权获取和形成的工作计划，明确获取和形成的方式和途径。在获取和形成知识产权前进行必要的检索和分析。保持知识产权获取和形成的记录以备查。保障职务发明人员的署名权。

2. 知识产权维护

建立知识产权分类管理档案，进行日常维护。建立知识产权评估和知识产权资产管理制度。建立知识产权权属变更、权属放弃管理制度。企业可根据自己的行业特点和组织架构对知识产权进行分级管理。

3. 知识产权运用

知识产权实施、许可和转让的，事前应制定调查方案，并进行评估。以知识产权投融资的，投融资活动前应对相关知识产权开展尽职调查，进行风险和价值评估。在境外投资前，应针对目的地的知识产权法律、政策及其执行情况，进行风险分析。企业合并或并购的，重组前应开展知识产权尽职调查，根据合并与并购的目的设定对目标企业知识产权状况的调查内容，进行知识产权评估。企业出售或剥离资产前，应对相关知识产权开展调查和评估，分析出售或剥离的知识产权对本企业未来竞争力的影响。

4. 知识产权标准化和知识产权联盟

企业参与知识产权标准化组织，应事前了解标准化组织的知识产权政策，在将包含专利和专利申请的技术方案向标准化组织提供时，应按照知识产权政策要求披露并做出许可承诺。牵头制定标准时，应组织制定标准工作组的知识产权政策和工作程序。参与或组建知识产权联盟及相关组织，应事前了解其知识产权政策，并进行评估。组建知识产权联盟时，应遵守公平、合理且无歧视的原则，制定联盟知识产权政策。主要涉及专利合作的联盟可围绕核心技术建立专利池。

（三）知识产权保护管理

1. 知识产权风险管理

企业应采取措施避免或降低生产、办公设施设备及软件侵犯他人知识产权的风险。定期监控产品可能涉及他人知识产权的状况，分析可能发生的纠纷及其对企业的损害程度，提出防范预案。将知识产权纳入企业全面风险管理体系，对知识产权风险进行识别和评估，并采取相应的风险控制措施。

2. 知识产权争议处理

及时发现和监控知识产权被侵犯情况，适时运用行政和司法途径保护知识产权。在处理知识产权纠纷时，评估通过诉讼、仲裁、和解等不同处理方式对企业的影响，选取适宜的争议解决方式。

3. 知识产权对外贸易

企业向境外销售产品前，应调查目的地知识产权法律、政策及其执行情况，分析可能涉及的知识产权风险。向境外销售产品前，应适时在目的地进行知识产权申请、注册和登记。对向境外销售的涉及知识产权的产品可采取相应的边境保护措施。

4. 知识产权合同管理

企业应对合同中有关知识产权条款进行审查，并形成记录。管理咨询、检索分析、侵权调查、鉴定评估、诉讼代理等知识产权外委业务，应签订书面合同并约定知识产权权属和保密等内容。在进行技术等委托开发或合作开发时，应签订书面合同，约定知识产权权属、许可及利益分配、后续改进的权属和使用等。承担涉及国家重大专项等政府支持项目时，应了解项目相关的知识产权管理规定，并按照要求进行管理。

5. 知识产权保密管理

企业应明确涉密人员，设定保密等级和接触权限。明确可能造成知识产权流失的环节、设备、介质、场所等，规定使用目的、人员和方式。明确涉密信息，规定保密等级、期限和传递、保存及销毁的要求。明确涉密区域，设定客户及参访人员活动范围等。

（四）知识产权运行管理

1. 立项

立项阶段应分析该项目所涉及的知识产权信息，包括各关键技术的专利数量、地域分布和专利权人信息等。通过知识产权分析及市场调研相结合，明确该产品潜在的合作伙伴和竞争对手。进行知识产权风险评估，并将评估结果、防范预案作为项目立项与整体预算的依据。

2. 研发

研究开发阶段应对该领域的知识产权信息、相关文献及其他公开信息进行检索。对项目的技术发展状况、知识产权状况和竞争对手状况等进行分析。在检索分析的基础上，制定知识产权规划。跟踪与监控研究开发活动中的知识产权，适时调整研究开发策略和内容，避免或降低知识产权侵权风险。督促研究人员及时报告研究开发成果。及时对研究开发成果进行评估和确认，明确保护方式和权益归属，适时形成、取得知识产权。保留研究开发活动中形成的记录，并实施有效的管理。

3. 采购

在采购涉及知识产权的产品过程中，应收集相关知识产权信息，避免采购涉及知识产权侵权的产品，必要时要求供货方提供知识产权权属证明。做好供货方信息、进货渠道、进价策略等信息资料的管理和保密工作。在采购合同中应明确知识产权权属、许可使用范围、侵权责任承担等。

4. 生产

生产阶段应及时评估、确认生产过程中涉及产品、工艺方法的技术改进与创新，明确保护方式，适时取得、形成知识产权。在委托加工、来料加工、贴牌生产等对外协作过程中，应在合同中明确知识产权权属、许可使用范围、侵权责任承担等，必要时应要求合作方提供知识产权许可证明。保留生产活动中形成的记录，并实施有效的管理。

5. 销售和售后

产品销售前应对产品所涉及的知识产权状况进行全面审查和分析，制定知识产权保护和风险规避方案。在产品宣传、销售、会展等商业活动前制定知识产权保护或风险规避方案；产品销售后应建立产品销售市场监控程序，采取保护措施，及时跟踪和调查相关知识产权被侵权情况，建立和保持相关记录。产品升级或市场环境发生变化时，及时进行跟踪调查，调整知识产权保护和风险规避方案，适时形成新的知识产权。

三、司法规制角度下的知识产权合规管理体系建设

《企业知识产权合规标准指引（试行）》及《侵犯知识产权犯罪涉案企业合规整改指南》秉承最高人民检察院等部委《关于建立涉案企业合

规第三方监督评估机制的指导意见（试行）》精神，参考和借鉴《企业知识产权管理规范》要求，从司法规制角度，明确了企业知识产权合规体系建设的目标方向、重点任务、实施路径等。结合最高检公布的涉案企业知识产权合规整改案例看，企业知识产权合规体系的组建、运用及效果评价主要包括以下内容。

（一）知识产权合规管理原则

企业知识产权合规体系建设应以加大对企业知识产权的平等保护，提升企业知识产权的纠纷解决效率，鼓励企业加强自律、发展创新为宗旨和目标，遵从并坚持独立性、有效性、全面性、动态性和可查证原则。

独立性即合规职能部门的运行不受任何不当的干扰和压力；合规职能部门应严格依照法律法规及企业相关制度规定等对企业和员工行为进行客观评价和处理；承担合规管理职责的人员应独立履行职责，不受其他部门和人员的干涉。

有效性即合规管理制度应有效嵌入经营业务的具体环节当中，与法律风险防范、审计监察、内控及风险管理等工作相统筹、相衔接，并建立全员合规责任制，明确管理人员和各岗位员工的合规责任并督促有效落实，确保合规管理闭环。

全面性即企业知识产权合规管理的基础性和关键领域包括专利、商业秘密、商标、著作权；合规工作应覆盖业务涉及的研发、生产、销售、对外合作、投资推广、招投标及采购等各个环节，贯穿决策、执行、监督全流程，并确保所有与知识产权相关的业务、部门和人员均已纳入合规工作体系。

动态性即合规工作应与企业经营范围、组织结构和业务规模相适应；合规工作应根据企业内外部环境的变化适时进行调整和完善；企业经营管理中存在的合规风险问题，要能够得到及时反馈、纠正和改进。

可查证即合规工作应有明确的流程规范作依据，确保企业合规管理有章可循、有证可查。

（二）知识产权合规管理责任体系

企业董事会、监事会、高级管理人员应当履行知识产权合规管理职责，对知识产权合规计划制定与执行给予支持，确保知识产权合规部门、人员行使职权的独立性，保障资源充足。

企业可根据自身行业性质和经营规模合理设置知识产权合规管理部门，配备知识产权合规管理人员，组织、协调和监督知识产权合规管理工作。

企业知识产权合规管理部门在知识产权合规管理方面主要有 10 项职责：①研究起草合规管理计划、制定合规管理制度，组织制订合规管理战略规划及合规管理年度报告；②持续关注法律法规等规则变化，组织开展合规风险识别与预警；③参与企业重大决策并提出合规建议和意见，参与企业重大事项合规审查和风险应对；④参与业务部门对重要商业伙伴的合规尽职调查和定期评价；⑤指导各部门合规工作落地，并提供合规咨询，组织合规认证；⑥组织开展合规检查与考核，对制度和流程进行合规性评价，督促违规整改和持续改进；⑦推动合规责任纳入岗位职责和员工绩效管理，建立合规绩效考核指标，监控和衡量合规绩效；⑧建立合规举报管理体系，受理合规管理职责范围内的举报，组织或参与对举报事件的调查，并提出处理建议；⑨组织或协助业务部门、人力资源部门开展合规培训；⑩其他适合由合规职能部门承担的合规管理职责。

（三）知识产权合规风险管理

创新在我国现代化建设全局中居核心地位。加强知识产权法治保障的基础和重要任务就是保护知识产权。企业是科技创新主体，是国家战略科技力量的重要组成部分。

企业应建立完善知识产权合规风险信息收集机制，全面系统梳理可能存在的风险，建立风险台账，对风险源、风险类别、风险成因、可能发生的后果及发生的概率等开展分析，对有可能造成严重后果的风险及时发布预警。有针对性地就知识产权刑事风险较高的专利权、商标权、著作权、互联网信息网络传播权、商业秘密等专项领域进行提示预警。依据企业内外部环境，将知识产权合规风险分为重大知识产权风险、中等知识产权风险、一般性知识产权风险三类，实施分级管理、合理配置合规管理资源。

1. 重大知识产权风险

重大知识产权风险包括法律、规则、准则以及地方法治环境重大变化对经营活动产生的知识产权风险；监管机构出具的各类处罚决定、监管意见、风险提示等情况；向监管机构报送证明性材料、专项汇报材料、监管意见落实整改情况、各类合规材料等相关情况；业务开展过程中存在的违反法律、规则和准则的重大知识产权风险信息；各类制度文件中存在的不符合法律、规则和准则要求的情况；因知识产权合规问题导致企业被诉的情况；其他应被确定为重要合规风险的事项。

2. 中等知识产权风险

中等知识产权风险包括企业经营活动中新出现的知识产权风险或原有风险的变化；既定合规风险应对方案执行情况及执行效果发生变化，不能达到原定目标；对企业经营可能存在一定影响，但影响较小或未来造成直接损失较小；其他可以被认定为中等合规风险的事项。

3. 一般性知识产权风险

一般性知识产权风险包括对推动企业知识产权合规管理、提升依法合规经营管理水平、保障公司持续健康发展影响较小，需要通过加强管理等方式进行完善的事项（作为一般性知识产权风险事项进行管理）。

企业应根据不同的合规风险类型制定和选择知识产权风险应对方案。对重大风险事项，企业合规管理部门和各业务管理部门应共同制定具体整改方案和整改要求，合规管理部门按时间节点统计整改完成情况，并及时向企业决策层领导汇报。

（四）知识产权合规审查和合规监督

企业应建立健全规范化的知识产权事务管理和决策流程，将知识产权合规审查作为规章制度制定、重大事项决策、重要合同签订、重大项目运营等的必经程序。及时对不合规的内容提出修改建议，未经合规审查不得实施。对涉及重大合规风险事项的实行一票否决制。

企业应定期对知识产权合规体系进行合规监察，并形成合规监察报告。监察内容主要包括对知识产权合规体系运行有效性的评价和对知识产权合规绩效进行评价，以确保知识产权合规目标的实现。

（五）知识产权合规举报和调查

企业鼓励对存在或潜在的违反知识产权合规方针、合规义务和违规违法的行为进行举报，建立举报途径、求助热线、建议箱等，为供应商、承包商等第三方设立投诉处理系统，重点搜集有关企业不合规情况、合规疑问及对合规有效性和合规绩效评价等反馈内容。

企业应建立合规调查制度，坚持公平、公正的调查原则，及时、彻底地调查对本企业及员工或有关第三方不当行为的任何指控或怀疑。查明包括管理者、最高管理层和治理机构在内的不当行为和失职、知识产权合规管理体系的缺陷和失职的原因。针对已查明的问题和原因，分析企业人员的数量、水平，以及不合规的程度、普遍性、严重性、持续时间和频率等因素。根据经验和教训提出知识产权合规管理体系改进完善的意见和建议。

（六）知识产权合规管理运行体系

1. 知识产权取得环节

应及时申请注册登记各类知识产权，具体明确专利申请、商标注册、著作权、集成电路布图设计登记、商业秘密保护等知识产权获取、形成，及其后续维护或主动放弃的管理措施和工作程序。明确职务发明成果的界定条件以及委托或合作开发成果知识产权归属的处置原则，明确有关专利权、商标权、著作权等知识产权转让、许可、投资、质押的管理措施和工作程序。

2. 生产经营环节

在原材料、设备、技术、软件采购及技术和产品开发、技术转让（许可）与合作、委托加工、产品销售、广告宣传或展销、招投标、进出口贸易、企业合资及并购和上市等环节中，企业应收集相关知识产权信息，必要时应要求供货方提供权属证明。做好供货方信息、进货渠道、进价策略等信息资料的管理和保密工作。在采购合同中应明确知识产权权属、许可使用范围、侵权责任承担等内容。

注意发现有知识产权的创新成果，及时采取相应的知识产权保护措施。对于生产过程中不宜对外公开的操作规程、各种报表和试验记录、检验检测记录等，应建立相应的保密制度，采取相应的保密措施。承揽委托加工、来料加工、贴牌生产等加工业务时，注意规避对外加工业务中的知识产权风险，明确双方知识产权权利义务、保密责任。

研发活动中应建立知识产权跟踪检索分析与监控制度。明确对研发成果的知识产权归属管理。加强对研发活动的档案和保密管理，建立技术研发档案、记录管理制度，确保研发活动具有可追溯性。

在营销活动中，对产品即将投放的市场进行同类产品知识产权状况的调查分析，防止遭遇知识产权侵权指控。正确使用注册商标或专利号等知识产权标志，对消费者和有关市场主体进行必要提醒。建立产品销售市场监控机制，多渠道地监控同类产品的市场情况。对发现侵权的，应当进行重点信息收集，在必要情况下可进行公证。

（七）涉外知识产权管理

企业应积极开展涉外业务中的知识产权布局。对拟引进的技术或者产品的相关知识产权状况进行调查分析，并对侵权风险进行综合评估。签订技术或产品引进合同、输出合同（包括代理合同）时应明确技术或产品引进的许可方式和范围、后续改进成果的归属和分享、权利维护、双方的保密责任和义务、引进技术或产品发生知识产权侵权时供货方应承担的法律责任等内容。

（八）知识产权绩效评价和问责机制

企业通过设立知识产权合规绩效考核评价指标，评价各部门合规工作绩效及合规工作贡献，把知识产权合规绩效考核评价纳入对各部门及相关负责人的年度综合考核，将员工的合规履职情况作为员工考核、提拔、评先选优等工作的重要依据。

绩效评价重点围绕与合规风险特征相关的指标，包括合规制度落实的主动性和有效性，部门人员接受有效培训的比例，相关监管机构介入的频率，因不合规问题产生的处罚、赔偿、商誉受损等负面影响，潜在的不合规风险，合规相关信息的记录保存情况等。

对知识产权合规绩效目标、绩效奖金和其他激励措施进行定期评审，以验证是否有适当的措施来防止不合规行为。

企业根据自身情况制定知识产权合规管理问责办法，对违反知识产权合规目标、制度、要求和义务的单位、部门、人员，进行问责和处分。

（九）知识产权合规文化

企业应建立对科技人员、知识产权管理人员、全体员工分层级合规培训制度。通过增强知识产权保护意识、知识产权价值观、营造崇尚创新尊重知识产权的氛围、重视知识产权宣传教育等方式，进行知识产权合规文化建设。结合知识产权管理制度建设和人才建设，构建有利于调动企业员工知识产权工作积极性的激励机制，树立尊重和保护知识产权的企业形象。

（十）知识产权第三方监督评估

知识产权第三方监督评估包括知识产权合规管理体系的设计、执行、效果三个方面。

关于知识产权合规管理体系设计的有效性评估和审查标准主要有以下六个方面：①是否定期组织对研发、采购、生产、营销等生产经营各环节面临的知识产权违规风险全面进行识别和评估。②是否根据合规风险、业务范围和规模等，制定知识产权合规管理相关制度、规范、标准。③是否建立定期的知识产权合规培训制度和机制。④是否建立知识产权违规举报及调查办法，是否建立举报途径，是否有不合规调查、原因分析及改进措施制度性安排。⑤是否设立知识产权合规管理部门，配备合格的合规人员，明确合规管理牵头部门的职责。⑥是否有定期对知识产权合规体系运行有效性进行监督并形成监督报告的制度性安排。

关于知识产权合规管理体系执行的有效性评估和审查标准主要有以下六个方面：①是否为知识产权合规管理提供了设施、设备、人员、经费等保障。②是否明确了董事会、监事会、高级管理人员的合规管理职责，知识产权合规管理部门的部门职责，合规管理人员的岗位职责，业务部门和职能部门的配合落实职责，沟通协作是否通畅。③管理层及相关责任人是否具有知识产权合规意识，是否熟悉知识产权领域的法律法规；员工是否具备知识产权合规基本意识。④知识产权合规管理涉及的运行、合同、保密、维权、风险处置预案等相关制度、机制是否能够有效运行。⑤在知识产权合规方面，是否建立科学的绩效考评指标并进行考核；是否建立并实施相关激励和处罚政策。⑥是否建立知识产权合规管理相关信息系统，建立知识产权信息数据库，并有效维护和及时更新。

关于知识产权合规管理体系效果的有效性评估和审查标准主要有以下四个方面：①是否积极营造知识产权合规文化，将知识产权合规理念、价值观根植于生产经营活动中，树立尊重和保护知识产权的企业形象。②所有的知识产权经营活动是否满足合规目标、符合合规要求。③是否根据相关法律法规的调整，及时调整、更新知识产权合规管理制度和体系，适应企业的知识产权合规目标。④发现违规事件，是否及时采取措施控制并纠正，分析违规事件产生原因，进行改进和弥补管理缺陷。

第三节　加强企业知识产权合规管理建议

习近平总书记强调："全面建设社会主义现代化国家，必须更好推进知识产权保护工作。知识产权保护工作关系国家治理体系和治理能力现代化，只有严格保护知识产权，才能完善现代产权制度、深化要素市场化改革，促进市场在资源配置中起决定性作用、更好发挥政府作用。知识产权保护工作关系高质量发展，只有严格保护知识产权，依法对侵权假冒的市场主体、不法分子予以严厉打击，才能提升供给体系质量、有力推动高质量发展。知识产权保护工作关系人民生活幸福，只有严格保护知识产权，净化消费市场、维护广大消费者权益，才能实现让人民群众买得放心、吃得安心、用得舒心。知识产权保护工作关系国家对外开放大局，只有严格保护知识产权，才能优化营商环境、建设更高水平开放型经济新体制。知识产权保护工作关系国家安全，只有严格保护知识产权，才能有效保护我国自主研发的关键核心技术、防范化解重大风险。”

全面加强知识产权保护和合规管理，是企业构建新发展格局，打造科技创新动能的重要保障。深刻领会习近平总书记关于知识产权保护工作的重要论述，锚定建设知识产权竞争力强的世界一流企业的目标定位，贯彻落实国家知识产权工作和保护的战略部署和政策要求，坚持源头防控、排查预警、主动维权、管理提升，不断完善知识产权法律合规体系，促进法律合规能力和水平整体提升。

一、加强知识产权合规管理顶层设计

（一）健全知识产权合规管理制度

根据国家《商标法》《专利法》《著作权法》《反不正当竞争法》《科学技术进步法》《科技成果转化法》等法律法规制修订情况，以及司法机关发布的知识产权相关司法解释，及时修订企业内部专利、商标、著作权等知识产权规章制度，调整完善知识产权合规和保护措施。根据司法机关发布的技术信息、经营信息等商业秘密的界定以及保密措施认定标准等司法解释，完善企业商业秘密保护措施，确保在有效防止技术泄密、流失的同时，为司法救济提供充分证据。制定知识产权法律维权管理办法，建立健全知识产权维权工作机制。

（二）统筹知识产权与科技创新联动发展

统筹考虑技术研发、运用和保护等工作，将法律合规风险防范意识贯穿科研、生产、经营活动全过程，坚持合规保护与创新研发、技术转化应用等工作同谋划、同部署、同落实，切实防范知识产权流失和侵权。

（三）推动知识产权各利益主体合作共赢

综合运用经营绩效与知识产权合规和保护挂钩，技术成果研发、转化、维权等收益合理分享，激励约束并重等手段，引导研发、设计、装备制造、施工、监理及业主等各利益主体加强协同配合，形成知识产权合规和保护合力。

（四）构建立体化知识产权法律保护体系

针对知识产权客体的特点，综合利用商标、专利、著作权、商业秘密等组合策略对知识产权资源进行合规管理和保护，增强系统保护能力。

二、加强知识产权全链条合规和保护

（一）知识产权形成环节合规和保护

1. 商标权形成合规和保护

结合企业发展规划和发展方向，服务企业发展需要，前瞻性开展商标注册需求调查与研究，优化商标全球布局，做好境内外商标注册与保护，以商标管理促进企业品牌价值提升。掌握、更新开展业务所在国家和地区、国际条约、国际组织商标管理法律、法规、规则，及时跟进政策变化情况，筑牢筑实商标保护防线。结合企业经营战略和实际需要，综合、灵活利用防御商标、联合商标、全类商标或驰名商标等商标保护策略和方法。对目前未实际经营使用、但出于防御性保护目的注册商标采取使用证明措施，避免因三年未使用被他人申请撤销注册的风险。

2. 专利权形成合规和保护

技术研发立项前，要对相关技术信息进行充分检索，掌握与研发项目相关的他人已有知识产权和其他在先权利情况，并制定应对策略。技术研发过程中，应采取有效的保密措施，避免他人通过各种渠道获悉研究成果，抢先申请专利。技术研发过程中或完成后，应及时通过申请专利予以保护。权利要求书要简要、清楚、完整地列出说明书中所描述的所有新的技术特点，使用的技术名词、术语应与说明书中一致。关键技术要在法律层面确保自主可控，在布局核心专利的同时，布局外围专利、防御专利、储备交叉许可安排。成套技术要灵活采用专利与专有技术（技术秘密）组合保护方式，从法律层面构建既有宽度、又有厚度的知识产权壁垒。

3. 专有技术形成合规和保护

严格限定科技研发、生产经营过程中接触核心技术的人员范围，应与参与人员签署《保密协议》，明确保密内容、范围和期限等，并定期发出《保密提醒函》。重视专有技术的登记与认定，健全技术秘密查阅、复制、使用、存储、保管、销毁措施。认定保护以成套技术为主，坚持专有技术与其他知识产权协同保护和分层次保护。对外合作开发项目，应当与合作单位签订保密协议，明确保密责任，强化对合作方的保密监督和管理。重视源头审查，防止以发表论文、出版专著、新闻报道、参加交流、展览展示等方式泄露专有技术。

4. 著作权形成合规和保护

注重对作品、图纸、文字、图形、图片、模型及计算机软件、字体、视频、音频等著作权的保护。作品形成后，应根据业务需要及时到版权部门登记。所形成的电子文档，应当尽量运用电子数据认证、加盖时间戳等网络技术手段加以固定，作为完成作品时间的证据。用于开发编写软件的工具软件、平台及相关组件，必须满足软件正版化要求。

（二）知识产权运用环节合规和保护

1. 商标权运用合规和保护

商标权使用过程中严格执行企业品牌视觉形象规范管理规定，不得擅自改变商标标识和规格，不得超越使用范围。商标的授权应订立书面合同或签发许可文件，一般不授权或许可给没有控制权的单位使用。合理处置现有商标，对于企业现存、依然具有品牌价值的注册商标，应保持其有效状态并续展，对于没有品牌价值的商标在综合考虑防御性策略后予以妥善处置。加强与政府部门和外部单位的沟通，积极运用行政、司法多种途径打假维权、市场净化。

2. 专利权运用合规和保护

开展技术合作涉及专利权的，对外签订合同应优先采用本企业合同文本。加强新技术首次工业实施、新产品投放市场前、技术和产品进入新市场前的知识产权风险分析和技术自由运作权分析。充分评估潜在的专利侵权风险。定期盘点专利资产，实施分级分类管理和保护。根据创新高度、技术可替代性、侵权取证、技术生命周期、制约对手效力等因素，建立分级管理体系。

3. 专有技术运用合规和保护

加强对外专有技术许可法律保护，对外许可应综合考虑对企业核心竞争力的影响程度、技术风险、知识产权法律风险等因素，严格按照分级进行清单管理。对于企业核心专有技术，从研发、设计、制造、建设、生产、销售等各环节明确保密要求，严格执行保密制度。严格人员和涉密岗位的保密管理，建立涉密人员动态清单，签订保密协议。对离职涉密人员严格实施竞业限制制度，落实竞业限制经济补偿。严格专有技术资料的保密管理，加强对专有技术载体的限制性接触与使用管理。通过物理手段，对涉密资料及生产流程应建立严格规范的门禁与限制参观制度。通过信息化手段，限定电子文档用户权限，管控输入与输出、拷贝，并对所有访问记录留下印迹。通过设置权限，进一步规范研发、工程设计、施工和生产等环节中涉密资料和信息的查阅、流转、复制、存储和使用，对于工程设计、施工、监理等单位以及关键设备制造单位使用的图纸严格权限管理，建立健全涉密图纸回收制度，防止图纸扩散。

4. 著作权运用合规和保护

在出版、印刷受著作权法保护的作品时，应注明著作权归属。在印制产品说明书、广告宣传册等企业宣传资料时，务必注明印刷发行日期、印刷单位等信息，作为不侵权抗辩的证据。

三、加强科技创新合规管理和法律保护

（一）服务保障科技创新和科技体制改革

法律合规工作要主动融入业务，对接科技创新和科技体制改革需要，通过积极参与重点科技任务攻关项目、科技体制机制改革、科技孵化器创新公司设立、技术交流等工作，提供合法合规性审查，发挥法律服务保障作用。

（二）开展法律合规风险预警提示

编制知识产权法律合规风险清单和指引，开展法律合规风险识别，及时通报境内外知识产权法律法规环境变化。跟踪研究重大、敏感法律合规风险事件，发布风险预警提示，指导各业务岗位做好风险防范。

（三）推广使用标准合同文本

技术开发、许可、服务等知识产权项目要积极使用本企业发布的知识

产权类合同文本。跟踪评估文本使用情况，补充完善不同使用场景下的合同文本。

（四）建立典型案例指导制度

定期对知识产权案件进行梳理，选取典型案件进行案例分析，为企业对照典型案例开展自查自纠、改进管理提供借鉴。

四、加强知识产权法律维权管理

（一）健全知识产权维权工作体系

综合运用调解、仲裁、行政、司法等各种方式保护知识产权。开展侵权线索收集、组织调查取证、收集保存证据、制定维权方案并实施维权。对于重大知识产权法律维权，应成立法律合规部门、科技管理部门牵头组成的专案组，以项目管理的方式统筹管理和协调推进，确保责任落实、人员和资金得到保障。

（二）健全侵权监测、线索收集机制

完善侵权监测手段，畅通侵权线索收集渠道，及时发现知识产权侵权行为。加强专利预警，建立专利数据库，关注竞争对手最新专利申请、法律状态。实施知识产权海关备案保护，通过对出口技术产品的关键专利进行海关知识产权备案，借助海关扩大侵权产品搜索范围。对于专有技术采用对潜在侵权者重点监控、定期市场排查、关注行业内相关展会及技术研讨会、追踪回访离职人员从业动态等方式开展侵权监测和侵权线索收集。对于商标、字号及公司标识等，通过设立侵权举报奖励制度以及业务外包等方式协助开展境内外商标侵权监测。对于搜集到的线索信息，法律合规、科技管理、品牌管理等部门及时组织分析识别，必要时补充收集并固

定证据。确认发生侵权行为和关键核心技术侵权线索，及时组织开展依法维权。

（三）加强知识产权维权证据管理

高度重视知识产权维权的权利基础证据、侵权事实证据以及赔偿数额证据等的管理。要加强研发记录、权利证书、缴费记录、产权合同、商标使用证据等资料的保存管理，做到产权成果痕迹化、技术许可权利明晰化、客户关系合同化、载体管控严密化。侵权事实证据可在通过侵权线索收集系统获取初步线索的基础上，通过自行取证或委托专业机构取证等方式进行补充完善。赔偿数额证据要注重收集体现知识产权市场价值的授权文件、许可合同、交易凭证，侵权人非法获利的企业财报、经审计的财务报表、侵权产品销售数据及广告收入等。证据收集过程中，要确保证据的真实性、合法性和关联性。对涉及商业秘密的证据要按照规定使用。对客观原因不能自行收集的证据，应当在法律规定期限内向法院、仲裁机构或其他机关提交书面申请，由其调查、收集。在证据可能灭失或以后难以取得的情形下，应在法律规定的期限内向法院、公证机关等申请证据保全。

（四）多措并举开展维权

对于侵犯企业知识产权的违规违法行为，灵活运用行政、民事、刑事及诉讼、仲裁、调解等多种手段进行维权。在开展维权行动前，要结合本企业经营实际，并综合考虑维权目的、侵权后果严重程度、取证难易程度、维权成本、审理周期等因素，因企制宜，研究制定维权方案，实施“一案一策”。维权过程中，要加强与各级知识产权、市场监管、海关、公安、检察院、法院等政府部门和司法机关的沟通汇报。及时掌握国家最新法律法规政策动态，充分使用禁令、保全、先行判决、惩罚性赔偿等多种司法手段，积极应对国内外知识产权滥用和滥诉行为，切实维护企业知识产权权益。

五、加强境外知识产权合规管理

（一）加强国际科技合作项目知识产权条款法律审查

通过协议约定，争取合理权益，拒绝不当义务及过度限制和过度承诺，防止受到有关国家出口管制、国际制裁风险。加强涉及国家安全的知识产权对外许可转让行为的管理。

（二）建立境外知识产权法律环境变化动态跟踪机制

常态化开展境外知识产权法律合规风险排查，及时进行风险提示。推进境外经营机构和研发机构的合规管理体系建设。加强境外出口管制、技术回输风险防控。研究境外技术许可、境外参展、境外研发技术在境内使用的法律合规风险防范策略。

（三）完善境外知识产权纠纷预警防范机制

重点关注中美、中欧知识产权贸易争端中的热点问题，防范企业成为国际专利和商业秘密法律诉讼或合规审查的指控、制裁对象。加强技术对外输出和许可的自由运作权分析（FTO），防止出口技术、产品和服务受到竞争方的知识产权侵权挑战。

（四）提高涉外知识产权纠纷应对处置能力

建立涉外知识产权纠纷快速应对机制，通过境外业务单位、外部合作方等渠道，及时获取纠纷事件信息，第一时间成立由法律部门、相关业务部门、涉事单位、顾问团队组成的联合工作组，负责组织制定应对策略、协调解决问题、督促工作落实。对于复杂、敏感的涉外案件，要合理运用外交协商等渠道化解矛盾。加强涉外知识产权法律人才队伍建设，充分利用公司律师、法律专家队伍培养机制等，打造一支精通法律、熟悉技术、具有国际视野的知识产权保护队伍。

六、加强知识产权合规管理组织保障

（一）加强知识产权合规管理统筹推进

企业要高度重视知识产权合规管理工作，加强领导、压实责任，法律合规、科技管理、信息管理、宣传管理、人力资源等部门要加强协调联动，推动知识产权合规管理工作纳入本企业重要议事日程，定期开展评估，不断改进管理，确保各项措施和工作要求有效执行和落实。

（二）加强知识产权合规管理考评激励

将企业知识产权合规管理纳入企业领导班子绩效考核体系，对知识产权合规管理和保护工作不到位、知识产权维权案件处置不力并给企业造成重大损失和负面影响的，应在绩效考核时予以减分，并视情况追责问责。企业应设立知识产权合规和保护奖励制度，对在知识产权合规和保护工作中作出突出贡献的集体和个人，给予表彰奖励。

（三）加强知识产权合规管理宣传引导

企业要将知识产权合规管理和法治教育纳入企业普法规划和企业文化建设之中，利用“报刊台网端微屏书”多种媒体开展知识产权专题普法教育。提升全员知识产权合规和保护意识，推动形成知识产权合规和保护的氛围。

第十章 海外反腐败合规

第一节　海外反腐败法律

国际反腐败历来是合规管理的重点内容和重点领域。构成国际反腐败的基本合规规则有联合国的《联合国反腐败公约》、世界银行集团的《反腐败指导方针》，美国的《反海外腐败法》、英国的《反贿赂法案》、法国的《萨宾法案Ⅱ》，以及我国与有关国家、国际组织共同发起的《廉洁丝绸之路北京倡议》等。

联合国《联合国反腐败公约》将腐败定义为公共和私营部门的贿赂、贪污或挪用或者以其他类似方式侵犯财产、影响力交易、滥用职权、资产非法增加、对犯罪所得洗钱、窝赃、妨害司法等违法违纪行为。

美国《反海外腐败法》（Foreign Corrupt Practices Act，FCPA）将海外腐败定义为两类行为：一是贿赂，即发行人（issuer）、国内业务（domestic concern）以及非发行人及国内业务的外国公司或个人，为取得或保留业务而向任何外国政府官员提供、许诺、支付、保证或授权支付任何财务、礼品以及有价值的事项（anything of value）；二是会计账簿记录不合规。

我国《反不正当竞争法》对于商业贿赂的规定：“经营者不得采用财

物或者其他手段贿赂下列单位或者个人，以谋取交易机会或者竞争优势：（一）交易相对方的工作人员；（二）受交易相对方委托办理相关事务的单位或者个人；（三）利用职权或者影响力影响交易的单位或者个人。”

贿赂更多指向主动的、对外的，以财物或者其他有价物进行行贿的行为。商业贿赂则是为了谋取交易机会或者保持业务优势。腐败则指掌握公共权力者在行使公共权力的过程中，背离公共权力的授权目标，违反公共权力的使用规范，牺牲公共利益谋取少数人利益的行为。

一、美国反海外腐败合规沿革

美国《反海外腐败法》于 1977 年制定，1988 年、1998 年两次修订，旨在遏制腐败贿赂、创造公平诚信的竞争秩序和商业环境。

1972 年，水门事件特别调查委员会在对尼克松总统竞选活动进行调查时发现，很多经费来源于美国国内一些公司的非法政治捐献。参与调查的美国证券交易委员会发现，不少上市公司的财务记录有被篡改或者伪造的痕迹，意图掩饰或隐藏被滥用于非法目的资金来源及使用情况，最普遍的非法交易行为是向外国官员行贿。

美国国会认为，虽然这是在美国以外的贿赂行为，受贿方不是美国的政府官员，但是美国国内的上市或其他公司在海外贿赂外国政府官员，通过违法行为获得不正当商业利益，不仅会破坏所在国竞争秩序，也会破坏美国国内的竞争秩序，良币驱逐劣币，导致资源配置的扭曲，破坏了市场的正常运行。

1977 年 12 月 6 日，美国正式出台《反海外腐败法》。它规定任何美国公司，无论其是否上市，只要是为取得或维持业务或获取任何不当利益而向任何“外国官员”行贿的行为都是非法的。FCPA 实施后，美国公司不得继续贿赂海外政府官员，非美国公司实施贿赂则不受约束，造成美国公司在海外市场上处于竞争劣势。此后经过几次修订，它的适用范围又扩展到了一定条件下的外国公司，力推 FCPA 国际化，使之具有了长臂管辖的效力。

1988 年 FCPA 首次修订，提出打击商业贿赂是国际共同行为的诉求。在此推动下，33 个国家组成的经济合作与发展组织（OECD）制定并通过了《禁止在国际商业交易中贿赂外国公职人员公约》，打击商业贿赂被纳入国际的共同规制范畴。

1998 年 FCPA 再次修订，使得适用范围进一步扩大，将美国企业、个人及在美国上市的企业（包括外国在美国发行上市的企业），将美国境外实施的行贿行为纳入管辖范围。对“美国境内”的概念进行扩张解释，将 FCPA 的管辖范围由 1988 年修订版的外国企业及个人在美国境内实施的行贿行为，扩张到明确禁止任何人在美国境内以及境外实施贿赂外国官员的行为。将美国领土从物理空间延伸到了通信、金融、网络等信息领域，非美国居民直接或间接在美国领土之内行使或推动贿赂的行为均被纳入规制范围。

从 1977 年 FCPA 正式出台到 1998 年，被 FCPA 调查、制裁过的一共只有 17 家公司和 33 个自然人，力度并不大。但是随着 1997 年年底美国与 OECD 组织制定并通过了《禁止在国际商业交易中贿赂外国公职人员公约》，2002 年小布什任美国总统期间颁布《萨班斯—奥克斯利法案》，2010 年奥巴马任美国总统期间颁布《多德—弗兰克法案》，要求在美上市公司建立更加严格的会计管理和披露制度，设立举报人条款，规定举报人可以获得罚款额 10% ~30% 的奖励，FCPA 得以更加有效和实质性地运转，涉及跨国企业的海外反腐败调查数量和处罚金额急速攀升。

二、FCPA 配套法律合规文件和主要内容

FCPA 重要的配套法律文件主要包括美国司法部与美国证券交易委员会 2012 年联合发布的《美国反海外腐败法资源指南》（A Resource Guide to the U. S. Foreign Corrupt Practices Act），简称“FCPA 指南”。FCPA 指南详细解释了与 FCPA 相关的一系列法律问题，也首次阐述了企业合规的重要性及美国司法部在执法中为何要考量合规因素。2020 年，美国司法部和证监会对《美国反海外腐败法资源指南》作了更新，并且介绍了海外反腐败领域自 2012 年以来的变化，列举了近年来的执法案例、司法判例，引入美国司法部执法政策，澄清一些关键问题等。

FCPA 的另一部重要配套法律文件，是美国司法部 2017 年公布的《美国反海外腐败法执法政策》（FCPA Corporate Enforcement Policy）。该执法政策被直接纳入《联邦检察官指南》（United States Attorneys’ Manual）中，作为检察官的办案手册和指引。该执法政策旨在鼓励企业发挥主观能动性，一是在执法机关发起调查之前就自我检举；二是全力配合执法司法机关调查；三是积极采取适当和及时补救措施。美国司法部会据此对企业进行评估和激励，只要企业满足前述三大条件且不存在规定的严重情形，美国司法部可以采取不起诉（NPA）措施。该执法政策在 2019 年进行了更新。

FCPA 的执行和实施还依托于《联邦刑事诉讼程序规则》（US Federal Rules of Criminal Procedure）、《联邦量刑指南》（US Sentencing Guidelines）、《商业组织刑事追诉准则》（The Principles of Federal Prosecution of Business Organization）、美国司法部《执法手册》（Justice Manual）、美国司法部刑事局颁布的《企业合规制度评估指引》（Evaluation of Corporate Compliance Programs）等。

反贿赂条款和会计条款是 FCPA 惩治国际腐败问题的两大核心条款，反贿赂条款禁止受管辖的人以获得或维系业务为目的，向外国公职人员支付、承诺支付或者授权支付任何现金或者提供“任何有价之物”，从而利用该外国官员职权为自己谋取不正当的利益。概括地讲，就是不得以获取商业利益、商业机会为目的，向任何外国政府、国际组织的任何官员，以任何方式进行贿赂。会计条款要求发行人实施某些财务记录与内控的要求，并禁止个人与公司故意伪造发行人的账簿与记录，规避或未能实施发行人的内控制度。

（一）FCPA 反腐败条款合规要求

1. 关于反贿赂条款所管辖的主体

反贿赂条款适用范围相当广泛，主要包括美国本国实体、在美国发行证券的发行人和在美国领土内实施海外贿赂行为的外国人三类。

第一，美国本国实体（domestic concerns）包括美国公民、居民；依据美国法律成立或主营业地位于美国的公司、合伙、联营、股份公司、商事信托或其他非法人组织等，以及代表该等公司或组织行为的股东、董事、管理人员、雇员及代理人等。

第二，发行人（issuers）指的是在美国《证券交易法》下发行股票或其他须向证监会提交年报或其他报告的公司。一般包括任何在美国证券交易所、纽交所和纳斯达克上市的公司，任何在场外市场直接交易并须提交周期报告的公司；发行人的股东、董事、管理人员、雇员及代理人等。发行人不一定是美国公司，在美国上市的外国公司也可以成为发行人，从而受到 FCPA 的管辖。如在中国境内按中国法律注册、在中国境内运营，但在美国发行股票的公司，即“中概股”公司就属于这一情况。

第三，在美国领土内实施海外贿赂行为的外国人，是指所有在美国领土范围内直接或通过代理实施海外行贿行为的外国个人或实体，以及代表该等个人或实体行为的管理人员、董事、雇员、代理人或股东，均受FCPA反贿赂条款的管辖。

通过上述属人和属地相结合的管辖方式，FCPA 适用的范围大幅度扩展。即便是发生在美国境外的外国人行贿行为，如果该外国人是“发行人”或“美国国内实体”的代理（agent），或如该外国人协助、支持或与“发行人”或“美国国内实体”构成合谋（conspiracy）行贿，无论该外国人是否在美国境内从事行为，FCPA 依然对其有管辖权。

2. 关于反贿赂条款禁止的行贿对象

FCPA 反贿赂条款禁止的行贿对象是外国公职人员（foreign official）。FCPA 规定的“外国公职人员”范围十分广泛，主要包括外国政府工作人员、外国政党或外国政党办公室的工作人员或候选人，外国政府职能部门、组织、代理机构的工作人员，国际组织的工作人员，代表外国政府、政府部门、代理机构、国际组织等行使公共职能的人员，以及在国有企事业单位或国家控制实体工作的人员。国际组织指的是依照美国《国际组织豁免法》认定的国际组织，包括联合国及所属机构、世贸组织、世界银行、国际货币基金会、国际知识产权组织、国际奥林匹克委员会等。

需要注意的是，FCPA 对外国公职人员不区分职务高低和权力大小，无论是向高官行贿还是向普通公务员行贿，也即向任何官员行贿均受其管辖。对于向外国公职人员以外的人行贿，虽然不会构成违反反贿赂条款，但依然有可能违反 FCPA 的会计条款、反洗钱等法律。

3. 关于反贿赂条款所禁止的行贿目的和腐败意图

关于行贿目的，FCPA 要求是获得或者维持商业利益和商业机会，或者将商业利益和商业机会输送他人。FCPA 采用“经营目的审查标准”（Business Purpose Test）来判定行贿目的。依据此标准，只要行贿目的是为获得或维持某商业利益、商业优势、商业机会，无论是直接的或间接的，也不论是否是签订、延长合同，均适用 FCPA 的反贿赂条款。由此，FCPA 所禁止的不仅仅局限于为获得某项采购合同或商业安排的行贿行为，还包括为获得税收优惠、降低与减免关税、打压竞争对手、规避许可和监管等的行贿行为。这些业务不必与外国政府相关，业务伙伴是外国政府之外的其他机构也可以构成犯罪。美国司法部对于“获得或维持业务”的解释非常广泛，不仅仅包括达成了某一交易协议。

关于腐败意图，FCPA 禁止的是具有“腐败意图”的给付金钱和礼物等的行为，即通过向外国公职人员提供金钱、礼物等使其利用职务之便为己谋取利益。无论是打算利用外国公职人员的官方身份影响行为或决定、促使公职人员做或不做任何违反其法定义务的行为、获取不正当利益，还是诱导外国公职人员利用其影响力来影响任何行为或决定。如果具备了腐败意图，在追究行贿人责任时，FCPA 并不要求行贿人已成功或实际获得了其期望获得的某种利益，也不要求行贿对象（受贿方）已接受或实际收到贿金。此外，只要具备腐败意图，甚至行贿人都不需要知道受贿人的具体身份，只要有贿赂、腐败意图（corrupt intent）便可判定违法。在 FCPA 项下承担民事和刑事责任，在主观方面具有“贿赂意图”。自然人只有被认定为“蓄意”（willfully）行贿，才承担 FCPA 项下的刑事责任。所谓“蓄意”，指主观明知其行为违法，但并不要求其知道违反了 FCPA。

4. 关于反贿赂条款所禁止的行贿方式

FCPA 反贿赂条款禁止的是向外国公职人员提供不当利益（improper benefit），对不当利益解释较为宽泛。FCPA 禁止支付、提供、允诺支付，或者是授权支付金钱或者是任何有价值的东西。行贿的内容不一定是金钱，包括任何有价值的物品、权益、收益、利益、好处等。FCPA 既禁止直接贿赂，也禁止通过代理、咨询、服务等第三方进行贿赂。FCPA 可能会在调查时提出一项要求，就是调查与被调查对象有业务往来的第三方，确保被调查对象不是通过代理、咨询、服务费等各种名义支付而进行贿赂活动，否则将视为授权第三方支付贿赂。

此外，FCPA 反贿赂条款还禁止以提供礼物、旅行、娱乐和其他有价物品等方式行贿，甚至为外国公职人员本人、亲属提供就业、职务晋升等帮助，也可能被认为是给予不当利益。FCPA 并不禁止合法的促销推广活动，也不禁止正常的礼尚往来。但送贵重的礼物、提供奢华旅游、娱乐等已明显超出正常的礼尚往来，会被认定带有腐败意图。FCPA 并没有设定提供礼物、餐饮等的最低金额标准。在实践中，美国司法部和美国证券交易委员会未追究过偶尔或单次提供礼物、餐饮、娱乐的行为，金额较大或超出正常商业礼仪交往的除外。美国司法部和美国证券交易委员会等执法机构关注是否存在长期的、系统性的该等行为。

5. 对反贿赂条款的抗辩

在特定条件下，FCPA 反贿赂条款允许被调查对象对司法部贿赂指控进行抗辩，一是被指控的支付在外国法律之下是合法的；二是费用支出是合理的诚实善意业务支出，是为了展示产品或者履行合同义务。该两项抗辩均由被告承担举证责任。但在实际案例中很少有被告可以据此抗辩，证明其行为不违法。尤其是第一种情况，在现代文明社会，即使是法制不健全国家，也不会规定贿赂支付是合规行为。

（二）FCPA 会计条款合规要求

会计条款要求发行人必须维持和保留具有合理细节的内容，且足以准确反映交易和资产处置的会计账簿；同时发行人必须建立和实施内部控制系统，以确保各种交易和资产处置是得到授权的，并对账目差异采取适当行动。会计条款主要包括“保持记录”和“内部控制”。

1. 关于保持记录规定

要求制作并保留合理、详细、精确的账簿、记录和账目，清楚地反映发行人的各种交易和资产处置的过程。保持记录的目的在于防止不记录非法交易、虚假记录以隐瞒非法交易，以及虽有准确交易数量但性质错误的记录。“保持记录”可以确保会计记录的透明性、完整性和真实性，并可以保障美国证券交易委员会可以进行有效监管。

2. 关于内部控制规定

建立、健全、保持内部财务控制制度，以充分地使相关人员合理确信所有的交易都获得了适当授权。内部控制要求跨国公司保持有效的内部控制体系，通过自律的方式防止贿赂行为的发生。

三、FCPA的归责原则和合规责任

（一）公司责任

通常来说，当一个公司的董事、管理人员、职员或代理人在其职务范围内行事，为公司利益而违反FCPA，公司应作为被告承担FCPA项下的责任。近年来发生的西门子贿赂案、巴西国家石油公司腐败案等典型的FCPA大案，公司都是FCPA法律下的被告和被制裁对象。

在母子公司关系下，如果子公司违反FCPA，母公司在参与违法行为或知悉、控制子公司违反FCPA的，母公司也需要承担相应责任。虽然FCPA的会计要求主要针对“发行人”，但是发行人的账簿和记录包含了其合并报表范围内的子公司和关联方。因此“发行人”的责任也延伸至要保证其控制之下的子公司和关联方（包括外国子公司和合资伙伴）遵守会计条款。比如，当“发行人”是母公司，而且因违反FCPA受到证监会、司法部调查时，调查的范围包括合并报表的子公司和关联方，调查内容也包括母公司是否对子公司和关联方在遵守 FCPA 方面尽到管理责任，子公司和关联方必须配合调查。

（二）承继责任

承继责任多发生在公司并购业务中。被合并或被收购的公司的责任除法律规定和当事人约定外，通常应由继受者承担。

若继受者在尽职调查中发现被收购或合并公司违反 FCPA 的行为，在并购完成后自愿披露相关情况，及时与美国证券交易委员会和美国司法部合作、配合其调查程序，纠正被合并或被收购公司的违法行为并采取补救措施，则美国证券交易委员会和美国司法部一般只会追究被合并或被收购公司的责任，而不追究继受者的责任。如继受者在并购后仍有新的或延续性的贿赂行为，美国证券交易委员会和美国司法部可能会对继受者采取行动。

（三）合谋责任

个人和公司，包括外国公民和公司，还可能因合谋而承担违反 FCPA 的责任。即使一个外国公司或个人没有在美国境内实施任何促成行贿的行为，该外国公司或个人也可能因为协助及教唆 FCPA 违法行为或合谋违反 FCPA 而承担责任。

四、FCPA 的诉讼时效

FCPA 法案条文本身没有追诉时效的规定。因此，根据美国联邦法律和判例，对于违反贿赂条款或会计条款刑事责任，执法机构可以在 5 年时效内予以追究。

此外，执法机构还可以通过与责任方达成协议或向联邦法院申请的方式延长时效。政府可以申请法院下令中止一个刑事案件的追诉时效，中止的最长时间为三年，以便从外国获得证据。通常情况下，中止期从美国政府向外国政府部门正式提交请求时开始，并在外国政府部门应请求采取正式行动时结束。

由美国证券交易委员会追究民事责任的，其时效也是5年，从“索赔首次开始累计”时起算。诉讼时效适用于证监会采取民事罚款的法律行动，但它不能阻止证监会就5年时效之前的行为寻求平衡法救济，比如下发禁止令或没收非法所得。在针对非美国居民的个人案件中，任何因为被告不“在美国境内而无法正式送达法律文书”的期间，时效都会被中止。而对于非美国居民的自然人，可因无法有效送达司法文书而导致时效延长，直至该无法送达情形消失。

第二节　海外反腐败执法体系和法律责任

美国司法部与美国证监会（也称美国证券交易委员会，SEC）是FC-PA的两大执法部门。美国司法部拥有针对美国公司、个人、外国公司违反FCPA反贿赂条款的刑事执法权以及相关的民事的执法权。美国证券交易委员会拥有对在美国发行证券的外国公司及其股东、董事、高级管理人员、职员、代理人等违反贿赂条款和会计条款的民事执法权。对企业来说，尤其是在美发行证券的外国公司，可能因为同一行为而受到美国证券交易委员会和美国司法部的同时调查。在FCPA的执法实践中，美国司法部、美国证券交易委员会经常相互配合、证据共享、联合执法。

一、美国FCPA执法概况

据统计，自1977年以来，FCPA执法案件总计约260多件。贿赂涉及较多的国家、地区，包括尼日利亚（23起）、伊拉克（22起）、印度尼西亚（21起）、墨西哥（20起）、印度（19起）、加蓬（18起）、巴西（18起）、俄罗斯（15起）。涉及中国（含香港）FCPA执法案件有60多起，远超其他国家。这既与中国改革开放40多年来形成的巨大经济体量有关联，也有美国针对中国打压的政治方面原因。

美国司法部和美国证券交易委员会启动FCPA案件调查主要通过四种方式：一是执法机关通过主动调查发现；二是通过相关交易记录发现；三是通过“吹哨人”制度发现；[①] 四是数据分析、媒体披露等所有途径。

美国司法部和美国证券交易委员会在查办案件时，除了考虑企业的主动披露（self－report）、充分配合（cooperation）以及及时适当的整改措施（remedial effort）之外，还考虑企业合规方案（compliance program）的充分性和有效性。合规方案的充分性和有效性可能影响到美国证券交易委员会、美国司法部是否决定起诉，达成延迟起诉协议（Deferred Prosecution Agreement，DPA）或不起诉协议（Non Prosecution Agreement，NPA）以及这两种协议的履行期限，也经常影响罚金额度以及是否需要指派监督人和自我报告。有效的合规方案应根据公司的具体业务以及与该等业务相关的风险加以定制。这些合规方案应当是动态的并随着业务和市场的变化而发展。

二、美国FCPA案件主要处理方式

美国司法部通常会根据实际情况，对FCPA案件采取下几种方式进行处理。

---

① 吹哨人制度起源于19世纪末的美国，当时美国存在严重的、普遍的食品质量和安全问题。制定《吹哨人保护法案》，允许个人和团体举报有食品质量和安全违法行为的企业，为举报人保密，保证举报人安全。个人或团体对企业、实体违法违规行为调查后，可以依据自己的调查结果提起诉讼，如果胜诉，可获得赔款金额的25%～30%；也可以将调查结果提交司法部门，由司法部门提起法律程序，如果胜诉，个人可以得到赔偿金额的15%～25%。现在吹哨人制度已成为反腐、证券、税务等广泛领域的举报制度。

（一）提起诉讼（Prosecution）

由美国司法部提起 FCPA 刑事诉讼，按刑事诉讼程序进行直至完结；或在诉讼过程中，通过谈判、协商的方式结案。

（二）认罪协议（Plea Agreement）

认罪协议又被称为辩诉交易，是美国司法部与违反 FCPA 并需承担刑事责任的被告进行刑事和解的方式。认罪协议的前提是被告要主动自愿认罪认罚。如果被告与美国司法部达成认罪协议，一般需要在认罪协议中承认被指控的犯罪事实，承认其有罪。美国司法部和被告还可以在认罪协议中联合提出建议的刑事罚金和对自然人被告的刑期，也可以对这些问题不提出建议，留待法院作出最终判决。根据美国《联邦刑事诉讼规则》，认罪协议需要提交法院并由法院予以认可。

（三）暂缓诉讼（Deferred Prosecution Agreements，DPA）

美国司法部通过与被告方达成协议，一方面将起诉文件提交法院；另一方面会同时向法院提交暂缓进行诉讼的申请，给予被告方一定时间期限纠正其违法行为。被告方若希望与美国司法部达成暂缓诉讼协议，一般需要缴纳一定金额的罚金，同意对被告方的诉讼时效中断，同意配合执法机关的调查，承诺履行特定的合规和纠正违法行为的义务。在特定情况下，美国司法部会为被告方指定独立的合规监督人，如中兴通讯案中美国司法部即指派合规监督官。如果双方达成暂缓诉讼协议，该协议将在美国司法部网站公示。如果被告方在协议约定的期限内完全履行暂缓诉讼协议，则美国司法部会向法院申请撤销诉讼。在美国司法部撤销诉讼的情况下，虽然被告方存在违法行为记录，但不会被认定为是法院判定刑事犯罪行为记录。

（四）不予起诉（Non-Prosecution Agreement，NPA）

美国司法部通过与被告方达成协议，保留向法院提起诉讼的权利但暂不将起诉文件提交至法院，给予被告方一定时间期限纠正其违法行为。在通过不予起诉协议处理的案件中，诉讼文件并未提交法院，但美国司法部会将不予起诉协议公布在其网站上。在其他方面，不予起诉协议则与暂缓诉讼协议类似。被告方若希望与美国司法部达成不予起诉协议，需要同意支付一定金额的罚金，同意对被告方的诉讼时效中断，同意配合执法机关的调查，承诺履行特定的合规，纠正违法行为的义务，以及在特定的情况下同意司法部指定独立的合规监督人。如果被告方公司在协议约定的期限内能够完全履行不予起诉协议的约定，则美国司法部将不再提起诉讼追诉该被告人公司。

（五）终止调查（Declination）

决定美国司法部在对FCPA案件进行调查和追诉时，不仅可以根据《联邦刑事诉讼规则》采用认罪协议、暂缓诉讼、不予起诉等灵活处理方式，还可以根据《商业组织刑事追诉准则》（Principles of Federal Prosecution of Business Organizations），不再对违反FCPA的嫌疑人采取更进一步、更多的执法行动，直至决定终止调查。根据《商业组织刑事追诉准则》，决定是否终止对公司法人等商业组织的FCPA案件的调查，一般会考虑以下因素：

（1）违法行为的性质及严重程度；

（2）违法行为是否在公司内部广泛存在；

（3）公司在历史上是否曾经有过相同的违法行为；

（4）公司是否存在有效的合规制度；

（5）公司是否已采取了有效的救济措施防止相同违法行为的再次发生。

不同于认罪协议、暂缓诉讼或不予起诉，美国司法部并不会强制将终止调查决定在其网站公开，仅在少数案件中会在被调查方同意的情况下公开终止调查决定。

美国证券交易委员会根据实际情况对案件采取以下方式处理：一是向联邦法院申请民事禁令及赔偿；二是由美国证券交易委员会执法部发起民事行政诉讼，美国证券交易委员会行政法官审理；三是达成延迟起诉协议和不起诉协议，决定终止调查和不起诉。

三、FCPA 主要法律合规责任

（一）刑事责任

根据违法情节严重程度，对于违反反贿赂条款的公司和商业实体每项违法行为处 200 万美元以下的罚金；对于违法的个人处以 10 万美元以下的罚金和 5 年以内的监禁；对于违反会计条款的企业最高可处以 2500 万美元罚金，个人则不超过 500 万美元罚金，可以并处 20 年以内有期徒刑。[①]

（二）行政责任

除了罚金以外，按行政诉讼的程序对证券发行人、相关证券从业人员进行行业处罚，例如剥夺从业资格、取消注册或者暂停从业资格。还可能依据《联邦采购条例》被联邦政府部门及机构暂停和终止该公司的政府采购合同、取消该公司的供应商资格、出口管制产品许可等。

对于违反反贿赂条款的违法行为，公司和其他商业实体、个人（包

---

① 2017 年 11 月，香港前民政事务局局长、中华能源基金会秘书长何志平在美国被捕。美国司法部指控何志平，2014—2017 年，为获取生意优势，贿赂乍得总统、乌干达外交部长，涉嫌协助他人行贿、洗钱。2018 年 12 月，何志平因违反海外反腐败法，被联邦法院陪审团裁定起诉的 8 项罪中有 7 项成立，2019 年 3 月，纽约南区联邦地区法院判处何志平被判监禁 36 个月，罚款 40 万美元。

括管理人员、董事、股东和公司的代理人）对于每项违法行为将被处以1.6万美元以下的罚金。其中，对个人的罚金不得由其公司、雇主或委托他人支付。对于违反会计条款的违法行为，美国证券交易委员会可以征收罚金，金额上限取决于违法行为的严重性，对个人而言其数额在0.7万~15万美元，对公司而言其数额在7.5万~72.5万美元。美国证券交易委员会可以在向联邦法院提交的指控中以及在行政程序中征收罚金。

（三）民事责任

美国证券交易委员会也可以通过行政诉讼，请求行政法官判决被告人停止未来的违法行为（cease and desist order），同时判决罚没被告人违法所得及合理利息，同时请求判决被告人承担民事罚款。根据《选择性罚金法案》（Alternative Fine Act），法院可以判处比 FCPA 规定高出很多的罚款，最高可判处被告通过贿赂款和各种腐败性支付所实现或企图实现获得利益两倍的罚款。具体计算违反 FCPA 的处罚可参考《美国量刑指南》。截至2022年5月，被判处罚金前十名公司排名如表10－1所示。

表10－1　目前被判处罚金前十名公司排名（截至2022年5月）

排名	公司	罚金	年度
1	高盛集团（美国）	33亿美元	2020年
2	空客（荷兰/法国）	20.9亿美元	2020年
3	巴西石油（巴西）	17.8亿美元	2018年
4	爱立信（瑞典）	10.6亿美元	2019年
5	Telia Company AB（瑞典）	10.1亿美元	2017年
6	MTS（俄罗斯）	8.5亿美元	2019年
7	西门子（德国）	8亿美元	2008年
8	VimpelCom（荷兰）	7.95亿美元	2016年
9	阿尔斯通（法国）	7.72亿美元	2014年
10	Glencore plc（瑞士）	7亿美元	2022年

（四）第三方合规监督

FCPA 的执法，无论是通过诉讼判决还是通过暂缓起诉、不予起诉等方式达成的和解，最终目的均是希望杜绝被告在未来再实施海外贿赂的违法行为。因此，对于那些公司合规制度不够完善的被告公司，法院或美国司法部还会要求指定、派驻独立合规监督官，对公司未来合规行为予以监督并定期向法院或美国司法部汇报监督结果。独立合规官监督的费用由被告方承担。

四、FCPA 执法动态和趋势

进入 21 世纪后，随着中国的不断崛起，亚洲及新兴工业化国家迅速发展，美国在世界经济、科技、金融、贸易、投资等方面的领先地位和优势在不断削弱。在这种背景下，美国的民族主义思潮泛滥，社会精英阶层也呈现出焦虑和极端思想状态。自 2016 年特朗普总统执政以来，打出“美国优先”“让美国再次强大”的旗号，大搞经济、贸易、投资负面的保护主义，对他国实行科技限制和封锁政策，到处挥舞各种制裁大棒。拜登政府继续了特朗普政府以美国利益为中心的政策，持续用各种长臂管辖打压竞争对手，试图巩固和扩大美国的领先优势。

作为美国“长臂管辖”法律武器库和工具箱中最具杀伤力的 FCPA，近年来其作用也被美国政府发挥到了新的高度。从 2019 年至 2021 年美国 FCPA 的执行动态分析，可以看出如下特点和趋势：

一是 FCPA 聚焦重点行业和热点区域。目前及今后一段时期，能源、金融、医药、电信以及交通运输业是 FCPA 执法涉及的重点行业。FCPA 执法调查的商业贿赂和腐败案件多发生在非洲、拉美和亚洲地区，而中国依然是 FCPA 的执法重点、热点区域。

二是 FCPA 扩大了商业贿赂方式和商业贿赂意图的范围。除常规的支付现金、提供非现金礼品、餐饮或娱乐款待外，FCPA 开始重点调查以商务考察、商务培训等变通方式的商业贿赂。就商业贿赂意图认定而言，从过去主要为获得商业机会和商业利益，扩展到现在的影响、干涉各国司法和执法机构审理案件、执行裁决。除此之外，试图影响、干涉媒体曝光负面新闻也属于商业贿赂意图范围等。

三是FCPA执法力度日益加强和鼓励企业主动自我披露、配合和纠正。从近几年执法情况看，FCPA继续加大对个人责任的追究力度。被调查企业如果想要获得配合奖励（Cooperation Credit），则必须交出所有相关涉案的高管、员工及相关信息，无须甄别哪些人员是“实质性涉案”的高管、员工。企业历史上所有税务、制裁、出口管制等不当行为和“污点”都将被纳入FCPA执法考量范围。FCPA罚款屡创新高，没有最高只有更高。同时，执法机构鼓励被调查、被起诉的公司、个人采取与执法机构合作、自愿采取补救措施、自我报告坦白等方式以获得减轻处罚。美国司法部、证监会发布执行指南和合规指引，鼓励企业从某个领域的专项合规向全面合规发展，建立充分有效的合规管理体系，同时向违法企业派驻合规监督员也成为常态。

四是FCPA国际联合执法将成为趋势。美国司法部、证监会已与全球55个国家和地区执法机构加强合作，国家、政府间反海外腐败和商业贿赂合作日益成熟。

第三节　其他主要国际化反腐败法律

一、外国国家层面反腐败法律

（一）英国《反贿赂法案》和反腐败合规规则

英国《反贿赂法案》（Bribery Act，2010）于2010年4月通过，2011年7月生效实施。《反贿赂法案》除涉及贿赂犯罪的一般规定外，围绕“解决商业机构在经营环境中可能面临的贿赂问题”这一基本目标，规定了犯罪治理、追诉程序、管辖范围、预防措施等方面的内容，构建了更为严密的预防贿赂犯罪刑事规制体系，在管辖范围、罪名设定和刑事责任等内容上都有创新，被普遍认为是世界上最严厉的反贿赂法律之一。

英国《反贿赂法案》不仅适用于对政府官员、公职人员进行的贿赂，也适用于私人或者私营部门间的贿赂行为；扩大了各类企业的反腐责任；行贿受贿同时处罚，追究行贿者的同时也追究受贿者责任；向政府机构、国际组织支付或缴纳加快事项审批、许可的“通融费”，也不再作为例外而予以通融和豁免；处罚更加严格。

依据《反贿赂法案》执法的“英国重大欺诈办公室”，2019 年发起对全球大宗商品贸易商嘉能可公司（Glencore International）涉嫌贿赂调查，2020 年发起对空客公司（Airbus）商业贿赂调查并给予近 40 亿美元的处罚。

2011 年 3 月 30 日，英国司法部发布了《反贿赂法案指引》，对如何防止企业在反商业贿赂方面失职进行解释和说明，通过了六大原则来指导商业机构建立“适当程序”（合规管理），以预防相关人员涉及贿赂与腐败等违法领域。

一是建立合规管理，要求商业组织建立健全防止相关人员贿赂的程序，设置的程序需要清晰实用，能够被有效贯彻落实。

二是高层合规承诺，即商业组织的股东、出资人、董事、高级管理人员要承诺反对、防止参与贿赂，在组织内部应培养反贿赂文化，坚持对贿赂行为零容忍。

三是合规风险评估，商业组织需要定期地、有记录地评估其所面临的潜在外部和内部贿赂风险。常见的外部风险包括国家、部门、交易、商业机会和商业伙伴关系五个方面，内部因素往往来自员工个人问题、奖金分配、财务控制缺陷和程序不明确。

四是合规尽职调查，要求商业组织采取相称和基于风险管理的方法，对组织或代表组织的人员采用尽职调查程序，以降低在贿赂风险识别方面的风险。

五是沟通与合规培训，通过提高相关人员对商业组织程序的认识和理解来阻止贿赂。对身处贿赂风险较高职位的员工，则需要进行持续且定期评估的定制培训。

六是检查和审查，这需要商业组织在面对随着时间推移而变化的贿赂风险时，采取相应的改进措施，持续更新防止相关人员贿赂的制度和程序，以保证预防贿赂的制度及程序的有效性。

这六大原则构成了英国企业反贿赂合规的基础。

（二）法国《萨宾法案Ⅱ》及反腐败法律

法国反海外腐败法律和规则主要是2016年法国议会制定的《关于提高透明度、反腐败以及促进经济生活现代化的2016－169号法案》（简称《萨宾法案Ⅱ》）[①]，及法国国家反腐败局（Agence Francaise Anti－Corruption，AFA）2020年发布的《法国反腐败机构关于帮助公共部门和私营企业预防和监控贿赂、利用影响力交易、公职人员勒索、非法获取利益、挪用公款和徇私舞弊行为的指南》（以下简称《法国反腐败指南》）。

《萨宾法案Ⅱ》共有9编169个条款，涉及对法国《刑法》《刑事诉讼法》和货币金融等法律中反海外腐败内容的修订和补充。《萨宾法案Ⅱ》吸收了美国《反海外腐败法》和英国《反贿赂法案》的相关内容，一是确立了反海外腐败行为的法律合规制度，依据该法建立了专门的反腐败机构"法国国家反腐败局（AFA）"和"法国国家金融检察官办公室

① 2016年，法国国会通过的《关于提高透明度、反腐败以及促进经济生活现代化的2016－169号法案》，沿袭了法国财政部长米歇尔·萨宾于1993年提交的第一份反腐败法案，故被称为《萨宾法案Ⅱ》。

(PNF)”；二是确立了强制合规制度，要求符合条件的企业承担建立合规制度的义务，并对不建立合规制度的公司确立了法律责任；三是确立了法国式的暂缓起诉协议制度，允许检察机关与涉嫌犯罪的企业签订和解协议，确立3年考验期，涉案企业在此期限内缴纳罚款，赔偿受害者，并制订或完善合规计划，对于那些考察期满后履行了协议内容的，检察机关将撤销起诉。更为重要的是，《萨宾法案Ⅱ》确立了企业合规的七项标准。

一是制定行为准则，以便定义可能构成贿赂以及其他构成非法交易的行为。行为准则应成为企业内部规章制度的一部分。

二是建立内部预警系统，以便收集员工提供的有关违法行为线索或者信息。

三是进行风险评估，对企业的贿赂风险加以识别、分析和分级，并定期更新风险评估。

四是制定内部和外部会计控制程序，以确保会计账簿、会计记录和会计账目不被用来掩盖贿赂行为。

五是建立培训体系，以帮助那些最接近贿赂风险的高级管理人员和员工预防并发现腐败行为。

六是建立惩处机制，以惩戒那些违反行为准则的高级管理人员和员工。

七是建立内部控制和评价制度，以审查合规制度的有效性。

可以说，法国通过实施《萨宾法案Ⅱ》，既对法国公司的海外不法行为实施了更为严厉的制裁，也通过强制合规制度和暂缓起诉制度将企业合规机制予以强行推行，从而大大推进了法国企业建立和完善合规机制的进程。

《法国反腐败指南》对在公共部门和私营企业实施有效的反腐败合规标准也作出了更加详细的规定，确立了合规管理中高级管理层的反腐败承诺、反腐败风险识别、加强反腐败风险管理三大规定。尽管该指南对涉案企业并不具有强制约束力，但可以成为AFA审查企业合规计划有效性的重要依据。

二、国际组织反腐败合规规则

（一）《联合国反腐败公约》

《联合国反腐败公约》（United Nations Convention Against Corruption）是联合国历史上通过的第一个用于指导国际反腐败的法律文件，于2005年12月14日正式生效。我国全国人大常委会于2005年10月27日审议并批准了该公约。目前，全球已有超过140个国家签署了《联合国反腐败公约》。该公约确立了预防机制、刑事定罪和执法机制、国际合作机制、资产追回机制、履约监督机制五大反腐败机制，对预防腐败、界定腐败犯罪、反腐败国际合作、非法资产追缴等问题进行了法律上的规范，对各国加强本国的反腐行动、提高反腐成效、促进反腐国际合作具有重要意义。

（二）世界银行《反腐败指导方针》

世界银行作为在全球范围内具有重要影响力的国际组织，在反海外腐败方面也开展了诸多工作。2006年，世界银行在既往规则基础上推进制裁制度改革，发布了《反腐败指导方针》，规定企业或个人直接或间接地提供、给予、接受或索取任何有价值物品，不正当地影响另一方即构成腐败行为。

（三）《廉洁丝绸之路北京倡议》

2019年4月25日，北京市举行了第二届“一带一路”国际合作高峰论坛廉洁丝绸之路分论坛，论坛由中共中央纪律检查委员会（国家监察委员会）主办，外交部协办。来自 30 个国家和国际组织的 150 余名代表参会。中国与有关国家、国际组织以及工商学术界代表共同发起了《廉洁丝绸之路北京倡议》，倡议建议各方加强政策对接，打造稳定、公平、透明的规则和治理框架，培育廉洁文化，打造规范化、法治化的营商环境，深化反腐国际合作，打造全覆盖、零漏洞的司法执法合作网络。

《廉洁丝绸之路北京倡议》根据《联合国反腐败公约》精神，依照现行国际规则和法律框架，在尊重国家主权、文化差异和现实国情的基础上，深化反腐国际合作，打造全覆盖、零漏洞的司法执法合作网络，规定企业或个人不得直接或间接地提供、给予、接受或索取任何有价值物品。主要有以下内容：

第一，增强政府信息公开透明，积极预防和妥善解决贸易、投资中的有关争端，推进金融、税收、知识产权、环境保护等领域合作，为共建合作，打造全覆盖、零漏洞的司法执法合作网络。

第二，加强对“一带一路”合作项目的监督管理，规范公共资源交易，在项目招投标、施工建设、运营管理等过程中严格遵守相关法律法规，努力消除权力寻租空间，打造规范化、法治化营商环境。

第三，加强企业自律意识、法律意识和责任意识，构建企业合规管理体系，防控廉洁风险，培育廉洁文化，制定廉洁准则，坚决抵制商业贿赂行为，积极打造和共同维护执法合作网络。

第四，以有关国际公约和双边条约为基础，鼓励缔结双边引渡条约和司法协助协定，构筑更加紧密便捷的司法执法合作网络，为“一带一路”参与方开展反腐败合作创造坚实的法律基础和制度保障。

第五，加强反腐败相关机构人员交流、信息沟通和经验分享，促进能力建设和人才培养，在反腐败追逃追赃、反贿赂等领域开展全天候、多层次、高效能的合作，拒绝成为腐败人员和腐败资产的避风港。

第六，加强共建“一带一路”学术交流和研究，推进政府治理、企业经营、法律制度等领域合作研究，分享廉洁和法治建设有益经验和成功实践，建立有效沟通交流机制，共同推动廉洁丝绸之路建设。

第十一章

国际经济制裁合规

国际经济制裁是指国家和国家间组织为达到特定的国家安全、政治、外交、经济，乃至意识形态目的，对他国政府、政府机构、团体组织、企业实体、个人采取的资产、资金、贸易、科技的限制、封锁、冻结、扣押、没收等措施。因为这些制裁是国际性的，且以经济方式为主，因此又被称为国际制裁、经济制裁或国际经济制裁。

对他国实施国际制裁是一个国家、国际组织的政治、经济、军事等综合实力的体现。以美国为首的西方发达国家使用国际制裁最为频繁、最为熟练，国际制裁的法律工具也最为丰富，以此打压他国，维护和保持他们在政治、经济、科技等领域的世界领先地位和霸权地位。国际制裁作为一种法律合规手段，成为美国、西方国家最常用的长臂管辖。凭借美国、西方国家的经济贸易体量、金融结算体系、科学技术优势、产业链供应链，被国际制裁的对象会陷于经济孤立和经济封锁。国际制裁是美国、西方国家各种长臂管辖工具中，冲击力、危害力、破坏力最强大的一种。

第一节　美国经济制裁的起源和发展

美国经济制裁发源于18世纪美国建国前，新英格兰地区波士顿居民、商人对英国商品的抵制。1765年，英国颁布《印花税法案》，当时尚未实现独立的新英格兰地区人民决定对英国商品进行抵制。随后英国颁布《汤森法案》继续征收关税，新英格兰地区人民继续抵制英国商品，最终导致1773年发生波士顿倾茶事件[①]。美国建国后，经济制裁逐渐成为美国实现政治、外交、经济的重要手段。1784—1809年，美国国会颁布了诸多法律，赋予总统对美国港口所有船只实施禁运及暂停或限制与其他国家进行商业往来的自由裁量权。

---

① 波士顿倾茶事件是美国建国史上标志性的事件。1773年，英国政府为倾销英国东印度公司的积存茶叶，通过《救济东印度公司条例》，给予东印度公司到北美殖民地销售积压茶叶的专营权。同时，条例明令禁止殖民地贩卖"私茶"。东印度公司因此垄断了美洲殖民地的茶叶运销，打压了新英格兰地区本土的茶叶生产销售，导致很多的走私和殖民地本地种植的茶叶商人无法生存。1773年12月16日，波士顿8000多人集会抗议。当天晚上，在塞缪尔·亚当斯（Samuel Adams）和约翰·汉考克（John Hancock）的领导下，60名"自由之子"登上茶船，将英国东印度公司三条船上的茶叶全部倒入大海。波士顿倾茶事件以后，英国政府为压制殖民地民众的反抗，通过了对殖民地惩罚性的法律，规定英军可强行进驻殖民地民宅搜查，取消马萨诸塞湾省的自治地位，封闭北美最大的港口——波士顿港。这些法令明显地剥夺了殖民地人民的政治和司法权利，激起了他们的联合反抗，直接导致了第一届大陆会议的召开。1775年4月19日，北美独立战争在莱克星顿打响了第一枪，1776年7月4日，美利坚合众国宣告成立。

一、国际制裁的由来和发展

第一次世界大战期间，以美国、英国为首的协约国对以德国、奥匈帝国为首的同盟国实施了经济制裁。第二次世界大战期间，以美国、英国、法国为首的同盟国对以德国、意大利、日本为首的轴心国实施了经济制裁。1940 年，美国财政部成立外国资金管制办公室。在整个“二战”期间，外国资金管制办公室通过防止法西斯国家侵占被占领国家的外汇和证券、防止法西斯国家强行索取属于被占领国家国民的资金，保护被法西斯入侵国家的资产，封锁轴心国资产和金融交易，切断石油、钢铁、橡胶等战略物资贸易等方式，在与轴心国的经济战中发挥了主导作用。

“冷战”期间，美国作为最主要的资本主义国家，建立了以美元为核心的布雷顿森林体系，控制了世界贸易和金融体系。“冷战”初始，战略性禁运成为美国重要的对外政策工具，对社会主义国家进行经济制裁。1948 年 3 月，美国商务部宣布限制对苏联及其东欧盟国的出口，正式发起对苏联的经济制裁。除了苏联，中国、朝鲜和越南也是美国重要的战略性禁运对象。在朝鲜战争期间，美国根据《与敌人交易法》对中国和朝鲜实施了经济封锁，直至 1969 年尼克松政府宣布取消大多数非战略意义商品出口限制。

美国经济制裁的演变是由国际形势、美国战略、美国在国际上优势地位的变化决定的。“二战”以后，随着科技革命和信息技术迅猛发展，美国的经济结构逐渐从产业门类齐全、制造业强大的实体经济，转向高科技产业和金融、服务业为主。进入“冷战”后，美国的经济制裁随之呈现四个特点：一是制裁频率高；二是制裁手段多，更加注重贸易制裁和金融制裁并重；三是制裁目标多元化，从经济、外交、军事、反核扩散，到反恐、人权、民主、环境、价值观等；四是制裁对象多元化，从国家、政府、延伸到组织、企业、实体、个人，针对性越来越强。

2021 年 10 月 18 日，美国财政部公布了《美国经济和金融制裁报告》。该报告称，自 2001 年“9·11”事件之后，经济和金融制裁已经成为美国应对国家安全、外交政策和经济威胁的首要工具，制裁的目标是向对手施加经济成本和压力，以阻止其威胁美国国家安全或违背美国意志立场的行为。同时，该报告也以图表的形式展现了从 2000 年到 2021 年的制裁数量变化。从 2000 年的 912 个增长到 2021 年的 9421 个，过去 20 年里制裁数量呈现出逐年快速增加的趋势（如图 11－1 所示）。

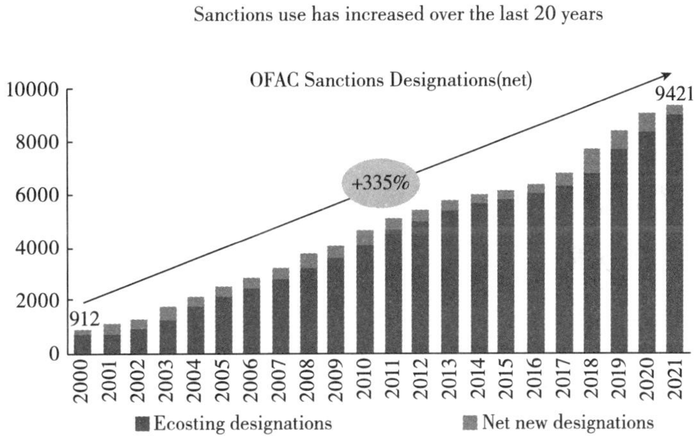

图 11－1　2000—2021 年美国经济和金融制裁数量变化趋势

该报告指出，美国经济制裁将会朝着迎接战略和经济竞争挑战、服务政治目标、与盟国联手、加强精准化打击等几个趋势发展。

二、美国经济制裁相关法律法规

1917 年，在第一次世界大战接近尾声的时候，美国颁布了第一部实质性的贸易制裁法律《与敌国贸易法》（Trading with the Enemy Act），明确授予总统在战争状态时，对美国与其敌对国之间包括商品进出口、银行金融交易等在内的所有贸易活动，有实施监督和限制的权力。自此以后，美国形成了完备的针对他国的经济制裁法律体系和法律工具。

（一）授权性法律（Statutes）

在经济制裁方面普遍适用的法律有《国家紧急状态法案》（National Emergency Act）和《国际紧急经济权力法案》（International Emergency Economic Power Act）。针对特定国家和对象、服务特定制裁目标的法律有《1996年伊朗制裁法案》（Iran Sanctions Act）、《通过制裁反制美国对手法案》（Countering America's Adversaries through Sanctions Act）、《支持乌克兰主权、完整、民主与经济稳定法案》（Support for the Sovereignty, Integrity, Democracy, and Economic Stability of Ukraine Act）等。

（二）行政令（Executive Orders）

依据授权性法律赋予总统的签发行政令权力，决定并公告制裁对象、制裁依据以及制裁措施。如针对伊朗的第13846号《重启伊朗制裁》行政令、针对俄罗斯的第14065号《关于冻结特定主体的财产并禁止特定交易以阻止俄罗斯继续破坏乌克兰主权和领土完整的行政命令》。

（三）执行层面法律文件或指导性文件

各类联邦法规（Code of Federal Regulations）、指令（Directive）、联邦公报提示（Federal Register Notices）、通用和具体许可证（License）、指引（Guidance）、常见问答等。

三、美国实施制裁的执法机构

美国实施经济制裁的主要政府机构是美国财政部下设的“海外资产控制办公室”（Office of Foreign Assets Controls，OFAC）。OFAC是由美国财政部长牵头的跨部门的联合工作机制，美国国务院、商务部、国防部、国土安全部、司法部、证监会等都是其成员部门。OFAC 根据美国的外交政策和国家安全目标管理和执行经济制裁，通过美国总统签署的行政命令，发布制裁清单，使美国确定的实体和个人成为制裁的目标。OFAC 还主要负责为那些本应被美国制裁或禁止的交易予以豁免和发放许可证。此外，OFAC 有权对违反美国制裁法律和法规的人（包括非美国人）进行调查并施加民事罚款。

其他参与经济制裁的行政部门主要包括美国国务院经济制裁政策与实施办公室（Office of Economic Sanctions Policy and Implementation，SPI）参与对外经济制裁的政策的制定和实施。而美国司法部（Department of Justice，DOJ）则会介入调查与经济制裁相关的刑事案件。包括货币监理署（the Office of the Comptroller of the Currency，OCC）和联邦储备委员会（the Federal Reserve Board of Governors）在内的联邦金融机构，也有权对违反美国制裁法律和法规的行为进行民事处罚。各州也被要求实施制裁方面的执法，例如，纽约州金融服务局（The New York Department of Financial Services）专门负责监管集聚在纽约的银行、证券、保险、信托、基金等金融机构，也会根据纽约州法律要求，发挥执行制裁法律方面的作用。

四、国际制裁的目标和对象

美国的经济制裁对象包括美国及其盟国“认定”敌对国家、恐怖组织，以及触犯制裁法律的组织、企业、个人等。目前受美国全面制裁的国家主要有古巴、伊朗、朝鲜、叙利亚、委内瑞拉、南苏丹等国家和地区。针对特定行为的制裁包括扩散大规模杀伤性武器、恐怖主义、毒品与麻醉品交易、粗钻石贸易、跨国刑事犯罪、恶意网络活动、违反人权及贪腐的行为等重点领域。

某些国家可能因不同的项目受到制裁，比如俄罗斯受到分属于俄罗斯有害外国活动制裁、乌克兰/俄罗斯相关制裁，以及通过2017年制裁法案对抗美国的对手（CAATSA）、马格尼茨基制裁①等多个项目制裁。

第二节　国际制裁和长臂管辖

美国经济制裁的最大效用并不在美国国内，而是在美国司法管辖以外的世界各地，也就是所谓的长臂管辖。一个国家的司法管辖权，要么实行属地管辖，即在本国领土范围内有管辖权；要么属人管辖，即只对本国公民、法人、实体行使管辖权。但长臂管辖突破了属地管辖和属人管辖的限制，可以对本国领土以外和对非本国公民、法人、实体行使司法管辖权。长臂管辖是一个国家政治、经济、军事、外交等综合实力在法律上的集中体现，是美西方国家强权政治和霸权主义的法律工具。

美国将其国际经济制裁分为一级制裁（Primary Sanctions）和次级制裁（Secondary Sanctions）。一级制裁主要管辖交易主体是美国人或虽不是美国人但涉及美国因素的交易。次级制裁指的是在相关主体不属于美国人且相关交易不涉及美国因素的情况下，美国仍然禁止或限制相关主体与受制裁对象进行交易，如果第三国企业或个人实施了该交易，将面临美国的处罚。

一、一级制裁

OFAC的一级制裁，也可以被称为初级制裁和基础制裁。一级制裁是

① 谢尔盖·尔盖尼茨基是俄罗斯一家基金管理公司律师，曾经揭露了一起涉案金额达2.3亿美元的贪腐和诈骗案。2008年，马格尼茨基因被指控逃税而被俄警方逮捕，2009年11月因心脏病发作死于看守所。他的去世引起巨大的社会轰动，西方、俄罗斯随后对他的死因展开调查。2011年4月，美国参议员本杰明向美国国务院并提交了“马格尼茨基法案”，2012年美国国会参、众两院都表决通过了《马格尼茨基人权问责法案》，该法案规定不得向与马格尼茨基之死有关的60名俄罗斯人发放美国入境签证，并冻结他们在美的财产。

要求禁止美国主体（公民、法人、企业、组织、实体等）与被制裁对象进行交易，阻止被制裁对象直接或间接获利；禁止非美国主体在与被制裁对象的交易中包含任何美国联结因素。所以，一级制裁既包含美国主体，也包括与美国有联结因素的非美国主体。

（一）美国主体（U. S. Person）

OFAC 将美国主体定义为任何美国公民、持有美国永久居留权（绿卡）的外国人、根据美国法律或在美国境内设立的公司、组织、实体（包括其在国外的分支机构），或任何正在美国居留、居住、停留的人。在某些制裁项目中，美国公司在海外按外国法律设立的分（子）公司，也被认定为制裁意义上的美国主体。

（二）美国联结（U. S. Nexus）因素

美国联结因素是指任何有美国参与或与美国有关的事项，包括但不限于：

（1）任何以美元结算、支付的交易；

（2）任何非美元但通过美国金融系统结算、支付的交易，包括通过美国银行的境外分支机构结算的交易，非美国金融机构在美国的分支机构、代理或代表机构结算的交易，使用美国账户结算的交易；

（3）任何美国主体，包括美国机构、美国机构的境外分支机构，非美国机构在美国的分支机构、代理或代表机构；

（4）在美国发行股票和债券；

（5）参与美国政府采购；

（6）在美国有房产物业；

（7）源自、含有美国的技术、软件和服务；

（8）原产地为美国的物品；

（9）使用服务器设在美国的软件、网络、电子邮件系统；

（10）高级管理人员进入美国。

由此可见，美国适用于一级制裁的“美国联结因素”非常广泛，而且美国 OFAC 拥有极大的自由裁量权。如世塔公司（SITA）是一家总部位于瑞士的航空通信公司，为世界各地民用航空公司提供通信网络和信息技术服务。SITA 公司的一些客户被美国列入了“全球恐怖主义制裁”名单。SITA 公司是一家瑞士公司，不是美国主体。但 OFAC 认为 SITA 公司的一些服务和软件使用了美国服务器或经过美国中转，或使用了美国原产的软件，并明知受制裁的主体会从这些软件中受益而仍然提供销售和服务。因此，美国对 SITA 公司具有管辖权并作出处罚。SITA 公司 2020 年最终与 OFAC 达成和解，支付了近 800 万美元的罚款。在这个案件中，OFAC 把在美国之外使用美国原产软件作为建立美国司法管辖的联结因素，充分体现了美国法律的域外管辖权是如何进一步扩张的，任何与美国有关的因素都有可能被视作美国联结点，从而被纳入美国一级制裁。

二、次级制裁

次级制裁并不是效力程度降低，次级制裁也可以翻译为“二级制裁”。次级制裁是针对非美国主体在第三国与美国确定的制裁对象间发生交易，而这些交易不需要包含美国联结点即有可能触发的制裁。次级制裁的特点，一是针对非美国主体；二是针对发生在第三国的交易；三是不需要美国联结因素。由此可见，次级制裁威力巨大，也被称为超级长臂管辖。

美国自 2017 年退出《关于伊朗核计划的全面协议》（Joint Comprehensive Plan of Action，JCPOA）以来，使用次级制裁不断升级。美国次级制裁主要使用在如下三方面：

（1）美国认定的敌对国家，如伊朗、古巴、朝鲜、委内瑞拉、叙利亚等；

（2）美国认定的恐怖组织、毒品集团，如伊朗革命卫队、基地组织、塔利班等；

（3）美国认定的对美国和其盟国安全构成威胁的特定国家的特定行业、产业。

OFAC 次级制裁目前对伊朗、俄罗斯运用最广泛。如任何国家的任何实体与伊朗的金融、矿产、金属、核工业、石油、石化行业、航运、航空、军工等行业发生业务往来，都会被制裁。

OFAC 会在其网站上发布被美国政府列为“特别指定国民清单（SDN）”的组织、公司、实体、个人名称。如果对该名单上的组织、公司、实体、个人实施次级制裁，则会在制裁条目上标识“受次级制裁约束”（Subject to Secondary Sanctions），以警示、告诫不得与之发生任何经济、贸易、投资、金融、技术等方面的业务和交易。受次级制裁影响最大的，多数是非美国人或非美国企业、实体。

美国政府有向特定对象实施次级制裁充分的自由裁量权，次级制裁的运用主要受美国政治、外交需要操控，且存在严重的双重标准。因为缺乏明确的指引，第三国很多公司对于 OFAC 次级制裁风险，往往会采取过度合规（over compliance）措施，断绝与制裁国家和制裁对象的一切商业往来，从而丧失正常商业机会和权益。而美国公司也越来越主动关注外国的竞争对手是否遵循美国制裁规定，使得次级制裁演变成了提高美国公司竞争力的武器。

三、制裁清单

美国通过制定制裁清单的方式对不同主体分类采取制裁措施。制裁清单种类包括特别指定国民清单（Specially Designated Nationals and Blocked

Persons, SDN)、行业制裁清单（Sectoral Sanctions Identifications, SSI)、海外逃避制裁者清单（Foreign Sanctions Evaders, FSE)、巴勒斯坦立法委员会清单（Palestinian Legislative Council List, NS－PLC)、非 SDN 涉伊朗制裁法清单（Non－SDN Iran Sanctions Act List, NS－ISA List)、代理行账户或通汇账户制裁清单（List of Foreign Financial Institutions Subject to Correspondent Account or Payable－Through Account Sanctions, CAPTA List)、非 SDN 中国军工复合体企业清单（NS－CMIC 清单)。

（一）特别指定国民清单

特别指定国民清单列出了在被美国制裁的国家、地区从事活动的主体，以及从事被明令制裁活动的主体。SDN 是美国政府目前使用范围最广、影响力最大的一种清单。例如，美国政府将伊朗许多政府机构、政府控制的公司、有关行业列入 SDN 清单，与伊朗这些被列入 SDN 清单的行业、公司、实体从事交易活动，都有受到一级制裁或二级制裁的风险。①有关公司、实体和个人被列入 SDN 的原因和情形有：

（1）属于美国经济制裁打击的战略目标而被列入清单；

（2）适用“50%规则”而被列入清单，由 SDN 清单实体直接或间接拥有 50%以上所有权、控制权的实体，或者对被列入 SND 清单实体直接或间接拥有 50%以上所有权、控制权的实体自动列入清单；

（3）违反制裁禁令与 SDN 清单实体交易而被列入清单；

① 美国将伊朗能源及与能源相关的行业的公司、实体、机构列为 SDN 名单，从事以下业务将会被制裁：投资伊朗石油资源、为伊朗开发石油资源提供任何支持、向石油行业投资金额超过 2000 万美元或 12 个月内单笔投资超过 500 万美元合计超过 2000 万美元；向伊朗直接或间接提供对维护和扩展炼油生产（包括基础设施，如港口、铁路、公路等）关联的货物、服务、技术、信息或支持，向伊朗石化行业投资价值超过 100 万美元或 12 个月内合计超过 500 万美元；向伊朗出口成品油和炼油产品（燃料油、润滑油）价值超过 100 万美元或 12 个月内合计超过 500 万美元；开发、支持和购买伊朗的石化产品，提供货物、服务、技术或支持，价值超过 25 万美元或 12 个月内合计超过 100 万美元；船舶所有人、使用人、控制人、保险人运输伊朗任何数量的伊朗原油；隐瞒原油和炼油产品来源于伊朗；参与购买伊朗石油或石油产品、化工品相关的重要交易。

（4）为 SDN 清单实体提供实质性支持、赞助或者其他物质、技术、服务而被列入清单；

（5）直接或间接代表、代理 SDN 清单实体开展活动。

对被列入 SDN 清单公司、实体、个人的主要制裁措施包括交易限制、冻结措施、菜单式制裁措施三种：

1. 交易限制

除非 OFAC 授权或豁免，否则任何美国人不得与 SDN 清单上的人员进行任何交易。

2. 冻结措施

SDN 清单实体当前或今后在美国境内的资产、权益，以及由美国主体占有、控制、管理的资产、权益均被自动冻结，不得转让、支付、出口，或以其他方式处理。

3. 菜单式制裁措施（Sanction Portofino）

美国财政部或者其他政府部门从以下制裁措施中选择一种或不超过 5 种合并予以制裁。

（1）禁止美国金融机构在任何 12 个月内向其提供超过 1000 万美元的贷款或信贷服务；

（2）禁止其从事美国有管辖权的外汇交易；

（3）对其现在或之后位于美国境内或为美国人拥有、控制的财产和财产权益进行冻结，并不得被转让、支付、出口、提取或以其他方式处理；

（4）禁止美国金融机构为其提供任何汇款或支付；

（5）禁止美国公司、实体、人向其投资或购买权益工具及债券；

（6）限制或禁止从其进口商品至美国；

（7）禁止为其出口提供进出口银行贷款、信贷或信贷担保；

（8）禁止为与其有关的物项颁发特殊出口许可；

（9）如果受制裁企业是金融机构，则禁止其作为美国政府债券的主要销售商；禁止其作为美国政府基金的储存库；

（10）禁止其参与政府采购；

（11）禁止其高级管理人员和控股股东入境美国；

（12）对其负责人或具有相似职能的职员实施上述任何制裁措施。

2019 年 9 月 25 日，OFAC 以违反美国禁令而转运伊朗石油为由，宣布将大连中远海运油品运输有限公司、大连中远海运油运船员船舶管理有限公司、中和石油有限公司、昆仑航运有限公司、昆仑控股有限公司、飞马 88 有限公司共 6 家中国公司及 5 名个人列入 SDN 清单，实施制裁。直至 2020 年 1 月 31 日，美国 OFAC 办公室才公告将大连中远海运油品运输有限公司移出被特别指认国民和被禁阻者名单。

（二）行业制裁清单

行业制裁清单是 OFAC 针对俄罗斯等国家特定经济领域从事经营的主体的识别清单，旨在禁止与俄罗斯等国家特定行业的实体从事商业交易，主要包括金融、能源、化工、航空、航运、军工及债权、股权交易等。SSI 名单并不是 SDN 名单的一部分。但是，SSI 名单上的个人和公司也可能同时出现在 SDN 名单上。SSI 行业制裁也适用“50% 原则”，被制裁的主体范围自动扩展到由 SSI 名单上的实体直接或间接持有 50% 以上控制权的实体；对被列为 SSI 实体直接或间接拥有 50% 以上控制权的实体，也主动属于 SSI 实体。目前被列入 SSI 名单的实体主要涉及俄罗斯国防、能源和金融等行业，禁止美国人参与 SSI 名单实体的如下交易：

（1）融资。参与涉及 SSI 实体的超过一定账期的债权融资交易或股权融资交易，或为上述交易提供资金或服务；

（2）供应。向俄罗斯能源行业的SSI实体提供物项、技术和服务以支持其进行深水、北极近海及页岩原油开采项目；

（3）适用“50%原则”的实体，同样受到融资禁令或供给禁令的限制。

非美国人以欺骗的方式（Deceptive）实质性地参与或促成与SSI名单内主体的任何交易，即使交易不存在美国联结因素，相关交易主体也可能受到制裁。

（三）代理行账户或通汇账户制裁清单

代理行账户或通汇账户制裁清单旨在涵盖所有被OFAC实施CAPTA制裁的外国银行等金融机构。被列入CAPTA清单的外国银行等金融机构将被禁止在美国开设或维持代理行账户（Correspondent Account）或清算账户（Payable - Through Account），或相关交易被施加严格限制。

四、经济制裁的后果和处理

（一）违反制裁规则的后果

1. 刑事、民事和行政责任

根据IEEPA[①]、OFAC的《报告、程序和处罚条例》（Reporting，Pro-

---

① 1977年《国际紧急经济权力法》（Intenational Emergency Economic Powers Act，IEEPA）第721条规定，“在认定处于国际紧急状态的情况下，美国政府可以干预、许可或调查任何与国家安全相关的外汇交易、银行支付、证券买卖，以及进出口、投资等各项活动，禁止或限制美国公民或企业与相关国家开展经贸活动”。IEEPA为美国总统的行动提供了法律基础，并决定了行政令的具体范围、相关经济制裁的方式等。2020年8月6日，美国总统唐纳德·特朗普签署了两份行政令，分别针对TikTok和WeChat（即抖音和微信的国际版），要求从行政令发布之后45日起，禁止任何受美国管辖的个人或实体与TikTok、WeChat进行交易。上述行政令在内容中均提及总统签署该行政令是基于《国际紧急经济权力法》《国家紧急状态法》等法律赋予总统的权力。于2020年8月14日签署另一份行政令，要求字节跳动（TikTok母公司）在该行政令发布之后90日内剥离其在美国的资产与相关数据（通过TikTok或Musical. ly收集）的权利与利益。

2000年以来，美国政府以IEEPA为由发布20余项行政令，涉及伊朗、哥伦比亚（贩毒）、苏丹、伊拉克、叙利亚、朝鲜、俄罗斯、乌克兰、南苏丹、委内瑞拉等十几个国家，以及中东、西巴尔干等地区，还有多项为全球范围。从采取紧急状态的原因来看，美国采取IEEPA进行的制裁绝大多数是由于出现战争、动乱、恐怖主义威胁、侵犯人权、跨国犯罪等事件。

cedures and Penalties Regulations）及相关总统行政令，违反美国的制裁规则，存在美国联结因素的，OFAC 可以对非美国公司、实体、个人直接处以行政处罚，或移交美国司法部追究刑事责任。

刑事责任方面，可处以单笔最高 100 万美元的罚款或违法所得的两倍罚款；同时对公司、实体的主要责任人员和个人，可处最高 20 年的监禁。

民事责任方面，可对单个违规或单笔交易处以最高 30 万美元的罚款，并加总计算；或者处以违规行为交易总额两倍的罚款；或者以二者之中的高者作为民事罚款。

行政责任方面，扣押货物，禁止与美国公司、实体交易，限制进入美国，列入制裁清单。

2. 民事和解协议

受政治、外交、司法协助多方面的限制，OFAC 民事处罚得到真正、实际的执行，多为美国公司、实体、个人或外国在美国境内的公司、实体、个人。对涉及次级制裁的境外公司、实体、个人，OFAC 多采取缴纳罚款、暂缓起诉协议（DPA）、不起诉协议（NPA）方式和解结案。和解协议要求涉案企业、公司、个人认罪认罚；要配合执法机关调查取证；不得作出与和解协议相矛盾的陈述；积极采取整改和补救措施；合规整改期、考察期不得再实施违反制裁规则的行为。

近年来，美国利用国际经济和金融优势地位，对违反制裁规则的非美国企业、实体施加压力，迫使其达成高额罚款和解协议。和解协议的罚款已经成为美国政府的财政收入来源之一。

法国巴黎银行 2014 年 6 月宣布因涉伊朗、古巴和苏丹业务导致被美国经济制裁调查处罚，最终与美国司法部、美国纽约州南区联邦检察官办公室、纽约州检察官办公室、美国联邦储备理事会、纽约州金融监管局以及美国财政部海外资产控制办公室（OFAC）达成一项综合性和解协议，同意支付总共 89.7 亿美元的和解费用。2019 年，渣打银行和裕信银行也因涉及伊朗、苏丹或古巴的业务，与 OFAC 达成高额和解协议，和解金均超过6 亿美元。2008—2020 年 OFAC 案件数量和年度处罚金额统计如图 11－2 所示。

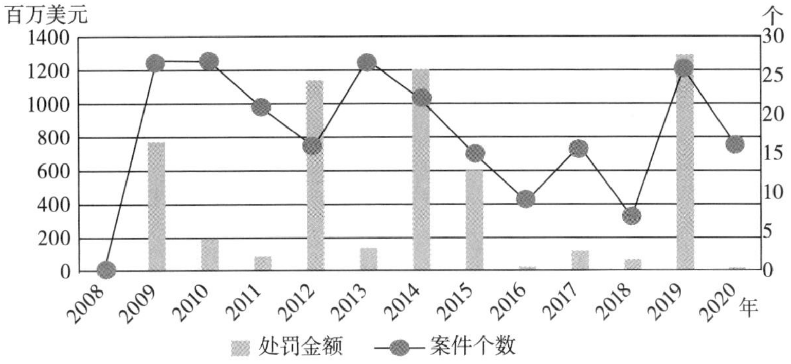

图 11－2　2008—2020 年 OFAC 案件数量和年度处罚金额统计

（二）制裁调查和处罚重点考虑的因素

OFAC 在对拟制裁对象进行调查和处罚时，重点会考虑以下因素：

（1）关于行为人的意图。OFAC 主要调查行为人是否存在故意或者重大疏忽过失。如果行为人存在蓄意、企图、密谋、共谋等主观故意，OFAC 的执法会更严厉。OFAC 还会考虑行为人对制裁规则的知晓、认知、理解程度，如果行为人知晓或应当知晓制裁规则和违反制裁规则的后果，OFAC 的执法也会更加严厉。

（2）关于行为人的信用。OFAC 主要考虑行为人的业务规模、财务状况、信用情况，被调查的交易在行为人总交易量、获利中的占比以及既往受制裁的记录。OFAC 对大公司违反制裁规则和既往有被制裁记录的公司处罚更为严厉。

（3）关于危害性方面。OFAC 主要考虑违反制裁规则行为交易的数量规模、持续时间，以及给行为人带来的经济或其他利益；违规行为对美国制裁规则的影响、冲击、破坏程度；行为人的业务是否取得 OFAC 的豁免和许可，是否假借人道主义名义。

（4）关于行为人配合问题。OFAC 主要考虑行为人是否自愿向 OFAC 披露；是否向 OFAC 提供了与违规行为有关的信息资料；提供信息资料是出于自愿配合，还是对收到调查通知、传票作出的回应；在追诉时效届满前，是否同意按 OFAC 要求签订中断诉讼时效协议等。

（5）关于合规计划和补救措施方面。OFAC 主要考虑行为主体是否有合规计划，合规计划是否全面，是否得到有效执行；行为人在知道违反制裁规则后是否立即停止了违规行为，是否按照流程开始内部调查，是否采取更加有效的内部控制管理和合规计划来防范发生新的违反制裁行为。

这些因素也是企业应对国际制裁要重点关注的合规风险。

第三节　欧盟和英国经济制裁

欧盟制裁被称为“限制措施”（Restrictive Measure）。1993 年《马斯特里赫特条约》（Maastricht Treaty）第 11 条确立了欧盟的共同外交与安全政策，旨在根据《联合国宪章》原则，统一欧盟的对外关系、国家安全与经济发展领域政策、方针。

一、欧盟制裁适用的范围

欧盟制裁适用于在欧盟成员国境内进行的活动，在欧盟成员国管辖下的飞行器、船舶进行的活动，具有欧盟成员国国籍的个人，根据欧盟成员国法律设立的法人、实体或机构，全部或部分业务位于欧盟境内的非欧盟的法人、实体或机构。

（一）欧盟制裁种类和措施

欧盟的限制措施分为两种：一种是欧盟为配合和执行联合国安理会的制裁决议而发起的制裁，属于多边制裁。欧盟的制裁必须与联合国安理会制裁决议一致。另一种是所谓的“自主限制措施”，即欧盟自行发起的单边制裁，欧盟经常就反恐、核扩散、大规模杀伤武器以及推进其人权、民主价值观而自行发起单边制裁措施。

欧盟的制裁措施包括武器禁运、旅行限制、财产冻结、切断经济来源等。根据欧盟“共同外交与安全政策”框架，一旦欧盟作出制裁决定，对欧盟范围内所有实体、个人直接生效，各成员国应在其能力范围内通过国内执法、司法予以配合实施。如欧盟决定实施金融制裁的，欧盟管辖范围的金融机构执行金融制裁下的义务，将优先于其他合同义务。

（二）欧盟制裁的管理机构

根据《罗马条约》[①]第 301 条赋予欧盟委员会（European Commission）“完全或部分中止或终止与目标国经济联系”的权力，欧盟成员国的国内制裁权力让渡给欧盟，以实现欧盟集中统一的对外制裁权力。欧盟“金融稳定、金融服务和资本市场联盟总局”为欧盟理事会通过的制裁条例起草提案，并代表欧盟委员会在欧盟理事会与成员国进行与制裁有关的问题讨论。金融稳定、金融服务和资本市场联盟总局总干事还负责将联合国的制裁转化为欧盟法律。成员国负责实施和执行欧盟制裁，以及识别违规行为和实施处罚。欧盟委员会监督欧盟制裁的正确和统一实施，并向成员

① 1957 年 3 月 25 日，法国、原联邦德国、意大利、荷兰、比利时和卢森堡六国政府首脑和外长在罗马签署《欧洲经济共同体条约》和《欧洲原子能共同体条约》。这两个条约被合称为《罗马条约》（Treaty of Rome），于 1958 年 1 月 1 日生效。1967 年，欧洲煤钢共同体、欧洲经济共同体、欧洲原子能共同体合并，统称欧共体。1991 年 12 月，欧共体 12 国首脑在马斯特里赫特会议上签订了建立欧洲经济货币联盟和政治联盟的条约。1993 年 11 月初，条约生效，欧共体正式易名为“欧洲联盟”。

国提供指导。

（三）欧盟金融制裁综合清单

被列为欧盟金融综合制裁清单（The Consolidated List of Persons, Groups and Entities subject to EU Financial Sanctions）的，存在制裁向被欧盟金融综合制裁清单上的主体控制下的主体延伸的情形，但在实践中存在差异。例如，在人权制裁项目中，对于被欧盟金融制裁综合清单列明主体所有、控制的其他主体，都将被穿透受到资产冻结等制裁。但在涉及阿富汗的制裁中，被要求冻结资产的主体包括欧盟金融制裁综合清单列明的主体，以及代表、受其指示行事的主体；冻结资产范围仅包括来源于欧盟金融制裁综合清单列明主体直接或者间接所有、控制的资产，不向下延伸。

（四）违反欧盟制裁法律责任

由于欧盟决定的制裁措施是由欧盟的成员国负责具体执行，所以欧盟并没有关于违反欧盟制裁措施法律后果的统一规定。通常情况下，欧盟各成员国会对违反制裁措施的个人或实体进行罚款，但在某些国家也有因违反制裁条例而被处以监禁的案例。即使在一个成员国内部，也是由不同的主管部门根据其权限和责任分工执行制裁措施，因此导致情况更加复杂。

二、英国经济制裁

英国脱欧以后，形成并执行自己的制裁制度。英国的制裁分为两类：一类是为执行联合国计划而采取的制裁措施；另一类是超出联合国制裁范围的制裁措施，即英国自己的单边制裁措施。

英国制裁适用于任何人在英国领土和领海内的行为或在英国领土、领海以外由英国人实施的行为。英国人是指英国公民或根据英国法律设立的公司、实体、组织、机构等。

英国的制裁执行机构是财政部所属的金融制裁实施办公室（The Office of Financial Sanctions Implementation，OFSI）。金融制裁实施办公室负责确保金融制裁在英国得到实施和执行。英国外交和联邦事务部（FCO）和国家犯罪署（NCA）及其他一些政府部门和机构也参与制裁。

英国实行的主要制裁法律是《2018 年制裁和反洗钱法》。该法规定了六种主要制裁措施，分别是金融制裁、移民制裁、贸易制裁、飞行制裁、航运制裁以及为履行联合国义务的其他制裁。

金融制裁包括冻结被制裁者资金，禁止向被制裁者直接或间接提供资金及其他经济来源，限制向被制裁者提供金融、保险、经纪、咨询等金融服务。资产冻结要求禁止使用被制裁者已被冻结的资金或经济资源进行交易活动，任何持有、控制、管理被制裁者资产、资金的人必须冻结该资产、资金，并向金融制裁实施办公室报告。贸易制裁主要是实施武器禁运和其他贸易限制，禁止直接或者间接规避英国针对被制裁者的制裁措施。

英国制裁清单也是综合性清单，即资产冻结目标综合清单（Consolidated List of Asset Freeze Targets）。被列入综合清单主体直接或者间接所有、拥有 50% 以上控制权的主体，即使没有被列入综合清单中，也同样适用综合清单相同的制裁。

关于违反英国制裁法律的刑事责任，由英国皇家检察署（CPS）负责对涉嫌制裁刑事犯罪的行为进行刑事调查，由其决定是否起诉。国家犯罪署（NCA）负责调查较为严重的逃避制裁案件。对个人和公司、实体违反制裁的，可以进行刑事处罚和最多 7 年的监禁。

关于违反英国制裁法律的民事责任，金融制裁实施办公室可以对违反制裁法律的公司、实体、个人进行罚款，最高可达100万英镑，或按违反制裁法律行为所涉及的资金或资源总价值的50%，以两者中较高者为准。金融制裁实施办公室也可以对同意或纵容违反制裁法律行为或存在疏忽导致违反制裁法律行为的管理人员处以罚款。

第四节　美欧对俄罗斯制裁

1991年苏联解体后，美国及其盟国与俄罗斯在独联体地区、东欧及世界各地仍持续进行地缘政治争夺。2013年11月，乌克兰时任总统亚努科维奇在俄罗斯的支持下，中止与欧盟签署政治和自由贸易协议，引发反对派抗议示威，演变成“颜色革命”。美俄关系加剧紧张。2014年3月6日，美国时任总统奥巴马签发第13660号行政命令，宣布乌克兰局势对美国的国家安全与外交政策构成异常威胁。自此，美国开始对俄罗斯实施制裁。随后，欧盟也启动了对俄罗斯的一系列制裁。

2014年3月16日，克里米亚危机爆发。原属乌克兰的克里米亚宣布成为主权国家并申请加入俄罗斯，俄罗斯立即启动宪法程序予以接纳并将其并入俄罗斯联邦。于是，美国、欧盟大规模升级对俄罗斯的经济制裁，将经济制裁范围扩大到金融、军工、能源等事关俄罗斯经济发展的所有关键领域。

2022年2月14日，俄罗斯外交部称，已向俄罗斯国家杜马提交关于乌克兰东部“顿涅茨克人民共和国”及“卢甘斯克人民共和国”独立的决议草案。2月21日，俄罗斯总统普京签署总统令承认顿涅茨克人民共和国、卢甘斯克人民共和国独立，宣布与其签署《友好合作互助条约》。由此，俄罗斯与乌克兰爆发武装冲突。

2022年2月21日，美国总统拜登签发第14065号行政命令，认定俄罗斯威胁到乌克兰的和平、稳定、主权和领土完整，从而对美国的国家安全和外交政策构成非同寻常的威胁，并宣布对涉及乌东局势的特定主体实施制裁。2 月 23—24 日英国和欧盟也开始对俄罗斯施加制裁措施。美国、英国、欧盟因俄乌冲突开始了对俄罗斯的全面制裁。

一、美、欧对俄罗斯制裁领域和制裁清单

（一）美、欧对俄罗斯制裁领域

随着俄乌武装冲突全面爆发和持续升级，美国、英国、欧盟等国频繁出台针对俄罗斯的制裁法规。自 2022 年 2 月 22 日以来，美欧相关国家和地区已公布 200 多项对俄制裁措施，[①]涉俄制裁名单新增超过 4000 个，制裁或管控领域涵盖军工、金融、能源、贸易、电信、航空、航运、运输、汽车、技术、媒体、消费、奢侈品等国民经济领域。对俄罗斯从金融融资、进口供应链、对外贸易等通道实施禁止或限制。

（二）美、欧对俄罗斯制裁措施

美国、欧盟、英国将包括俄罗斯总统普京、国家杜马议长议员、政府部长、军队负责人在内的政府高官，金融机构和大型能源企业的股东、投资人、高管，以及重要金融机构、各类企业列入制裁清单，并依据其所在清单实施各类制裁。制裁措施包括禁止交易、限制融资、冻结资产、禁止旅行，等等。目前美国发布的制裁清单列明的事项、行为、实体，如存在美国联结因素，可能触发美国次级制裁。

---

① 截至 2022 年 4 月，宣布参与制裁俄罗斯的国家包括：美国、英国、加拿大、澳大利亚、德国、意大利、荷兰、法国、比利时、卢森堡、丹麦、爱尔兰、希腊、西班牙、葡萄牙、奥地利、瑞典、芬兰、塞浦路斯、克罗地亚、匈牙利、捷克、爱沙尼亚、拉脱维亚、立陶宛、马耳他、波兰、斯洛伐克、斯洛文尼亚、保加利亚、罗马尼亚、瑞士、日本、韩国、新加坡。

1. 金融制裁

将大量俄罗斯银行列入各类制裁清单，冻结其资产，禁止其他主体与之交易。削弱包括俄罗斯中央银行黄金交易在内的国际储备能力。禁止美、英、欧盟金融机构为俄罗斯重要金融机构或企业开设往来账户或者通汇账户。将多家俄罗斯银行从 SWIFT①系统剔除。俄罗斯境内企业、实体、个人无法或难于通过美元、英镑、欧元结算。禁止美、英、欧盟金融机构参与俄罗斯主权债务业务。禁止参与受俄罗斯政府控制实体、金融机构及其他行业头部企业的融资活动。禁止提供投行、财务顾问、审计评估等相关金融、咨询服务。

2. 能源制裁

减少、降低来自俄罗斯的石油、天然气等能源供应。美国正式通过《终止从俄罗斯进口石油法案》，禁止从俄罗斯进口包括煤炭、原油、汽油、柴油、液化天然气等能源产品。英国将在 2022 年年底前逐步停止进口俄罗斯石油。欧盟禁止直接或间接购买、进口或向成员国转让源自俄罗斯或从俄罗斯出口的原油和某些石油产品。欧盟将通过过渡期逐步淘汰俄罗斯原油和俄罗斯炼油产品。2022 年 9 月，七国集团②发布联合声明，宣布共同对俄罗斯原油及石油产品实施限价措施，不得为超出限价的俄罗斯原油及石油产品提供采购、经纪、运输、保险、技术支持等服务。原油产品限价自 2022 年 12 月 5 日开始，石油产品限价自 2023 年 2 月

① 1973 年 5 月，美国、加拿大和欧洲 15 个国家的 239 家银行宣布成立“国际资金清算系统(SWIFT)”，其总部设在比利时的布鲁塞尔。SWIFT 是为解决各国金融通信不能适应国家间支付清算的快速增长而设立的非营利性组织，由环球同业银行金融电讯协会管理，负责设计、建立和管理国际金融信息的传输和路由，为国际银行的结算提供安全、可靠、快捷、标准化、自动化的通信业务，提高银行的结算速度和效率。SWFIT 目前连接全球 200 多个国家和地区的 11000 多家银行金融机构，在荷兰阿姆斯特丹、美国纽约和瑞士分别设立了三个信息数据交换中心。

② 七国集团(G7)是主要工业化国家领导人会晤、讨论、统一重大经济、社会、安全、环境政策的论坛机制。20 世纪 70 年代初，世界第一次石油危机重创西方国家经济。在法国倡议下，1975 年 11 月，美、英、德、法、日、意六大工业强国成立了六国集团。1976 年，加拿大加入，成为七国集团(简称 G7)。1997 年，俄罗斯加入，使得七国集团(G7)成为八国集团(G8)。2014 年 6 月 4 日，克里米亚危机以后，七国集团(G7)将俄罗斯排除在外。

5 日开始。

禁止对俄罗斯能源部门进行新投资。美国禁止与北溪—2 运营公司（Nord Stream 2 AG）及其高管开展交易。德国停止对来自俄罗斯的“北溪 2 号”天然气管道进行批准认证程序。

3. 投资贸易制裁

美国和英国禁止在俄罗斯进行新投资。欧盟要求成员国加大对俄罗斯和白俄罗斯在欧盟投资的安全审查。美国、英国、欧盟各国不断扩大禁止从俄罗斯进口钢铁、煤炭等商品的种类，扩大禁止、限制向俄罗斯出口电子类、技术类商品、消费品、奢侈品商品种类。取消俄罗斯最惠国待遇，大幅度提升与俄罗斯贸易的关税。禁止为俄罗斯境内的公司、实体提供工程、建筑、IT、会计、审计、评估、管理、法律等各类服务。

4. 运输制裁

美国、英国、欧盟禁止向俄罗斯飞机开放领空和航路，禁止为俄罗斯航空公司提供零部件和服务支持。英国禁止与俄罗斯有关的船舶停靠英国港口，禁止俄罗斯的航空公司飞机进入英国领空。欧盟禁止俄罗斯多家航空公司在欧盟运营，禁止俄罗斯船只和由俄罗斯运营的船只进入欧盟港口。

5. 出口管制措施

美欧西方国家对俄罗斯采取出口管制措施，严重影响石油行业在俄投资经营。2022 年，美国、英国和欧盟对俄罗斯采取的一系列出口管制措施，不仅影响到俄罗斯军事、航天、精密电子等军事密切相关行业，还在既往对俄罗斯深水油气勘探开采行业限制基础上，对炼油产业也将实施同样严格的限制措施。上述措施制约了俄罗斯石油工业的发展，也影响了俄罗斯整体营商环境，对国际化经营能源化工公司在俄业务构成重大挑战。

6. 规避制裁惩治措施

美国和欧盟均明确表示将进一步打击协助俄罗斯规避制裁或减轻制裁影响的行为，协助俄罗斯规避经济制裁、出口管制的主体将可能被列入美国、欧盟的制裁清单。

第十二章 出口管制合规

出口管制是一个国家出于国家安全、政治外交、经济利益等方面考虑，针对特定货物出口、技术出口和服务出口，以及向特定国家、地区或实体出口采取的限制措施。管辖范围通常包括军用品、军民两用品、核产品、基础技术、高科技等。

第一节 美西方国家出口管制概况

一、美西方国家出口管制形成和发展

出口管制最早起源于以美国为首的西方国家，为了对抗以苏联为首的社会主义国家，1949 年组建了对共产党国家的巴黎统筹委员会（简称“巴统”）。[1] 1994 年“巴统”解散后，其所制定的禁运物品列表被以美国为首的西方发达国家制定的《关于常规武器和两用物品及技术出口控制的瓦森纳协定》（简称《瓦森纳协定》，又称“瓦森纳安排机制”）所继

① 巴黎统筹委员会（简称“巴统”）的正式名称为“多边出口管制统筹委员会”（Coordinating Committee for Multilateral Export Controls），是 1949 年 11 月在美国的提议下秘密成立的，因其总部设在巴黎，通常被称为“巴黎统筹委员会”。“巴统”有 17 个成员国：美国、英国、法国、德国、意大利、丹麦、挪威、荷兰、比利时、卢森堡、葡萄牙、西班牙、加拿大、希腊、土耳其、日本和澳大利亚，是第二次世界大战后西方发达工业国家在国际贸易领域中组织起来的一个国际机构，其宗旨是限制成员国向苏联和社会主义国家出口战略物资和高技术。列入禁运清单的有军事武器装备、尖端技术产品和稀有物资三大类上万种产品。被“巴统”列为禁运对象的不仅有社会主义国家，还包括一些原西方殖民地新独立国家，总数约 30 个。

承，[①]并延续至今。《瓦森纳协定》包含两份控制清单，一份是军民两用商品和技术清单，涵盖了先进材料、材料处理、电子器件、计算机、电信与信息安全、传感与激光、导航与航空电子仪器、船舶与海事设备、推进系统9大类；另一份是军品清单，涵盖了各类武器弹药、设备及作战平台等共22类。“瓦森纳安排机制”本质上是美西方发达国家为垄断先进科技落入不受其控制的国家而建立的技术同盟。主要被禁运的国家包括俄罗斯、中国、朝鲜、伊朗、古巴、利比亚等。

二、美西方国家出口管制新趋势

传统上，美西方国家出口管制的目的是“服务国家和盟国的安全、外交政策，防止大规模杀伤性武器扩散和国家的其他利益”。进入21世纪以来，美西方国家进一步加大出口管制力度，尤其是针对能源、航空航天、国防和安全、电信、半导体和计算机等关键行业。近年来，美国对中国实施极限打压，摩擦全面升级加剧，美西方国家不断加强对中国、俄罗斯的出口管制，已经对全球的经济贸易造成严重影响。如七国集团2022年对俄罗斯采取的一系列出口管制措施，不仅影响到俄罗斯军事、航天、精密电子等军事密切相关行业，还在既往对俄罗斯深水油气勘探开采行业限制基础上，对炼油产业也实施同样严格的限制措施，还禁止为俄罗斯提供工程、建筑、会计、金融、融资、法律等事关基础营商环境的技术和服务。上述措施制严重影响了俄罗斯整体营商环境，对国际能源投资和大宗商品贸易的正常经营都构成重大挑战。可以预见，美西方国家这种出口管

① 1991年苏联解体后，1994年4月巴黎统筹委员会正式宣告解散。包括“巴统”原17国在内的28个国家1995年9月在荷兰瓦森纳召开会议，决定建立常规武器和双用途物资及技术出口控制机制。在美国牵头组织下，1996年7月，以西方国家为主的33个国家在奥地利维也纳签署了《瓦森纳协定》，决定从1996年11月1日起实施新的控制清单和信息交换规则。《瓦森纳协定》有两份控制清单：一份是军民两用商品和技术清单，另一份是军品清单。目前加入瓦森纳协定的国家有42个。

制方面的打压和制约将长期保持高压态势。

美西方国家出口管制现在及今后一段时期，将会呈现以下特点和趋势。

（1）美西方国家提出泛化国家安全概念，出口管制越来越多地将作为维护美国霸权地位和美西方国家竞争优势，遏制他国发展，干涉他国内政，宣扬西方意识形态和价值观的政策工具。

（2）出口管制成为争夺高科技竞争优势的重要战场。美西方国家进一步加大出口管制力度，纷纷收紧两用物项的出口管制，尤其是材料、能源、航空、航天、电信、半导体和计算机等关键行业。带有政治目的的出口管制将严重阻碍经济全球化和科学技术的发展。

（3）美西方国家，尤其是美国、英国、欧盟及其盟国在国际制裁和出口管制方面互通情报，频频联手。如《欧盟条例》规定要加强与第三国的出口管制沟通合作，包括交流最佳执法实践、出口管制能力建设及与第三国的互联互通。

第二节　美国出口管制

美国是目前世界出口管制制度最健全、管制工具最完备、制裁措施最严厉的国家。出口管制是美国法域外适用的重要领域，也是美国长臂管辖的重要工具之一。

一、美国出口管制制度

（一）美国出口管制方面的主要法律法规

美国出口管制方面的主要法律法规包括《出口管理条例》（Export

Administration Regulations, EAR)、《出口管制改革法》(Export Control Reform Act, ECRA)、《武器出口管制法》(Arms Export Control Act)、《国际武器贸易条例》(International Traffic in Arms Regulations, ITAR)等。其中,《出口管理条例》是美国出口管制法律的核心,1969 年由美国国会通过,1979 年、1981 年、1985 年经过三次修订。

《出口管理条例》最早是美国为了应对"冷战"的需要,为阻止一些具有军事用途的产品和技术出口到苏联和其他社会主义国家而制定的。随后,管制范围逐渐扩展至一些经济领域的关键技术、产品、软件,防止其流向与美国国家安全、经济利益、竞争优势有冲突的国家或地区和商业实体。2018 年 8 月,时任美国总统特朗普签署《出口管制改革法案》(Export Control Reform Act),与《出口管理条例》的"出口管理(Export Administration)"相比,《出口管制改革法案》更强调"出口管制(Export Control)"。由"管理"到"管制",充分反映了美国的政治、外交、军事、科技战略的重大变化和强硬立场。该法案将出口管制范围延伸到军民两用物品和纯民用物品,重点管控新兴和基础技术,执法尺度也大幅加强,号称范围最广、史上最严的出口管制法。随着美国对中国打压的全面升级,《出口管制改革法案》成为重点针对中国的法律武器。目前,因出口管制被纳入美国各种清单的中国企业、科研单位、高等院校等数量总和,仅次于俄罗斯,位居世界第二。

(二)美国出口管制物项

美国出口管制法下的管制物项分为民用物项、军民两用物项和军用物项三大类。前两类物项由美国商务部所属产业与安全局(BIS)监管,军用物项由美国国防部会同美国国务院、财政部等负责。除此之外,纳入出口管制范围物项还有其他规定和要求。

(1)位于美国境内的所有物项,包括美国自由贸易区和从美国过境的物项；

（2）无论位于世界何地，但所有都是原产于美国的物项；

（3）含有受管制的美国原产商品成分的外国商品；

（4）“捆绑”了受管制的美国原产软件的外国商品；

（5）“混合”了受管制的美国原产软件的外国软件以及“混合”了受管制的美国原产技术的外国技术；

（6）外国使用特定的美国原产技术或软件生产的特定“直接产品”。“直接产品”是指直接使用特定技术或软件生产的物项（包括工艺流程和服务）；以及由位于美国境外的任何大型设备或其主要组件生产的商品，而该大型设备或主要组件是特定美国原产技术或软件的“直接产品”。

从美国出口管制法规定的管制物项类别及纳入管制物项范围的规定看，受出口管制的货物、服务、技术非常广泛，尤其是美国日益将管制物项的重点放到技术、软件、服务和高科技领域。美国政府对管制物项的范围、认定具有非常大的自由裁量权。

（三）美国成分规则和外国直接制造规则

1. 美国成分规则

美国出口管制法设定了美国成分规则，即非美国原产的外国制造的商品，但“集成”“捆绑”“掺杂”“融合”了受管制的美国原产零件、组件、材料，或价值包含一定比例以上（根据成分性质和出口目的国的不同分为0、10%和25%）的受管制的美国原产成分的该外国制造的物项，也会受到美国出口管制法管辖。软件、技术、服务适用同样的美国成分规则。

2. 外国直接制造规则

外国直接制造规则（Foreign－Produced Direct Product Rule）是指依赖

特定美国原产技术或软件，在美国境外由外国直接生产的非美国制造产品，以及在美国境外的工厂生产的产品，但该工厂或该工厂的主要设备、装备、零部件是使用特定美国技术或软件的“直接产品”，均受到美国出口管制法管辖。

根据美国成分规则和外国直接制造规则，在美国境内的所有物项，即使是因贸易关系或运输中转从美国过境的物项，只要含有最低美国成分，或者属于外国直接制造的产品范围，都可以纳入美国出口管制范围。

在全球社会化大分工、专业化生产高度发达的现代社会，一个产品及其零部件、一个软件及其源代码，都有可能是全球范围成千上万道工序的设计、制造、组装、分销而成。如何认定物项中美国成分的比例、价值量，如何认定物项与美国成分集合、捆绑、掺杂、融合，是极为复杂的事情。但这也为美国任意、无限扩大管制物项范围提供了便利。因为美国成分规则和外国直接制造规则的运用，使美国出口管制法在美国域外具有了法律效力。这也是美国出口管制法法律效力最直接、最集中的体现。

（四）美国出口管制管控的行为

美国出口管制不仅是对物项和技术单纯的出口限制，还包括再转让、再出口限制。

1. 出口和视同出口

“出口”是指从美国境内向美国境外的实际输出。“视同出口”是指在美国境内向外国人披露受出口管制的软件或技术，视同向该外国人国籍所在国家或该外国人取得永久居住权的国家出口。特朗普总统执政期间及以后，美国依据《出口管制改革法案》频繁使用“视同出口”措施，甚至将在美国境内查阅、阅读、参观、交流活动涉及管制清单内资料，雇用外国科研人员和外国留学生从事与管制清单物项有关的活动，也被“视同出口”。事实上，美国把出口管制从管制一般性贸易性企业、实体性企业，扩展到高科技企业、科研院所、高等院校及科研人员、高级管理人员。

2. 再转让和再出口

“再转让”是指受管制物项出口至美国境外的特定国家、地区后，在该特定国家、区域内管制物项的最终用户或最终用途因转让等原因发生变化。“再出口”是指管制物项出口至美国境外后，再实际输出至另一国家、地区。“视同再出口”是指在美国境外将受出口管制的软件或技术披露给第三国的主体。

（五）美国出口管制主要机构

根据物项的不同用途，美国参与出口管制的主要部门为商务部、国防部、国务院、财政部、司法部、能源部等。商务部所属的工业与安全局（Bureau of Industry and Security，BIS）监管民用及两用物项的出口。国防部、国务院所属的国防贸易管制局（Directorate of Defense Trade Controls，DDTC）监管军事用品出口与临时进口。核管理委员会和能源部监管核材料出口，能源部监管与特种核材料生产有关的核技术和服务。司法部负责违反出口管制的刑事司法调查。

（六）美国出口管制许可证制度

美国将出口管制物项的出口许可证，根据两类编码进行管理。一类是商务部工业与安全局发布的《商品管制清单》（CCL）的分类编码（ECCN），另一类是没有 ECCN 编码的 EAR99 物项。是否需要申请许可证，要结合物项的编码、目的国和目的地、最终用途、最终用户进行综合研判。一旦取得许可证，如果要改变最终目的地、最终目的、最终用户等重要事项，均需要重新取得许可证。

绝大部分情况下，向列入美国各种制裁清单的国家（地区）的公司、实体、组织，出口、再出口或再转让受管制的所有物项，且已经取得出口许可证的，都不适用再出口或再转让的许可证例外和豁免，即必须重新事先申请许可证。一般适用“推定拒绝”的审查政策，即极少能获得再出口或再转让许可证。

二、违反美国出口管制法的法律责任

（一）美国出口管制清单

美国出口管制法律下有商业管制清单（Commerce Control List）、商业国家列表（Commerce Country Chart）和针对具体企业、实体的各类清单三种管制清单。

商业管制清单中明确列举受管制的物项和技术，分为 10 个类别，分别是核材料、设施和设备等；材料、化学品、微生物和毒素；材料加工；电子产品；计算机；电信和信息安全；激光器和传感器；导航和航空设备；海洋；推进系统、航天器和相关设备。按用途分为 5 组，A 组是系统、设备和组件；B 组是测试、检验和生产设备；C 组是材料；D 组是软件；E 组是技术。

商业国家列表用于对特定国家、地区实施出口限制。凡是列入该清单的国家、地区均可成为禁止出口的对象。BIS 会对为什么将有关国家、地区列入商业国家列表并实行禁运的原因进行解释，主要理由有 8 项，分别是生化武器（Chemical & Biological Weapons）、防核扩散（Nuclear Nonproliferation）、国家安全（National Security）、导弹技术（Missile Tech）、区域稳定（Regional Stability）、武器条约（Firearms Convention）、治理犯罪（Crime Control）、反恐（Anti – Terrorism）。

1. 实体清单（Entity List）

实体清单是目前出口管制中使用最为频繁的一种清单。1997 年 2 月，美国商务部首次发布实体清单。美国政府部门称，被列入实体清单的原因和理由，多与美国国家安全、防止核武器或生化武器扩散、区域政治稳定、治理跨国犯罪有关。实体清单由非美国的外国实体组成，包括政府、企业、组织、研究机构、个人等。美国商务部定期在《联邦公告》（Federal Register）和网站上发布实体清单及变动公告。公告内容包括被列入实体清单的实体名称、地址、被列入原因，以及该实体对应的出口许可证要求以及对许可证申请的审查政策等信息。

近年来被列入实体清单最多的国家是中国和俄罗斯。自 2020 年 6 月以来，美国国防部、国务院按照《国防授权法案》，以“军方拥有或控制”“损害美国在南海权益”为由，将中国航天、中国铁建、中国中车、中国移动、中国电信、中国船舶、中国电子科技、中国核工业、中海油等 20 家中国企业列入实体清单。截至 2022 年 8 月，美国以涉军、涉疆、涉港以及涉及与俄罗斯制裁关联为理由，将超过 600 个中国实体列入实体清单。被列入清单的包括政府部门、企业、研究机构、民间组织、个人等，企业和研究机构主要集中在高科技领域。

要说明的是，列入实体清单是一种相对较轻的管制措施。列入清单的实体仍可以从美国进口产品和技术，但会受到一定限制，如申请出口许可证的审查、评估程序复杂，周期较长。一旦被列入实体清单，从名单移除就比较困难。

2. 军事最终用户清单（MEU）

军事最终用户清单是美国商务部产业安全局根据《出口管理条例》最新创立的管制清单。2020 年 12 月 21 日，美国首次发布军事最终用户清单，共列入 103 家实体，其中包括 58 家中国实体和 45 家俄罗斯实体。

2021 年 11 月 25 日，美国商务部产业安全局又将 27 个实体和个人列入军事最终用户清单，其中包括 12 家中国实体。军事最终用户清单针对中国、俄罗斯和委内瑞拉的意图十分明显。

根据军事最终用户清单规则，任何取得《商品管制清单》（CCL）目录下物项出口许可证的经营实体和个人，在“知悉”出口许可证对应物项将用于“军事最终用途”或“军事最终用户”的情况下，不得再出口、再转让到俄罗斯、白俄罗斯、缅甸、柬埔寨、委内瑞拉和中国。如果再出口、再转让到上述国家，将被认定是在没有许可证或即使申请再出口、再转让许可证也会被“推定拒绝”的情况下实施的。

适用于军事最终用户清单管制的主要物项包括材料、化学品、微生物和毒素，材料加工，电子器件设计、研制和生产，计算机，通信与信息安全，传感器与激光，导航与航空电子学，海事，发动机等推进系统、航天器及相关设备。

3. 被拒绝者清单（DPL）

被拒绝者清单是非常严厉的贸易制裁措施。被列入被拒绝者清单的公司、实体、个人将不能再从美国获得产品、技术、服务。由于受出口管制的美国成分规则和外国直接制造规则影响，被拒绝者在世界范围内的供应链、技术来源和服务将受阻，甚至被切断。被拒绝者从名单中移除非常困难。

4. 未经证实名单（UVL）

未经证实名单中的公司、实体、个人，美国政府对其是否采取相应的出口管制措施，需要进一步观察、证实。所以，未经证实名单也可以称为观察清单，是一种准制裁措施。列入未经证实名单的公司、实体、个人仍可以从美国进口产品、技术、服务，但需作特别合规承诺和保证。美方调查核实后，可能将相关公司、实体、个人从未经证实名单移除，也可能转入其他类型清单。

虽然特别指定国民清单（SDN）不是美国出口管制法律下的制裁清单，而是根据美国国际制裁法由美国财政部单独或联合其他行政部门共同确定并发布的制裁名单，但是，特别指定国民清单会被美国政府各部门所共享，通过禁止与SDN实体和个人交易的方式，实际上实现了禁止向其出口管制物项或者惩治其海外腐败行为的目的。

（二）出口管制法律责任

除非获得许可证或豁免，被列入各种清单的公司、实体、个人不能采购受美国出口管制法管制的物项。其他公司、实体、个人也不得通过任何形式向被列入清单的公司、实体、个人提供出口管制物项，或提供与管制物项的相关技术、服务。被列入清单的任何公司、实体、个人以教唆、共谋、变通、隐蔽等方式获得管控物项，任何公司、实体、个人以任何方式为列入实体清单的公司、实体、个人获得管制物项提供交易、运输、转运、处理、借贷、融资或提供帮助、服务的，都有可能被视为违反出口管制法律规定。

违反美国出口管制规定可能会面临行政和刑事责任。

1. 行政责任

违反出口管制法律规定的，可处以行政罚款。行政处罚按最高30万美元（按通货膨胀率进行调整），或按违规者违法获益、给相关方造成损失金额的2倍，取其高者罚款。违反出口管制的公司、实体、个人将被吊销出口许可证，禁止继续从事相关出口业务。

2. 刑事责任

任何公司、实体、个人，故意、蓄谋、共谋违反出口管制法律，实施违反出口管制法律行为的，都将可能承担刑事责任。刑事责任包括最高

100 万美元的罚金，自然人和公司、实体的高级管理人员可能会面临最长 20 年的监禁。

2021 年度，美国商务部产业安全局官网公布了 63 起针对出口管制违规行为的执法案例。与以往各年度相比，2021 年度的执法案例数量明显增加。BIS 近六年的执法案例数量如图 12 - 1 所示。

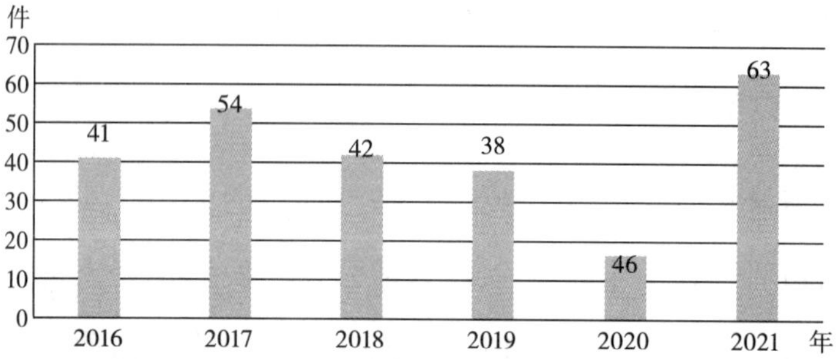

图 12 - 1　BIS 近六年执法案例数量

在 2021 年的 63 起执法案例中，BIS 在 39 起案件中发布拒绝令，取消相关公司、实体、个人出口管制下出口权利。有 21 起案件和解结案，和解案件中和解金额从数万到数百万美元不等，最高金额为 329 万美元。被处罚的对象既包括自然人，也包括美国本地企业、机构和外国企业。

（三）出口管制与国际制裁的结合

国际制裁是对被制裁对象的全面经济封锁和经济孤立，制裁措施包括禁止贸易、投资、筹融资、资产冻结等。而出口管制是对被制裁对象封锁、切断产品、技术、服务供应链。在产品、技术、服务贸易方面，经济制裁和出口管制是重合的。如果这两种制裁方式针对的对象是同一个，或者同一个被制裁对象违反了两种制裁方式，经济制裁和出口管制就会交织在一起。所以，美国出口管制的处罚措施，经常与国际经济制裁、反海外腐败制裁配合使用。2016—2018 年发生的中兴通讯事件就是出口管制与经济制裁相互交织的一个典型案例。

2010 年 6 月 10 日，联合国就伊朗核问题通过决议，决定对伊朗展开第四轮制裁。美国宣布对伊朗实施经济制裁和出口管制，将伊朗的政府机构、伊斯兰革命卫队、伊朗重大大型企业及其高官、高管列为特别指定国民清单（SDN）；对向伊朗出口、再出口、再转让出口管制物项发布禁令；公布对伊朗实施出口禁令，包括美国生产的可军民两用的零件、适用美国成分规则和外国直接制造规则的物项。

2012 年，中兴通讯将一批混有美国科技公司软硬件的产品出售给伊朗最大电信运营商伊朗电信（TCI）。美国商务部认为中兴通讯违反了美国出口管制法，对其开展调查。2016 年 3 月 7 日，美国商务部以违反美国出口管制法为由，将中兴通讯列入“实体清单”，对中兴通讯采取限制出口措施。同时，美国政府认为因为与中兴通讯有贸易往来的伊朗公司是被列入 SDN 名单的实体，所以中兴通讯也违反了美国国际制裁法。2017 年 3 月，美国司法部、商务部、财政部海外资产管理办公室（OFAC）共同作出决定，对中兴通讯罚款 11.9 亿美元。

第三节　欧盟出口管制

一、欧盟出口管制的主要法律法规

1991 年 12 月 11 日，欧共体成员国首脑会议达成建立“欧洲经济货币联盟”和“欧洲政治联盟”的《欧洲联盟条约》（通称《马斯特里赫特条约》）。1992 年 2 月 7 日，《马斯特里赫特条约》签订，1993 年 11 月 1 日正式生效，欧洲联盟正式成立，标志着欧共体从经济实体向经济、政治实体转变，同时发展共同外交及安全政策，并加强司法及内政事务上的合作。

在 1992 年《欧洲联盟条约》签署以前，欧共体成员国有各自的出口管制机制。欧盟成立后，欧盟和成员国认识到由各国自行制定、执行出口管制政策法律，不利于发挥欧盟一体化优势。于是，欧盟开始构建整体出口管制体系。2007 年 12 月，欧盟成员国签署《里斯本条约》[①]，将军民两用物项和技术纳入欧盟贸易政策框架内。2009 年 5 月，欧盟委员会发布《两用物项出口管制条例》，建立了共同执行的管制规则和在整个欧盟共同实行的管制清单。

2021 年 5 月，欧盟通过了新的出口管制条例，即《建立欧盟两用物项出口、中介、技术援助、过境和转让管制机制》（第 2021/821 号条例，简称《2021 年两用物项出口管制条例》）。该条例构建了欧盟出口管制的共同规则，包括设置欧盟两用物项清单共同的评估认定标准；设置欧盟通用出口许可、单项出口许可、全球出口许可、国家通用出口许可；设置针对可能用于大规模毁灭性武器方案或侵犯人权的清单外的物项管制规定；设置针对与两用物项及其在欧盟过境相关的中介和技术援助的管控；设置出口商应履行的合规义务，如记录保存和登记等；设置网络系统以支持管制机关在欧盟境内进行信息交流以及实施和执行管控规定。

《2021 年两用物项出口管制条例》适用于整个欧盟，各成员国只有在欧盟法律给予明确授权的情况下才能自行立法。欧盟委员会下设的贸易总局（Directorate General for Trade）定期发布各成员国根据该条例相关条款的授权制定国内法的情况。

---

① 2007 年 12 月 13 日，欧盟各国首脑在里斯本签署《里斯本条约》，2009 年 12 月生效。《里斯本条约》是在原《欧盟宪法条约》的基础上修改而成，是新版《欧盟宪法条约》，是关于欧盟体制、机制、运行的基本法律。根据《里斯本条约》，设立常任的欧洲理事会主席职位；增强欧洲议会权力；设立欧盟外交和安全政策高级代表一职，全面负责欧盟对外政策；欧洲法院将被赋予更大权力，可以就各国司法和内政相关的法律是否与欧盟法律相冲突进行裁决。

二、欧盟出口管制的物项

欧盟两用物项清单包括核材料、设施和设备、特种材料及相关设备、电子、计算机、电信和信息安全产品、传感器和激光器、导航和航空电子设备、航海产品、航天器和推进系统十大类产品，及相关的软件和技术。欧盟对两用物项的分类与美国基本一致，都采用 ECCN 制度①。

除了两用物项清单内的物项外，欧盟还设立了两种“全面控制”(Catch - all Controls)，一是针对涉及大规模杀伤性武器或军事最终用途的物项的全面控制，二是针对可能被用于侵犯人权的网络监控物项的全面控制。在符合条例规定条件的情况下，某一物项即使未被列入欧盟两用物项清单，其出口也须经过许可。除了欧盟两用物项清单外，欧盟成员国可以制定自己的两用物项清单，或者对欧盟两用物项清单之外的物项实行管制。

欧盟出口管制中没有美国成分规则和外国直接制造规则，对外国产的物项一般没有管辖权。

三、欧盟出口管制规制的行为

受欧盟出口管制规制的行为包括两用物项的出口、中介服务、技术援助、过境和转让。

出口包括受管制的两用物项从欧盟境内运输到欧盟境外，以及通过传真、电话、电子邮件或其他电子方式、电子媒介将受管制的软件或技术传输到欧盟境外，包括通过语音传输媒介口头传输受管制的技术。

---

① ECCN(Export Control Classification Number)是美国商务部所属工业和安全局(BIS)对管制出口产品的分类编码,主要根据出口产品的用途、性质、类型、技术或软件及其各自的技术参数进行分类。

中介服务是指从一个第三国向另一个第三国购买、销售或提供受管制的两用物项或技术进行谈判或交易安排；或出售、购买位于第三国的两用物项转移到另一个第三国。

技术援助是指与管制物项有关联的维修、开发、制造、组装、测试、维护或其他技术服务有关的技术支持，可以采取指导、建议、培训、工作知识或技能的传播或咨询服务，包括通过电子方式以及通过电话或其他口头形式。技术援助所涉及的管制物项可能被用于大规模杀伤性武器或军事最终用途的，须获得许可。

过境是指非欧盟的两用物项进入和通过欧盟关税区运输到欧盟关境外，包括从欧盟境外进入、通过欧盟关境，在自贸区内转运或直接从自贸区再出口，临时存储并直接从临时存储的场所再出口，以及经由船只或飞机进入欧盟、无须卸货直接运出欧盟的情形。管制物项如果被用于大规模杀伤性武器或军事最终用途，其过境须获得许可。

欧盟境内转让涉及导弹及相关软件、技术，以及欧盟进行战略控制的物项，如化学武器、核技术等，从一个欧盟成员国转让到另一个欧盟成员国须经许可。此外，欧盟成员国还可以对其他物项的欧盟境内转让规定许可要求。

欧盟出口管制中没有“视同出口”的规定，但相关内容尤其是软件、技术、服务的流转已在关于技术服务、中介行为规则中有所体现。

四、欧盟出口管制主要机构

欧盟贸易总局负责监督出口管制在各成员国的执行与实施，欧盟各成员国则负责具体的执行与实施。欧盟各成员国拥有两用物项的决定权以及出口管制的执法权和处罚权。《2021 年两用物项出口管制条例》要求各成员国及时将执法情况与欧盟委员会和各其他成员国交流互通，以促进执法的一致性。此外，为了促进成员国执法互联互通及有关出口管制物项的技术交流，欧盟成立了两用物项协调小组，由每个欧盟成员国指定一名代表参加，并由欧盟委员会代表担任主席。两用物项协调小组负责审查与《2021 年两用物项出口管制条例》适用有关的任何问题，同时负责统筹各成员国之间的信息交换交流，支持欧盟各国在出口管制领域的执法合作。技术专家组则由成员国的出口管制法专家组成，审查出口管制的实施问题，包括更新欧盟的管制清单等问题。

五、欧盟的出口许可证制度

欧盟的出口许可证主要分为四种类型，即欧盟通用出口许可证、成员国通用出口许可证、全球出口许可证、单项出口许可证。

出口许可证的申请应向出口商所在地的欧盟成员国主管当局提出，需要提交的信息包括参与交易的各方、目的地国家、最终用户和最终用途、产品规格及其用途、数量、技术资料以及其他对申请出口许可证有用的信息。

中介服务和技术援助的许可证，由中介服务或技术援助的提供者所在地的欧盟成员国主管当局签发。提供中介服务的许可应针对一定数量的特定物品，并明确标明物品在原产国的位置、最终用户及其确切位置。技术援助授权应明确标识最终用户及其确切位置。中介服务和技术援助的提供者应向主管当局提供申请授权所需的所有相关信息，特别是两用物项的位置、物项的明确描述和所涉及的数量、参与交易的第三方、目的地国家（地区）、该国家（地区）的最终用户及其确切位置。

六、欧盟出口管制违法责任

在欧盟出口管制的执法和处罚属于成员国的权限范围。各成员国具有对违反出口管制规定的行为人进行执法和处罚的权力，但在执法机制和处罚结果上存在差异。欧盟成员国对出口管制违法行为处罚包括民事或刑事罚款、行政处罚、监禁、取消公司董事资格、扣押货物、暂停或吊销出口许可证、暂时或永久禁止从事相关经济活动、没收货物和非法交易所得利润、没收资产、注销法人实体等。

第四节　英国出口管制

英国的出口管制被称为战略性出口管制（Strategic Export Control），即对军用品、两用品、酷刑用品和放射源的出口管制。

一、英国出口管制的主要法律法规

英国的出口管制制度主要沿用欧盟的出口管制规定。在英国脱欧过渡期结束后，英国保留了欧盟《2021 年两用物项出口管制条例》，并将其转化为英国法律，意味着该法规目前继续在英国有效。2021 年 6 月 8 日，英国发布实施《2021 年出口管制（修订）条例》（SI2021 第 586 号）。

二、英国出口管制主要机构

英国出口管制联合组（Export Control Joint Unit，ECJU）全面负责英国出口管制工作。该工作组于 2016 年 7 月成立，是跨部门的联合工作组。英国政府国际贸易部是 ECJU 的主管部门，其他参与部门有外交联邦事务及发展部，国防部，商业、能源与工业战略部，国家网络安全中心，税务海关总署，边境部队和皇家检察署等。

三、英国的主要出口管制物项和清单

英国政府基于英国本国法律、盟国的国家和集体安全要求、英国加入和承认的国际公约和多边条约、人权保护等多方因素，确定出口管制的物项，制定了战略出口管制清单，进行许可证管理。出口管制物项涉及军事、核能和军民两用产品，包括武器、军火、警察和保安设备、部分化学品、金属和工程材料、核及放射性材料、机床、电子元件；激光和光学产品；成像、导航和通信设备、高规格电脑、宇航和海事设备、软件和技术等。

管制清单既包括欧盟法规中的清单也包括英国的自主清单，主要有英国军品清单（UK Military List）、英国两用品清单（UK Dual - Use List）、英国安全与人权清单（UK Security and Human Rights List）、英国放射源清单（UK Radioactive Source List）、欧盟两用品清单（EU Dual - Use List）、欧盟人权清单（EU Human Rights List）。同时实施最终用途控制，若某些物项虽未被列入战略出口管制清单，但可能用于军事或大规模杀伤性武器，出口管制联合组（ECJU）有权援引最终用途控制条款，要求该物项申请出口许可证后方可出口。

第十三章 外国投资国家安全审查合规

国家安全是指国家政权、主权、统一和领土完整、人民福祉、经济社会可持续发展和国家其他重大利益相对处于没有危险和不受内外威胁的状态，以及保障持续安全状态的能力。各国通常建立国家安全审查和监管制度机制，对影响或可能影响国家安全的外商投资、特定物项和关键技术、网络信息技术产品和服务、涉及国家安全事项的建设项目，以及其他重大事项和活动，进行国家安全审查，以维护本国的国家安全、经济安全、产业安全及其他社会发展利益[①]。在经济全球化的时代，外国投资国家安全审查是维护国家安全的重要组成部分。外国投资国家安全审查是一个国家主权的充分体现，也是实现特定政治、外交、经济、科技、文化、社会等目标的法律工具。

2018 年 6 月联合国贸易和发展会议公布的《2018 年世界投资报告》(World Investment Report 2018) 显示，2017 年全球外国直接投资流量减少了 23%，其中跨国并购价值减少了 22%。这种全球资本投资流动趋缓的局面，需要营造更加开放、透明和非歧视性的全球投资环境才能改变。在经济全球化的时代，同时也存在逆全球化浪潮。部分投资东道国基于政治考虑，保护本国经济科技竞争优势，泛化国家安全概念，对外国投资采取了更加苛刻的态度，运用国家安全审查手段，收紧了跨境并购交易。外国投资国家安全审查也日益成为国际化经营中重要的合规管理要求。

---

① 见 2015 年 7 月 1 日第十二届全国人民代表大会常务委员会第十五次会议通过的《中华人民共和国国家安全法》第 2 条、第 59 条、第 60 条。

第一节 美国国家安全审查

美国是全球范围内最早对外国投资实施国家安全审查制度的国家，是从20世纪70年代逐渐发展完善起来的一整套法律合规体系。

一、美国外国投资国家安全审查由来

20世纪七八十年代，以日本、东南亚为代表的新兴工业化国家经济实力不断增强，外国投资开始大量并购美国的企业和资产。美国在国际贸易、产业竞争方面的优势不断下降，美国贸易保护主义和经济民族主义抬头。经济上的变化必然推动法律变化。美国国会于1974年通过了《1974年外国投资研究法案》，1975年，美国时任总统福特发布行政命令，建立了外国投资委员会（CFIUS）。CFIUS成立之初，仅负责对外商投资信息的统计监控、趋势判断以及政策协调，并不具有审查外国投资的权力。

美国国会1988年通过并由时任总统里根签署了《1988年综合贸易与竞争法》。该法案虽然不是直接、专门的外国投资国家安全审查法，但核心和重点是保护美国产业国际竞争地位，也是保护主义在法律上的集中体

现，为外国投资国家安全审查确立了基本原则。同年，美国国会通过《埃克松—弗洛里奥修正案》[①]，规定总统及其授权人可以对外国投资进行审查，以判断该项投资是否对美国国家安全产生影响，如果有可靠证据表明来自外国控制的投资将损害美国国家安全，而其他法律又不能采取措施减轻这种影响，总统可以决定阻止该交易，且此决定为终局性质，不受司法审查的约束。同年，里根总统发布行政命令，赋予 CFIUS 主动对外国投资进行调查的权力和向总统汇报的义务。自此，CFIUS 由一个只负责收集和分析外国投资信息和研究的办事机构，转变成一个有权审查外国投资和辅助决策的机构。

1991 年，CFIUS 颁布《外国人兼并、收购和接管规定》以辅助《埃克松—弗洛里奥修正案》的实施。该规定明确规定，如果总统认为一项已完成但未申报的并购交易可能危害国家安全，可以采取适当措施撤销该并购交易。1993 年，美国国会通过了《国防授权法案》修正案（《伯德修正案》），扩展了《埃克松—弗洛里奥修正案》的内容。2007 年，美国国会通过了《外国投资与国家安全法案》（FINSA），进一步修正《埃克松—弗洛里奥修正案》确定的外国投资审查机制，强化了 CFIUS 对外国投资和并购活动的审查权力。至此，外国投资国家安全审查制度全面形成。

二、外国投资国家安全审查机构

美国外国投资委员会（CFIUS）是联邦政府跨部门的组织机构，由美

---

① 《埃克松—弗洛里奥修正案》(Exon – Florio)是《1950 年国防生产法》《1988 年综合贸易与竞争力法》的修正案，它授权美国总统对外国在美国进行的企业购并或控股的"国家安全"影响进行调查，具体调查由美国财政部外国投资委员会进行，一旦该委员会对某项交易作出对国家安全有"潜在威胁"的判断，总统有权中止该项交易，而外方不能寻求司法复审，由此带来的损失可能无法得到补偿。

国国务院、商务部、司法部、国土安全部、国防部、能源部、美国贸易代表办公室、科学技术政策办公室等 11 个部门的部长和国家情报总局（中情局）、劳工部等 5 个部门的观察员组成，共同参与审查和审批。美国财政部长担任委员会主席。CFIUS 的日常工作地点设在美国财政部。

在《埃克松—弗洛里奥修正案》《外国投资与国家安全法案》基础上，2018 年 8 月 13 日，美国时任总统特朗普签发了《外商投资风险评估现代化法案》（Foreign Investment Risk Review Modernization Act of 2018，简称 FIRRMA）并正式生效。根据该法案，2020 年 1 月 13 日，美国财政部发布 FIRRMA 法案最终实施细则。目前，美国外国投资国家安全审查的主要法律依据就是 FIRRMA 法案。

FIRRMA 法案对此前 CFIUS 的审查规则进行了多方面重大修改：一是扩大了 CFIUS 的管辖权，使其对更多交易类型具有审查权；二是规定强制申报的交易类型；三是在程序上，新设“声明”“承诺”方式免除 CFIUS 审查的“例外国家”（Excepted Foreign State）名单等。FIRRMA 法案最终实施细则增加了关于强制性与自愿性备案的要求，规定了涉及“关键技术、关键基础设施或敏感个人数据”或外国政府获得“实质性利益”的交易的强制申报要求。

2022 年 9 月 15 日，美国总统拜登签署《关于确保美国外国投资委员会全面考虑不断变化的国家安全风险的行政令》，旨在加强美国国内投资，巩固竞争力，加强与盟国合作的同时利用所有可用工具保护美国的优势，防止竞争对手和敌对国家破坏美国的国家安全。该行政令要求美国外国投资委员会在审查外国投资交易时，应积极考虑不断演变的国家安全风险，重点考虑以下五个方面的影响：一是对美国关键供应链保障与安全的影响，其中重点提及清洁能源（电池储能和氢能）等多个引领未来发展的行业；二是对美国技术领先地位和国家安全具有重大影响的生产能力、服务、关键矿产资源、科技的影响；三是外国投资者在某一行业过去所作投资的累计效果，特别是一系列并购交易所导致的关键领域的技术转移；四是外国投资交易可能带来的网络安全风险；五是外国投资对美国人敏感数据可能带来的风险。

三、CFIUS 监管的交易类型

受 CFIUS 管辖需要进行国家安全审查的交易主要有三类，即控制权交易、特定的非控制性投资交易和特定的房地产交易。

（一）控制权交易

受 CFIUS 监管的控制权交易是指可能导致“外国投资者”对“美国企业、实体”取得“控制”的交易。

“外国投资者”是指：①外国公民、公司、实体、政府；② 根据外国法律设立但“主要营业地点”在美国的公司、实体；③外国公民、公司、实体、政府可以对其行使控制权但“主营业务地点”在美国的公司、实体。另外，根据美国财政部 2020 年颁布的 FIRRMA 法案最终实施细则，如果一家实体曾向美国政府、州政府或外国政府表示其主要营业地点位于美国境外（出于税收或其他目的），该美国境外的地点将被推定为该实体的主要营业地点，由此也可能被认定为外国实体。所以，外国投资国家安全生产审查中的“外国投资者”，不仅指来自美国境外的投资，也包括在美国境内的外国资本。

“控制”（Control）的定义较为宽泛，并不一定要求外国投资收购美国企业的多数股权。CFIUS 的规定表明，即使只有少数股权，但具有影响美国企业“重要事项”的能力的，也可能被认定构成控制。除了掌握目标企业的多数股权或投票权外，通过合同安排、一致行动安排、董事委任等其他方式，取得对目标企业的重要事项的决定权的，也同样会被视为“控制”了该目标企业。

“美国企业”是指在美国从事经营、贸易的任何实体，而不论其控制人的国籍如何。即使投资或收购本身并不发生在美国，但被投资或收购的目标公司在美国直接或间接有子公司、资产或业务，也构成“美国实体”。

（二）特定非控制性投资交易

特定非控制性投资交易主要是指外国投资对涉及关键技术、关键基础设施和敏感个人数据的美国业务（Critical Technology，Critical Infrastructure，and Sensitive Personal Data，简称“TID 业务”）的投资。如果交易使得外国投资通过投资获得以下任何一项权利的，如获取重要的非公开技术资料、董事会成员资格或观察员权利，或参与 TID 业务有关关键技术、关键基础设施或敏感个人资料的实质性决策，不论是否取得了目标企业的控制权，都要接受 CFIUS 审查。受监管的 TID 业务主要有以下 3 项：

1. 关键技术

生产、设计、测试、制造、装配或开发一项或多项“关键技术”，如受出口管制的武器技术、军民两用物项、防务产品、核技术、特定药品及计算机算力、人工智能、无人驾驶等新兴技术和基础技术。

2. 关键基础设施

对美国至关重要的发电、供水、码头、机场、铁路、通信、石油天然气长输管道等实体系统和资产，及通信光缆、网络平台、数据中心等网络虚拟系统和资产。一旦该系统和资产被恶意控制、丧失功能或遭受破坏，美国国家安全将被削弱。

3. 敏感个人数据

涉及信用卡、社会保险、医疗健康等美国公民个人隐私、敏感信息。

（三）特定的房地产交易

特定的房地产交易是主要涉及位于或接近军事设施、港口、机场及其他可能影响美国国家安全的敏感位置的美国房地产交易，包括外国人购买、租赁或被许可给外国人使用。

（四）例外投资者

CFIUS 给予源自澳大利亚、加拿大和英国等美国的盟国的投资以“例外投资者”豁免待遇。例外投资者无须遵守强制申报规则，亦不受 CFIUS 对非控制投资和房地产交易的管辖。但是，例外投资者本身的控制权交易涉及国家安全审查的，CFIUS 仍有权审查。符合例外投资者资格的外国投资者，该外国投资者至少有 75% 的董事会成员和监事，以及全部持 10% 或以上的股东必须来自美国和美国的盟国。

四、CFIUS 强制申报和自愿申报

CFIUS 审查实行以自愿申报为主、强制申报为辅的原则，即当事人可以自行决定是否将投资并购交易提交给 CFIUS 审查，但 CFIUS 保留对未经申报的交易发起国家安全审查的权利；同时，CFIUS 鼓励交易方自愿提交审查。

（一）强制申报

CFIUS 对以下外国投资交易实行强制申报：

（1）交易涉及 TID 业务，且外国投资者将取得 TID 业务 25% 及以上控制权的；

（2）交易涉及形成 TID 业务的方法、程序、工具的，且如果将该等方法、程序、工具输出和再输出、转移和再转移给外国投资者的；

（3）外国投资主体受外国政府重大影响的，如国有企业、政府机构及受政府资金或基金支持；外国政府持有外国投资者 49% 以上及控制权的；或持有外国投资主体 25% 及以上控制权的人需要取得政府监管批准的。

（二）自愿申报

FIRRMA 法案规定，在强制申报规则范围之外，交易方可以主动申报；但也赋予 CFIUS 随时对未经核准的交易（非强制性申报交易）主动开展审查的权力。CFIUS 主动审查的结果存在不予通过的可能性，会给交易带来重大影响。因此，主动申报可以防范可能出现 CFIUS 审查后不予通过的风险。目前，CFIUS 更加关注未申报的交易。在极端情况下，CFIUS 的审查可能导致已经完成的外国投资并购被迫终止、剥离其在美国企业中的权益。

（三）CFIUS 评估

当认为有关交易可能影响国家安全时，交易方一般会自愿主动申报。CFIUS 根据外国投资者所构成的“威胁”和目标企业被利用的“脆弱性”进行风险评估，在评估中主要考虑以下因素：

（1）外国投资者国籍和外国政府控制权程度；

（2）交易对国防所需产品及服务供应的潜在影响；

（3）目标公司产品、软件和技术的出口管制情况；

（4）目标公司与美国政府的合同关系，以及目标公司的产品在为政府所用产品供应链中的作用；

（5）目标公司对港口、机场、管道、铁路系统、电网和电信系统关键基础设施的参与和联系；

（6）目标公司取得和存储信用卡、社会保险号和个人健康等重要、敏感个人和客户信息的情况；

（7）目标公司的资产与军事设施、敏感政府部门位置的毗邻性；

（8）外国投资者和构成国家安全威胁的第三方（国家、组织、机构等）之间的业务关系。

上述CFIUS“脆弱性”评估因素，对外国投资者来说也是国家安全审查合规性的评估因素。

交易方应注意的是，CFIUS主要关注的是国家安全而不是交易方的经济目的。因此，一个重大交易可能会被一个交易方看起来微不足道，但CFUIS认为对美国国家安全是至关重要的因素而否决。CFIUS评估和审查一般并不透明，其作出的结论通常不会给交易方提供申辩的机会。

（四）申报主体

不管是强制申报还是自愿申报，CFIUS申报资料一般由投资方与目标公司共同准备。除了要提供关于投资方和交易的一般描述资料外，外国投资者还要提供可能涉及自身股权结构的信息，如控制外国投资者的实体及董事和高管，或5%以上控制权的股东资料等。

（五）申报程序

CFIUS申报有简易申报（Declaration）和正式申报（Notice）两种程序。

1. 简易申报

对于较为简单且国家安全敏感度低的交易，可采取简易申报程序。简易申报一般包括交易各方的名称、交易描述及其对目标公司投票权、控制权的影响；外国投资者是否可获得关键非公开技术信息，及对非公开技术的查阅权或实质决策权；目标企业的业务性质以及外国投资者的所有权结构等。

CFIUS 会在接受简易申报后的 30 天内对交易进行审查并作出回应。CFIUS 审查后，如果通知申报人“经审查未发现拟议交易将对美国国家安全造成威胁”，即为通过。如果通知申报人进一步补充申报材料，或通知各方当事人已提交的简易申报不足以让 CFIUS 彻底完成审查，意味着 CFIUS 保留进一步行动的权力，甚至会启动对拟议交易的全面审查。

因此，国家安全敏感性较高的交易，交易方不宜选择简易申报程序。国家安全敏感度高的交易如果选择简易申报程序，存在 CFIUS 要求补充资料、延长审查、重新申报，甚至要求转为正式申报程序的风险。从实际情况看，使用简易申报且成功通过的，大部分是来自与美国关系良好国家的投资者。

简易申报无须支付申请费。

2. 正式申报

正式申报的交易方需要先向 CFIUS 提交初步书面申请，在收到初步书面申请后的 10 个工作日内，CFIUS 会反馈对初步通知的意见或者决定是否受理。

CFIUS 会在其受理正式申报申请后 45 天内对交易进行初步审查；若发现该等交易可能涉及美国国家安全，则 CFIUS 可以进一步对交易开展期限为 45 天的调查，在特殊情况下可以延长 15 天。调查期期满后，如果 CFIUS 依旧认为国家安全的顾虑无法解决，则会将其调查结论提交美国总统，总统将在 15 天内作出最终裁决。

实践中存在调查期临近结束前，CFIUS 无法完成审查的，会采取要求交易方撤回申报或重新提交申请的情况。此种情形下，整个期限要重新开始计算。CFIUS 法律没有限制撤回和重新申报的次数，可以多次撤回和重新申报。

正式申报要根据交易额的 1% 收取审查费，封顶最高为 30 万美元。

（六）CFIUS 审查缓解措施

CFIUS 认定交易会危害或损害国家安全，但交易方在采取相关缓解措施后，可以换取 CFIUS 附加条件批准交易。缓解措施既可以是交易方向 CFIUS 签署保证函（Letter of Guarantee），承诺采取相关措施消除 CFIUS 对国家安全担忧；也可以是交易方对拟进行的投资并购实施限制、剥离、分拆、重组安排。这些缓解措施都以达到限制、减弱外国投资者对美国目标企业、资产的控制，消除 CFIUS 的国家安全担忧为目的。

五、违反 CFIUS 审查的法律后果

外国投资并购美国 TID 业务的，受监管的各交易方必须在交易完成日期前最少 30 天履行强制性申报义务。如果没有提交强制申报，交易方可能会被处以 25 万美元以下或交易价值额的处罚，以金额较大者为准。

交易方因采取缓解措施获得 CFIUS 附条件批准后，交易方如果违反 CFIUS 附条件批准中确定的承诺保证和交易重新安排的，CFIUS 可随时重启审查。违反缓解措施协议和 CFIUS 附条件批准的，交易方同样可能会被处以 25 万美元以下或交易价值额的处罚，以金额较大者为准。

如果交易申报或者申报后未能通过 CFIUS 审查，即使交易已经完成交割，CFIUS 也有权要求外国投资者实施剥离或对外国投资者施加其他不利条件，美国总统也有权终止外国投资交易。

六、CFIUS 审查态势与中国投资

2021 年，正式申报、简易申报和总申报数量均大幅增加。2021 年，CFIUS 共审查了 436 项交易。其中，正式申报 272 项，占申报总数的 62.4%。申报数量最多的领域依次是金融、信息和服务部门的交易。

多数外国投资交易是在没有采取缓解措施的情况下正常获得批准。在2021年的272项正式申报中，28项申报采取了缓解措施，CFIUS附条件批准；有9项因交易各方无法与CFIUS就解决国家安全问题达成缓解措施协议被撤回放弃。

CFIUS持续关注未申报的交易。2021年，CFIUS主动发起审查了135项未申报交易，其中有8项被要求提交申报。在提交给CFIUS的所有申报中，多数涉及参与研究、开发或生产涉及“关键技术”的目标公司。涉及“关键技术”的交易在申报中占很大比重。这些技术通常也是出口管制法管辖的项目。

中国企业一直是美国外商投资国家安全审查防范和阻止的重点。早在中国对美国投资占外国对美国投资比重较低的时期，中国企业就已受到CFIUS的“特别关注”。1990年，中国航空技术进出口总公司就因CFIUS审查和美国时任总统乔治·布什的禁令，被迫放弃了对美国西雅图航空零部件制造企业曼口公司（MAMCO）的收购。2005年，中国海洋石油公司对优尼科公司（Unocal Corporation）的收购计划也因为CFIUS审查原因被迫搁浅。

2012年，美国时任总统奥巴马以标的企业位于美海军基地附近为由，否决了中资企业“三一集团”在美国的子公司罗尔斯公司对俄勒冈州4个风力发电场的并购。虽然该并购已交割，最终仍以罗尔斯公司将该风电场项目剥离出售给美国政府指定的第三方而结束。昆仑万维并购Grindr（涉及隐私数据）、碳云智能收购PatientsLikeMe（涉及患者健康数据）、石基信息收购StayNTouch（涉及获取和存储美国公民个人身份识别数据）等项目，也在项目完成交割后被CFIUS强制要求限期剥离、出售股权。另外，华为公司收购美国旧金山三叶公司的部分专利项目，蚂蚁金服收购美国汇款公司MoneyGram International（速汇金）项目，由中国国有基金控制的 Canyon Bridge Capital Partners 公司收购美国芯片制造商莱迪思项目，皆因未能通过 CFIUS 审查而未能完成交易。

从全世界范围看，近年来，来自中国投资者的 CFIUS 申报数量最多，2021 年就有 44 项，占当年总申报数的 16.5%。2019—2021 年，中国投资者提交的正式申报多集中在金融信息服务、制造业、采矿公用事业领域。

2018 年生效的《外商投资风险评估现代化法案》（FIRRMA）还有一项特别要求，即 CFIUS 每年必须向美国国会专题报告中国对美国投资的情况。CFIUS 审查问题已成为赴美投资的尽职调查和交易安排重要考量因素。中国投资者应对 CFIUS 审查风险做好分析、评估、预案，防范外国投资国家安全审查合规风险。

第二节　欧盟外商投资国家安全审查

俄乌冲突以前，欧盟政治局势稳定、经济发达，具有成熟完善的法律体系和法治环境，尤其是外商投资政策较为开放，是较理想的外商投资目的地。在世界银行 2020 年度营商环境报告中，营商环境排名前 20 的经济体中，有 7 个为欧盟成员国。

欧盟一直秉持开放的态度，在欧盟层面上没有建立统一的外资审查体系。近年来，随着欧盟成员国在基础设施、供应链、能源合作等方面的一体化进程不断推进，欧盟认为缺乏欧盟层面统一的外商投资审查框架，可能导致在欧盟个别成员国的外商投资，对欧盟整体的安全和公共秩序造成影响。为应对外国资本尤其是新兴工业化国家、经济体对欧盟快速增长的并购可能造成的安全挑战，维护欧盟内部安全、关键技术核心竞争力和国际经济市场竞争力，欧盟构建了统一的外国投资安全审查体系，加强了对外国投资的审查体系建设。

一、欧盟外商投资审查框架的构建

欧盟条约和欧盟运行的系列条约、协定为欧盟构建统一的外资审查制度奠定了法律授权基础，规定欧盟对制定关税、内部市场竞争规则、货币政策、保护海洋生物资源政策、共同商业政策享有专属的权力。其中，“共同商业政策”包含对外商投资政策制定和建立欧盟对外商投资审查机制的权力。在2007年的《里斯本条约》细化了欧盟对于内部市场政策制定权。

2017年，德、法、意三国联合向欧盟委员会提出，鉴于外资大量并购欧盟的高新技术企业，导致欧盟核心竞争力流失，倡议欧盟内部建立统一的外资审查体系。2017年9月，欧盟发布了《关于制定建立外国对欧盟直接投资审查框架条例的建议》（Proposal for a Regulation on Establishing a Framework for Screening of Foreign Direct Investments into the European Union）。2019年3月，欧洲议会、欧盟委员会通过了《欧盟外商直接投资审查条例》（Regulation of Framework for the Screening of Foreign Direct Investments into the European Union），简称《欧盟FDI审查条例》。该条例于2020年10月11日全面实施，适用于所有欧盟成员国。

二、欧盟外商投资审查对象

《欧盟FDI审查条例》规定审查的外商投资是可能影响欧盟或其成员国安全或公共秩序的外国直接投资。“外国投资者”是指欧盟以外的计划进行或已经进行直接投资的第三国自然人、企业、实体。

该条例对“外国直接投资”的解释比较宽泛，既包括外国投资者能够有效参与被投资公司、实体管理或控制的投资，也包括外国投资者与被投资企业建立和保持直接和持久的联系。欧盟以外第三国投资者在欧盟成员国进行的绿地投资[①]、兼并或收购活动，均属于《欧盟 FDI 审查条例》的适用范围。

对于已制定外商投资审查制度的欧盟成员国，通常会制定在适用《欧盟 FDI 审查条例》的前提下，又触发成员国自己外商投资审查的标准。主要标准之一是外国投资导致目标公司表决权变化超过一定比例。如德国规定，如果外国投资者收购的资产涉及"关键基础设施"并且收购权益超过 10% 的，则会触发本国审查。法国规定，外国投资者取得法国企业的 25% 以上的投票权、控制权的，触发外国投资审查。

三、欧盟外商投资审查的重点考虑因素

在确定一项外国直接投资是否可能影响安全或公共秩序时，欧盟成员国和欧盟委员会可考虑其对以下方面的潜在影响：

（1）对关键基础设施、关键技术、两用物项、敏感信息获取的影响，对关键资源供给的影响，对涉及媒体自由和多元化等方面的影响；

（2）外国投资者是否由第三国政府支持和控制；

（3）外国投资者是否已经参与了影响欧盟及成员国安全或公共秩序的活动；

（4）外国投资者是否存在从事非法或犯罪活动的严重风险。

在关键基础设施（Critical Infrastructure）方面，欧盟重点关注包括能源、运输、供水、卫生、通信、媒体、数据处理或储存、航空航天、国防、选举或金融在内的各类基础设施和敏感设施，以及对使用这些基础设

---

① 绿地投资又称新建投资，是指跨国公司等投资主体在东道国境内投资的部分或全部资产归外国投资者所有的项目、企业。这类投资会直接导致东道国生产能力、产出和就业的增长。绿地投资是新建项目和企业，一般投资规模大、周期长。

施至关重要的土地和房地产。这些关键基础设施既包括实体的，也包括虚拟的。

关键技术和两用物项（Critical Technologies and Dual Use Items）方面，主要是指欧洲理事会定义的关键技术和两用物品，重点包括人工智能、机器人、半导体、网络安全、航空航天、国防、能源储存、量子和核技术以及纳米技术和生物技术等。

关键资源供应（Supply of Critical Inputs）重点包括能源、原材料供应以及粮食安全。

敏感信息获取主要指获取和储存欧盟的个人数据、隐私方面的信息，或控制、运用这些信息的能力。

四、欧盟外商投资审查的申报和审查

欧盟各成员国外商投资审查程序以投资者主动申报为主。对于符合法定申报条件的外商投资活动，投资者应主动向外商投资审查主管部门提起申报。在收到投资者申报后，主管部门会在一定期限内作出批准、进一步审查或禁止交易的决定。在政府部门审查期间，项目不能交割或有实质进展。

以法国为例，被收购的法国企业和外国投资者可以向法国经济部主动提出澄清性申请，要求其确认相关目标公司的业务是否属于“敏感行业”的范畴。经济部要在收到澄清性申请后两个月内作出答复。就交易本身的申报，投资者提交第一阶段申请材料后，法国政府要在 30 个工作日内决定批准交易或启动第二阶段的正式审核流程。如果进入第二阶段，法国政府需要在该阶段启动后 45 个工作日内作出决定。

除投资者主动申报外，欧盟各国政府通常有权主动对外国直接投资活动发起调查，要求投资者提供交易相关信息。当外国投资的并购交易未主动申报的，政府主管部门如认为交易应进行申报，则可能主动发起外商投资审查。在对外国投资进行审查过程中，政府有权要求银行、金融机构、保险公司、电力部门等机构配合，提供关于交易的相关信息。

五、欧盟外商投资的合作审查机制

《欧盟 FDI 审查条例》明确指出，该条例是对各成员国之间、成员国和欧盟之间，就外国直接投资审查建立的合作机制。《欧盟 FDI 审查条例》不影响成员国对本国国家安全负有唯一和最终责任，也不影响成员国保护本国基本安全利益的权利。《欧盟 FDI 审查条例》并不限制成员国在本条例框架内，自主审查某一特定外国直接投资的权利。因此，成员国自己的外资审查制度与欧盟制定的审查制度并不冲突，而是相互补充的。

欧盟成员国可保持、修改或采用以国家安全或公共秩序为目的各种机制，用于对成员国境内的外国投资实施审查。成员国应规定本国触发外国投资审查的标准、审查的理由和审查程序。审查机制应允许成员国考虑其他成员国的意见以及欧盟委员会的意见。

欧盟在外国投资审查方面合作机制的核心是报告制度。报告制度分为即时报告和年度报告。即时报告是指各成员国有义务将正在本国审查的外国投资的全部信息，通知给欧盟委员会和欧盟成员国。年度报告要求成员国每年 3 月 31 日前向欧盟委员会提交上一个年度的报告，其中包括关于成员国进行的外国投资的汇总资料。

《欧盟 FDI 审查条例》还规定，在外国直接投资的问题上要积极与第三国开展合作。第三国专门指欧盟成员以外的国家，这些国家一般是欧盟的盟国。这种国际合作是目前外国投资审查制度的一种趋势，如在美国的《外商投资风险评估现代化法案》（FIRRMA）中，规定要与美国的盟国实行信息共享。

六、欧盟外商投资审查相关的法律责任

《欧盟 FDI 审查条例》并没有直接规定，在没通过外商投资审查情况下就开展交易要承担什么法律责任。所以，违反欧盟外国投资审查法律的后果和责任，仍根据欧盟各成员国本国法律判定和执行。以法国为例，违反外国投资审查法律规定的，会承担民事、行政、刑事责任。

（一）民事责任

不管什么原因和理由，在未获得外国投资审查批准的情况下，就敏感领域投资达成的承诺、协议一律无效。与该外国投资有关的任何利益相关方，都可以在知道或应当知道审查的外国投资交易而未审查事实之日起 5 年内，要求法院宣布投资并购无效。

（二）行政责任

如果一项外国投资未获得批准就完成交割的，或以欺诈方式获得批准的，政府可以发布强制令，要求补交申报、修改投资范围，由投资者承担费用将标的公司或资产恢复到投资前的状态。如果外国投资者没有遵守为获得审查通过而作出的承诺、协议，政府可以发布强制令撤销批准，或强制要求外国投资者限期履行承诺、协议。政府还可以施加其他临时措施，如暂停外国投资者在目标企业中的投票权，暂停未经批准的出资和股份对应的分红，暂停或禁止处置目标公司的敏感资产，任命官员进驻并管理目标公司，以保护国家利益。除实施上述行政措施外，还可以合并对交易相关方处每天 5 万欧元以下的罚款。除上述行政措施外，政府还可以对投资者给予罚款。对投资者为公司、实体的罚款额，按固定 500 万欧元、投资价值的 2 倍、目标公司年总营业额的 10% 三者金额最高者执行。对个人可处以 100 万欧元的固定罚款。

（三）刑事责任

任何未经必要的事先批准而实际完成的外国投资，或任何违反投资者承诺造成严重后果的，可能构成刑事犯罪，可能被处以最高为投资额两倍的罚款，最高为五年的监禁，并被禁止从事任何商业或公共活动。

第三节　英国外商投资审查

2020 年 11 月 11 日，英国政府公布《国家安全和投资法案》（National Security and Investment Bill，NSI）。2021 年 4 月 29 日，英国议会正式通过了 NSI 法案，并于 2022 年 1 月 4 日生效。这是英国脱欧后首次引入独立的外国投资审查制度，对英国的外国投资规则进行了全面的改革。

一、英国外商投资审查的主管机构和审查对象

英国政府商业、能源和产业战略部（BEIS）下设投资安全审查部门（Investment Security Unit，ISU）作为面向交易方受理申报、提供指引的负责部门，主要负责识别、评估、解决和减轻相关交易时对英国造成的国家安全风险。

英国外商投资审查的交易是指取得目标实体或资产控制权的交易。

（1）通过交易获得目标实体（包括公司、合伙企业、非法人实体或信托）25%、50%或 75%以上的股份或投票权；

（2）通过交易获得能够决定或否决目标实体各类决议的投票权；

（3）能够对目标实体的政策施加重大影响（包括通过董事会席位、否决权或消极控制或优惠合同施加影响）；

（4）就目标资产（例如土地、其他实物财产和知识产权）而言，投

资者收购的资产上的权利或权益使其能够使用或较收购前能在更大程度上使用该资产；或能够指示、控制或较收购前能在更大程度上指示、控制该资产的使用（包括利用、改变、操纵、处置或破坏）。

NSI 法案不仅适用于非英国人投资，还适用于涉及间接收购英国子公司或实体或具有英国业务的海外实体。例如向英国供应产品或提供服务的海外实体的任何跨境交易，甚至可能影响集团重组。

NSI 法案不仅适用于生效日以后的交易，还具有追溯效力，适用该法案自 2020 年 11 月 12 日首次公布以来发生的所有交易。英国政府有权在交易后的最长 5 年内，对任何涉及国家安全问题的符合规定条件的交易介入审查，交易涉及敏感行业的企业，需要进行强制申报才能获得交易批准的，期限会更长。

二、英国外商投资审查的申报

英国外商投资审查的申报采取强制申报和自愿申报相结合的方式。

如果交易涉及触发安全审查条件的以及英国认定可能引发英国国家安全的 17 个敏感行业，必须向投资安全审查部门（ISU）进行强制申报。17 个敏感行业为分别是：①先进材料；②先进机器人；③人工智能；④民用核能；⑤通信；⑥计算机硬件；⑦政府关键供应商；⑧应急服务关键供应商；⑨密码认证；⑩数据基础设施；⑪国防；⑫能源；⑬合成生物；⑭军民两用；⑮量子技术；⑯卫星和空间技术；⑰运输。

上述 17 个行业必须强制申报，其他自愿申报。必须强制申报而未申报，或申报但未获批准就完成的交易，视为无效。因此，外国投资拟进入敏感行业的，需要进行法律合规调查和评估。

需要向投资安全审查部门（ISU）申报的交易，没有具体金额限制。这意味着外国投资敏感行业的每一笔交易，均可以触发安全申报条件。对于存在触发申报条件的交易，如果不确定是否涉及任何敏感行业，或是否存在任何其他国家安全问题，外国投资方可考虑进行自愿申报，以降低相关部门主动发起审查的风险。

对于仅涉及房地产的交易，除非与敏感行业相关或与敏感行业、政府场所或关键基础设施毗邻，否则投资安全审查部门（ISU）一般不会主动发起审查。

三、英国外商投资申报的审查

无论是强制申报还是自愿申报，在提交申报后，英国投资安全审查部门（ISU）在30个工作日内（在特殊情况下可以延长），决定是否介入交易以进一步开展国家安全评估。投资安全审查部门（ISU）决定介入的交易，额外审查期为30～75个工作日，在特定情况下也可以延长。

在进行交易审批时，投资安全中心将对国家安全风险增加的可能性进行评估，并考虑以下风险：

（1）目标实体风险，目标实体或目标资产对英国国家安全的重要性，即主要考虑交易是否涉及敏感行业；

（2）触发实质条件风险，交易是否会导致收购方拥有损害英国国家安全的能力，即拥有控制权或能够施加重大影响；

（3）外国投资方风险，外国投资方是否企图利用其控制权损害英国国家安全。

在审查期结束后，英国商业、能源和产业战略部将发布三种决定：一是通过发出无进一步行动通知的方式批准交易；二是认为存在国家安全风险，要求采取必要的补救措施，或与主要交易方签订承诺书；三是不同意继续交易或宣布已完成的交易无效。

2022年7月20日，英国政府发布禁令，强制叫停英国曼彻斯特大学

(The University of Manchester) 与中国的北京无限视觉科技有限公司 (Beijing Infinite Vision Technology Company Ltd) 之间的技术许可与研发协议。根据交易协议，北京无限视觉科技公司可以获得曼彻斯特大学与视觉传感器技术有关的知识产权许可。英国政府认为该许可的技术具有双重用途，可能给英国带来国家安全风险。这是英国政府首次根据《国家安全和投资法案》否决的外国投资交易。

四、英国外商投资审查相关的法律责任

如果相关主体未能遵守《国家安全和投资法案》，将面临刑事和民事责任。未经批准而完成的收购，以及未遵守临时或最终命令的，一般处于不超过 6～12 个月监禁或不超过法定最高限额的罚款，或两者并罚，特殊情况处不超过 5 年监禁或罚款，或两者并罚。关于“法定最高限额罚款”，根据违法行为的性质、违法主体等不同而各异，最高可按相关业务全球营业额的 5% 和 1000 万英镑之间的较高者处罚。

第十四章

中国涉外法治合规

第一节　总体国家安全观和涉外法治

中国经过改革开放四十多年的发展，已成为世界货物贸易第一大国、服务贸易第二大国、使用外资第二大国、对外投资第一大国，是近200个经济体的主要贸易伙伴，全方位、多层次、宽领域的全面开放新格局正在加速形成。进入21世纪以来，随着中国经济社会的全面发展、国家综合实力不断增强、“走出去”国际化经营步伐加快，中国在国际上的影响力与日俱增。

伴随着改革开放的发展，中国加快建设、不断完善，基本建成了中国特色社会主义法律体系。中国的涉外法律体系也日臻完善，尤其是在外商投资和安全审查、出口管制、反制外国制裁措施不当适用、外国不可靠实体制裁等方面的法律、法规、规章加快出台，既保护中国在海外的资产、人员安全和发展权益，也保护中国的政治安全、国土安全、军事安全、经济安全、文化安全、社会安全、科技安全、信息安全、生态安全、资源安全，初步构成了适合中国国情和发展安全需要的涉外法律法规体系。

全国人大常委会制定的涉外法律主要有《对外贸易法》（1994年7月1日实施、2016年11月修订）、《国家安全法》（2015年7月1日实施）、

《国际刑事司法协助法》（2018 年 10 月 1 日施行）、《外商投资法》（2020 年 1 月 1 日实施）、《出口管制法》（2020 年 12 月 1 日施行）、《反外国制裁法》（2021 年 6 月 1 日施行）等。

国务院制定的涉及出口管制方面的行政法规主要有《军品出口管理条例》（2002 年 10 月 15 日修订）、《生物两用品及相关设备和技术出口管制条例》（2002 年 12 月 1 日施行）、《导弹及相关物项和技术出口管制条例》（2002 年 8 月 22 日施行）、《核两用品及相关技术出口管制条例》（2007 年 1 月 26 日实施）、《技术进出口管理条例》（2020 年 11 月 29 日实施）等。

国务院各部门制定的涉外部门规章和规范性文件主要有国家发展和改革委员会制定的《外商投资安全审查办法》（2021 年 1 月 18 日施行），商务部制定的《不可靠实体清单规定》（2020 年 9 月 19 日实施）、《阻断外国法律与措施不当域外适用办法》（2021 年 1 月 9 日实施）等。

这些法律法规、部门规章不仅是外国企业、实体、个人来中国投资经商或与中国从事贸易往来要遵守的法律法规和监管要求，也是中国企业、实体、个人从事涉外经营和与外商合资合作必须遵循的法律合规要求。

一、涉外法治建设是践行习近平法治思想的重大举措

2020 年 11 月，习近平总书记在中央全面依法治国工作会议上发表重要讲话，全面总结了党的十八大以来法治建设取得的成就，深刻阐述了新时代中国特色社会主义法治思想，科学回答了中国特色社会主义法治建设一系列重大理论和实践问题，对当前和今后一个时期全面依法治国工作作出了战略部署，是指导新时代全面依法治国的纲领性文献。

“十一个坚持”是习近平法治思想的主要内容和核心要义。习近平总书记提出，要坚持统筹推进国内法治和涉外法治，要加快涉外法治工作战

略布局，协调推进国内治理和国际治理，更好维护国家主权、安全、发展利益。综合运用立法、执法、司法等法治手段和法治方式，应对风险，开展斗争，坚决维护国家主权、尊严和核心利益，推动全球治理变革，构建人类命运共同体。

在党的二十大报告中，习近平总书记指出，社会主义法治国家建设深入推进，全面依法治国总体格局基本形成，中国特色社会主义法治体系加快建设，司法体制改革取得重大进展，社会公平正义保障更为坚实，法治中国建设开创新局面。

我们正处于百年未有之大变局，世界进入动荡变革期，单边主义、霸权主义大行其道，“冷战”思维和强权政治依然存在，国际关系中不公平、不公正现象依然突出。反华势力为维护其世界霸权地位，竭力渲染意识形态对立，挑动经贸摩擦，鼓吹科技脱钩，挥舞长臂管辖。面对国际局势急剧变化，特别是面对外部讹诈、遏制、封锁、极限施压，我们必须坚持国家利益为重、国内政治优先，保持战略定力，发扬斗争精神，展示不畏强权的坚定意志，在斗争中维护国家尊严和核心利益，牢牢掌握中国发展和安全主动权。

随着中国日益走近世界舞台中央，我们面临的风险挑战明显增多，必将迎接具有许多新的历史特点的伟大斗争。我们要拿起法律武器，占领法治制高点，制定完善反制裁、反干涉、反制长臂管辖法律制度，充实应对挑战、防范风险的法律工具箱，提升应对世情国情变化的法治能力，赢得法律斗争主动权。

二、涉外法治建设是贯彻落实总体国家安全的必然要求

党的二十大报告明确提出，要“健全反制裁、反干涉、反制‘长臂管辖’机制”。2014 年 4 月 15 日，习近平总书记主持召开中央国家安全

委员会第一次会议并发表重要讲话，强调“要准确把握国家安全形势变化新特点、新趋势，坚持总体国家安全观，走出一条中国特色国家安全道路”。

2022 年 10 月 16 日，习近平总书记在党的二十大报告中强调：“国家安全是民族复兴的根基，社会稳定是国家强盛的前提。必须坚定不移贯彻总体国家安全观，把维护国家安全贯穿党和国家工作各方面全过程，确保国家安全和社会稳定。”

贯彻落实总体国家安全观，我们要坚持以人民安全为宗旨、以政治安全为根本、以经济安全为基础、以军事科技文化社会安全为保障、以促进国际安全为依托，统筹外部安全和内部安全、国土安全和国民安全、传统安全和非传统安全、自身安全和共同安全，构建集政治安全、国土安全、军事安全、经济安全、文化安全、社会安全、科技安全、信息安全、生态安全、资源安全、核安全等于一体的国家安全体系。统筹维护和塑造国家安全，夯实国家安全和社会稳定基层基础，完善参与全球安全治理机制，建设更高水平的平安中国，以新安全格局保障新发展格局。

为此，我们要从以下几个方面把握：

（1）坚持经济全球化正确方向，推动贸易和投资自由化便利化，推进双边、区域和多边合作。

（2）主动识变应变求变，提高防范化解重大风险能力，严密防范系统性安全风险。

（3）增强维护国家安全能力，加强重点领域安全能力建设。确保粮食、能源资源、重要产业链供应链安全。

（4）加强海外安全保障能力建设，维护我国公民、法人在海外的合法权益，维护海洋权益，坚定捍卫国家主权、安全、发展利益。

（5）深化反腐败国际合作，一体构建追逃防逃追赃机制。

（6）全面推进中国特色大国外交，推动构建人类命运共同体。

外商投资国家安全审查、出口管制、阻断外国法律与措施域外不当适用等法律法规，是国家安全法治体系的重要组成部分。我们必须在复杂的国际形势下保持高度的警惕性，确保国家在经济、文化、社会、科技、信息、生态、资源、核建设等各个领域的安全，严防敌对势力的渗透与破坏。中国作为一个负责任的大国，在切实维护好自身的外部和内部安全时，也有责任面对风起云涌、诡谲多变的国际形势，推动各方朝着互利互惠、共同安全的目标相向而行，构建人类命运共同体。

三、涉外法治建设是社会主义现代化国家的重要内容

党的二十大指明了全面建设社会主义现代化国家的方向，也对中国式现代化五个方面的内涵作了清晰的界定，其中之一就是走和平发展道路的现代化。中国不走一些国家通过战争、殖民、掠夺等方式实现现代化的老路，那种损人利己、充满血腥罪恶的老路给广大发展中国家人民带来深重苦难。我们坚定站在历史正确的一边、站在人类文明进步的一边，高举和平、发展、合作、共赢旗帜，在坚定维护世界和平与发展中谋求自身发展，又以自身发展更好维护世界和平与发展。

中国式现代化的本质要求是坚持中国共产党领导，坚持中国特色社会主义，实现高质量发展，发展全过程人民民主，丰富人民精神世界，实现全体人民共同富裕，促进人与自然和谐共生，推动构建人类命运共同体，创造人类文明新形态。

依法治国、依法执政、依法行政共同推进，法治国家、法治政府、法治社会一体建设。加强涉外领域立法，统筹推进国内法治和涉外法治。加强海外安全保障能力建设，维护中国公民、法人在海外合法权益，维护海洋权益，坚定捍卫国家主权、安全、发展利益，既是推进国家治理体系和

治理能力现代化的重要内容，也是建设社会主义现代化国家的必然要求。

为此，我们要重点推进以下工作：

（1）统筹推进国内法治和涉外法治，加快涉外领域立法和我国法域外适用的法律体系建设。

（2）健全反制裁、反干涉、反“长臂管辖”机制。完善国家安全力量布局，构建全域联动、立体高效的国家安全防护体系。

（3）加快企业全面合规管理和涉外专项合规管理体系建设。

第二节　中国出口管制法律制度

一、中国的出口管制立场和法律体系

中国作为联合国安理会常任理事国、世界货物贸易和制造业第一大国，始终本着维护国家安全，维护世界和平与地区安全的原则，不断完善出口管制治理。进入新时代，我们坚持总体国家安全观，更加积极地融入经济全球化进程，着眼于更好地建设更高水平的开放型经济新体制和建设更高水平的平安中国，实现高质量发展和高水平安全的良性互动，推动出口管制体系现代化，出口管制治理取得新发展。

中国作为负责任大国，坚定维护以联合国为中心的国际体系和以国际法为基础的国际秩序，切实维护符合真正多边主义的国际条约和机制的权威，积极推进国际出口管制朝着公正、合理、非歧视的正确方向发展。中国出口管制管理坚持总体国家安全观，认真履行国际义务和承诺，积极推进国际合作协调，坚决反对滥用出口管制措施的原则。

自 20 世纪 90 年代起，为维护国家安全和世界和平，防止危险化学生物品、大规模杀伤性武器、核武器在世界范围内的扩散，国务院先后颁布

《监控化学品管理条例》《核出口管制条例》《军品出口管理条例》《核两用品及相关技术出口管制条例》《导弹及相关物项和技术出口管制条例》《生物两用品及相关设备和技术出口管制条例》6 部行政法规。为了维护中国科技安全，防止中国科技不当输出造成国际安全风险，2001 年 12 月国务院发布了《技术进出口管理条例》，2011 年 1 月、2019 年 3 月、2020 年 11 月又进行了 3 次修订。

在国务院行政法规的基础上，商务部、工业和信息化部、海关总署、国家国防科技工业局、国家原子能机构、中央军委装备发展部等相关部门配套出台《禁止出口限制出口技术目录》《技术进出口合同登记管理办法》《禁止出口限制出口技术管理办法》《禁止进口限制进口技术管理办法》等数十项部门规章及相关规范性文件，细化了出口管制事项规定，包括对特定物项的具体规定、许可管理及执法监督的具体规定、实施联合国安理会有关决议的相关文件等。

2020 年 10 月，中国涉及出口管制最高位阶的法律《出口管制法》出台。《出口管制法》对出口管制体制、管制措施以及国际合作等作出明确规定，统一确立出口管制政策、管制清单、临时管制、管控名单以及监督管理等方面的基本制度框架和规则。《出口管制法》是在总结中国出口管制实践经验基础上，根据形势变化，借鉴国际通行做法，提升立法层级而制定的一部统领中国出口管制工作的法律，对中国出口管制制度作出全面安排，确保管制物项、适用主体和管制环节全覆盖。

除《出口管制法》外，《对外贸易法》《国家安全法》《数据安全法》《核安全法》《海关法》《行政许可法》《行政处罚法》《刑法》等法律，也为出口管制制度、措施执行等相关工作提供了有力法律依据。目前，中国已基本形成法律、行政法规、部门规章、监管要求相衔接，层次分明、结构协调的出口管制法律制度体系，为构建中国特色现代化出口管制体系奠定了坚实的法律基础。

二、中国出口管制物项和管制要求

（一）管制物项

中国对军民两用物品、军品及核材料、核设备、反应堆用非核材料以及相关技术和服务实施出口管制。出口管制物项还包括其他与维护国家安全和利益、履行防扩散等国际义务相关的货物、技术、服务等。管制物项中包括物项相关的技术资料等数据。

（二）管制措施

对从中国境内向境外转移管制物项，以及中国公民、法人、其他组织向外国组织和个人提供管制物项，采取发布管制清单、管制名单、最终用户、出口许可证、企业内部合规管理等措施予以管控。

1. 物项管制清单

出口管制部门定期发布物项管制清单，确定、调整管制物项目录。管制清单以外物品可采取临时（两年）管制措施。

2. 特定对象管控名单

出口管制部门及其他部门发布出口管控名单或其他制裁名单，对外国进口商或管制物项最终用户、被列入其他制裁名单的有违反最终用户或者最终用途管理要求的，将管制物项用于恐怖主义目的，危害中国国家安全和利益的，列入管控名单。出口经营者不得与列入管控名单的进口商、最终用户进行交易。

3. 最终用户承诺和保证

出口管制物项的最终用户应承诺和保证，未经允许不得擅自改变相关管制物项的最终用途或者向任何第三方转让。

4. 出口许可

列入出口管制清单的管制物项或者临时管制物项，应依法取得相关经营资格才能经营的，出口经营单位必须取得出口经营资格证。

5. 合规管理

如果出口商严格执行出口管制法，有严格的内部控制和合规管理制度，国家出口管制部门可以对其出口管制物项给予“通用许可”等便利措施。

三、中国出口管制管理体制和机构

中国出口管制涉及国务院、中央军事委员会的多个部门。国家明确各部门分工，履行出口管制职责，建立出口管制协调配合工作机制。

（一）两用物项出口管制管理体制

核两用物项出口，由商务部会同国家原子能机构进行管理；生物类两用物项出口，由商务部根据需要会同农业农村部、国家卫生健康委员会等部门进行管理；有关化学品类两用物项出口，由商务部进行管理；导弹类两用物项出口，由商务部根据需要会同国家国防科技工业局、中央军委装备发展部等部门进行管理；商用密码出口，由商务部会同国家密码管理局进行管理，《密码法》规定商用密码出口管制清单由商务部会同国家密码管理局和海关总署制定并公布；监控化学品出口，由工业和信息化部会同商务部进行出口经营者资质管理，工业和信息化部负责具体出口审查。

（二）军品出口管制管理体制

军品出口，由国家国防科技工业局与中央军委装备发展部根据分工进行管理，主要管理内容包括审批军品出口专营资格、军品出口立项、军品出口项目、军品出口合同，核发军品出口许可证，制定相关业务管理办法，对军品出口活动进行监督管理，对军品出口管制违法行为进行处罚等。

（三）核出口管制管理体制

核出口，由国家原子能机构、商务部会同其他部门进行管理。核出口由国务院指定的单位专营，并坚决贯彻核出口保证只用于和平目的、接受国际原子能机构保障监督、未经中国政府许可不得向第三国转让三项原则。管理部门对核出口实施严格的审查制度，并对违法行为采取严厉的处罚措施。

海关总署与相关管理部门紧密合作，依法对管制物项的出口实施监管，参与相关违法出口案件的调查处理，开展风险防控、监督执法等相关工作。

四、中国出口许可证和出口管理制度

中国的出口管制广泛采取国际通行的许可证管理、最终用户和最终用途证明、通用许可等制度。

（一）出口许可证

出口经营单位出口管制清单所列管制物项或者临时管制物项的，应当向国家出口管制管理部门申请许可。虽在出口管制清单所列管制物项以及临时管制物项之外，但被识别或被通知可能存在危害国家安全和利益，或被用于设计、开发、生产或者使用大规模杀伤性武器及其运载工具，或被用于恐怖主义目的风险的货物、技术和服务的，也应当向国家出口管制管理部门申请许可。无法确定拟出口的物项是否属于管制物项的，应及时向国家出口管制管理部门咨询。

（二）最终用户证明文件

中国要求出口经营者提供由最终用户出具的最终用途证明文件；对具有潜在风险的出口申请，要求提供经最终用户所在国家和地区政府机构和中国驻有关国家使领馆认证的最终用户和最终用途证明文件，或者要求最终用户所在国家和地区政府机构出具最终用户和最终用途证明文件。出口经营单位不得违反规定与列入管控名单的进口商、最终用户进行交易。在特殊情况下确需与列入管控名单的进口商、最终用户进行交易的，可以向国家出口管制管理部门提出申请。出口经营单位应配合出口管制管理部门，协调最终用户或者最终用户所在国家和地区政府机构出具最终用户和最终用途证明文件，并应持续跟踪最终用户或者最终用途情况，如发现有改变的，应当按照规定立即报告国家出口管制管理部门。

（三）出口管理体制

中国建立跨部门许可会商制度和两级管理模式。

在出口管制跨部门会商方面，在两用物项出口许可审查环节，建立商务部、外交部、工业和信息化部、国家国防科技工业局、国家原子能机构、中央军委装备发展部等部门参与的出口管制许可会商制度。各部门各司其职、分工协作、密切配合，从国家安全和利益、国际义务、最终用户和最终用途等方面对出口申请进行审查，确保相关出口符合法律及相关政策规定。

在出口管制两级管理方面，国家出口管制部门委托省级人民政府有关部门向出口经营者提供出口管制公共服务，协助其转报出口申请。许可审查的批准结果，通过网络数据化形式，传送至出口经营者和中国海关。为提高贸易便利化水平，2021 年 7 月起，商务部对两用物项出口许可施行无纸化管理，实现业务申请、业务审核、许可证签发、货物通关全流程电子化，缩短办证时间5～7天。

五、中国出口管制法律责任和执法

2014年，商务部设立专职出口管制执法队伍，负责出口管制执法制度建设、案件调查等工作。商务部、公安部、工业和信息化部、海关总署等部门加强横向协作执法，并与各省级人民政府相关部门纵向联动执法。各部门和地方横纵相间的执法协作制度，形成了严密的执法网格。

出口管制执法部门可以采取实地检查、询问调查、查阅资料、监管谈话、行政指导等非强制性执法手段。同时，中国出口管制法律法规赋予了执法部门查封、扣押涉案物项，查封银行账户等多种强制手段。对违法的出口经营者，执法部门还可以依法将其违法情况纳入信用记录。

中国的出口管制执法覆盖出口各环节，不仅严格监管出口环节，还对中介服务参与违法出口实施管控，禁止相关机构和个人为出口管制违法行为提供代理、货运、寄递、报关、第三方电子商务交易平台和金融等中介服务。

违反中国出口管制法律可能导致的法律责任包括：

（1）责令停止违法行为、没收违法所得、处以罚款。罚款根据不同违规违法情节、造成后果，分别按5万元、20万元、30万元、50万元、200万元、500万元不同等级数额或按非法经营额的3倍、5倍、10倍计算；

（2）情节严重的，责令停业整顿，直至吊销相关管制物项出口经营资格；

（3）5年内不受理其提出的出口许可申请；

（4）将出口经营者违反本法的情况纳入信用记录；

（5）对其直接负责的主管人员和其他直接责任人员，可以禁止其在5年内从事有关出口经营活动，因出口管制违法行为受到刑事处罚的，终身不得从事有关出口经营活动。

第三节　中国制裁和反外国制裁法律制度

近年来，某些反华势力不愿看到、不愿承认、不愿接受中国巨大发展进步的现实，出于政治操弄需要和意识形态偏见，对中国内外政策和有关立法修法横加指责、抹黑、攻击，对中国发展进行歪曲、诋毁、遏制和打压，特别是违反国际法和国际关系基本准则，依据其本国法律对中国有关国家机关、组织、企业和国家工作人员实施所谓“制裁”，粗暴干涉中国内政。

中国为反击霸权主义和强权政治，维护国家主权、安全、发展利益制定、发布反制外国制裁的法律和法规，并采取一系列反制措施。相关法律法规的出台和实施，统筹推进国内法治和涉外法治的迫切需要，有利于依法反制一些外国国家和组织对中国的遏制和打压，有力打击境外反华势力和敌对势力的恶劣行径，有效提升中国应对外部风险挑战的法治能力，加快形成中国制裁和反制裁法律法规体系。

一、阻断外国法律与措施不当域外适用办法

2021年1月9日，商务部颁布《阻断外国法律与措施不当域外适用办法》（以下简称《阻断办法》），主要包括及时报告、评估确认、发布禁令、司法救济、处罚制度五方面的内容。该办法聚焦阻断那些禁止或限制中国组织、法人与第三国企业正常经贸活动的不当域外适用的外国法律与

措施，为有关机构、组织、法人、个人拒绝承认、执行和遵守外国法律与措施不当适用提供了法律依据，保护相关商业秩序不受外国法律及措施的不当干扰，保障中国相关市场主体的合法利益。

（一）适用范围

《阻断办法》适用于外国法律与措施的域外适用违反国际法和国际关系基本准则，不当禁止或者限制中国公民、法人或者其他组织与第三国（地区）及其公民、法人或者其他组织进行正常的经贸及相关活动的情形。

（二）报告义务

《阻断办法》规定了中国主体遇到外国法律与措施禁止或者限制其与第三国主体正常的经贸及相关活动情形时的报告义务，并规定了30日的报告时限。如果企业不按照规定报告，可能会受到处罚。这是企业国际化经营和涉外经营业务中新增的合规义务。

（三）禁止措施

《阻断办法》规定商务主管部门在接到中国主体遇到外国法律与措施禁止或限制其正常经贸活动的报告后，根据工作机制确认有关外国法律与措施存在不当域外适用情形，可以发布禁令，不承认、不执行、不遵守有关外国法律与措施。要注意的是，该等禁令对中国主体和与中国主体从事经贸往来的外国、第三国主体都适用。

（四）禁令豁免

《阻断办法》规定，当商务主管部门发布对外国法律与措施不承认、不执行、不遵守禁令后，而该禁令对中国公民、法人或者其他组织构成影响的，中国公民、法人或其他组织可以向商务主管部门申请豁免。申请豁免遵守禁令的，申请人应当向商务主管部门提交书面申请，书面申请应当包括申请豁免的理由以及申请豁免的范围等内容。商务主管部门应当自受理申请之日起 30 日内作出是否批准的决定；情况紧急时应当及时作出决定。

（五）求偿权

《阻断办法》规定了中国主体的求偿权，禁令项下涉及的任何一方主体不执行中国禁令，造成另一方中国主体损失的，受损失的中国主体可以起诉求偿，被豁免主体除外。此外，有关主体根据禁令予以阻止的外国法律作出的判决、裁定，致使中国公民、法人或者其他组织遭受损失的，中国公民、法人或者其他组织可以依法向人民法院提起诉讼，要求在该判决、裁定中获益的当事人赔偿损失。

《阻断办法》规定中国公民、法人或者其他组织根据禁令，未遵守有关外国法律与措施并因此受到重大损失的，政府有关部门可以根据具体情况给予必要的支持。

二、不可靠实体清单

2020 年 9 月 19 日，商务部公布《不可靠实体清单规定》（以下简称《规定》），即行生效。中国建立不可靠实体清单制度，对外国实体在国际经贸及相关活动的某些特定行为采取相应制裁措施。建立中央国家机关有关部门参加的工作机制，负责不可靠实体清单的确定、发布和组织实施。工作机制办公室设在国务院商务主管部门。

（一）针对对象

工作机制办公室发现或通过调查判定外国实体存在以下行为的，可以被列入不可靠实体清单。

（1）危害中国国家主权、安全、发展利益；

（2）违反正常的市场交易原则，中断与中国企业、其他组织或者个人的正常交易；

（3）对中国企业、其他组织或者个人采取歧视性措施，严重损害中国企业、其他组织或者个人合法权益。

列入不可靠实体清单的实体，包括政府机构、公司、组织，也包括个人。

（二）列入清单因素

工作机制办公室根据调查结果，综合考虑以下因素，作出是否将有关外国实体列入不可靠实体清单的决定，并予以公告。

（1）对中国国家主权、安全、发展利益的危害程度；

（2）对中国企业、其他组织或者个人合法权益的损害程度；

（3）是否符合国际通行经贸规则；

（4）其他应当考虑的因素。

（三）列入清单的法律后果

工作机制办公室依据举报、建议或依据职权启动调查。调查期间，有关外国实体可以陈述、申辩。调查结论决定将外国实体列入不可靠实体清单的，工作机制根据实际情况，可以决定采取下列一项或者多项措施，并予以公告。

（1）可根据出口管制等有关规定，限制或者禁止其从事与中国有关的进出口活动；

（2）可根据外商投资国家安全审查及商事、金融等其他管控措施，限制或者禁止其在中国境内投资；

（3）限制或者禁止其相关人员、交通运输工具等入境；

（4）限制或者取消其相关人员在中国境内工作许可、停留或者居留资格；

（5）根据情节轻重给予相应数额的罚款；

（6）其他必要的措施。

如果工作机制决定将外国实体列入不可靠实体清单，并且根据实际情况责令外国实体限期改正的，在确定的改正期限内，可暂不对其采取《规定》中的处理措施。当有关外国实体逾期不改正其行为时，将对其采取处理措施。

（四）豁免机制

在特殊情况下，中国企业、其他组织或者个人确需与被列入不可靠实体清单，及其他限制或者禁止从事与中国有关的进出口活动的外国实体进行交易的，可以向工作机制办公室提出申请。经批准后，方可与该外国实体进行交易。批准采用针对交易的逐案审批。

（五）移除机制

工作机制可以根据有关当事人申请和实际情况，决定将外国实体移出不可靠实体清单，相关决定应当公告。自公告发布之日起，对其所采取的处理措施停止实施。《规定》明确了以下三种移出方式：

（1）工作机制根据实际情况，可以决定将有关外国实体移出不可靠实体清单；

（2）有关外国实体在公告明确的改正期限内改正其行为并采取措施消除行为后果的，工作机制应当作出决定，将其移出不可靠实体清单；

（3）有关外国实体可以申请将其移出不可靠实体清单，工作机制根据实际情况决定是否将其移出。

三、反外国制裁法

2021年6月10日，《中华人民共和国反外国制裁法》（以下简称《反外国制裁法》）施行，该法是中国第一部专门的反外国制裁法律，明确了反外国制裁的情形、反制对象、反制措施及中国境内的组织和个人的合法性义务，旨在维护国家主权、安全、发展利益，保护中国公民、组织的合法权益，为中国依法反制外国歧视性措施提供上位法的支撑和保障。

（一）反制情形

《反外国制裁法》反制的情形是，外国国家的歧视性限制措施已干涉中国内政；外国国家、组织或者个人实施、协助、支持危害中国主权、安全、发展利益的行为。外国国家、组织、个人干涉中国内政和歧视性措施，包括针对中国制定的管制、制裁措施，比如针对中国的采购、投资、入境等方面的专门法案。

（二）反制措施对象

（1）直接或者间接参与制定、决定、实施针对中国的歧视性限制措施的个人、组织将被列入反制清单；

（2）有关部门可以决定将列入反制清单个人的配偶和直系亲属也列入反制清单；

（3）列入反制清单组织的高级管理人员或者实际控制人；

（4）由列入反制清单个人担任高级管理人员的组织；

（5）由列入反制清单个人和组织实际控制或者参与设立、运营的组织。

结合前述规定可知，反制措施对象的范围包括外国组织（含中国主体境外分支）、个人；多边组织的部门、官员；与反制清单对象有特定关系的实体。同时外国组织、个人，就其行为可区分为“制定、决定、实施歧视性限制措施的外国主体”和“执行、协助歧视性限制措施的外国主体”。

（三）反制措施

国务院有关部门可以决定将直接或者间接参与制定、决定、实施歧视性限制措施的个人、组织列入反制清单，采取以下反制措施。

（1）不予签发签证、不准入境、注销签证或者驱逐出境；

（2）查封、扣押、冻结在中国境内的动产、不动产和其他各类财产；

（3）禁止或者限制中国境内的组织、个人与其进行有关交易、合作等活动；

（4）其他必要措施。

此外，对于危害中国主权、安全、发展利益的行为，除《反外国制裁法》规定外，有关法律、行政法规、部门规章还可以规定采取其他必要的反制措施。国务院有关部门可以按照各自职责和任务分工，对有关个人、组织根据实际情况决定采取其中一种或者几种措施。

（四）其他反制裁法律

中国近些年密集出台了一系列体现“对等原则”及带有间接性反制效果的法律法规。《出口管制法》第 48 条明确了“对等原则”，即对滥用出口管制措施危害中国国家安全和利益的国家或地区对等采取措施。《数据安全法》第 26 条明确了“对等原则”，即任何国家或者地区在与数据和数据开发利用技术等有关的投资、贸易等方面对中国采取歧视性的禁止、限制或者其他类似措施的，中国可以根据实际情况对该国家或地区对等采取措施；第 36 条明确规定非经中国主管机关批准，境内的组织、个人不得向外国司法或者执法机构提供存储于中国境内的数据。《个人信息保护法》第41条规定，非经中国主管机关批准，个人信息处理者不得向外国司法或者执法机构提供存储于中国境内的个人信息；第42条明确规定，境外的组织、个人从事侵害中国公民的个人信息权益，或者危害中国国家安全、公共利益的个人信息处理活动的，国家网信部门可以将其列入限制或者禁止提供个人信息清单，予以公告，并采取限制或者禁止向其提供个人信息等措施；第43条明确规定，任何国家或者地区在个人信息保护方面对中国采取歧视性的禁止、限制或者其他类似措施的，中国可以根据实际情况对该国家或地区对等采取措施。

（五）反制实施部门和机构

反制措施主体为国务院及其相关部门，或涉及国务院多部门协同工作，不同反制措施的确定、暂停、变更、取消或对应不同主管部门，具体执法或将由下属部门进行。国家设立反外国制裁工作协调机制，负责统筹协调相关工作。外交部承担公布制裁决定的职能。

第四节　外商投资安全审查

国家发展和改革委员会、商务部于2020年11月通过《外商投资安全审查办法》，自2021年1月18日起施行，正式确立外商投资国家安全审查制度。中国建立外商投资安全审查工作机制，负责组织、协调、指导外商投资安全审查工作。工作机制办公室设在国家发展改革委，由国家发展改革委、商务部牵头，承担外商投资安全审查的日常工作。

外商投资是指外国投资者直接或者间接在中国境内进行的投资活动，包括外国投资者单独或者与其他投资者共同在境内投资新建项目或者设立企业、外国投资者通过并购方式取得境内企业的股权或者资产、外国投资者通过其他方式在境内投资。外商投资既可以独资也可以多个外商共同投资，或者与中国投资者合作共同投资。投资既可以是新建项目、绿地投资，也可以是收购资产、股权、股票或控制权，还可以通过供应、销售、许可、授权等协议安排取得控制权。

一、外商投资安全审查范围

属于下列范围的外商投资，外国投资者或者境内相关当事人（合作方、出让方、目标企业等）应当在实施投资前主动向工作机制办公室申报。

（1）投资军工、军工配套等关系国防安全的领域，以及在军事设施和军工设施周边地域投资，不论外商是否控股或有实际控制权都要申报。

（2）投资关系国家安全的重要农产品、重要能源和资源、重大装备制造、重要基础设施、重要运输服务、重要文化产品与服务、重要信息技术和互联网产品与服务、重要金融服务、关键技术以及其他重要领域，并取得所投资企业的实际控制权。这里所称取得所投资企业的实际控制权，包括下列情形：

①外国投资者持有企业50%以上股权；

②外国投资者持有企业股权不足50%，但其所享有的表决权能够对董事会、股东会或者股东大会的决议产生重大影响；

③其他导致外国投资者能够对企业的经营决策、人事、财务、技术等产生重大影响的情形。

二、外商投资安全审查工作机制

外商投资者以及合作者、出让方、目标企业是安全审查申报责任主体，应当在实施投资前主动向工作机制办公室申报。申报后，外商投资安全审查工作机制办公室启动审查。

与外商投资无直接关联的有关机关、企业、社会团体、社会公众等，认为外商投资影响或者可能影响国家安全的，可以向工作机制办公室提出进行安全审查建议，由外商投资安全审查工作机制办公室决定是否发起审查。外商投资安全审查分为一般审查和特别审查。

（一）一般审查

工作机制办公室决定对申报的外商投资进行安全审查的，应当自决定之日起 30 个工作日内完成审查。审查期间，当事人不得实施投资或实质性推进。审查结束后，工作机制办公室会作出以下三种决定，并书面通知当事人。

（1）申报的外商投资不需要进行审查；

（2）申报的外商投资不影响国家安全，予以通过，准许外商投资实施；

（3）认为影响或者可能影响国家安全的，决定启动特别审查。

（二）特别审查

工作机制办公室决定对申报的外商投资启动特别审查的，可以要求当事人补充提供相关材料，并向当事人询问有关情况。当事人应当予以配合。当事人补充提供材料的时间不计入审查期限。特别审查自启动之日起 60 个工作日内完成。特殊情况下，可以延长审查期限，并书面通知当事人。审查期间，当事人不得实施投资或实质性推进。特别审查结束后，按照下列规定作出决定，并书面通知当事人。

（1）申报的外商投资不影响国家安全的，作出通过安全审查的决定；

（2）申报的外商投资影响国家安全的，但通过附加条件能够消除对国家安全的影响，且当事人书面承诺接受附加条件的，可以作出附条件通过安全审查的决定，并在决定中列明附加条件；

（3）申报的外商投资影响国家安全的，作出禁止投资的决定。

（三）修改机制

工作机制办公室对申报的外商投资进行安全审查期间，当事人可以修改投资方案或者撤销投资。当事人修改投资方案的，审查期限自工作机制办公室收到修改后的投资方案之日起重新计算；当事人撤销投资的，工作机制办公室终止审查。

需要强调的是，工作机制办公室对申报的外商投资作出不需要进行安全审查或者通过安全审查的决定后，当事人变更投资方案，影响或者可能影响国家安全的，应当依照《外商投资安全审查办法》的规定重新向工作机制办公室申报。

三、外商投资安全审查违规违法责任

有下列四种情况的，由工作机制办公室责令限期申报或改正；拒不申报或改正的，责令限期处分股权或者资产以及采取其他必要措施，恢复到投资实施前的状态，消除对国家安全的影响。

（1）属于申报范围内的外商投资，当事人应当申报而未申报即实施投资的；

（2）申报的外商投资被工作机制办公室不予通过或决定禁止的，当事人擅自实施投资或已经实施的；

（3）作出附条件通过安全审查决定的，当事人未按照附加条件实施投资，工作机制办公室责令改正，拒不改正的；

（4）当事人向工作机制办公室提供虚假材料或者隐瞒有关信息骗取

批准，实施投资的。

当事人提供虚假材料或者隐瞒有关信息骗取通过安全审查的，工作机制办公室撤销相关决定。如果已实施的，责令限期恢复到投资实施前的状态，或采取剥离、出售、处置股权或资产及其他必要措施，消除对国家安全的影响。

对已经作出的通过外商投资安全审查决定，由工作机制办公室会同有关部门、地方人民政府监督实施；对附条件通过安全审查的外商投资，可以采取要求提供有关证明材料、现场检查等方式，对附加条件的实施情况进行核实。

当事人违反外商投资安全审查，造成不良后果和影响的，将其作为不良信用记录纳入国家有关信用信息系统，并按照国家有关规定实施联合惩戒。

参考文献

[1] 陈瑞华：《有效合规管理的两种模式》，《法制与社会发展》，2022 年第 1 期。

[2] 郭青红：《企业合规管理体系实务指南》，人民法院出版社，2019 年版。

[3] 钟震、郭立：《从富兰克林国民银行破产案看美国早期问题银行风险处置的得与失》，《风险管理》，2019 年第 10 期。

[4]《马克思恩格斯文选》第五卷，人民出版社，2009 年版。

[5] 苏昌强、阮妙鸿：《西方各国环境保护法的发展历程及趋势》，《沈阳工业大学学报》（社会科学版）第 2 卷第 3 期，2009 年 7 月。

[6] 张伟明：《券商合规文化建设之路——从形式合规迈向实质合规》，《中国证券》，2010 年第 8 期。

[7] 蔡琦玲：《创建合规建设示范区》，《浙江日报》，2019 年 7 月 26 日。

[8] 钱颜：《企业合规需摆脱形式主义走向实质性管理》，《中国贸易报》，2021 年 7 月 22 日。

[9] 陈骏：《上市公司内部控制监管效果研究：形式合规抑或实质有效》，经济科学出版社，2016 年版。

[10] 朱虹：《从形式到实质，商业银行主动合规应如何回归本质》，维普网。

［11］梁涛：《美国企业合规制度的构建：国家监管、强制性自我监管与刑事激励》，《政治与法律》，2022 年第 7 期。

［12］霍敏：《探索企业犯罪司法治理新模式》，《人民检察》，2020 年第 12 期。

［13］李玉华：《有效刑事合规的基本标准》，《中国刑事法杂志》，2021 年第 1 期。

［14］陈汉文、王华、郑鑫成：《安达信：事件与反思》，暨南大学出版社，2008 年版。

［15］雒宏伟：《ISO 19600：2014 诞生的背景和意义》，《中国认证认可》，2018 年第 7 期。

［16］郭凌晨、丁继华、王志乐：《企业合规管理体系有效性评估》，企业管理出版社，2021 年版。

附　录

附表 1　污染环境犯罪构成及刑事处罚

序号	构成污染环境罪，可处三年以下有期徒刑或者拘役，并处或者单处罚金的 18 种情形	污染环境情节严重，可处三年以上七年以下有期徒刑，并处罚金的 13 种情形	污染环境情节特别严重，可处七年以上有期徒刑，并处罚金的 4 种情形
1	在饮用水水源一级保护区、自然保护区核心区排放、倾倒、处置有放射性的废物、含传染病病原体的废物、有毒物质的	/	在饮用水水源保护区、自然保护地核心保护区等依法确定的重点保护区域排放、倾倒、处置有放射性的废物、含传染病病原体的废物、有毒物质，情节特别严重的
2	非法排放、倾倒、处置危险废物三吨以上的	非法排放、倾倒、处置危险废物一百吨以上的	向国家确定的重要江河、湖泊水域排放、倾倒、处置有放射性的废物、含传染病病原体的废物、有毒物质，情节特别严重的
3	排放、倾倒、处置含铅、汞、镉、铬、砷、铊、锑的污染物，超过国家或者地方污染物排放标准三倍以上的	/	致使大量永久基本农田基本功能丧失或者遭受永久性破坏的
4	排放、倾倒、处置含镍、铜、锌、银、钒、锰、钴的污染物，超过国家或者地方污染物排放标准十倍以上的	/	致使多人重伤、严重疾病，或者致人严重残疾、死亡的
5	通过暗管、渗井、渗坑、裂隙、溶洞、灌注等逃避监管的方式排放、倾倒、处置有放射性的废物、含传染病病原体的废物、有毒物质的	/	

续表

序号	构成污染环境罪，可处三年以下有期徒刑或者拘役，并处或者单处罚金的 18 种情形	污染环境情节严重，可处三年以上七年以下有期徒刑，并处罚金的 13 种情形	污染环境情节特别严重，可处七年以上有期徒刑，并处罚金的 4 种情形
6	两年内曾因违反国家规定，排放、倾倒、处置有放射性的废物、含传染病病原体的废物、有毒物质受过两次以上行政处罚，又实施前列行为的	/	
7	重点排污单位篡改、伪造自动监测数据或者干扰自动监测设施，排放化学需氧量、氨氮、二氧化硫、氮氧化物等污染物的	/	
8	违法减少防治污染设施运行支出一百万元以上的	/	
9	违法所得或者致使公私财产损失三十万元以上的	致使公私财产损失一百万元以上的	
10	造成生态环境严重损害的	造成生态环境特别严重损害的	
11	致使乡镇以上集中式饮用水水源取水中断十二小时以上的	致使县级以上城区集中式饮用水水源取水中断十二小时以上的	
12	致使基本农田、防护林地、特种用途林地五亩以上，其他农用地十亩以上，其他土地二十亩以上基本功能丧失或者遭受永久性破坏的	致使基本农田、防护林地、特种用途林地十五亩以上，其他农用地三十亩以上，其他土地六十亩以上基本功能丧失或者遭受永久性破坏的	
13	致使森林或者其他林木死亡五十立方米以上，或者幼树死亡二千五百株以上的	致使森林或者其他林木死亡一百五十立方米以上，或者幼树死亡七千五百株以上的	
14	致使疏散、转移群众五千人以上的	致使疏散、转移群众一万五千人以上的	
15	致使三十人以上中毒的	致使一百人以上中毒的	
16	致使三人以上轻伤、轻度残疾或者器官组织损伤导致一般功能障碍的	致使十人以上轻伤、轻度残疾或者器官组织损伤导致一般功能障碍的	

续表

序号	构成污染环境罪，可处三年以下有期徒刑或者拘役，并处或者单处罚金的 18 种情形	污染环境情节严重，可处三年以上七年以下有期徒刑，并处罚金的 13 种情形	污染环境情节特别严重，可处七年以上有期徒刑，并处罚金的 4 种情形
17	致使一人以上重伤、中度残疾或者器官组织损伤导致严重功能障碍的	致使三人以上重伤、中度残疾或者器官组织损伤导致严重功能障碍的	
		致使一人以上重伤、中度残疾或者器官组织损伤导致严重功能障碍，并致使五人以上轻伤、轻度残疾或者器官组织损伤导致一般功能障碍的	
		致使一人以上死亡或者重度残疾的	
18	其他严重污染环境的情形	其他后果特别严重的情形	

附表 2 生态环境合规风险清单

序号	合规规范	法律依据
	一、通用管理类	
1 - 1	公司建设项目所在的开发区建设、城市新区建设和旧区改建等区域性开发，规划环境影响评价通过审查	《环境影响评价法》第七条、第十二条、第二十九条、第三十条
1 - 2	依法应当编制环境影响报告书、环境影响报告表的建设项目，公司在开工建设前已经将环境影响报告书、环境影响报告表通过审批	《环境影响评价法》第三十一条
1 - 3	建设项目的环评文件经批准后，建设项目的性质、规模、地点、采用的生产工艺或者防治污染、防止生态破坏的措施没有发生重大变动	《建设项目环境保护管理条例》第十二条、《环境影响评价法》第三十一条
1 - 4	环评文件不存在基础资料明显不实，内容存在重大缺陷、遗漏或者虚假，环境影响评价结论不正确或者不合理等严重质量问题	《环境影响评价法》第二十条、第二十八条、第三十二条、第三十四条
1 - 5	建设单位编制建设项目初步设计已落实防治环境污染和生态破坏的措施以及环境保护设施投资概算，已将环境保护设施建设纳入施工合同，已经开展环境影响后评价	《建设项目环境保护管理条例》第十六条、第二十二条
1 - 6	项目建设过程中同时组织实施环境影响报告书、环境影响报告表及其审批部门审批决定中提出的环境保护对策措施	《建设项目环境保护管理条例》第十六条、第二十二条

续表

序号	合规规范	法律依据
1-7	投入生产和使用的建设项目，其配套建设的环境保护设施已经验收合格	《建设项目环境保护管理条例》第十七条、第十九条、第二十三条
1-8	建设项目的验收报告已经向社会公开	《建设项目环境保护管理条例》第十七条、第二十三条
1-9	排污单位按规定取得排污许可证排放污染物，并处于有效期内	《排污许可管理条例》第二条、第三十三条
1-10	排污单位不存在应当重新申领排污许可证但没有重新申请取得排污许可证的情形	《排污许可管理条例》第十五条、第三十三条
1-11	排污单位的污染物排放口位置、数量、污染物排放方式、排放去向符合排污许可证的规定	《排污许可管理条例》第十八条、第三十六条
1-12	排污单位按照排污许可证规定制定自行监测方案并开展自行监测	《排污许可管理条例》第十九条、第三十六条
1-13	按照排污许可证规定保存原始监测记录	《排污许可管理条例》第十九条、第三十六条
1-14	排污单位按照排污许可证的规定如实公开污染物排放信息	《排污许可管理条例》第二十三条、第三十六条
1-15	排污单位建立环境管理台账记录制度，并按照规定记录	《排污许可管理条例》第二十一条、第三十七条
1-16	排污单位向审批部门提交排污许可证执行报告，如实报告污染物排放行为、排放浓度、排放量	《排污许可管理条例》第二十二条、第三十七条
1-17	如实披露环境信息，或者披露的环境信息： （一）企业基本信息，包括企业生产和生态环境保护等方面的基础信息； （二）企业环境管理信息，包括生态环境行政许可、环境保护税、环境污染责任保险、环保信用评价等方面的信息； （三）污染物产生、治理与排放信息，包括污染防治设施，污染物排放，有毒有害物质排放，工业固体废物和危险废物产生、贮存、流向、利用、处置，自行监测等方面的信息； （四）碳排放信息，包括排放量、排放设施等方面的信息； （五）生态环境应急信息，包括突发环境事件应急预案、重污染天气应急响应等方面的信息； （六）生态环境违法信息； （七）本年度临时环境信息依法披露情况； （八）法律法规规定的其他环境信息	《企业环境信息依法披露管理办法》第十二条、第十四条、第二十八条

续表

序号	合规规范	法律依据
1－18	（一）披露环境信息不符合生态环境部负责制定的企业环境信息依法披露格式准则要求的； （二）披露环境信息超过规定时限的（企业应当每年3月15日前披露上一年度1月1日至12月31日的环境信息）； （三）未将环境信息上传至企业环境信息依法披露系统的	《企业环境信息依法披露管理办法》第十一条、第十九条、第二十九条
二、大气污染防治类		
2－1	排放大气污染物应当符合大气污染物排放标准和重点大气污染物排放总量控制指标	《大气污染防治法》第十八条、第九十九条
2－2	大气污染防治设施正常运行，不存在偷排、篡改或伪造监测数据等逃避监管方式排放大气污染物的情形	《大气污染防治法》第二十条、第九十九条
2－3	大气污染物排放自动监测设备按规定安装，并联网保证正常运行	《大气污染防治法》第二十四条、第一百条
2－4	不存在侵占、损毁或者擅自移动、改变大气污染物排放自动监测设备的情形	《大气污染防治法》第二十六条、第一百条
2－5	大气污染物排放口符合规定	《大气污染防治法》第一百条
2－6	使用的煤炭和石油焦符合质量标准	《大气污染防治法》第三十五条、第三十七条、第一百零五条
2－7	未使用高污染燃料，其燃煤供热锅炉可以达标排放	《大气污染防治法》第三十八条、第一百零七条
2－8	产生含挥发性有机物废气的生产和服务活动，在密闭空间或设备中进行，按照规定安装使用污染防治设施	《大气污染防治法》第四十五条、第一百零八条
2－9	使用低挥发性有机物含量涂料并建立、保存台账	《大气污染防治法》第四十七条、第一百零八条
2－10	采取措施对管道、设备进行日常维护、维修，减少物料泄漏或者对泄漏的物料未及时收集处理	《大气污染防治法》第四十六条、第一百零八条
2－11	采取集中收集处理、密闭、围挡、遮盖、清扫、洒水等措施，控制、减少粉尘和气态污染物排放	《大气污染防治法》第四十八条、第一百零八条
2－12	可燃性气体回收利用或进行防治污染处理	《大气污染防治法》第四十九条、第一百零八条
2－13	密闭煤炭、煤矸石、煤渣、煤灰、水泥、石灰、石膏、沙土等易产生扬尘的物料	《大气污染防治法》第七十二条、第一百一十七条
2－14	对不能密闭的易产生扬尘的物料，设置不低于堆放物高度的严密围挡，或者采取有效覆盖措施防治扬尘污染	《大气污染防治法》第七十二条、第一百一十七条

续表

序号	合规规范	法律依据
2－15	装卸物料应当采取密闭或者喷淋等方式防治扬尘污染	《大气污染防治法》第七十条、第一百一十七条
2－16	存放煤炭、煤矸石、煤渣、煤灰等物料，采取防燃措施	《大气污染防治法》第三十五条、第一百一十七条
2－17	排放有毒有害大气污染物的单位，应按照规定建设环境风险预警体系，对排放口和周边环境进行定期监测、排查环境安全隐患并采取有效措施防范环境风险	《大气污染防治法》第七十八条、第一百一十七条
2－18	采取有利于减少持久性有机污染物排放的技术方法和工艺，配备有效的净化装置，实现达标排放	《大气污染防治法》第七十九条、第一百一十七条
2－19	采取措施防止排放恶臭气体	《大气污染防治法》第七十五条、第一百一十七条
2－20	重点排放单位虚报、瞒报温室气体排放报告，或者拒绝履行温室气体排放报告义务的	《碳排放权交易管理办法（试行）》第十条、第三十九条
2－21	重点排放单位未按时足额清缴碳排放配额的	《碳排放权交易管理办法（试行）》第十条、第四十条
2－22	国家大气污染防治重点区域内新建、改建、扩建用煤项目的，应当实行煤炭的等量或者减量替代	《大气污染防治法》第九十条
2－23	不得生产、进口、销售或者使用国家综合性产业政策目录中禁止的设备和产品，采用国家综合性产业政策目录中禁止的工艺，或者将淘汰的设备和产品转让给他人使用的	《大气污染防治法》第一百零一条
2－24	不得拒不执行停止工地土石方作业或者建筑物拆除施工等重污染天气应急措施	《大气污染防治法》第一百二十一条
2－25	石油炼制企业应当按照燃油质量标准生产燃油。禁止进口、销售和燃用不符合质量标准的石油焦	《大气污染防治法》第三十七条、第一百零三条
2－26	生产、进口、销售和使用含挥发性有机物的原材料和产品的，其挥发性有机物含量应当符合质量标准或者要求	《大气污染防治法》第四十四条、第一百零三条
2－27	储油储气库、加油加气站、原油成品油码头、原油成品油运输船舶和油罐车、气罐车等，应当按照国家有关规定安装油气回收装置并保持正常使用	《大气污染防治法》第四十七条、第一百零八条
三、水污染防治类		
3－1	水污染物排放自动监测设备按规定安装，并联网保证正常运行	《水污染防治法》第二十三条、第八十二条

续表

序号	合规规范	法律依据
3-2	对有毒有害水污染物的排污口和周边环境进行监测，公开有毒有害水污染物信息	《水污染防治法》第三十二条、第八十二条
3-3	排放水污染物应当符合水污染物排放标准和重点水污染物排放总量控制指标	《水污染防治法》第二十条、第八十三条
3-4	水污染防治设施正常运行，不存在私设暗管、篡改或伪造监测数据等逃避监管方式排放水污染物的情形	《水污染防治法》第三十九条、第八十三条
3-5	按照国家有关规定进行预处理，达到集中处理设施处理工艺要求后方可排放	《水污染防治法》第四十五条、第八十三条
3-6	不存在向水体排放油类、酸液、碱液	《水污染防治法》第三十三条、第八十五条
3-7	不存在向水体排放剧毒废液，或者将含有汞、镉、砷、铬、铅、氰化物、黄磷等的可溶性剧毒废渣向水体排放、倾倒或者直接埋入地下	《水污染防治法》第三十七条、第八十五条
3-8	不存在水体清洗装贮过油类或者有毒污染物的车辆和容器	《水污染防治法》第三十三条、第八十五条
3-9	不存在向水体排放、倾倒工业废渣、城镇垃圾或者其他废弃物，不存在在江河、湖泊、运河、渠道、水库最高水位线以下的滩地、岸坡堆放、存贮固体废弃物或者其他污染物的	《水污染防治法》第三十七条、第八十五条
3-10	不存在向水体排放、倾倒放射性固体废物或者含有高放射性、中放射性物质的废水	《水污染防治法》第三十四条、第八十五条
3-11	不存在向水体排放含低放射性物质的废水、热废水或者含病原体的污水	《水污染防治法》第三十四条、第八十五条
3-12	采取防渗漏等措施，建设地下水水质监测井进行监测	《水污染防治法》第四十条、第八十五条
3-13	不存在利用无防渗漏措施的沟渠、坑塘等输送或者存贮含有毒污染物的废水、含病原体的污水和其他废弃物	《水污染防治法》第四十条、第八十五条
3-14	建设项目不在饮用水源保护区	《水污染防治法》第六十五条、第九十一条
3-15	在饮用水源一级保护区内不存在从事网箱养殖或者组织进行旅游、垂钓或者其他可能污染饮用水水体的活动	《水污染防治法》第六十五条、第九十一条
3-16	按照规定制定水污染事故的应急方案，在事故发生后及时启动应急方案	《水污染防治法》第七十七条、第九十三条

续表

序号	合规规范	法律依据
3－17	在饮用水水源保护区内，禁止设置排污口	《水污染防治法》第六十四条
3－18	禁止在饮用水水源二级保护区内新建、改建、扩建排放污染物的建设项目；已建成的排放污染物的建设项目，由县级以上人民政府责令拆除或者关闭	《水污染防治法》第六十六条
3－19	禁止在饮用水水源准保护区内新建、扩建对水体污染严重的建设项目；改建建设项目，不得增加排污量	《水污染防治法》第六十七条
四、一般工业固体废物污染防治类		
4－1	贮存工业固体废物采取符合国家环境保护标准的防护措施	《固体废物污染环境防治法》第三十三条、第一百零二条
4－2	不存在将列入限期淘汰名录或被淘汰的设备转让给他人使用	《固体废物污染环境防治法》第四十条、第一百零二条
4－3	不存在擅自关闭、闲置、拆除工业固废污染防治设施、场所	《固体废物污染环境防治法》第五十五条、第一百一十一条
4－4	工业固体废物集中贮存、利用、处置的设施、场所没有建立在生态保护红线区域、永久基本农田集中区域和其他需要特别保护的区域内	《固体废物污染环境防治法》第二十一条、第一百零二条
4－5	转移工业固体废物出省贮存、处置经过批准，利用经过报备	《固体废物污染环境防治法》第二十二条、第一百零二条
4－6	采取相应防范措施，防止工业固体废物扬散、流失、渗漏	《固体废物污染环境防治法》第二十条、第一百零二条
4－7	运输过程中不存在沿途丢弃、遗撒工业固体废物	《固体废物污染环境防治法》第四十条、第一百零二条
4－8	建立固体废物管理台账并如实记录	《固体废物污染环境防治法》第三十六条、第一百零二条
4－9	生产、销售、进口或者使用淘汰的设备，或者采用淘汰的生产工艺的	《固体废物污染环境防治法》第一百零九条
五、危险废物污染防治类		
5－1	按规定设置危险废物识别标志	《固体废物污染环境防治法》第七十七条、第一百一十二条
5－2	按照国家有关规定制订危险废物管理计划、申报危险废物有关资料	《固体废物污染环境防治法》第七十八条、第一百一十二条

续表

序号	合规规范	法律依据
5－3	危险废物委托有经营许可证的单位从事经营活动	《固体废物污染环境防治法》第八十条、第一百一十二条
5－4	按照国家有关规定填写、运行危险废物转移联单，经批准转移危险废物出省	《固体废物污染环境防治法》第八十二条、第一百一十二条
5－5	收集、贮存危险废物，按照危险废物特性分类进行	《固体废物污染环境防治法》第四十条、第八十一条、第一百一十二条
5－6	不存在危险废物与旅客在同一运输工具上载运	《固体废物污染环境防治法》第八十三条、第一百一十二条
5－7	收集、贮存、运输、处置危险废物的场所、设施、设备和容器、包装物转作他用前，经过消除污染处理	《固体废物污染环境防治法》第八十四条、第一百一十二条
5－8	采取相应防范措施，防止危险废物扬散、流失、渗漏	《固体废物污染环境防治法》第二十条、第一百一十二条
5－9	运输过程中不存在沿途丢弃、遗撒危险废物	《固体废物污染环境防治法》第二十条、第一百一十二条
5－10	制定危险废物意外事故防范措施和应急预案	《固体废物污染环境防治法》第八十五条、第一百一十二条
5－11	按照危险废物经营许可证规定从事收集、贮存、利用、处置危险废物经营活动	《固体废物污染环境防治法》第八十条、第一百一十四条
5－12	按照国家有关规定建立危险废物管理台账并如实记录	《固体废物污染环境防治法》第七十六条、第一百一十二条
5－13	产生工业固体废物的单位终止的，应当在终止前对工业固体废物的贮存、处置的设施、场所采取污染防治措施，并对未处置的工业固体废物作出妥善处置，防止污染环境	《固体废物污染环境防治法》第四十一条
5－14	产生工业固体废物的单位应当依法实施清洁生产审核，合理选择和利用原材料、能源和其他资源，采用先进的生产工艺和设备，减少工业固体废物的产生量，降低工业固体废物的危害性	《固体废物污染环境防治法》第三十八条
5－15	不得擅自倾倒、堆放危险废物	《固体废物污染环境防治法》第二十条、第一百一十二条
六、土壤污染防治类		
6－1	土壤污染重点监管单位应制定、实施自行监测方案，将监测数据报生态环境主管部门	《土壤污染防治法》第二十一条、第八十六条

续表

序号	合规规范	法律依据
6-2	土壤污染重点监管单位不存在篡改、伪造监测数据	《土壤污染防治法》第二十一条、第八十六条
6-3	土壤污染重点监管单位按年度报告有毒有害物质排放情况，建立土壤污染隐患排查制度	《土壤污染防治法》第二十一条、第八十六条
6-4	拆除设施、设备或者建筑物、构筑物，应采取相应的污染防治措施或工作方案	《土壤污染防治法》第二十二条、第八十六条
6-5	建设和运行污水集中处理设施、固体废物处置设施，应按照规定采取措施防止土壤污染	《土壤污染防治法》第二十五条、第八十六条
6-6	不存在向农用地排放重金属或者其他有毒有害物质含量超标的污水、污泥	《土壤污染防治法》第二十八条、第八十七条
6-7	不存在将重金属或者其他有毒有害物质含量超标的工业固体废物、生活垃圾或者污染土壤用于土地复垦	《土壤污染防治法》第三十三条、第八十九条
6-8	单独收集、存放开发建设过程中剥离的表土	《土壤污染防治法》第三十三条、第九十一条
6-9	实施风险管控、修复活动没有对土壤、周边环境造成新的污染	《土壤污染防治法》第三十八条、第九十一条
6-10	转运污染土壤，将运输时间、方式、线路和污染土壤数量、去向、最终处置措施等提前报所在地和接收地生态环境主管部门	《土壤污染防治法》第四十一条、第九十一条
6-11	不存在未达到土壤污染风险评估报告确定的风险管控、修复目标的建设用地地块用于开工建设	《土壤污染防治法》第六十六条、第九十一条
6-12	风险管控、修复活动完成后，按照要求实施后期管理	《土壤污染防治法》第四十二条、第九十二条
6-13	按规定对土壤进行调查、评估、管控、修复或效果评估	《土壤污染防治法》第五十九条、第六十条、第六十一条、第六十二条、第九十四条
6-14	土壤污染重点监管单位按照规定将土壤污染防治工作方案报地方人民政府生态环境主管部门备案	《土壤污染防治法》第二十二条、第九十五条
6-15	按照规定将修复方案、效果评估报告报地方人民政府生态环境主管部门备案	《土壤污染防治法》第六十四条、第六十五条、第九十五条
6-16	按照规定将土壤污染状况调查报告报地方人民政府生态环境主管部门备案	《土壤污染防治法》第六十七条、第九十五条

续表

序号	合规规范	法律依据
6－17	发生突发事件可能造成土壤污染的，地方人民政府及其有关部门和相关企业事业单位以及其他生产经营者应当立即采取应急措施，防止土壤污染，并依照本法规定做好土壤污染状况监测、调查和土壤污染风险评估、风险管控、修复等工作	《土壤污染防治法》第四十四条
七、噪声污染防治类		
7－1	严禁生产、进口、销售超过噪声限值的产品，或生产、进口、销售、使用淘汰的设备，或者采用淘汰的工艺的	《噪声污染防治法》第十六条、第七十二条
7－2	建设单位建设噪声敏感建筑物符合民用建筑隔声设计相关标准要求，建设单位在噪声敏感建筑物禁止建设区域新建与航空无关的禁止噪声敏感建筑物	《噪声污染防治法》第二十六条、第七十三条
7－3	禁止在噪声敏感建筑物集中区域新建排放噪声的工业企业，在噪声敏感建筑物集中区域改建、扩建工业企业	《噪声污染防治法》第三十五条、第七十四条
7－4	严格按照排污许可证及噪声排放标准排放工业噪声	《噪声污染防治法》第三十六条、第七十五条
7－5	实行排污许可管理的单位按照规定对工业噪声开展自行监测，保存原始监测记录，向社会公开监测结果	《噪声污染防治法》第三十八条、第七十六条
7－6	噪声重点排污单位按照国家规定安装、使用、维护噪声自动监测设备，并与生态环境主管部门的监控设备联网	《噪声污染防治法》第三十八条、第七十六条
7－7	建设单位、施工单位按照噪声排放标准排放建筑施工噪声，按照规定取得证明后方可在噪声敏感建筑物集中区域夜间进行产生噪声的建筑施工作业	《噪声污染防治法》第四十三条、第七十七条
7－8	（一）建设单位按照规定将噪声污染防治费用列入工程造价； （二）施工单位按照规定制定噪声污染防治实施方案，采取有效措施减少振动、降低噪声的； （三）在噪声敏感建筑物集中区域施工作业的建设单位按照国家规定设置噪声自动监测系统，并与监督管理部门联网，保存原始监测记录的； （四）因特殊需要必须连续施工作业，建设单位事先按照规定公告附近居民	《噪声污染防治法》第四十条、第四十二条、第四十三条、第七十八条

续表

序号	合规规范	法律依据
八、清洁生产节约能源类		
8-1	未达到能源消耗控制指标、重点污染物排放控制指标的企业按照规定公布能源消耗或者重点污染物产生、排放情况	《清洁生产促进法》第十七条、第三十六条
8-2	按规定实施强制性清洁生产审核，在清洁生产审核中不得弄虚作假，实施强制性清洁生产审核的企业如实报告审核结果	《清洁生产促进法》第二十七条、第三十九条
8-3	没有超过单位产品能耗限额标准用能	《节约能源法》第七十二条
8-4	用能单位按照规定配备、使用能源计量器具	《节约能源法》第二十七条、第七十四条
8-5	重点用能单位按照规定如实报送能源利用状况报告内容	《节约能源法》第八十二条
8-6	节能管理制度不健全、节能措施不落实、能源利用效率低的重点用能单位按照整改要求进行整改	《节约能源法》第五十四条、第八十三条
8-7	重点用能单位按照规定设立能源管理岗位，聘任能源管理负责人，并报管理节能工作的部门和有关部门备案	《节约能源法》第八十四条
8-8	节能考核结果为未完成等级的重点用能单位，落实管理节能工作的部门要求实施能源审计、报送能源审计报告、提出整改措施并限期整改	《重点用能单位节能管理办法》第十九条、第二十六条
8-9	重点用能单位按要求开展能耗在线监测系统建设和能耗在线监测工作	《重点用能单位节能管理办法》第十五条、第三十一条
九、放射性与辐射环境类		
9-1	配合现场检查；检查时如实反映情况和提供必要资料	《放射性污染防治法》第十一条第二款、第四十九条第（二）项
9-2	禁止违法生产、销售、使用、转让、进口、贮存放射性同位素和射线装置以及装备有放射性同位素的仪表	《放射性污染防治法》第二十八条、第五十三条
9-3	未建造尾矿库等违规（按照规定建造管理管理尾矿库）	《放射性污染防治法》第三十七条、第五十四条第一款第（一）项及第二款
9-4	严禁违规排放放射性废气、废液	《放射性污染防治法》第四十条、第五十四条第一款第（二）项及第二款
9-5	按照规定的方式排放处理放射性废液	《放射性污染防治法》第四十二条第三款、第五十四条第一款第（三）项及第二款
9-6	按照规定方式处理或者贮存放射性废液	《放射性污染防治法》第四十二条第一款、第五十四条第一款第（四）项及第二款
9-7	严禁将放射性固体废物提供或者委托给无许可证的单位贮存和处置	《放射性污染防治法》第四十六条第三款、第五十四条第一款第（五）项及第二款
9-8	按照规定设置放射性标识、标志、中文警示说明	《放射性污染防治法》第十六条、第五十五条第（一）项

续表

序号	合规规范	法律依据
9-9	安保制度、事故应急与报告	《放射性污染防治法》第三十三条第一款、第五十五条第（二）项及第（三）项
9-10	按规定处理后即送交处置	《放射性污染防治法》第四十五条第一款、第五十六条
9-11	严禁按规定贮存和处置放射性固体废物	《放射性污染防治法》第四十六条、第五十七条
9-12	安全防护区域和放射性标志设置违规	《放射性同位素与射线装置安全和防护条例》第三十六条第一款、第五十七条第（一）项
9-13	批准后方可在野外进行放射性同位素示踪试验	《放射性同位素与射线装置安全和防护条例》第三十六条第二款、第五十七条第（二）项
9-14	按照规定对废旧放射源进行处理	《放射性同位素与射线装置安全和防护条例》第三十二条、第五十九条第（一）项
9-15	遵守放射源场所、射线装置退役领域规定	《放射性同位素与射线装置安全和防护条例》第三十三条、第五十九条第（二）项
9-16	防范安全和防护状况评估、整改领域违规	《放射性同位素与射线装置安全和防护条例》第三十条、第六十条第（一）项
9-17	按照规定设置安全和防护设施、放射性标志	《放射性同位素与射线装置安全和防护条例》第三十四条第一款、第六十条第（二）项
9-18	电磁辐射污染环境事故	《电磁辐射环境保护管理办法》第三十条
十、海洋环境类		
10-1	按规定设置入海排污口，严禁违法设置	《海洋环境保护法》第三十条、第七十七条
10-2	严禁海岸工程未验先投	《海洋环境保护法》第四十四条、第八十条
10-3	禁止向海域排放禁止排放的物质等	《海洋环境保护法》第五十五条、第七十三条
10-4	在海岛及周边海域违法排放污染物	《海岛保护法》第四十九条、第七十三条
10-5	不按规定向海洋倾倒废弃物	《海洋环境保护法》第五十七条、第八十五条
10-6	在岸滩采用不正当的稀释、渗透方式排放有毒有害废水	《防治陆源污染物污染损害海洋环境管理条例》第二十七条
10-7	申报、未如实申报、报告或谎报向海洋排污	《海洋环境保护法》第七十四条
10-8	海岸工程建设项目未按要求建设环保设施即投入使用	《海洋环境保护法》第八十条
10-9	在自然保护区内建设污染环境、破坏景观的海岸工程建设项目	《自然保护区条例》第三十二条、第三十五条
10-10	海洋工程建设项目造成领海基点及其周围环境被侵蚀、淤积或者损害	《防治海洋工程建设项目污染损害海洋环境管理条例》第四十八条
10-11	围填海工程材料应符合环保标准	《防治海洋工程建设项目污染损害海洋环境管理条例》第四十九条
10-12	进行海上爆破作业时应采取有效措施保护海洋资源	《防治海洋工程建设项目污染损害海洋环境管理条例》第五十一条

续表

序号	合规风险	法律依据
10－13	违法采挖、破坏珊瑚礁，砍伐海岛周边海域红树林等造成海洋生态系统、海洋水产资源、海洋保护区破坏	《海岛保护法》第四十六条、第七十六条
10－14	直接向海洋排放污染物的单位和个人，必须按照国家规定缴纳排污费。依照法律规定缴纳环境保护税的，不再缴纳排污费 向海洋倾倒废弃物，必须按照国家规定缴纳倾倒费	《海洋保护法》第十二条
10－15	企业应当优先使用清洁能源，采用资源利用率高、污染物排放量少的清洁生产工艺，防止对海洋环境的污染	《海洋保护法》第十三条第二款

附表3　部分国家和地区经营者集中申报标准一览表

序号	国家或地区	需进行经营者集中申报的交易类型	营业额标准	特殊规定（如有）
1	欧盟	任何“对相关经营者的控制产生持久的变化”的交易均能触发申报要求。控制权的定义为“实施决定性影响的可能性”，一般取决于商业行为战略决议有关的表决权或否决权（预算、商业计划、管理人员的任命局罢免）	满足以下任一条件即达到标准： （1）参与集中的各交易方的全球营业总额超过50亿欧元，至少其中两个交易方在欧盟范围内的营业额分别超过2.5亿欧元。除非参与集中的所有企业在同一成员国境内的营业额分别超过各自在欧盟范围内总营业额的2/3； （2）参与集中的各交易方的全球营业总额超过25亿欧元，至少其中两个交易方在欧盟范围内的营业额分别超过1亿欧元，或各交易方在三个以上成员国境内的营业总额分别超过1亿欧元，在上述每个成员国内，至少两个交易方的营业额分别超过2500万欧元，除非参与集中的所有企业在同一成员国境内的营业额分别超过各自在欧盟范围内总营业额的2/3	就合营企业相关的交易，只有“全功能型”合资公司的控制权变化会触发欧盟申报 全功能型指的是合资公司具备以下条件：必须长期运行、由多方股东共同控制、拥有自治经济体的所有功能

续表

序号	国家或地区	需进行经营者集中申报的交易类型	营业额标准	特殊规定（如有）
2	美国	收购方或标的从事涉及美国的商业活动或任何影响美国商业的活动，且就公司而言，持有50%或以上有表决权的股权或具有任命50%或以上的董事的合同权利；或就未注册成立的实体而言：在该实体解散后有权获得50%或更多的利润或资产； 如果达到申报门槛，即便收购少数股权，也可能需要申报	满足以下任一条件即达到标准： （1）收购人收购并持有价值超过1.01亿美元的投票股权、非公司企业权益或资产，其中一个交易方的全球营业额或资产值不得低于2.02亿美元，另一交易方的全球营业额或资产值不低于2020万美元； （2）收购人收购并持有价值超过4.039亿美元的投票股权、非公司企业权益或资产	交易满足特定条件可能豁免申报，尤其是当交易涉及在美国境内拥有非常少的业务或资产的标的公司
3	加拿大	（1）获得“控制权”（即获得目标公司超过50%的权益）； （2）获得目标公司的“重大利益”（即收购方能够对实体施加“重大影响”的能力）。这可能会适用于低至10%的利益收购，甚至根本不涉及利益转移的安排	目标公司必须是位于加拿大的业务或者控制位于加拿大的业务，其加拿大资产的账面价值或由该等资产产生的加拿大营业额超过9300万加元（约7430万美元）。交易各方的加拿大总资产的账面价值或由该等资产产生的加拿大营业额超过4亿加元（约3.199亿美元） 适用于收购投票权的附加门槛： 收购方将累计持有上市公司20%以上的股份（如果收购方已经拥有35%，则门槛为50%）或累计持有私人公司35%的股份（如果收购方已经拥有35%，则门槛为50%）	

续表

序号	国家或地区	需进行经营者集中申报的交易类型	营业额标准	特殊规定（如有）
4	英国	控制权是指： （1）拥有标的公司超过50%有表决权的股份；或（2）尽管拥有标的公司不到50%的投票权，但仍具有控制公司决策的能力；或（3）尽管持有的表决权很低（甚至低于20%），但具有影响标的公司决策的能力（例如：股份分配、特别表决权或否决权、董事会代表和合同签署安排）	满足以下任一条件即达到标准： （1）被收购企业在英国的营业额超过7000万英镑（约9650万美元）； （2）交易后，交易各方在某产品或服务的合并市场份额达到25%或以上	自愿性申报机制。虽然英国于2020年1月31日脱离欧盟体系，但至少在2020年12月31日过渡期结束前，仍然被欧盟“一站式申报”机制涵盖
5	俄罗斯	（1）获得俄罗斯法人实体的控制权； （2）获得一家或多家向俄罗斯提供商品、服务或工程的外国公司的控制权，金额超过10亿卢布（约1546万美元）； （3）直接收购一家俄罗斯公司超过25%附有表决权的股份； （4）从卖方公司收购其位于俄罗斯的20%以上的固定或无形资产 控制权是指： （1）直接或间接收购超过50%的股份； （2）有权任命法人实体的唯一执行机关或合议制执行机关过半数以上的人员，或有权任命董事会过半数成员； （3）有权履行法人实体唯一执行机关的职能； （4）通过其他方式（根据合同、股东协议等）获得法人实体运营活动的控制权	满足以下任一条件即达到标准： （1）交易各方全球资产总值超过70亿卢布（约9500万美元），全球标的资产的价值超过8亿卢布（约1080万美元）； （2）交易各方全球总营业额超过100亿卢布（约1.357亿美元），全球标的资产的价值超过8亿卢布（约1080万美元）	

续表

序号	国家或地区	需进行经营者集中申报的交易类型	营业额标准	特殊规定（如有）
6	新加坡	获得对经营者的“控制权”。控制权是指施加决定性影响的能力，例如： （1）拥有超过50%的投票权［如果拥有30%～50%投票权，则可推定能够施加决定性影响（该推定可被推翻）］； （2）拥有对战略性商业决定的否决权； （3）财务安排	并无强制性门槛，但若交易满足以下条件之一，应当申报： （1）交易各方的合并市场份额至少为40%； （2）交易各方的合并市场份额在20%～40%，并且合并后市场上三大公司的合并市场份额至少为70%。 需要注意的是： 新加坡设有最低申报门槛：至少一方在新加坡的营业额超过500万新元（约370万美元）或全球合并营业额超过5000万新元（约合3610万美元）	自愿性申报机制
7	日本	所有类型的并购，包括： （1）转移全部或大部分业务，或全部或大部分固定资产； （2）收购股份，并使买方拥有超过20%或50%的总表决权（不论附有明确控制权与否）； （3）法定合并或共同转让股份； （4）公司拆分（或取消合并）	不同的交易结构有不同的申报门槛： （1）转移全部或大部分业务或其固定资产的交易：买方集团在日本的总营业额（交易前）超过200亿日元（约1.819亿美元），标的集团在日本的总营业额（就收购整个业务而言）或归属于所转让的业务或固定资产的日本营业额（就收购部分业务或固定资产而言）超过30亿日元（约2720万美元）； （2）股份收购项目：买方集团在日本的总营业额（交易前）超过200亿日元（约1.819亿美元），标的集团在日本的总营业额超过50亿日元（约4540万美元）；	

续表

序号	国家或地区	需进行经营者集中申报的交易类型	营业额标准	特殊规定（如有）
7	日本	所有类型的并购，包括： (1) 转移全部或大部分业务，或全部或大部分固定资产； (2) 收购股份，并使买方拥有超过 20% 或 50% 的总表决权（不论附有明确控制权与否）； (3) 法定合并或共同转让股份； (4) 公司拆分（或取消合并）	(3) 法定合并或共同转让股份项目：其中一个交易方的集团在日本的总营业额（交易前）超过 200 亿日元（约 1.819 亿美元），交易另一方集团在日本的总营业额超过 50 亿日元（约 4540 万美元）； (4) 公司分拆（或取消合并）项目，设有多种门槛，但在以下情况下基本上需要申报：其中一个交易方集团在日本的总营业额（交易前）超过 200 亿日元（约 1.819 亿美元），交易另一方集团在日本的总营业额超过 50 亿日元（约 4540 万美元）	
8	韩国	(1) 收购或拥有另一家公司 20%（上市公司则为 15%）或以上的股份； (2) 已拥有公司 20% 或以上股份的股东收购额外股份，继而成为最大股东； (3) 以最大股东的身份参与成立新公司； (4) 收购另一家公司的全部或主要业务或固定资产； (5) 与其他公司合并； (6) 关联董事会（高管或员工同时担任另一家公司的高管）	一方的全球营业额或资产至少为 3000 亿韩元（约 2.62 亿美元），另一方的全球的营业额或资产至少为 300 亿韩元（约 2620 万美元）。就离岸交易而言，买方和标的公司各自的韩国营业额至少为 300 亿韩元（约 2620 万美元）	
9	澳大利亚	所有具有或可能具有显著减少任何澳大利亚市场竞争的效果的资产收购或股份收购	并无强制性门槛，但若交易同时满足以下条件，应当申报： (1) 交易各方生产的产品互为替代或补充； (2) 交易后，各方在相关市场的市场份额将超过 20%	自愿性申报机制

续表

序号	国家或地区	需进行经营者集中申报的交易类型	营业额标准	特殊规定（如有）
10	巴西	（1）公司合并（包括新设合并和吸收合并）； （2）股权收购，通过购买或交换股份、股票、可换股证券（债券）或资产，采用合同或任何其他手段，直接或间接取得对其他公司的（单独或联合）控制或部分权益； （3）成立合资公司、联营体或订立关联合同	参与“经济集中”的当事人中，有一位当事人所在经济集团上一财年在巴西的营业额不低于7.5亿雷亚尔（约1.3441亿美元），且其他当事人中至少有一位所在经济集团同一口径营业额不低于7500万雷亚尔（约1344万美元）	参加公共行政部门发起的招标而成立合资公司、联营体或订立关联合同的，不被视为“经济集中”，无须申报
11	泰国	任何可能显著减少市场竞争，或导致“垄断”或“支配地位”的合并或收购。合并或收购包括： （1）法定合并或收购：原企业被保留或终止，或设立新企业； （2）资产收购：收购卖方企业资产总值的50%以上； （3）股权收购：收购相当于上市企业至少25%表决权的股权，或相当于私营企业超过50%表决权的股权	满足以下任一条件即达到标准： （1）支配地位审查：市场份额合计不低于50%，或者市场前三大竞争者市场份额合计不低于75%，营业额合计不低于10亿泰铢（约3110万美元）； （2）垄断审查：参与合并或收购的主体有权自由决定其商品及服务的价格及数量；营业额合计不低于10亿泰铢（约3110万美元）	
12	越南	（1）新设合并； （2）吸收合并； （3）收购（详情如下）； （4）设立合营企业； （5）越南法律规定的其他形式。 “收购”指一个企业通过直接或间接收购目标企业全部或部分股权或资产的形式获得对目标企业控制权或足以支配目标企业或其业务，即： （1）拥有目标企业超过50%的资产或股权； （2）拥有或获得使用其他企业超过50%的资产或业务的权利，或有权任命或否决目标企业全部或过半数的董事、修改公司章程；或决定目标企业重要商业决策	满足以下任一条件即达到标准： （1）企业或其关联方集团在越南的资产总值不低于3万亿越南盾（约1.309亿美元）； （2）企业或其所属的关联方集团在越南市场的营业额总额不低于3万亿越南盾（约1.309亿美元）； （3）经营者集中的交易金额不低于1万亿越南盾（约4360万美元）； （4）拟参与经营者集中的企业在相关市场所占市场份额合计不低于20%	

续表

序号	国家或地区	需进行经营者集中申报的交易类型	营业额标准	特殊规定（如有）
13	埃及	单个或多个企业对埃及目标企业控制权的收购，包括合并、设立合营企业或对资产、财产权利、使用权或股份的收购	任何一方在埃及的营业额不低于 1 亿埃及镑（约 630 万美元）（任何一方满足即可）	申报是强制的但并不中止交易：须在交易交割后 30 日内提交申报
14	南非	任何导致“控制权”变更，即具有施加“决定性影响”的能力的交易，包括： （1）收购企业发行股份的 50%以上； （2）拥有或控制股东大会半数以上的表决权； （3）有权任命或否决过半数的董事	满足以下任一条件即达到标准： （1）“大型合并”：南非境内或来自南非的资产总额或营业额总额（或收购方营业额及目标企业资产的总额；或目标企业营业额及收购方资产的总额）超过 66 亿南非兰特（约 4.49 亿美元）；目标企业在南非境内或来自南非的资产或营业额超过 1.9 亿南非兰特（约 1292 万美元）； （2）“中型合并”：南非境内或来自南非的资产总额或营业额总额（或收购方营业额及目标企业资产的总额；或目标企业营业额及收购方资产的总额）超过 6 亿南非兰特（约 4090 万美元），目标企业在南非境内或来自南非的资产或营业额超过 1 亿南非兰特（约 680 万美元）	

后　记

终于在键盘上敲下了最后一个句号，长呼一口气，扭了扭脖子，都能听见“咔、咔”的响声。两个月的奋笔疾书、秉灯鏖战，终于完成了书稿，顿时有一种大病初愈的感觉：软绵绵、轻飘飘、晕乎乎。

时光荏苒、光阴如梭，屈指一算，工作34年了。这么多年来，一直保持着思考问题、收集资料、分析研究的习惯。回顾过往的职业生涯，牵头组织制定了许多法律合规方面的制度和办法，处理过许多法律合规方面的事件和案件，参加过很多法律合规方面的研讨和论坛，也在企业领导干部培训和高等院校讲授过法律合规方面的课程。这些经历，为我积累了大量的资料、案例，尤其是启发了我产生更多感悟和思考。对我来说，这是异常宝贵的财富。久而久之，我就萌发了把这些所感所想、所思所悟进行系统化梳理和逻辑化整理，写成一本书供大家分享的愿望。

在平时的工作中，虽然“朝七晚八”“白加黑”“五加二”对我来说是常态，但时间却是碎片化的，毫不夸张地说是“碎末化”的。有时候，刚刚有了思路和脉络，就被各种各样的会议、出差、调研、汇报、办案、讲课打断，写作过程一直处于断断续续的状态。

这么多年来，终于有了两个月的脱产集中学习机会。非常感谢组织和领导的关心和爱护，让我从满负荷、高速度、高强度运转状态转入“冷静期”和“检维修”状态，倍感珍惜。虽说是学习，但有一种不能辜负时光的压力感、紧迫感。于是两个月时间里，我上课认真学习充电，下课积极运动锻炼，晚上伏案码字写作。

在本书的写作过程中，我得到了领导、专家、同事、朋友们的大力支持，他们或给予指导和建议，或帮助修改和完善，或直接贡献原稿原创。林庆苗局长、王志乐教授、蒋大兴教授、徐永前律师、王耀国总法律顾问、叶小忠总裁给予了真知灼见。潘胜、余艳霞对第四章，余艳霞对第五章，孔伟平对第六章，潘胜、吴明晓、常明霞、孙黎明对第七章、第八章、第十章、第十一章、第十二章、第十三章、第十四章，潘胜对第九章，提供了无私的帮助。王生、王栋、刘恬、刘洪英、吴慧淑、吴亚娟、李勃晗、杜赛伦、郑琪宁、杨心刚、曹辉、黄芸参与内容和文字校核，潘胜、冉林秀对全书进行统稿。没有大家的帮助，仅凭一己之力，很难在这么短的时间完成此书，在此我向大家表达最诚挚的感谢。

正如前言所述，本书肯定有许多不妥不周之处，敬请读者批评指正。本书从内容上看，还有很多缺憾，这也给我下一步补齐补正、完善提升增添了动力。

杜江波

2022 年 12 月 15 日

北京，海淀，大有庄三组